Correspondência
1928-1940

THEODOR W. ADORNO
WALTER BENJAMIN

Correspondência 1928-1940

Tradução

José Marcos Mariani de Macedo

Título original: *Briefwechsel 1928-1940*

Direitos de publicação reservados à:
Fundação Editora da UNESP (FEU)
Praça da Sé, 108
01001-900 – São Paulo – SP
Tel.: (0xx11) 3242-7171
Fax: (0xx11) 3242-7172
www.editoraunesp.com.br
www.livrariaunesp.com.br
atendimento.editora@unesp.br

CIP-Brasil. Catalogação na Fonte
Sindicato Nacional dos Editores de Livros, RJ

A186c
2. ed.

Adorno, Theodor W., 1903-1969
Correspondência, 1928-1940 / Theodor W. Adorno, Walter Benjamin; tradução José Marcos Mariani de Macedo. – 2. ed., rev. – São Paulo: Editora Unesp, 2012.
486 p. (Adorno)

Tradução de: *Briefwechsel 1928-1940*
Inclui índice
ISBN 978-85-393-0389-2

1. Adorno, Theodor W., 1903-1969 – Correspondência. 2. Benjamin, Walter, 1892-1940 – Correspondência. 3. Filósofos modernos – Alemanha – Correspondência. 4. Escritores alemães – Séc. XX – Correspondência. I. Benjamin, Walter, 1892-1940. II. Título. III. Série.

12-9222. CDD: 836
CDU: 821.112.2-6

Editora afiliada:

Asociación de Editoriales Universitarias de América Latina y el Caribe

Associação Brasileira de Editoras Universitárias

Sumário

Introdução à Coleção

Figura maior no panorama filosófico do século XX, Theodor W. Adorno foi responsável por uma experiência intelectual gerada pela confrontação incessante da filosofia com o "campo da empíria", em especial a Teoria Social, a Crítica Literária, a Estética Musical e a Psicologia. Nessa desconsideração soberana pelas fronteiras intelectuais, estava em jogo a constituição de um conceito renovado de reflexão filosófica que visava livrá-la da condição de discurso que se restringe à tematização insular de seus próprios textos. Sempre fiel a um programa que traçou para si mesmo já em 1931, quando assumira a cadeira de professor de Filosofia da Universidade de Frankfurt, Adorno construirá uma obra capaz de realizar a constatação de que: "plenitude material e concreção dos problemas é algo que a Filosofia só pode alcançar a partir do estado contemporâneo das ciências particulares. Por sua vez, a Filosofia não poderia elevar-se acima das ciências particulares para tomar delas os resultados como algo pronto e meditar sobre eles a uma distância mais segura. Os problemas filosóficos encontram-se contínua e, em certo sentido, indissoluvelmente presentes nas questões mais determinadas das ciências particulares".[1] Essa

1 T. W. Adorno. "Die Aktualität der Philosophie". In: *Gesammelte Schriften I*. Frankfurt a.M.: Suhrkamp, 1973, p.333-4.

característica interdisciplinar do pensamento adorniano permitiu que seus leitores desenvolvessem pesquisas em campos distintos de saberes, colaborando com isso para a transformação da Teoria Crítica em base maior para a reflexão sobre a contemporaneidade e seus desafios. Uma transformação que influenciou de maneira decisiva a constituição de tradições de pesquisa no Brasil, a partir sobretudo da década de 1960.

No entanto, o conjunto limitado de traduções das obras de Adorno, assim como a inexistência de uma padronização capaz de fornecer aparatos críticos indispensáveis para textos dessa complexidade, fez que várias facetas e momentos do pensamento adorniano ficassem distantes do público leitor brasileiro. Foi o desejo de suprir tal lacuna que nos levou a organizar esta Coleção.

A Coleção editará os trabalhos mais importantes de Theodor Adorno ainda não publicados em português, assim como algumas novas traduções que se mostraram necessárias tendo em vista padrões atuais de edição de textos acadêmicos. Todos os seus volumes serão submetidos aos mesmos critérios editoriais. Registrarão sempre a página original da edição canônica das *Gesammelte Schriften* e dos *Nachlaß*, indicada por duas barras verticais inclinadas (//) no texto. Serão sempre acompanhados por uma Introdução, escrita por especialistas brasileiros ou estrangeiros. Tal Introdução tem por função contextualizar a importância da obra em questão no interior da experiência intelectual adorniana, atualizar os debates dos quais esta fazia parte, assim como expor os desdobramentos e as influências da referida obra no cenário intelectual do século XX. Ao final, o leitor encontrará sempre um índice onomástico. Em todos os volumes serão inseridas apenas notas de contextualização, evitando-se ao máximo a introdução de notas de comentário e explicação. Trata-se de uma convenção que se impõe devido à recusa em interferir no texto adorniano e em projetar chaves de interpretação.

Há quatro coletâneas exclusivas desta Coleção. Duas seguem a orientação temática das *Gesammelte Schriften*: *Escritos sobre música* e

Escritos sobre sociologia. Nesses dois casos, os critérios de escolha dos textos foram: importância no interior da obra adorniana ou ineditismo de abordagem (assuntos relevantes, porém pouco abordados em outros textos).

As duas outras coletâneas, *Indústria cultural* e *Escritos de psicologia social e psicanálise* justificam-se em virtude de algumas especificidades da recepção brasileira da obra de Theodor Adorno. Sabemos que um dos públicos mais importantes de leitores universitários de Adorno encontra-se em faculdades de Comunicação e pós-graduações de Estudos de Mídia. Por isso, a edição de uma coletânea com alguns textos fundamentais sobre indústria cultural e cultura de massa visa, sobretudo, alimentar o debate que ali se desenvolve. Isso também vale para outro importante público-leitor de Adorno no Brasil: os pesquisadores de Psicologia Social e Psicanálise.

Se a dialética pode ser pensada como a capacidade de insuflar vida no pensamento coagulado, então uma abordagem dialética do legado de Adorno não pode abrir mão dessa perspectiva crítica, como já sugeria o Prefácio de 1969 à segunda edição da *Dialética do esclarecimento*, obra escrita em parceria com Max Horkheimer: "não nos agarramos a tudo o que está dito no livro. Isso seria incompatível com uma teoria que atribui à verdade um núcleo temporal, em vez de opô-la ao movimento histórico como algo de imutável". Pensar o atual teor de verdade do pensamento de Adorno significa, portanto, a dupla tarefa de repensá-lo em face dos dilemas do mundo contemporâneo e refletir sobre o quanto esses dilemas podem ser iluminados sob o prisma de suas obras.

Comissão Editorial

Jorge de Almeida
Ricardo Barbosa
Rodrigo Duarte
Vladimir Safatle

Apresentação à edição brasileira Walter Benjamin e Theodor Adorno: o estupor da facticidade à meia-noite do século

Olgária Chain Feres Matos

Universidade de São Paulo, Faculdade de Filosofia Letras e Ciências Humanas, Departamento de Filosofia

A correspondência entre Benjamin e Adorno oferece ao leitor a contribuição mais valiosa na compreensão do livro das *Passagens* de Benjamin, como também da gênese do pensamento de Adorno. As cartas tematizam a questão do mito na modernidade, central tanto para a filosofia de Benjamin desde *A felicidade do Homem Antigo*, de 1916, passando pelo *Drama Barroco*, de 1924, até as *Passagens*, trabalho interrompido em 1940, como também para Adorno, do ensaio *O conceito de história natural*, de 1932, e de seu *Kierkegaard: construção do estético*, publicado em 1933, até a *Dialética do esclarecimento*, de 1944 e os ensaios reunidos em sua *Dialética negativa*, de 1966. Com efeito, assiste-se à conformação do conceito de "imagem dialética" e de "dialética negativa". Para Adorno, "a conciliação do mito é o tema da filosofia de Benjamin".[1] Mito e dialética, portanto, serão os pontos de convergência e de dissenso entre os amigos.

1 Adorno, Charakteristik Walter Benjamin. *Über Walter Benjamin*. Frankfurt: Suhrkamp, 1970. p.18.

Essa amizade começa em 1923 em Frankfurt, quando Benjamin postulava, para fins de obter o título de *Privatdozent*, seu *Origens do drama barroco alemão do século XVII.*[2] Apresentado no departamento de Estética da Universidade de Frankfurt, o *Drama Barroco,* caso aprovado, habilitaria Benjamin à carreira docente e teria evitado sua extrema penúria quando a atividade de ensaísta e crítico da cultura em revistas, jornais e programas de rádio na Alemanha foi interrompida pela ascensão de Hitler ao poder.[3]

---

2 Walter Benjamin e Theodor Adorno encontraram-se algumas vezes em Frankfurt, Berlim e Königstein, mas pouco se frequentaram, uma vez que Benjamin vivia em Berlim e Adorno, em Frankfurt. Em seguida, foram separados pela emigração – Benjamin foi levado a Paris em 1933, ano de ascensão de Hitler ao poder, e Adorno a longos períodos de permanência em Oxford, até que se estabelecesse nos Estados Unidos em 1938. Nessa época, os amigos foram constrangidos a organizar, em alguns dias ou poucas horas, encontros para a discussão de seus trabalhos, iniciando, a partir de 1929, "conversas intermináveis", como dizia Adorno, sobre o *Trabalho das Passagens,* cujo projeto Benjamin acabara de redigir.

3 Esse trabalho foi apresentado na Universidade de Frankfurt ao professor de germanística Franz Schultz, que confessa não tê-lo compreendido. Encaminha-o, então, a Hans Cornelius na área de Estética que, por sua vez, o faz seguir a seu assistente Max Horkheimer, tampouco atinente ao sentido da obra. Se Benjamin considerava Schultz um leitor mediano, o mesmo não poderia ser dito de Georg Steiner, que qualificou o prólogo do *Drama Barroco* como uma das "mais impenetráveis peças em prosa escritas em uma língua moderna". Com efeito, a obra não obedece aos cânones acadêmicos, pois é uma "escavação arqueológica" nos abismos dos "estados de alma" barrocos, uma vertigem com respeito à qual Benjamin adverte o perigo, aquele de trazer para nosso tempo um mundo espiritual carregado de contradições, a começar pelo luteranismo que manifesta um elemento germânico pagão com sua crença sombria na sujeição ao destino. Cf., Wohlfarth, "Resentement Begins at Home: Nietzsche, Benjamin and the University", *Walter Benjamin: Critical essays and Recollections.* Ed Gary Smith, Cambridge, Mass. MIT Press, 1988. Sobre

Adorno, com seus vinte anos, onze mais jovem que Benjamin, talvez tenha sido seu único aluno, pois ele próprio se colocava "na condição de quem recebe",[4] daquele que encontrara no "mestre" *a* filosofia. Tal admiração levou Adorno, em sua aula inaugural como professor na Universidade de Frankfurt, a se valer das ideias de Benjamin sem citá-lo.[5] Em carta de 17 de julho de 1931, referindo-

o barroco, catolicismo e poder, cf. Baumgarten, Jens, *Konfession, Bild und Macht, Döling und Galitz Verlag,* Hamburg/München, 2004.

4 Cf Adorno, op.cit. De fato, nos anos 1920 e 1930 Benjamin já tinha sua teoria da alegoria elaborada no *Drama barroco* (1924), os aforismos de *Rua de mão única* (1928), as reflexões sobre a perda da aura das obras de arte no capitalismo industrial no ensaio "A Obra de Arte na época de sua reprodutibilidade técnica" (1935), e sua crítica literária até os *Exposés* da *Obra das passagens* sobre a Paris do século XIX (1928-1940). Nesse período, o pensamento de Adorno começava a se formar. Até a morte de Benjamin, em 1940, Adorno publicara somente seu livro sobre *Kierkegaard: construção do estético* (1933) e alguns ensaios notáveis de crítica musical, nos quais o próprio reconhecia a influência do ensaio "A Obra de Arte na época de sua reprodutibilidade técnica". Adorno só se tornou amplamente conhecido ao final da Segunda Guerra Mundial, com a publicação da *Dialética do esclarecimento*, em 1944, das *Minima moralia*, em 1951, da *Dialética negativa,* em 1966, da *Teoria estética*, inacabada, em 1970.

5 Esse episódio viria a ser associado à carta de 10 de novembro de 1938 de Adorno a Benjamin, na qual Adorno critica o ensaio "A Paris do Segundo Império em Baudelaire" de Benjamin, propondo-lhe reformulá-lo para que fosse aceito na *Revista de Pesquisa Social*, órgao do Instituto de Pesquisa Social, que nos anos 1950 seria conhecido como Escola de Frankfurt. A correspondência que se estendeu de 1928 a 1940 atesta admiração recíproca, respeito intelectual e apoio de Adorno às dificuldades materiais do exílio de Benjamin a partir dos anos 1933. Nesse sentido, as considerações de Giorgio Agamben sobre a correspondência de Benjamin e Adorno, desfavoráveis a Adorno, são por demais restritivas ao atribuir a este um "marxismo ortodoxo" que o incapacitava a alcançar o nível de originalidade de Benjamin. Também Bruno Tackels acusa Adorno de "parasitar" o

-se a uma consideração de E. Bloch sobre a conferência de Adorno, Benjamin elegantemente sugere ao jovem professor que repare a omissão, indicando a fonte no momento da publicação do artigo:

> E agora, uma palavra [...] a respeito da menção ou não de meu nome. Sem a menor ofensa da minha parte – e espero também sem causar a menor ofensa da sua – e após estudar de perto o trabalho, cuja importância mesma me parece justificar em parte questões de outro modo subalternas relativas à autoria (subscrevo a frase sobre um materialismo desvinculado da ideia de totalidade). Mas não poderia tê-la escrito sem nela me reportar à Introdução de meu livro sobre o drama barroco, no qual essa ideia foi expressa pela primeira vez – uma ideia inteiramente inconfundível e, no relativo e modesto sentido em que pode ser reivindicada, uma ideia nova.

---

ensaio sobre a "Obra de Arte". Enzo Traverso, em sua introdução à *Correspondência* entre Benjamin e Adorno pela Gallimard escreve: "Ao longo das cartas, Adorno se revela um leitor atento dos escritos de Benjamin, extremamente fino e penetrante, a ponto de impor-se a seus olhos como um crítico privilegiado e de certo modo insubstituível, mas certamente não como um inspirador. O paradoxo reside no fato de que [...] [Adorno] adota [a postura] do mediador indispensável; por momentos, de maneira indireta, a do amigo mecenas, e por vezes até mesmo a mais detestável, a do censor." Cf. Adorno e Benjamin. "Correspondance à minuit dans le siècle", prefácio à *Correspondance* (1928-1940, Gallimard). Cf. Agamben, *Infância e História*. Ed. UFMG; Traverso, *Correspondance.* Quanto à recepção norte-americana da correspondência, ela é mais isenta, uma vez que Susan Buck Morss, em sua *Origens da dialética negativa*, reconhece a proximidade de Adorno com respeito aos trabalhos de Benjamin. Mencke, na Alemanha, sugere alguns "empréstimos" de Adorno com respeito ao trabalho de Benjamin, mas indica também influências de Adorno sobre Benjamin. Para uma visão fecunda dessa amizade e análise da recepção da *Correspondência,* cf. Gilles Moutot em seu *Essai sur Adorno* (Paris: Payot, 2010).

> Eu, de minha parte, seria incapaz de omitir a referência a meu livro. E ainda menos, nem preciso dizer, se me encontrasse em seu lugar.[6]

Em seguida, Benjamin aceitaria a proposta de uma dedicatória como compensação.[7]

O renome de Adorno como grande teórico da modernidade procede sob muitos aspectos do "Prefácio de crítica do conhecimento" do *Drama barroco,* em que Benjamin estabelece a diferença entre Conhecimento e Verdade, diferenciando o método *more geometrico*, dedutivo ou indutivo, da Ciência, daquele digressivo, próprio ao caráter indefinível da Verdade, assunto da Filosofia. Recusando as pretensões de cientificidade do neokantismo, Adorno interroga em seu *Kierkegaard: construção do estético*[8] as relações entre teoria e realidade, a partir do momento em que o conhecimento foi compreendido nos termos da ciência galilaica que constrói o real segundo a ordem de seus "resultados" (*Befunde*):

> a filosofia não se distingue da ciência [...] por um grau mais elevado de generalidade. Não é nem pela abstração das categorias, nem pela natureza de sua matéria que ela se diferencia da ciência. A diferença central é melhor dizendo a seguinte: que a ciência particular aceita seus resultados, pelo menos os últimos e mais profundos de seus resultados, como indissolúveis e fundamentados em si mesmos, enquanto a filosofia considera já o primeiro resultado que lhe é

---

6 Cf. *Correspondência*, Editora Unesp, p.58-9.

7 Cf Carta de 25.7.1931. A conferência com o título de "Atualidade da Filosofia" só viria a ser publicada nos anos 1950.

8 Adorno, como Benjamin, fracassara na primeira apresentação de seu trabalho de *Habilitation* sobre *Kierkegaard*: construção do Estético, pelo parecer desfavorável do mesmo professor Cornelius, que indeferira a tese de Benjamin.

> dado como um signo a decifrar. Para dizer claramente: a ideia da ciência é a pesquisa, a da filosofia, a interpretação.[9]

Eis por que a Filosofia que pretende apreender o sentido último da realidade não é senão uma forma de mais bem legitimá-la, pois a ciência, ao se autonomizar da filosofia, e a filosofia, ao se aproximar da ciência, não mais percebem suas determinações históricas e seu lugar na divisão social do trabalho. A perspectiva de Adorno é benjaminiana, uma vez que a teoria como interpretação compreende os fatos sociais em seu caráter de "figuras enigmáticas" que exigem deciframento, o contrário da prática estruturalmente apologética do simples registro de resultados. A Filosofia vem a ser uma "hermenêutica" ou até mesmo uma anti-hermenêutica, pois não procura resolver os "signos" na unidade de um significado segundo uma progressão unificadora. Trata-se, ao contrário, de colocá-los em "constelações cambiantes",[10] que convidam a uma "leitura fisiognômica", na qual "traços e expressões formam um conjunto coerente".[11]

Benjamin conhecia a primeira versão do trabalho de Adorno sobre Kierkegaard[12] e se entusiasma com o tratamento adorniano do barroco e do tema do *intérieur*, que Benjamin retomaria ao estabelecer uma analogia entre o *Drama barroco* e as *Passagens*. Por seu lado, Adorno reconhece, em uma carta de 5 de junho de 1935, a in-

---

9 Adorno, "Die Aktualität der Philosophie", *Gesammelte Scriften*, Suhrkamp, v.1, p.334.

10 Adorno, id. , p.335.

11 Adorno, ibid.

12 O trabalho de Adorno sobre Kierkegaard fora escrito entre 1929-1930, e reescrito entre setembro e novembro de 1932 e publicado em 1933. Cf. *Kierkegaard, Konstruktion der Asthetischen*. Suhrkamp, Frankfurt, 1966 (traduzido pela Editora Unesp em 2010).

fluência de Benjamin, e, em outra, datada de 2 de agosto do mesmo ano, enumera rubricas do *Exposé* de Benjamin sobre as "Passagens parisienses" que lhe são caras: "proto-história do século XIX", "imagem dialética", "relação entre mito e modernidade". Com efeito, Adorno, "pensador do barroco", identifica em Kierkegaard a presença da "imagem mítica", "semelhante a uma petrificação antediluviana", associando suas análises do *intérieur* à imagem dialética de Benjamin.[13] Aproximando os interiores da "fantasmagoria das mercadorias", Adorno escreve:

> todos os aspectos espaciais do *intérieur* são mera decoração; alheios aos fins que representam, carentes de um valor de uso próprio, as formas provêm e foram criadas unicamente para o próprio quarto em seu isolamento, que, por sua vez, só se configura com o conjunto que formam esses elementos. A "lâmpada em forma de flor", o Oriente sonhado que se instala com o jogo do velador da lâmpada e do tapete de junco, o próprio quarto como uma cabine de navio repleto de objetos valiosos, que flutua no oceano – esta fantasmagoria completa de decorações em ruína adquire [...] significado, não pela matéria com que foi confeccionada, mas sim a partir do ambiente íntimo que unifica os fantasmas das coisas em uma natureza morta.[14]

---

13 Cf. também Pinheiro Machado, *Bild und Bewusstsein der Geschichte*: Figuratives Denken bei Walter Benjamin. Verlag: Karl Alber, München, 2005.

14 Kierkegaard, p.65. O materialismo de Adorno assimila do *Drama barroco* a ideia de história natural. No ensaio de 1932, Adorno se refere a esse conceito, decorrente daquele de "segunda natureza" que se encontra na *Teoria do romance* de Lukács, no qual um "segmento da história se petrifica" e não mais preenche o mundo de sentido, mas o esvazia. Se na economia a mercadoria escapa ao trabalhador e a produção às leis do mercado e ao fetichismo que o determinam, na

Estas "coisas emudecidas" e "imobilizadas" são as personagens que desalojam o sujeito histórico, constituindo uma história cega, feita de objetos espacializados. Sobre isso, Benjamin anota:[15]

> Quer eu me volte à sua apresentação do tema do barroco em *Kierkegaard*, à sua análise – de fazer época – do *intérieur*, às maravilhosas citações que você fornece a partir do tesouro técnico do filósofo, repleto de alegorias, ao relato da situação econômica de Kierkegaard, à interpretação da intimidade como cidadela ou do espiritualismo como valor último do espiritismo – sempre me deparo em tudo isso com a riqueza de percepção, mas também com a perspicácia de sua avaliação.[16]

Quando da publicação do livro de Adorno em 1933, Benjamin lhe dedica uma resenha das mais elogiosas em que se lê: "[Este livro] pertence à categoria rara dessas primeiras obras nas quais um pensamento alado se revela no núcleo da crítica". Quanto a Adorno, sob o fascínio do *Drama barroco alemão*, organiza seus seminários de 1932 na Universidade de Frankfurt tomando-o por base.[17]

Nos anos de exílio, o companheirismo intelectual de Adorno e Benjamin se consolida em amizade, apesar da pressão que as circunstâncias históricas acabaram exercendo sobre Benjamin nos últimos anos de sua vida e de sua relação com o Instituto em seus

---

vida social os valores se separam dos indivíduos que os produziram, submetendo-os como "valores eternos", que é o mundo cristalizado das convenções.

15 Cf. Carta de 1 de dezembro 1932.

16 Cf. *Correspondência*, p.70.

17 Cf. Adornos Seminar vom Sommersemester 1932 über Bejmains *Ursprung des deutschen Trauerspiels.Franhurter Adorno Blatter IV,* ed. Theodor W. Adorno Archiv, München, edition Kirtik,1995.

desentendimentos teóricos.[18] Em carta de 17 de março de 1933, Gretel Karplus,[19] futura sra. Adorno, insiste para que Benjamin deixe Berlim por Paris o mais breve possível. Benjamin o faz para não mais regressar: quando da Ocupação da França por Hitler em 1940, tenta a fuga, mas suicida-se na fronteira entre a França e a Espanha, na cidade de Port Bou, rumo a Nova York.

Na correspondência, além das questões de teoria do conhecimento e de método, o tema da cultura de massa é parte integrante de suas reflexões. Tanto o "declínio da aura" do ensaio *A Obra de Arte na época de sua reprodutibilidade técnica*, quanto "a perda da auréola" de "alguns temas em Baudelaire" serão de grande valia na elabo-

---

18 As cartas trocadas entre Adorno e Benjamin são, por vezes, repletas de humor. Assim, quando se referem a Sohn-Rethel, estudioso original do pensamento de Marx que muito admiravam, os amigos o designam como "o mago da economia" e " So'n Rätsel" – " enigma-e-tanto", apesar de o tom geral da correspondência ser cerimonioso – diversamente da troca de cartas entre Gretel, Adorno e Benjamin, em que se tratam por nomes afetivos. Assim, Gretel é Felizitas; Benjamin, Detlef. Para Benjamin, Gretel "tem um ar de Katharine Hepburn".

19 Benjamin a apresentara a Adorno nos anos 1920 e somente após catorze anos de noivado Gretel Karplus será a sra. Adorno. Cartas comoventes em que se mostram um ao outro sem reservas, nelas se encontram todos os esforços de Gretel Adorno em apoio a Benjamin para buscar-lhe auxílio financeiro, já nos anos anteriores à emigração. Em carta de 1933, Benjamin refere-se a suas mais significativas amizades, com Scholem e Gretel, designando o lugar dessa correspondência em sua vida; comparando seus correspondentes a uma orquestra da qual Gretel é o "primeiro violino". Sabedora de quanto Benjamin estava ligado a Paris, procura convencê-lo a partir, enaltecendo a cidade de Nova York e os encontros que lá teria, um pouco antes de ela mesma e Adorno deixarem Oxford por Nova York. Em carta de 7 de março de 1938, Gretel escreve: "Você nem pode imaginar como eu gostaria que você também estivesse aqui [em Londres]. Meu único receio é que as *Passagens* lhe agradem tanto que você jamais vai querer se separar dessa arquitetura esplendorosa".

ração do ensaio sobre a *Indústria cultural como mistificação das massas*, de Adorno. Porque na era do capitalismo industrial se ingressa no âmbito da reprodução mecanizada das obras, a reprodutibilidade técnica contribui para o surgimento, sob as ruínas do "recolhimento" e da contemplação estética, de uma nova forma de recepção da obra de arte, o "efeito de choque" das imagens do cinema em seus milésimos de segundo na sucessão perceptiva e a "atenção distraída". Com o fim do "valor de culto" associado à obra de arte, na sociedade de massa cada um se torna um *expert*, e um "criador", de tal forma que o mercado retira também a missão poética ao poeta que perde sua auréola, abandonando-a à multidão. Qualquer um poderá se apropriar dela e utilizar as insígnias que antes pertenciam à autêntica criação. E isso porque, em ruptura com "o mundo antigo", a modernidade é o tempo do jornalismo e de seus leitores. Em "O cão e o Frasco" de seu *Spleen de Paris*, o narrador baudelairiano refere-se ao "público de rebanho", dirigindo-se a um cachorro que farejou a fragrância de um perfume sem poder apreciá-lo:

> Até você, indigno companheiro de minha triste vida, é como o público, a quem nunca se devem apresentar perfumes delicados que o exasperem, mas só imundícies cuidadosamente escolhidas.

Em 1939, Benjamin envia a Adorno, com algumas modificações, seu ensaio *A Paris do segundo império em Baudelaire*, sugerindo a publicação da parte referida ao "*flâneur*". Depois de lê-lo, Adorno escreve a Benjamin:[20]

> É difícil assinalar um ou outro aspecto particular, tanto cada momento deste trabalho está igualmente próximo do centro, e

20 Cf. Carta de 29 de fevereiro de 1940.

> tanto é bem-sucedida a construção do conjunto [...]. Nem preciso dizer que *trouvaille* representa o fragmento sobre a auréola.

O entrelaçamento de filosofia e pesquisa social foi o que lhes permitiu compreender a nascente indústria da cultura, o que aproxima, mas também diferencia os filósofos. A ideia de "perda da tradição" e da aura resultaria, para Adorno, em manipulação sem precedentes das massas; já para Benjamin, a existência dessas novas técnicas de reprodutibilidade faria que, ao mesmo tempo que controladas, as massas pudessem se ver. No ensaio sobre "A obra de arte" em sua versão de 1935, Benjamin eliminava a ideia de criatividade e genialidade na produção de uma obra, de valor eterno e de mistério, enfatizando a distinção entre a arte tradicional aurática e a arte moderna reprodutível. Se a obra de arte tradicional nasce em um contexto de culto e se fundamenta nos valores de unicidade, irrepetibilidade e raridade da obra, a arte moderna tem suas raízes no presente, vinculada aos meios técnicos de reprodução que a tornam acessível a todos, sendo, assim, uma arte de massa. Essas ideias presentes no ensaio *A obra de arte na época de sua reprodutibilidade técnica*, desaparecem no ensaio sobre *A Paris do segundo império em Baudelaire*. No fascismo, o rádio e o cinema se apoderam rapidamente das massas que perderam a "sensibilidade" à poesia e à experiência que ela propiciava:

> o jornal representa um dos inúmeros índices de uma tal diminuição [da experiência]. Se a impressa tivesse o objetivo de permitir ao leitor incorporar sua própria experiência às informações que ela lhe fornece, ela teria ido longe. Mas é bem o contrário o que ela quer e que ela obtém. Seu propósito é o de apresentar os acontecimentos de tal modo a que não possam ingressar no domínio em que se fundem na experiência do leitor. Os princípios da informação jornalística (novidade, brevidade, clareza e, sobretudo, ausência de qualquer cor-

relação entre todas as notícias tomadas uma a uma) contribuem para este efeito, exatamente como a paginação e o jargão jornalístico.[21]

Porque as notícias de jornal exigem não um público de leitores mas de consumidores, esse "embotamento do pensamento" pelo mercado se encontra também nos ensaios de Adorno *Sobre o fetichismo na música e a regressão da audição*, de 1938, e no *Ensaio sobre Wagner*. Nesse sentido, Adorno anota:

> o sucesso mercantil de um concerto de Toscanini é o simples reflexo do que se é, paga-se por ele, pelo produto, no mercado: o consumidor adora verdadeiramente o dinheiro que ele gastou em troca da entrada para o concerto.[22]

Circunstância que ocorre justamente pelo esquecimento da tradição que lhe conferia sentido e fazia dele uma experiência de conhecimento. Nesse sentido, Adorno concebe a indústria cultural aproximando a "inflação jornalística do vivido" e o "declínio da transmissão da experiência" na audição musical da teoria do esquecimento e do choque benjaminiana. Pouco mais tarde, em carta de 29 de fevereiro de 1940, Adorno se afasta da teoria da "perda da experiência", substituindo-a pela ideia de "reflexo":

> posso dizer que todas minhas considerações sobre antropologia materialista, desde que cheguei na América, centram-se na noção de "caráter reflexo" e nossas intenções mais uma vez se comunicam intensamente: pode-se, sem dúvida, ver em seu *Baudelaire* a história

21 Benjamin, *Charles Baudelaire, um lírico no auge do capitalismo*, trad. João Carlos Martins Barbosa e Hemerson Alves Baptista, in *Obras escolhidas III*. Brasiliense, 1989.

22 Adorno, GS 14, p.24-5.

primeva do caráter reflexo. Tive a sensação que o trabalho sobre o fetichismo, o único de meus textos alemães que se fixa um pouco nessas coisas, não lhe agradou muito no seu tempo, seja porque ele *toca mais do que devia no mal-entendido a propósito da salvação da cultura,* seja que, e bem estreitamente ligado ao que precede, a construção não tenha sido totalmente bem-sucedida. Mas se você tivesse a amabilidade de reler o ensaio sob este aspecto [...], talvez você pudesse se reconciliar com alguns desses aspectos.

Em uma carta anterior, a de 10 de novembro de 1938, Adorno expressa sua decepção com o ensaio de Benjamin sobre *A Paris do segundo império em Baudelaire*, enfatizando sua "limitação metodológica", o que teria inviabilizado a Benjamin analisar a poética das *Passagens.* As objeções de Adorno se baseiam no conceito marxista de mediação entre as produções culturais e a vida econômica, entre a arte e o fetichismo da mercadoria. Para Benjamin, a perspectiva marxista é insuficiente para explicar o "sentimento melancólico do mundo", a perda do significado das coisas, pois, para Benjamin, o fetichismo de Marx não favorece compreender as relações entre o orgânico e o inorgânico, entre o trabalho vivo e o trabalho morto, entre a produção e o consumo. Benjamin acolhe mais a visão de Baudelaire e a "curiosa contradição" entre a "teoria das correspondências na natureza e a renúncia à natureza".[23] Com efeito, a teoria das *correspondances* implica estabelecer similitudes entre o humano e o natural, sem que isso signifique idealizar o orgânico e naturalizar o humano, à medida que Baudelaire manifesta, em seus poemas, uma destruição alegórica do orgânico, como em *As sete velhas*, na presença constante do esqueleto e da morte. Uma tal

23 Cf. "Parque Central", *Charles Baudelaire, um lírico no auge do capitalismo. Obras escolhidas III.*

transferência do humano ao inorgânico não é uma transmissão vertical e hierarquizada da Ideia para a Matéria, porque ao final de uma vertiginosa transição nenhum dos polos permanece intacto. E, reunindo suas *Passagens* ao *drama barroco*, Benjamin entrecruza a alegoria baudelairiana e suas correspondências com a *ponderación misteriosa* de Gracian em sua *Agudeza y arte del ingenio*. Benjamin considera a *ponderación misteriosa* como o artifício sutil que introduz um mistério entre os extremos, as contingências ou as circunstâncias, com a finalidade de ponderá-las, para então chegar a uma explicação arrazoada. As contingências constituem a matéria própria aos mistérios porque dão lugar a uma meditação, a uma ponderação: "quanto mais extravagante a contingência, mais realce terá a *ponderación* [...]. A fonte dessas *ponderaciones misteriosas* é a variedade e pluralidade das circunstâncias".[24] Se na tradição escolástica a contingência permite mostrar que fatos e seres devem sua existência ao Criador, já que poderiam ocorrer de outra forma ou não ocorrer, nos tempos do capitalismo, das leis anárquicas do mercado e do apreço pelo dinheiro, a contingência é risco de não sobrevivência material e psíquica, o que implica angústia existencial, como a da poética de Baudelaire.

O ponto sensível entre Benjamin e Adorno foi, assim, a questão da dialética, "em imagens", para Benjamin, "negativa", que viria a ser para Adorno. Em outras palavras, faltaria à "feeria dialética"[25] o conceito hegeliano e marxista de "mediação". Isso significa que os "interiores" – em que o indivíduo se retira da vida em sociedade,

24 Gracian, Agudeza y arte del ingenio, *Obras Completas*, v.II, Madrid: Biblioteca Castro, 1993. p.355-7. Os discursos VI e XI são dedicados à "ponderación misteriosa".

25 Esta expressão, utilizada por Benjamin em sua primeira versão de *Paris, a capital do século XIX*, desaparece na reescrita de *Paris, capital do século XIX*.

transformando a realidade em reflexo e a subjetividade se fechando ao mundo externo – correspondem à burguesia oitocentista excluída do sistema produtivo. Por isso, para Adorno, tudo o que se encontra nos interiores são simples decoração, perdem seu valor de uso transformando-se em imagens, de tal modo que o elemento histórico, coisificado nos interiores, é a base de todo movimento dialético. Seu recalque – o que as análises de Benjamin teriam performado ao desconsiderar mediações – produz "ambiguidade", a oscilação mítica entre história e natureza. Seria essa aparência de um mundo a-histórico e natural o que Adorno criticará no conceito benjaminiano de "imagem dialética" que manteria, sem vencê-lo, um elemento mítico – o que Benjamin refutará.

A "feeria dialética" – vitrines, galerias, fotografia, cinema, rádio, dioramas, *cocottes*, apaches, *flâneurs*, trapeiros, barricadas, iluminação elétrica, catacumbas, esgotos, bocas do metrô, mercadorias – será substituída pelas "imagens dialéticas", pois estas, diferentemente do mundo maravilhoso fantasmado como incólume pelo romantismo, possibilitam incluir nelas o arcaico e o moderno, o consciente e o inconsciente. Razão pela qual o "elemento destrutivo" da dialética, o negativo que desencantaria o factual e a reificação, não é para Benjamin a *Aufhebung* de Hegel ou de Marx, uma vez que não é o passado que é destruído pelo presente que o supera, mas são as reservas do passado que destroem aspectos do presente e o abrem ao futuro; sendo incompleto,[26] o passado não poderia

26 Em carta de 16 de março de 1937, Horkheimer já lera algumas partes das *Passagens*, indicando seu desacordo com respeito à ideia de que o passado é incompleto: "a injustiça passada já aconteceu e foi completa. Os que foram assassinados foram assassinados. No fim, sua afirmação é teologia. Se se levar inteiramente a sério a falta de fechamento [do passado] deve-se acreditar no Juízo Final". Para Horkheimer, fazer justiça ao passado é reconhecer que ele e suas

ser preenchido no presente.[27] O diagnóstico do presente são as ruínas e as guerras – de religião no século XVII, do capital na modernidade capitalista – a melancolia do mundo das coisas não será redimida pelo trabalho (como no ideário da ética protestante), ou pelo conhecimento (o projeto de dominação da natureza exterior e interior pela ciência), já que precisamente o conhecimento e o trabalho condenaram a natureza inteira à melancolia e à tristeza.

Para Adorno, o *Trabalho das passagens* é limitado metodologicamente, pois pratica uma "disciplina ascética" na explicação de seus objetos, que carece de fundamentação teórica. Seu "conteúdo pragmático" (a rua, as galerias, as mercadorias) conspira contra a possibilidade de apreensão do projeto de interpretação do século XIX como um Todo. Enquanto Benjamin entrelaça a ascese da imaterialidade e um descenso pragmático para a materialidade, as ideias e as coisas, o alto e o baixo, os contos de fada e a prostituta, a alienação e a desalienação,[28] Adorno identifica nesse método uma elevação mística e um descenso positivista, aliança perversa de motivos metafísicos e materialidade empírica, desconsiderando o conceito dialético de mediação. Na carta de 10 de novembro de 1938, Adorno escreve:

---

injustiças são irreparáveis, e o luto deve ser feito, qualquer outra postura é idealista e teológica. Benjamin aceitaria e ao mesmo tempo negaria as afirmações de Horkheimer dizendo que a História não é tão somente uma Ciência, mas uma forma de memória (*Eindenken*). Se o passado só existe para a memória, ele pode ser modificado pela recordação, o que é completo se faz incompleto e o completo, incompleto. As esperanças irrealizadas do passado podem ressurgir.

27 Cf. Eduard Fuchs Der Sammler und Historiker, *Gesammelt Schirften*. Frankfurt: Suhrkamp, 1972-1989.

28 Benjamin considera a prostituta como a herdeira das fadas da literatura fantástica, pelo prazer desinteressado que ela promete, desvinculado da procriação e do *status quo* da família. Cf. *Rua de mão única*, op.cit.

Você pode entender que a leitura do ensaio *A Paris do segundo império em Baudelaire*, em que um dos capítulos se chama "O *flâneur*" e outro "A modernidade", me causou uma decepção? Na sua carta a Max em apenso você aduziu isso como sua intenção expressa, e não seria eu a negar a disciplina ascética a que você se impõe para deixar em aberto a cada passo as respostas teóricas de perguntas e deixar entrever essas mesmas perguntas apenas ao iniciado [...]. "Panoramas" e "rastros", *flâneur* e passagens, modernidade e sempre-igual, tudo isso sem interpretação teórica – será esse um "material" que pode aguardar paciente pela interpretação sem que seja consumido por sua própria aura? [...] Parece-me que esta introdução pragmática prejudica a objetividade da fantasmagoria [...], o esboço do primeiro capítulo reduz a fantasmagoria ao comportamento da boêmia literária [...]. A determinação materialista de caracteres culturais só é possível se mediada pelo *processo total*.[29]

Mas, justamente, o método benjaminiano opera uma reviravolta (*Umschlag*) dialética, em que a dialética hegeliana é *détournée*, uma vez que não se trata de mediação, mas de um acontecimento paradoxal, uma dialética sem mediação tal como se encontra no *Drama barroco*, uma dialética alegórica que é reversão entre os extremos. Essa ideia Benjamin já a formulara anteriormente em carta a Scholem de 28 de outubro de 1931, quando descreve a disposição de pinturas nas paredes de sua nova residência:

Por falar de fisiognomia, fico imaginando o que um *expert* faria do arranjo de quadros de meu apartamento. Embora nem tudo já tenha sido colocado no lugar, percebo com algum choque, que há –

29 Cf. *Correspondência*, p.399-400.

> com a exceção de um pequeno retrato de aniversário de [meu filho] Stefan – apenas quadros de santos na minha cela de comunista.

O que o próprio Benjamin ajeitara sem premeditação, o surpreende quando o interpreta, na superposição reversível de uma cela de comunista e uma cela de monge, um espaço teológico-político dominado por uma imagem ambivalente e enigmática, uma *Vexierbild*, movente, como a de Jesus que mostra, dependendo do olhar que a contempla, três diferentes representações de outros santos. Deve-se compreender a *fisionomia* metamórfica da face de Jesus como uma alegoria dessa reviravolta sem mediação que define a dialética monádica de Benjamin, em que o rosto de Jesus e dos santos, como o teológico e o político, são os extremos um do outro e ao mesmo tempo permanecem idênticos a si mesmos, mas sempre na latência de um no outro. Se, por um lado, Adorno interpela seu amigo por ser "pouco dialético" e perder a totalidade social, o fará ainda mais quando da aproximação de Benjamin e Brecht.[30]

No início dos anos 1930, Adorno, Gretel e seu amigo Scholem preocupam-se com essa nova amizade, pois Adorno não tem apreço pelo "marxismo vulgar" de Brecht "pensamento sem dialética" e "crítica sem teoria", ironicamente denominado "a polêmica pedra filosofal da Dinamarca". Adorno identifica nas análises benjaminianas e seu otimismo com respeito ao público de cinema tomado como "sujeito político", a influência deletéria de Brecht e de sua teorização do "estranhamento". Na verdade se trata do papel do intelectual na sociedade. Brecht escreve:

> deve-se tentar introduzir um domínio seguro na atitude crítica, distante do gosto da massa e do gosto individual para encontrar

30 Asja Lacis, diretora de teatro infantil na União Soviética, apresentara Benjamin a Brecht em 1929.

um fundamento científico, de modo que a crítica seja sempre algo de controlável.[31]

Não obstante as restrições de Adorno à influência de Brecht sobre Benjamin, o ensaio de Benjamin *O autor como produtor* se afasta do espírito da visão brechtiana, pois não se trata de confrontar as obras com a realidade e colocá-las a seu serviço, pois as próprias obras constituem um "meio produtivo" que "contém sua própria crítica". Se, para o marxismo de Brecht a arte deve se submeter à sociedade que a explica, para Benjamin são as obras de arte em sua autonomia com respeito ao *status quo* que, mediadas entre si, podem criticá-lo, abrindo-o a sua inteligibilidade. Em suas análises, Benjamin se reivindica do marxismo e com tanto mais empenho quanto mais ele depende do Instituto de Pesquisa Social que se quer tributário de Marx.[32]

Embora amigos, Adorno e Benjamin estavam conscientes das restrições e perigos potenciais que tal apoio institucional envolvia.[33] Adorno escreve:

---

31 Cf. Wizisla, *Benjamin und Brecht. Die Geschichte einer Freundscaft*. Shurkamp, 2004. p.314.

32 Desde pelo menos 1932 Benjamin procurava ser aceito pelo Instituto. Em novembro desse ano escreve a Adorno: "é extremamente importante que eu encontre Horkheimer, e por uma razão precisa. Se alguma coisa pudesse ou pode ser feita pelo Instituto para financiar meu trabalho, este é o momento, um momento em que meu trabalho está sendo sabotado por todos os lados". Em 1935 o Instituto oferece-lhe uma pequena bolsa para sua *Passagens*; no ano seguinte o soldo aumenta um pouco e, a partir de 1937, Benjamin integra oficialmente a lista dos membros do Instituto.

33 Se Adorno se preocupa com a "marginalidade" de Benjamin face ao marxismo do Instituto, teme também a sua. Em carta de 25 de abril de 1937 a Benjamin, Adorno refere-se a Marcuse como um pedante "professor de escola primária" (Oberlehrer), preocupado com a possibilidade de Horkheimer considerá-lo um incurável crítico,

> Sei muito bem que o Instituto e uma revista que ainda por cima é controlada principalmente por Löwenthal terão dificuldades em adotar algo diferente de um trabalho histórico-sociológico. Você não levará a mal, então, se eu quisesse ver o trabalho sobre as *Passagens* não como uma investigação histórico-sociológica, mas como *prima philosophia* no sentido que é próprio a você.

Prima philosophia é o outro nome da metafísica, um retorno ao pensamento pré-crítico, que desobedece o mandamento kantiano "de não fugir para mundos inteligíveis". Na carta marcante de 10 de novembro de 1938,[34] na qual Adorno critica *A Paris do segundo império em Baudelaire* e seu "cruzamento de "positivismo e misticismo", ele o faz por lhe parecer um cruzamento enfeitiçado ao qual Benjamin sucumbiria ao interpretar a poética de Baudelaire e estabelecer uma relação sem mediações entre suas metáforas e as condições econômicas do século XIX: o *flâneur* circula como as mercadorias, as imagens sobre a embriaguez provêm dos impostos sobre o vinho, os trapeiros surgem quando os novos procedimentos industriais deram valor ao que é desperdiçado, e as fantasmagorias de Paris são tecidas pelo mercantilismo dos escritores de folhetim,

"irritante e perverso", de quase todos os membros do Instituto, de Löwenthal a Eric Fromm, de Neurath a Lazarfeld.

34 Essa foi a carta que provocou o desconforto nas relações entre os amigos. Da correspondência de 1931 àquela posterior a 1938, passa-se de uma intimidade afetuosa e de segurança intelectual de quem "dá" e quem "recebe" a um receio de exprimir os pensamentos que pudessem ser mal interpretados por Adorno. No contexto histórico do Nazismo, da guerra e do exílio, os constrangimentos materiais e a vulnerabilidade de Benjamin, que dependia do apoio econômico do Instituto, determinaram nesse momento uma inversão de papéis. Benjamin não mais criticaria os trabalhos de seu correspondente, que agora o criticava.

com o que Benjamin cairia em um "materialismo vulgar" que deseja explicar o *spleen* pela economia de mercado. Adorno escreve:

> não receie que eu aproveite [esta ocasião] para montar meu cavalinho de pau. [...] Tento indicar o fundamento teórico de minha antipatia por esse particular tipo de concretude e seus laivos behavioristas. Outra não é a razão disso senão que reputo metodologicamente infeliz dar emprego "materialista" a patentes traços individuais da esfera da superestrutura ligando-os de maneira imediata, e talvez até causal, a traços análogos da infraestrutura [...]. Motivados que tenham sido os poemas do vinho baudelairianos pelo imposto sobre o vinho e pelas *barrières,* a recorrência desse tema nas obras dele não pode ser definida a não ser pela tendência socioeconômica total do período, [...] *sensu strictissimo*, pela análise da forma-mercadoria na época de Baudelaire. Ninguém sabe melhor que eu as dificuldades envolvidas: [meu] capítulo sobre a fantasmagoria de Wagner sem dúvida ainda não se mostrou à altura delas. O *Trabalho das passagens*, em sua forma definitiva, não poderá eximir-se dessa obrigação [...]. A abstenção da teoria afeta o material empírico. [...] O tema teológico de chamar as coisas pelo nome tende a se tornar uma apresentação estupefata de meras facticidades. Se eu pudesse falar em termos drásticos, poder-se-ia dizer que seu trabalho situa-se na encruzilhada de magia e positivismo. Esse lugar está enfeitiçado [...]. A impressão que passa todo o seu trabalho, e não só para mim com minha ortodoxia das *Passagens*, é que nele você violentou a si mesmo.[35]

35 Em seu livro *Sobre Walter Benjamin*, publicado em 1951, Adorno identifica na tendência de Benjamin em adequar seu pensamento às categorias marxistas uma "traição a si mesmo". "Identificação com o agressor" é a expressão de que se vale Adorno quando se refere ao conceito benjaminiano de crítica em *Rua de mão única*. Adorno avalia

A questão de método adquire um sentido específico, uma vez que, para Adorno, a "democratização da arte" e as "massas" contêm o mito sem vencê-lo, com o que Benjamin subestimaria a arte autônoma ao considerá-la mítica, e simultaneamente superestimaria a reprodutibilidade da obra em seu alcance político. Para Adorno, as análises de Benjamin confinavam a arte autônoma no âmbito da mentira e do mito, o que o impedia reconhecer seu poder liberador no interior da qual pode operar a própria técnica, tudo culminando em que a própria visão de arte reprodutível de Benjamin permaneceria em um isolamento edênico. Adorno desconfiava da ideia benjaminiana segundo a qual à "estetilização da política" pelo Fascismo se deveria responder com a "politização da arte". Adorno observa:

---

que o "gosto da proximidade" que as massas têm com as coisas e que destrói a "aura" das obras de arte e também a possibilidade de crítica seria uma concessão de Benjamin à "democratização" do acesso às obras de que as massas estavam excluídas anteriormente. Adorno anota: "[Benjamin] nega o conceito de crítica e o contrasta a uma práxis coletiva de que ele mesmo tinha horror, deixando-se conduzir pelo mais familiar espírito do tempo". Já anteriormente, em carta de 6 de novembro de 1934, Adorno manifestara seu descontentamento com uma resenha elogiosa de Benjamin de escritos de Max Kommerell, historiador de literatura, que Adorno conhecera na Universidade de Frankfurt. Em 1968, Adorno se expressa sobre esse mal-estar do passado: "Conheci Kommerell pessoalmente, e recebemos nossos diplomas de pós-doutorado em Frankfurt quase ao mesmo tempo. Mas nossa amizade era bastante superficial – as diferenças políticas de então eclipsaram tudo a tal ponto que nenhum verdadeiro contato entre mim e um indivíduo decididamente tão de direita poderia se estabelecer; na época eu o via como um fascista extremamente bem dotado, é verdade, e tenho certeza que ele também não me suportava. Hoje tudo isso soa estranho, mas antes de 1933 as coisas eram bem diversas [...]. Nunca pude entender a admiração que Benjamin nutria pelos seus inimigos". (carta inédita a Golffling de 4 de janeiro de 1968). Cf. *Correspondência*, p.111.

> Sua solidariedade com o Instituto, com a qual ninguém se alegra mais que eu próprio, induziu-o a pagar ao marxismo os tributos que não fazem jus nem a ele nem a você [...]. Falo não só por mim, incompetente que sou, mas igualmente por Horkheimer e pelos outros, quando digo que estamos todos convencidos de que seria de extremo benefício não somente à "sua" produção se você elaborasse suas concepções sem tais escrúpulos [materialistas]. [...] Afinal, há mais verdade na *Genealogia da moral* de Nietzsche que no *ABC* [do Comunismo] de Bukharin.

Eis por que para Adorno o ensaio *A Paris do segundo império em Baudelaire* se apresenta em sua "falta de teoria", transformando seu material empírico em um "acúmulo de pseudodados de caráter épico".

Adorno não compreende a visão benjaminiana das *Passagens*. Elas não contêm oposições dualistas porque não são um espaço de produção, como as fábricas, mas de consumo. Para além da compra e da venda, o que menos importa ao consumidor enfeitiçado é o valor de uso das mercadorias. Para Adorno, o fetichismo da mercadoria deriva do modo de produção, o fetichismo se produzindo no interior da própria fábrica. Para Benjamin, o fetichismo se manifesta não na produção das mercadorias mas em sua circulação, no consumo, com a obsolescência da lógica da mediação social. O consumo empático não difunde alienação e estranhamento, mas "identificação". O fetiche é "móvel", não se prende ao antropomorfismo do mito, encontrando-se em minerais, máscaras, árvores, portas,[36] estátuas, animais e vegetais. Liberado da corveia da utilidade, o fetiche transita entre o orgânico e o inorgânico, o fetichismo permitindo a Benjamin apreender a influência das mer-

36 Cf. o arquivo "Paris antiga, catacumbas, demolições, declínio de Paris", in *Passagens*. Belo Horizonte: UFMG, 2006.

cadorias na cognição dos indivíduos, em seu aparelho perceptivo e apreciar o fetiche em sua plasticidade e vitalismo. Nessa perspectiva, Benjamin inicia o fragmento "Embaixada mexicana", de *Rua de mão única,* citando Baudelaire: "Nunca passo diante de um fetiche de pau, um Buda dourado, um ídolo mexicano sem me dizer; aqui está talvez o verdadeiro deus".[37] Não dualizando verdade e mito, Benjamin não descende do ideário de tradição colonialista ou pós-colonial do progresso que confere ao fetiche um caráter "mítico", como as "imagens arcaicas", a-históricas e naturalizadas de Klages. Adorno considera que as reflexões de Benjamin próximas às análises antropológicas de Klages, tão "regressivas" quanto a música de Stravisnki. O fetiche pulsa no ritmo tribal da "Sagração da Primavera",[38] produzindo uma fascinação arcaica que paralisa a consciência em cultos ctônicos fascistizantes, petrificando-a. Eis o que teme Adorno, que Benjamin se aproxime perigosamente do "sono mítico" com o qual as mercadorias envolveram o século XIX e seu capitalismo de consumo. Para Benjamim, diversamente, as mercadorias saem da fábrica e se expõem nas vitrines como *nouveautés,* incorporando fetichismo e fantasmagoria, investindo a mercadoria de algo a mais que o valor de troca, pois nela há sacralidade, estranhamento, perversão e erotismo, que transfiguram o que é morto e espacializado em algo dinâmico e histórico. A natureza não é estática e idêntica a si mesma como a história não é o lugar do absolutamente novo. Aqui não opera a dialética, o "pensamento do negativo" com sua "transubstanciação alquímica do negativo em positivo" segundo um *telos* homogeneizador. O desgosto de Ador-

---

37 Benjamin, *Rua de mão única*. Trad. Rubens Rodrigues Torres Filho e José Carlos Martins Barbosa. Brasiliense, 2000, p.17.

38 Cf. Adorno, Philosophie der neuen Musik, *Gesammelte Schriften*. Frankfurt: Suhrkamp, 1999, v.XII. Cf. ainda *Ensaios sobre música e filosofia*. Orgs. Rodrigo Duarte e Vladimir Safatle. São Paulo: Humanitas, 2007.

no com a conceituação benjaminiana o leva a afirmar que o estudo de Benjamin sobre *As afinidades eletivas* de Goethe e seu livro sobre o *Drama barroco* são "melhor marxismo que suas deduções acerca dos impostos sobre o vinho" de *A Paris do segundo império em Baudelaire*.

O "estupor da facticidade" com que Adorno critica Benjamin provém da "liberação da mercadoria" da corveia da utilidade, porque há nas coisas factícias um momento humano não criado pelo trabalho, liberado da lógica do valor de uso e do valor de troca. Daí, para Benjamin, o erotismo mesclar-se ao fetichismo no *sex appeal* do inorgânico, o que faz vacilar o princípio de realidade, a distinção racionalista entre mito e razão, entre o real e seus fantasmas, tal como Benjamin já o considerava no fragmento *Panorama imperial: viagem pela inflação alemã*, publicado em 1928 em *Rua de mão única*. Época da híperinflação na República de Weimar, sua base teórica são as categorias de mercadoria e fantasmagoria.

Refletindo sobre a miséria da classe marginalizada, o centro das análises benjaminianas são as condições que impedem o reconhecimento dessa miséria:

> o que completa o isolamento da Alemanha aos olhos dos demais países europeus, o que na verdade engendra a atitude de que, ao tratar com os alemães estão tratando com hotentotes (como acertadamente já se disse), é a violência, incompreensível para os de fora e absolutamente imperceptível para os que são prisioneiros dela, com que as circunstâncias, a miséria e a estupidez submetem integralmente as pessoas a forças autonomizadas, como só pode ser a vida dos selvagens submetidos às leis tribais.

As formulações de Benjamin não se pautam pelas condições econômicas objetivas que causam a miséria, mas por aquelas que impedem apreendê-la, para talvez – e com o tempo – erradicá-la.

À hiperinflação de 1923-1924 sucedeu o período de "estabilidade relativa" de 1925 a 1928.

A hiperinflação primeiro e a sensação ilusória de segurança em seguida se combinam de forma a produzir uma atrofia progressiva do aparelho perceptivo e cognitivo na Alemanha: "os instintos de massa se tornaram confusos e alheios à vida [...], e, inclusive em casos extremos de perigo, não permitem o uso genuinamente humano do intelecto: a previsão". Vitimado pela inflação, o princípio de realidade não cede ao princípio de prazer mas se dilui nos zeros do papel-moeda que, valendo cada vez menos, os multiplicava. Metamorfoseado em brinquedo de criança, o marco alemão construía castelos de papel, ao mesmo tempo que um pacote de manteiga requeria que o dinheiro fosse transportado em grandes *containers*.[39] Com a hiperinflação, o desemprego, as multidões de mendigos e os mutilados da Primeira Guerra Mundial, Berlim era o cenário de outras fantasmagorias, das ruínas deixadas pelo Capital. Nesse sentido, a fantasmagoria se revela na inflação como fato empírico e dela decorre a "ambiguidade" como sua característica principal. Categoria epistemológica e moral, a hiperinflação é fonte de desorientação: "Todas as coisas", escreve Benjamin, "em um processo perpétuo de mistura e contaminação, estão perdendo seu caráter intrínseco, enquanto a ambiguidade desaloja a autenticidade".[40] Porque a hiperinflação obscurece a consciência, o mundo se povoa

---

39 Com a desvalorização da moeda e o preço das mercadorias alterando-se diversas vezes em um mesmo dia, perderam-se as referências mínimas dos preços. Historiadores do período anotaram que não mais se conseguia dizer se uma caixa de fósforos valia um ou mil marcos. Para a iconografia do período cf. Wolf von Eckhardt e Sandler L. Giulman. *Bertolt Brecht's Berlin*. Nova York: Anchor Books/Garden City, 1975.

40 Cf. Benjamin, *Rua de mão única – Obras escolhidas II*. Trad. Rubens Rodrigues Torres Filho e José Carlos Martins Barbosa. Brasiliense, 2000.

de fantasmagorias e fantasmas que dificultam distinguir lucidez e delírio. Mesclando hiperinflação e fantasmagoria, Benjamin decepciona Adorno porque, para Adorno, a verdadeira mediação entre psicologia e sociedade se encontra na produção e no desenvolvimento das forças produtivas. Eis por que Adorno considera que Benjamin substitui a mediação por "motivos teológicos": "o motivo teológico de chamar as coisas pelo nome, conduz tendencialmente para a exposição estupefata da mera facticidade". Se a mediação é produção social, a facticidade é o que a isola a coisa singular, que não seria senão um fragmento de realidade, privado de sociedade, um produto inerte e sem sentido algum. Mas, para Benjamin, se a facticidade é rigidez mítica, feitiço, irracionalismo, e o estupor assombro, espanto, surpresa, perplexidade, choque e trauma ambos reunidos significam um "momento de perigo".

Momento de perigo é risco e angústia. Com efeito, em carta de 4 de março de 1934, é Adorno que se refere aos comentários de Benjamim a seu *Kierkegaard,* remetendo a seu libreto para ópera, *O tesouro do índio Joe*, de Mark Twain, inspirado nas aventuras de Tom Sawyer:

> Há semanas carrego comigo uma detalhada carta em torno da questão "Tom Sawyer" já que suas linhas são naturalmente a única coisa de substância que recebi sobre o assunto. [...]. Sobre o "Tom" só direi isto: creio que as estrelas que guiam os *enfants terribles* não são propícias à peça. O que está em jogo aqui é algo bem diverso, e algo que, espero, não seja apenas exclusivo a mim. A linguagem engenhosa não é a engenhosidade das crianças, mas aquela da literatura infantil. O curso da ação, cujo centro é naturalmente a cena da caverna, não me parece tão inofensivo; se não soar arrogante, talvez me seja permitido dizer que na peça fervem ingredientes, que nada é tencionado tal como parece de início e que me

> valho do modelo infantil para demonstrar coisas bem sérias [...]. A história do nascimento da peça possui algo daqueles momentos de perigo que você sentiu falta. Certamente não se deve medi-la em confronto com Cocteau nem com o teatro épico; antes, ela se prende de perto a meu livro sobre *Kierkegaard*. O centro é a quebra do juramento, e o todo um plano de fuga: a expressão da angústia.

Pouco adiante Adorno lembrará da *Infância em Berlim*, empregando para o livro o conceito de "estupor" que ele mesmo já utilizara em seu *Kierkegaard*.

No estupor kierkegaardiano, Benjamin reconhecia "a compreensão mais profunda da relação entre dialética, mito e imagem". O estupor imerge o sujeito em zonas obscuras de si mesmo nas quais as imagens se unem à dialética, aquelas imagens dialéticas nas quais o passado mais arcaico se mistura a um futuro assim menos desconhecido; quanto às imagens do mito, elas se metamorfoseiam em estupor, pois a estupefação é a única maneira de ingressar no mito. Desse modo, o pensamento de Benjamin não é nem místico nem positivista, uma vez que Benjamin acompanha os trânsitos entre estupor e facticidade, o cruzamento de "positivismo e misticismo". Surpreende, pois, o diagnóstico adorniano sobre Benjamin, uma vez que as inversões e reversões – entre mito e ratio, iluminismo e superstição, autoafirmação e autonegação – constituem também a própria *Dialética do esclarecimento* de Adorno e Horkheimer.

Reunindo "estupor" e "facticidade", Adorno fornece a Benjamin a explicitação do significado da "empatia com a mercadoria", da identificação com a matéria inorgânica. Em resposta a Adorno, entristecido[41] mas revertendo com firmeza a crítica de Adorno a seu favor, Benjamin anota:

41 Adorno recebera o ensaio *A Paris do segundo império em Baudelaire* para publicação na *Revista do Instituto de Pesquisa Social*, e de sua aceitação dependia a continuidade do financiamento das pesquisas de Benjamin.

De fato, cabe liquidar a indiferenciação entre magia e positivismo, como você formula com pertinência. [O método filológico] da interpretação dos escritos de Baudelaire é aquele exame de um texto que avança por detalhes e fixa magicamente o leitor a ele [...]. O estranhamento, assim você o descreve em seu *Kierkegaard*, anuncia "a mais profunda percepção da relação dialética entre dialética, mito e imagem". Seria de se supor que eu recorresse a essa passagem em meu favor. Mas quero em vez disso sugerir-lhe uma correção (tal como aliás pretendo fazer em outra oportunidade quanto à definição correta de imagem dialética). Creio que se devesse dizer: o estranhamento é um *objeto* eminente de tal percepção. A aparência de facticidades fechadas, que se prende à investigação filológica e sujeita o pesquisador a seu feitiço, desaparece à medida que o objeto é construído em uma perspectiva

Seu atraso em responder inquietou Benjamin que escreve, quando de sua resposta a Adorno: "O recebimento da carta, em sua demora, como você pode imaginar, preocupou-me muito; e [quando era iminente sua chegada] meus olhos caíram um dia em um capítulo de Regius. Sob a rubrica 'À espera', lê-se: 'A maioria das pessoas espera cada manhã por uma carta. Que a carta não chegue, ou contenha uma negativa, sucede em geral àqueles que já estão tristes'. Quando dei com esta passagem, estava triste o suficiente para descobrir nela um palpite e um pressentimento sobre sua carta". Como na carta Adorno sugere a Benjamin rever o texto e não publicá-lo em nenhuma de suas partes, Benjamin, sob a pressão de suas condições de vida, escreve a Adorno: "Permita-me acrescentar uma palavra franca. Creio que seria bem pouco útil ao 'Baudelaire' se nenhuma parte do texto – fruto de um esforço que não me seria fácil comparar com meus esforços literários anteriores – tivesse acesso à revista. Primeiro, a forma impressa permite ao autor certo distanciamento do texto, o que é de incomparável valor. E, depois, permite que o texto nesse formato possa ser aberto à discussão, o que – por insuficientes que sejam seus parceiros locais – poderia compensar em certa medida o isolamento em que trabalho". (*Correspondência*, p.416-7)

histórica. As linhas de fuga dessa construção convergem em nossa própria experiência histórica. Com isso o objeto constitui-se como mônada. Na mônada ganha vida tudo aquilo que jazia em rigidez mítica na condição de texto.

A empatia com a mercadoria é o contrário da "consciência ferida" que de fora analisa acontecimentos. Ela rompe com o dualismo orgânico e inorgânico, uma vez que a dialética não é superação que suprime mas que conserva, o que permite dissolver as "facticidades incrustadas em estado de reificação". Filologicamente, Benjamin permanece no "estupor da facticidade" no círculo mágico da *Bibliothèque Nationale* de Paris, continuando a recolher, até o fim, citações densas de estupor pelas quais procurava "sentir e arrebatar o encanto", rompendo, por meio de citações,[42] a reificação.

O estupor da facticidade é, também, o de Adorno, o do "instante anterior" de seu ensaio sobre Beethoven, o átimo minimal antes da surdez, da solidão e da velhice. Em seu "estilo tardio" convivem, em continuidade e ruptura, o desenvolvimento linear do tempo e o "instante atemporal", a justaposição do antigo e do novo. Essas composições podem atestar, por seu "inacabamento", negligência ou distração. Certamente, observa Adorno, isso se devia à proximidade da morte: "esta lei [formal]", escreve Adorno,

> se revela precisamente no pensamento da morte. A morte só se impõe aos seres vivos, não às obras de arte e, no entanto, só se a viu surgir na arte como uma refração, uma alegoria [...]. Das obras só

---

42 Cf. a tese n.3 Sobre o Conceito de História, *Obras escolhidas I*. Trad. Sérgio Paulo Rouanet. Brasiliense, 1995. A citação tem também o sentido de "chamar para um tribunal", de "convocação". Para Benjamin não é a História o tribunal que, à maneira de Hegel, julga os homens, mas são os homens que julgam a História.

restam fragmentos, e a comunicação se faz, como em um código secreto por meio da vacuidade dos espaços de que o compositor se desvencilhou. Tocada pela morte, a mão do mestre libera a massa do material a que estivera habituado a dar forma; suas lágrimas e suas falhas, testemunhas da impotência de seu ego confrontado ao Ente, são sua obra final.[43]

Este "instante final" é o momento do estupor e do perigo que, ao surpreenderem, mantêm em suspenso os indivíduos em uma indecidível expectativa. Entre a vida e a morte, o instante de incerteza é de "desordem nos materiais", aquele antes do qual nada aconteceu e depois do qual tudo estará perdido, nesse não lugar entre Nova York e Port Bou.

Bibliografia básica recomendada

AGAMBEN, G. O Príncipe e o Sapo: o problema do método em Adorno e Benjamin. In: ______. *Infância e história*: destruição da experiência de origem da história. Trad. Henrique Burigo. Belo Horizonte: Editora UFMG, 2005.

AMAY, C. La Dialectique de a à b. In: ADORNO, T. W.; BENJAMIN, W. *Revue Lignes*. n.11. [s.d.]

CANEVACCI, M. Uma facticidade estupefata: por uma crítica da reificação visual. In: ______. *Fetichismos Visuais*. São Paulo: Ateliê Editorial, 2008.

GAGNEBIN, J. M. Mimesis em Adorno e Benjamin. In: DUARTE, R. (Org.). *Mimesis*. Belo Horizonte: Editora UFMG, 2001.

MOUTOT, G. *Essai sur Adorno*. Paris: Payot & Rivages, 2010.

SCHOTTKER, D. *Konstruktiver Fragmentarismus*: Form und Rezeption der Schriften Walter Benjamins. Frankfurt: Suhrkamp, 1999.

43 Adorno, Spätstil Beethovens, *Moments Musicaux*. Shurkamp, 1964, p.15.

WEIDNER, D.; WEIGEL, S. (Orgs.). *Benjamin-Studien*. v.1. München: Wilhelm Fink, 2008.

______.; ______. (Orgs.). *Benjamin-Studien*. v.2. München: Wilhelm Fink, 2011.

Correspondência
1928-1940

1. Benjamin a Wiesengrund-Adorno
Berlim, 02.07.1928

Caro sr. Wiesengrund,
suas linhas cordiais[1] me puseram na agradável expectativa do "Schubert".[2] Pois é certamente a ele que faz alusão. Só posso esperar que nesse meio-tempo o senhor o tenha levado a bom termo. Será que posso lhe pedir antecipadamente a permissão para comunicar o manuscrito também a Bloch?[3] Ler o texto com ele me seria de grande vantagem.

O senhor demonstrou tanta afabilidade e apoio pelo meu amigo Alfred Cohn[4] naquela época em Berlim que me sinto levado a lhe

---

1 A correspondência entre Benjamin e Adorno, que haviam se conhecido em Frankfurt em 1923, parece só ter ganho maior intimidade e confiança no verão de 1928, depois que Adorno passou algumas semanas em Berlim, em fevereiro daquele ano. As cartas de Adorno a Benjamin anteriores a 1933 foram deixadas no último apartamento de Benjamin, quando ele foi forçado a abandonar definitivamente a Alemanha em março de 1933, e todas desapareceram.

2 Cf. Adorno, "Schubert", in *Die Musik*, v.21, n.1, 1928/29, p.1-12 (agora em GS XVII, p.18-33). Não restou nenhum manuscrito do ensaio.

3 Ernst Bloch, que Benjamin conhecia desde 1919, tomara ciência do esboço e dos rascunhos para o "Schubert" por intermédio de Adorno e muito incentivara o autor a concluir o ensaio – cf. *Briefwechsel Adorno/Krenek* (Frankfurt, 1974), p.70.

4 Sobre Alfred Cohn (1892-1954), amigo de escola muito próximo de Benjamin, cf. Benjamin, *Briefe*, v.2, 2.ed. (Frankfurt, 1978), p.866. Desde o início de 1928 este vinha tentando ajudar Cohn, comerciante de profissão, a encontrar um novo posto: "[Benjamin] também está interessado em arranjar um emprego para um de seus amigos na mesma empresa de Gretel [Karplus], e parece que está dando certo"

participar a marcha das coisas ou, melhor dizendo, infelizmente, a liquidação da empresa na qual ele trabalha e a consequente perda de seu posto. Nenhuma das duas ainda se efetivou – a liquidação continua um segredo comercial. Mas até outubro a situação dele terá seguramente se tornado extremamente crítica, a menos que os amigos intervenham a seu favor. Nesse sentido, quero e sou obrigado a fazer agora minha parte: e isso só será possível se lhe falar de novo a respeito de meu amigo. Naturalmente entendi que o arranjo berlinense é impossível. Não foi o senhor que aventou então certas possibilidades para ele em Frankfurt?

Sei que isso basta para o senhor expressar novamente sua amizade e influência, caso haja alguma perspectiva de sucesso.

Cá estou eu com esse meu pedido, e me ocorre que pareço ter esquecido minha intenção de convidar a srta. Karplus[5] para me fazer uma visita. Mas não se trata de esquecimento. Nas últimas semanas me vi tão pressionado por uma série de tarefas e circunstâncias,[6] todas infelizmente entrelaçadas umas às outras, que não pude dar atenção à srta. Karplus.

Tão logo melhorem as coisas, espero que em breve, o senhor terá notícias de mim por meio dela.

(carta inédita de Adorno a Siegfried Kracauer, 28.02.1928). As tentativas de Adorno em Frankfurt e de Gretel em Berlim – o *arranjo berlinense* – resultaram porém infrutíferas.

5 Margarete Karplus (1902-93), posteriormente mulher de Adorno, conhecera Benjamin no início de 1928.

6 Benjamin provavelmente se refere aqui ao reinício do trabalho no artigo "Goethe" para a *Grande enciclopédia soviética* – cf. GS II [2], p.705-39. O ataque cardíaco sofrido por sua mãe em junho contribuiu para agravar a situação pessoal de Benjamin, em grande medida determinada pelo conflito entre sua planejada viagem à Palestina – cf. Gershom Scholem, *Walter Benjamin. Die Geschichte einer Freundschaft* [A história de uma amizade], 2.ed. (Frankfurt, 1976), p.185-90 – e sua renovada intimidade com Asja Lacis – cf. ibid., p.187.

Por ora, minhas sinceras recomendações.

Walter Benjamin

2 de julho de 1928
Berlim-Grunewald
Delbrückstr. 23

2. Benjamin a Wiesengrund-Adorno Berlim, 01.09.1928

Caro sr. Wiesengrund,
mal pode haver desculpa para o meu longo silêncio. Queira ler estas poucas linhas, portanto, como uma palavra de explicação. Mas antes de mais nada lhe agradeço calorosamente pelo envio do manuscrito.[7]

Quando ele me chegou às mãos eu estava por acaso na companhia de Bloch, que ficou tão impaciente para levar consigo o material para casa que, *contre cœur*, lhe fiz a vontade. Então sobrevieram circunstâncias que acabaram por tirá-lo de súbito de Berlim e não lhe deram ocasião de estudá-lo nem, por infelicidade, de devolvê-lo a mim.

E é por isso que somente nos últimos dias consegui reavê-lo. Mas como não quero somar esse contratempo a outro, o de ler o "Schubert" às pressas, decidi apenas lhe participar brevemente que poderá contar com uma resposta substantiva em uma semana, junto com um agradecimento, espero, bem menos formal.

Mas para acabar de uma vez por todas com este estorvo: a redação de *O mundo literário* respondeu pronta e entusiasticamente à

7 O manuscrito do "Schubert" e da série de aforismos "Motive III", in Musikblätter des Anbruchs, ano 10, n.7, 1928, p.237-40 agora em GS XVI, p.263-65 e GS XVIII, p.15-18). A versão que Benjamin provavelmente tinha em mãos era intitulada "Novos aforismos" ["Neue Aphorismen"].

minha sugestão de pedir ao senhor a planejada contribuição para o suplemento sobre George.[8] Eles me asseguraram que entrariam em contato imediatamente. Tive a falta de bom-senso de dar o assunto todo por certo, sem levar em conta a infinita incompetência de tais organizações. Também quanto a isso lhe peço minhas desculpas.

Antecipando mais felizes auspícios para o futuro, e por ora com cordiais recomendações,

Walter Benjamin

1º de setembro de 1928
Berlim-Grunewald
Delbrückstr. 23

Muito obrigado por tudo o que fez pelo meu amigo.[9] Como o assunto infelizmente ainda está em aberto, tornarei a ele quando surgir a oportunidade.

3. Benjamin a Wiesengrund-Adorno Berlim, 29.03.1930

Caro sr. Wiesengrund,
queira por favor me perdoar por importuná-lo.Tive a imprevidência de esquecer o nome de um dos autores que o senhor mencionou en-

8 Por ocasião do 60º aniversário de Stefan George, o semanário *Die Literarische Welt*, editado por Willi Haas para a editora Rowohlt, encomendara um questionário cujos resultados foram publicados na edição de 13.07.1928. Benjamin obviamente tentara fazer que Adorno fosse aceito como um dos colaboradores. Acerca do suplemento sobre George e da respectiva contribuição de Benjamin, cf. GS II [2], p.622-24 e GS II [3], p.1.429ss.

9 Nada se sabe a respeito das iniciativas de Adorno em auxílio de Alfred Cohn.

tre aqueles que haviam escrito sobre Kraus.[10] Creio que o nome me impressionou ao ouvi-lo mencionado por você. Lembro Liegler,[11] Hecker,[12] Viertel[13] – mas havia mais outro. Se não me engano, o senhor se referiu a eles como alunos de Kraus.

Será que o senhor teria a bondade de me informar por cartão--postal assim que possível?

Sinceros agradecimentos!

Walter Benjamin

29 de março de 1930
Berlim W
Friedrich Wilhelm Str. 15

---

10 Além de títulos dos autores mencionados na carta, Benjamin cita ainda obras de Robert Scheu e Otto Stoessl em seu ensaio "Karl Kraus", in Gs II [1], p.334-67, no qual trabalhava por essa época; não foi possível determinar se um desses dois era o autor cujo nome Benjamin esquecera.

11 Leopold Liegler (1882-1949), secretário da Academia Austríaca de Ciências, foi também secretário de Kraus até 1924; Benjamin cita seu livro *Karl Kraus und sein Werk* [*Karl Kraus e sua obra*] (Viena, 1920).

12 Theodor Haecker (1879-1945) foi um dos principais colaboradores da revista *Der Brenner*; há uma passagem sobre Kraus em seu livro *Kierkegaard und die Philosophie der Innerlichkeit* [Kierkegaard e a filosofia da interioridade] (Munique, 1913). Em sua carta, Benjamin grafara o nome do autor como "Hecker", talvez por confundi-lo com o do filólogo Max Hecker.

13 Kraus publicara poemas de Berthold Viertel (1885-1953), escritor, dramaturgo e diretor teatral, na revista *Die Fackel*; o livro de Viertel citado por Benjamin é *Karl Kraus. Ein Charakter und seine Zeit* [Karl Kraus. Um gênio e seu tempo] (Dresden, 1921).

4. Benjamin a Wiesengrund-Adorno Berlim, 10.11.1930

Caro sr. Wiesengrund,
minha mãe faleceu alguns dias atrás;[14] daí a demora destas linhas. Lamento que eu precise ser mais breve do que gostaria. Muito do que trata sua carta é de tamanha importância para mim que me aprazeria responder em detalhes; mas tenho muito trabalho urgente a fazer.[15] Suas reticências sobre o tema que propus para Frankfurt[16] correspondem de perto às minhas próprias reservas. Sinto-me assim tanto mais à vontade para adotar sua formulação: "Sobre a filosofia da crítica literária". Vou escrever a Horkheimer nos próximos dias a respeito.[17] Mas seria muito gentil se você lhe comunicasse logo essa nova formulação e acrescentasse ainda no mesmo sentido que, em vista da recente perda que mencionei, eu ficaria particularmente grato se minha palestra fosse adiada para depois do Natal – talvez meados de janeiro, digamos.

Você há de ficar satisfeito em saber que seus comentários docemente insistentes sobre a *Loja de curiosidades*[18] finalmente venceram

---

14 Ela morrera a 2 de novembro de 1930.

15 Relacionado à revista *Krisis und Kritik*, que Benjamin planejava editar em colaboração com Brecht e Herbert Ihering pela editora Rowohlt; o "Memorandum" de Benjamin para a revista contém uma lista de possíveis colaboradores, incluindo Adorno (cf. GS VI, p.619-21).

16 A planejada palestra para o Instituto de Pesquisa Social (Institut für Sozialforschung), que Benjamin provavelmente fora convidado a proferir por Horkheimer, diretor do instituto desde outubro de 1930, parece não ter se concretizado.

17 Nenhuma carta de Benjamin a Horkheimer dessa época parece ter subsistido.

18 Em setembro de 1930 Adorno lera o romance de Charles Dickens *A velha loja de curiosidades* (1841) "com enorme emoção" e o descre-

minhas inibições de natureza externa a respeito e que estou absorto no livro faz alguns dias; a consciência da forma como ele já foi lido por você faz que eu sinta como se me guiassem com uma lanterna nesses obscuros desvãos. Vi surpreendentes veios brilharem.

Como gostaria de lhe comunicar as minhas ideias mediante algo escrito, uma vez que o eco da rebentação das prolongadas e extremamente estimulantes conversas de que agora desfruto em meus encontros com Brecht[19] – ainda está por alcançá-lo. Mas a *Frankfurter Zeitung*, com a qual eu particularmente contava – penso em meu artigo sobre Kästner[20] –, está tornando as coisas positivamente difíceis. É óbvio que estão ocupados em ponderar cada uma das opções.

Li *Marxismo e filosofia*, de Korsch.[21] Passinhos para lá de vacilantes – é o que me parece – na direção correta.

---

vera como "um livro de primeira grandeza – cheio de mistérios, comparado com o qual os de tipo blochiano se revelam o fedor de latrina da eternidade que são" (carta inédita de Adorno a Kracauer, 27.09.1930). Ainda no último terço do ano Adorno escreveu sua "Rede über den 'Raritätenladen' von Charles Dickens" [Discurso sobre *A loja de curiosidades*, de Charles Dickens], que foi ao ar na Rádio de Frankfurt e depois apareceu impressa na *Frankfurter Zeitung* de 18.04.1931 (cf. gs 11, p.515-22).

19 Relacionados ao projeto para a mencionada nova revista, cujos preparativos Benjamin dividia com Brecht, a quem conhecera em maio de 1929.

20 Cf. Erich Kästner, *Ein Mann gibt Auskunft* [Um homem dá informações] (Stuttgart/Berlim, 1930); a resenha de Benjamin, intitulada "Melancolia de esquerda. Sobre o novo livro de poemas de Erich Kästner" [Linke Melancholie. Zu Erich Kästners neuem Gedichtbuch], foi rejeitada pela *Frankfurter Zeitung* e apareceu em *Die Gesellschaft* ano 8, v.1, 1931, p.181-84, agora em GS III, p.279-83.

21 Cf. Karl Korsch, *Marxismus und Philosophie* (Leipzig, 1930).

Dê notícia do destino de seu trabalho[22] assim que possível. E farei um convite à srta. Karplus quando Brecht vier me visitar da próxima vez.

Cordiais recomendações,

Walter Benjamin

10 de novembro de 1930
Berlim-Wilmersdorf
Prinzregentenstrasse 66

5. Benjamin a Wiesengrund-Adorno Berlim, 17.07.1931

Caro sr. Wiesengrund,
agora que as primeiras providências berlinenses[23] foram *tant bien que mal* tomadas, estou pronto para lhe responder. Condição prévia era que eu lesse na íntegra seu discurso inaugural[24] e o estudasse em detalhes. Também falei a respeito com Ernst Bloch, que me deu sua carta a você[25] para ler. Indo direto ao ponto: sem dúvida

22 Adorno acabara de submeter a tese "A construção do estético na filosofia de Kierkegaard" [Konstruktion des Ästhetischen in Kierkegaards Philosophie], sob orientação de Paul Tillich, como habilitação à docência na Universidade de Frankfurt, a qual foi formalmente aceita em fevereiro de 1931.

23 Ou seja, depois que Benjamin retornara do Sul da França.

24 Adorno apresentara seu discurso acadêmico inaugural sob o título "A atualidade da filosofia" [Die Aktualität der Philosophie] a 2 de maio de 1931 (publicado pela primeira vez em GS I, p.325-44). Benjamin, Kracauer e Bloch receberam cópias datilografadas.

25 A carta (inédita) de Adorno a Kracauer de 08.06.1931 dá alguma ideia das críticas de Bloch tais como esboçadas em sua carta a Adorno (hoje extraviada) e tratadas na carta de resposta de Adorno (igualmente extraviada): "... ontem recebi uma carta alentada de Ernst Bloch sobre meu discurso inaugural, e que também respondi em algum detalhe. Como o tom da carta dele coincide em muito com o seu próprio (introdução

me parece que esse trabalho como um todo é bem-sucedido, que em sua concisão mesma ele apresenta uma articulação sumamente penetrante das ideias mais essenciais de nosso círculo, e que possui todas as qualidades *pour faire date*, como dizia Apollinaire. Acho que Bloch está certo ao afirmar que a correlação entre o materialismo e as ideias em questão soa às vezes forçada, mas é plenamente justificada pela atmosfera intelectual e provavelmente pode ser defendida sempre que se trate não apenas de "aplicar" à risca o marxismo, mas antes de trabalhar com ele, e isso significa, para todos nós, pelejar com ele. Mais contundente me parece o que ele nota sobre sua crítica do Círculo de Viena.[26] Creio entender as convenientes

---

do materialismo; presumo que conversas comuns estejam por trás disso), a resposta que dei a ele é também substancialmente a resposta a você. Já pedi a ele para lhe mostrar a carta, e pedir-lhe-ia agora para lê-la assim que possível, uma vez que acredito ter defendido ali com bastante cuidado as coisas que você atacou. Acima de tudo, por que a transição ao materialismo é efetuada assim e não da perspectiva da 'totalidade'. A questão é abordada de forma menos tática do que você talvez imagina. Trata-se antes da tentativa de alcançar uma nova abordagem do materialismo, cuja direção tomo como a certa, embora esteja plenamente ciente das lacunas do projeto. A questão do ensaio integra um contexto bem concreto. É a resposta às objeções erguidas a meu 'Kierkegaard' por [Max] Wertheimer e [Kurt] Riezler, as quais reproduzi literalmente. Portanto, ela deve ser entendida à luz de uma situação bem específica. É óbvio que não quero reduzir arbitrariamente a filosofia ao ensaio. Acredito apenas que no ensaio reside um princípio que se pode tornar bastante frutífero em comparação com a grande filosofia./ Eu adoraria se você retomasse a discussão tal como a elaborei em minha carta a Bloch. Na medida em que suas objeções concernem à tática universitária, estou plenamente inclinado a concordar com você. Por outro lado, o tema que me foi exigido não me permitia criar algo muito diverso do que foi o próprio discurso. Não me ficou bem claro, aliás, o que nele tanto inflamou as pessoas. Cada um tinha uma opinião diferente. Mannheim foi o mais tolo de todos: pensou que eu tivesse bandeado para os positivistas de Viena!!!".

26 Cf. GS I, p.331ss.

considerações diplomáticas que você trouxe nesse ponto para sua formulação. É quase impossível discernir claramente até onde se pode ir nesse sentido. E é irrefutável sua crítica da evolução da fenomenologia; o que você alega sobre a função da morte em Heidegger[27] é decisivo. Aliás, o que me parece notável não é tanto a atitude diplomática em si, mas sobretudo a maneira extremamente sutil e pertinaz com que seu discurso combina essa atitude com asserções, por assim dizer, tão autorizadas – em suma, a maestria com que em certas passagens você evita a tradicional polêmica das escolas filosóficas.

E agora uma palavra sobre a questão levantada por Bloch a respeito da menção ou não do meu nome. Sem a menor ofensa da minha parte – e, espero, também sem causar a menor ofensa da sua – e após estudar de perto o trabalho, cuja importância mesma me parece justificar em parte tais questões de outro modo subalternas relativas à autoria, devo agora retirar meus comentários feitos em Frankfurt.[28] A frase que articula de forma decisiva as posições que você tomou contra a filosofia das "escolas" diz o seguinte:

"A tarefa da ciência[29] não é explorar as intenções veladas ou manifestas da realidade, mas interpretar o caráter não intencional da realidade, na medida em que, à força da construção de figuras,

27 Cf. ibid., p.327-31 e p.330.

28 Os comentários em questão, feitos provavelmente por Benjamin durante um encontro com Adorno em finais de junho ou início de julho na estação de Frankfurt, regressando de Paris a Berlim, e que agora ele acreditava dever retirar, talvez se relacionassem à questão de saber se seu nome e a *Origem do drama barroco alemão* deveriam ser expressamente mencionados e citados como fontes. Após tomar conhecimento do discurso, ou de partes dele, em Frankfurt, ele parece ainda pensar que não. Como sugere a carta de Benjamin, a leitura detida do texto e a influência de Bloch lhe fizeram mudar de ideia a respeito.

29 No discurso inaugural, Adorno diz na verdade "a tarefa da filosofia" (cf. GS I, p.335).

de imagens a partir dos elementos isolados da realidade, ela extrai as questões que é sua tarefa formular de modo fecundo". Essa frase eu subscrevo. Mas não poderia tê-la escrito sem nela me reportar à introdução do meu livro sobre o drama barroco,[30] no qual essa ideia foi expressa pela primeira vez – uma ideia inteiramente inconfundível e, no relativo e modesto sentido em que pode ser reivindicada, uma ideia nova. Eu, de minha parte, seria incapaz de omitir nessa altura a referência ao livro. E menos ainda – mal preciso acrescentar – se me encontrasse em seu lugar.

Espero que perceba nisso a grande simpatia que me despertou esse discurso a meu ver extraordinariamente importante, bem como o desejo de manter intata e alerta nossa camaradagem filosófica, como foi até hoje.

Não sei se devo expressar o desejo de que você discuta o assunto comigo caso o discurso seja publicado e você queira, como me sugeriu, nele mencionar meu nome.

Li suas "Palavras sem canções"[31] com grande prazer, em especial no que se refere à quarta e à coda das duas últimas.

Muito obrigado pela tabaqueira[32] e, como sempre, cordialmente,

Walter Benjamin

17 de julho de 1931
Berlim-Wilmersdorf
Prinzregentenstr 66

---

30 Cf. Benjamin, *Ursprung des deutschen Trauerspiels* [Origem do drama barroco alemão]. Berlim, 1928 (agora em GS I [1], p.203-430; para o "Prefácio crítico-epistemológico" [Erkenntniskritische Vorrede], cf p.207-37).

31 Cf. Adorno, "Worte ohne Lieder". *Frankfurter Zeitung*, 14.07.1931 (agora em GS 20 [2], p.537-43).

32 Provavelmente um presente de Adorno a Benjamin pelo seu aniversário em 15 de julho.

PS Caro sr. Wiesengrund,

Schoen[33] está aqui novamente e quer saber de mim todo tipo de coisas que só você pode ajudar. Você teria a bondade de responder a duas de suas perguntas, ambas para ele da maior urgência?

"Favor enviar" a seu endereço, Eschersheimer Landstrasse 33:

1) melodia e texto de sua canção favorita do "Ao portão o pedinte acorre".[34]

2) melodia de "Na montanha lá eu estava".[35]

Muito obrigado

WB

6. Benjamin a Wiesengrund-Adorno [Berlim,] 25.07.1931

Caro sr. Wiesengrund,
obrigado pela sua última carta.

Creio que agora podemos respirar. Que seu trabalho[36] apareça, esse é meu sincero, diria até meu premente, desejo. Como eu poderia ser um obstáculo ao anúncio programático de uma visão que me fala de tão perto?

---

33 Ernst Schoen (1894-1960), músico e poeta, foi um dos amigos mais próximos de Benjamin desde os tempos escolares, e desde maio de 1929 trabalhava como diretor de programas artísticos da Rádio do Sudoeste Alemão em Frankfurt; em 1933 emigrou para Londres (cf. *Benjamin-Katalog*, p.77-81).

34 Verso do "Acalanto" [Wiegenlied] de Wilhelm Taubert; sobre seu significado para Adorno, cf. *Minima moralia*, n.128 (GS 4, p.227); ver também cartas 94, 96 e 105 *infra*.

35 Até agora foi impossível identificar o verso.

36 Benjamin refere-se ao discurso inaugural mencionado na carta anterior.

Espero que lhe seja bem-vinda minha preferência da dedicatória ao mote.[37] Podemos certamente adiar nosso debate sobre sua formulação precisa até o momento da publicação. Não obstante, já comecei a consultar as citações e creio que você possa escolher entre as páginas 21 e 33;[38] talvez a segunda seja a mais representativa.

Eu lhe enviaria de imediato uma nova cópia do livro, não fosse pelo fato de o colapso da Rowohlt[39] me incapacitar ao acesso de exemplares no momento.

Agora lhe caberia ocupar-se da questão da editora[40] mais intensamente. Já pensou em Cohen em Bonn?

Você costuma escrever a Grab? Então lhe diga que tomei ciência do pedido dele,[41] mas que, em virtude de uma série de incumbên-

---

37 No espólio de Adorno não se encontram entre as cópias datilografadas nem dedicatória nem mote a Benjamin.

38 Cf. GS I, p.335.

39 Em consequência de uma crise financeira da Rowohlt Ltda., a editora Ullstein adquirira dois terços das suas ações.

40 O discurso inaugural de Adorno não foi impresso com ele em vida.

41 Desde meados de 1920 Adorno mantinha relações de amizade com o praguense Hermann Grab (1903-49), que, após graduar-se em filosofia e jurisprudência e atuar brevemente na área de chancelaria, seguiu a carreira de músico e escritor. Grab, que conheceu Benjamin por intermédio de Adorno, intercedera junto ao germanista de Praga e especialista em barroco Herbert Cysarz, mais tarde um simpatizante nazista, a fim de ajudar Benjamin a obter um cargo de professor na universidade, e nesse sentido pedira a ele, numa carta extraviada, que lhe enviasse algumas de suas publicações, as quais tencionava transmitir a Cysarz, como revela uma carta inédita de Grab a Adorno escrita em abril ou no início de maio: "Antes de mais nada quero relatar às pressas o seguinte: acabo de chegar da casa de Cysarz, a quem falei em termos entusiásticos a respeito de Benjamin; achei-o muito interessado e decidido, e constatei mais uma vez que, de todos quantos detêm um cargo acadêmico, ele é talvez o único com quem se pode contar seriamente nesse sentido. A ação de Benjamin terá primeiro de levar em conta uma profusão de aspirantes na área de

cias semelhantes para enviar meus escritos, o depósito acabou ficando sem cópias, e nem sempre é fácil consegui-las de imediato. Mas não se trata de descuido.

Já que toquei em meus assuntos, não posso deixar de lhe informar que no meu ensaio para o último número do *Mundo Literário*,[42] por algum erro tipográfico monstruoso, uma parte riscada do manuscrito acabou aparecendo como conclusão. O ensaio termina na verdade com a palavra "justo". Uma errata aparecerá no próximo número.

E agora só me resta lhe dizer que não guardo mágoa ou nada remotamente parecido que você possa recear, e que em termos pes-

---

estudos germânicos, mas todos tão inferiores (também aos olhos de Cysarz) que a concorrência por promoção acadêmica não há de pesar muito na balança. Só quis mencionar esse fato, mas não lhe atribuo importância especial. Sem querer suscitar muita 'esperança', posso dizer tranquilamente que o êxito me parece possível. Cysarz não conhece os trabalhos histórico-literários de Benjamin e obviamente só poderá expressar sua opinião após consultá-los. Peço-lhe certificar-se de que Benjamin os envie para meu endereço: A *Origem do drama barroco alemão*, o ensaio sobre *As afinidades eletivas* e outras publicações que lhe sejam de importância. Cysarz pediu particularmente [...] para ver *resenhas* ([...] que ele próprio tenha escrito a respeito de outros autores). Cysarz só poderá ler o trabalho depois da segunda metade de junho, mas pede que o enviem a ele assim que possível. O ensaio sobre Kraus não precisa ser incluído, já que de forma ilegítima guardei uma cópia do dr. Benjamin e vou repassá-la a Cysarz com a permissão dele. Isso é tudo quanto tenho para relatar no momento; seria ótimo se as coisas tivessem êxito. *A mais estrita discrição* deve ser guardada quanto ao fato de ter sido eu quem instigou a coisa toda". A intervenção de Grab resultou infrutífera (ver também carta n.8).

42 Cf. Benjamin, "Ich packe meine Bibliothek aus. Eine Rede über das Sammeln" [Desencaixotando minha biblioteca. Um excurso sobre a coleção]. *Die Literarische Welt*, ano 7, n.29, 17.07.1931, p.3-5, e ano 7, n.30, 24.07.1931, p.7ss; agora em GS IV [1], p.388-96; sobre a conclusão riscada, cf. GS IV [2], p.997ss.

soais e substantivos as coisas me foram perfeitamente esclarecidas pela sua última carta.

Com as mais cordiais recomendações,

Walter Benjamin

25 de julho de 1931

7. Benjamin a Wiesengrund-Adorno Berlim, 31.03.1932

Caro sr. Wiesengrund,
é um verdadeiro deleite ler como o senhor urde seu convite endereçado a mim[43] com a descrição do país e clima onde você se encontra, e me sinto algo embaraçado ao ver gradualmente evaporarem nossas esperanças mútuas de reviver de forma intensificada aqueles maravilhosos dias passados em Königstein.[44] Tão só pelo simples motivo de que não consegui ainda me livrar da tarefa.[45] Isso talvez se dê em começo de abril – mas até lá o tempo já terá ficado curto para vocês dois. Meu roteiro de viagem talvez se torne bem mais sinuoso

43 Adorno certamente enviara a Benjamin um cartão-postal de Ort le Trayas, situada entre St. Raphaël e Cannes, convidando-o a uma visita a ele e a Gretel Karplus, com quem Adorno lá estava passando uma temporada já de dez dias, desde meados de março.

44 A fim de trabalhar sem perturbações, Adorno costumava se demorar em Königstein im Taunus ou na vizinha Kronberg, onde Benjamin vez por outra o visitara entre 1928 e 1930. É bastante provável que Benjamin se refira aqui aos dias de setembro ou outubro de 1929, quando leu trechos dos primeiros esboços do trabalho das *Passagens* a Adorno e Horkheimer (cf. GS V [2], p.1082).

45 A fim de ganhar algum dinheiro, Benjamin compilara uma bibliografia comentada da literatura sobre Goethe para o suplemento literário da *Frankfurter Zeitung* ("Cem anos de literatura sobre Goethe"), a qual apareceu anonimamente na edição de 20.03.1932, agora em GS III, p.326-40).

do que seria em outras circunstâncias. Solicitei algumas brochuras segundo as quais se pode fazer a viagem marítima de duas semanas via Holanda e Portugal em condições humanas relativamente dignas – embora de terceira classe, claro – por 160 marcos. Portanto, é grande a possibilidade de que eu parta de Hamburgo rumo às Ilhas Baleares a 9 de abril.[46] Quer isso dê certo ou não, em breve você receberá alguma notícia precisa de meu paradeiro. Espero poder ainda alcançá-lo na Côte d'Azur. Tudo de bom para você e Gretel Karplus!

Walter Benjamin

31 de março de 1932
Berlim-Wilmersdorf
Prinzregentenstr 66

8. Benjamin a Wiesengrund-Adorno Poveromo[47] (Marina di Massa), 03.09.1932

Caro sr. Wiesengrund,

Tive de esperar tanto por sua carta que me causou grande prazer agora que ela chegou. Especialmente pelo modo como certas passagens coincidem de perto com o plano da parte propriamente culminante e conclusiva que dá fecho à "História natural do teatro",[48]

46 Benjamin na verdade partiu de Hamburgo rumo a Barcelona a bordo do vapor Catania a 7 de abril, não a 9, seguindo depois para Ibiza.

47 Atendendo um convite de Wilhelm Speyer (1887-1952), Benjamin deixara Ibiza em meados de julho e seguira para a Itália via Marselha e Nice. Ele aconselhava Speyer enquanto este trabalhava em sua peça *Um chapéu, um casaco, uma luva* [Ein Hut, ein Mantel, ein Handschuh] e receberia por isso 10% da bilheteria (cf. *Benjamin-Katalog*, p.178).

48 Cf. Adorno, "Naturgeschichte des Theaters", in *Blätter des Hessischen Landestheaters Darmstadt*, n.9, 1931, p.101-08, e n.13, 1932, p.153-56 (agora em GS 16, p.309-20); Adorno enviara a Benjamin uma cópia datilografada da seção "A cúpula" como peça de fecho (somente publicada em ibid., p.319-20).

cuja dedicatória[49] lhe agradeço ternamente. A sequência inteira surge de uma perspectiva extremamente original e verdadeiramente barroca do teatro e de seu mundo. Diria até que ela contém algo como "Prolegômenos a toda história futura do palco barroco", e que me alegra sobretudo ver como você iluminou essas relações temáticas subterrâneas na dedicatória. Mal preciso lhe dizer que essa peça resultou num rematado sucesso. Mas há também coisas primorosas na seção "Foyer",[50] como a imagem dos dois mostradores de relógio[51] e os comentários bastante sutis sobre o jejum[52] durante o intervalo. Espero muito em breve poder consultar seu ensaio para o Arquivo Horkheimer[53] – e, se me permite expressar outra variante desse desejo, junto com o ensaio o próprio número inaugural do Arquivo, que, claro, me interessa vivamente. Tempo para leitura é o que não falta por aqui. Logo vou ter esgotado toda a pequena biblioteca[54] que trouxe comigo quando parti cinco meses atrás. Você estará interessado em saber que outra vez ela inclui quatro volumes de Proust que costumo folhear. Mas falando agora de um novo livro que me chegou às mãos aqui e para o qual gostaria de lhe chamar a atenção – a Rowohlt publicou uma história do

49 A cópia datilografada com a dedicatória da parte final extraviou-se; cf. a nota de Adorno quando da publicação original desta carta: "A parte final, então inédita, era dedicada a Benjamin no manuscrito" – cf. Benjamin, *Briefe*, loc. cit., p.559).

50 Penúltima seção da "História natural do teatro" (cf. GS 16, p.317-19).

51 Cf. ibid., p.317.

52 Cf. ibid., p.318.

53 Benjamin se refere à *Zeitschrift für Sozialforschung* (Revista de Pesquisa Social), cujo primeiro número (na verdade duplo) apareceu em 1932, contendo a primeira parte do ensaio de Adorno "Sobre a situação social da música" [Zur gesellschaftlichen Lage der Musik]; a segunda parte veio à luz com o terceiro número (para o ensaio em sua íntegra, cf. GS 18, p.729-77).

54 Cf. a "Lista de escritos lidos" [Verzeichnis der gelesenen Schriften] em Poveromo entre agosto e novembro (cf. GS VII [1], p.465ss).

bolchevismo[55] da autoria de Arthur Rosenberg, que acabei de ler e que ninguém, assim me parece, poderá ignorar. De minha parte, pelo menos, sou obrigado a dizer que me abriu os olhos a várias coisas, inclusive naquelas áreas em que o destino político influi no destino pessoal. Diversas circunstâncias, a par de suas recentes alusões a Cysarz, deram-me o que pensar a tal respeito. Não me repugnaria de modo algum estabelecer algum contato com ele, mas não consigo entender muito bem por que ele próprio não tomou a iniciativa, seja diretamente, seja por uma carta de Grab, se é que ele está interessado mesmo na coisa. Não tenho dúvida de que, em situação análoga, eu de minha parte o faria no lugar dele. De resto, não são naturalmente razões de prestígio que me fazem hesitar, mas a consciência de que erros no início de tal relação tendem a se agravar proporcionalmente doravante. Imagino que a influência de Cysarz, por exemplo, bastaria para me franquear um convite para dar palestras[56] da parte de alguma associação ou instituto apropriado em Praga. Talvez você possa no devido tempo informar Grab nesse sentido. Enquanto isso, porém, devo lhe agradecer ternamente pelo convite que você anexa ao relato das sessões de seu seminário. Sei que também não lhe preciso assegurar como me seria gratificante comparecer nem como é grande o valor que confiro à perspectiva de consultar as atas até agora.[57] Claro que seria altamente desejável se pudéssemos fazer isso juntos. Mas

---

55 Cf. Arthur Rosenberg, *Geschichte des Bolschewismus von Marx bis zur Gegenwart* [História do bolchevismo – de Marx até a atualidade]. Berlim, 1932.

56 Benjamin não chegou a dar palestras em Praga; de sua parte, Adorno obviamente convidara Benjamin a uma visita no âmbito de seu seminário bissemestral sobre recentes contribuições à estética, no qual se discutiu em particular a *Origem do drama barroco alemão*.

57 Benjamin refere-se aos protocolos até hoje inéditos do seminário de Adorno.

no momento – e isso envolve também a hipótese de minha presença em Frankfurt – sou ainda menos senhor de minhas próprias decisões. Não sei quando retorno a Berlim nem como as coisas vão estar por lá. É quase certo que permaneço aqui por mais algumas semanas. Depois disso certamente terei de voltar a Berlim, em parte para regularizar o problema da acomodação,[58] em parte porque a Rowohlt parece insistir em publicar os meus ensaios.[59] Em si, a tentação de uma estada mais longa na Alemanha não é nada grande. Haverá dificuldades de toda sorte, e aquelas referentes à área de radiodifusão[60] provavelmente tornarão minhas aparições em Frankfurt ainda mais raras. Caso você saiba como andam as coisas com Schoen, queira por favor me escrever a respeito. Dele eu não tive notícias. Por hoje é só. A única coisa que queria dizer ainda é que estou trabalhando numa série de esboços relativos a memórias de infância.[61] Espero poder lhe mostrar algum deles em breve.

---

58 Cf. Briefwechsel Benjamin /Scholem, Frankfurt a.M., 1980, p.30.

59 Desde 1928 Benjamin planejava um volume de "Ensaios reunidos sobre literatura" a ser publicado pela editora Rowohlt (cf. ibid., p.23); data de 1930 um contrato que menciona, além dos já publicados ensaios sobre Gottfried Keller, Johann Peter Hebel, Karl Kraus, Julien Green, Marcel Proust, sobre o surrealismo e "Sobre a tarefa do tradutor", trabalhos a serem ainda escritos sobre André Gide, Franz Hessel, Robert Walser, "Romancista e narrador", "Sobre a art nouveau" e "A tarefa do crítico".

60 A situação financeira de Benjamin nesses anos era aliviada sobretudo por conferências radiofônicas sobre temas literários que Ernst Schoen o convidara a proferir e que ele compusera entre 1929 e 1932 para a Rádio do Sudoeste Alemão em Frankfurt; em decorrência da crescente pressão política exercida sobre as transmissões radiofônicas, primeiro pelo governo de Papen e em seguida pelas autoridades nazistas, não foi mais possível a Schoen propiciar a Benjamin tais oportunidades.

61 Ou seja, *Infância em Berlim por volta de 1900* [Berliner Kindheit um neuzehnhundert]; sobre a história da gênese e publicação, cf. GS IV [2], p.964-70, e GS VI, p.797-99.

Minhas mais cordiais lembranças,

Walter Benjamin

3 de setembro de 1932
Poveromo (Marina di Massa), Villa Irene

PS Para meu grande prazer, descobri seu "Distorção".[62] O comentário de Wolfskehl citado em minha resenha diz: "Não cabe dizer dos espiritistas que eles pescam no além?".[63]

9. Benjamin a Wiesengrund-Adorno 10.11.1932[64]

Caro sr. Wiesengrund,
soube que você voltou de Berlim.

Sou eu quem está agora a caminho de lá, e como dessa vez provavelmente só poderei passar um tempo muito curto em Frankfurt, teria enorme satisfação em marcarmos um encontro desde já.

---

62 Cf. Adorno, "Zerrbild". *Frankfurter Zeitung*, 31.08.1932 (agora em GS 20 [2], p.565ss).

63 Benjamin escrevera uma resenha do livro de Hans Liebstoeckl *Die Geheimwissenschaft im Lichte unserer Zeit* [Conhecimento secreto à luz de nosso tempo] (Zurique/Leipzig/Viena, 1932), que apareceu no suplemento literário da *Frankfurter Zeitung* em 21.08.1932 sob o título "Erleuchtung durch Dunkelmänner" [Iluminação por meio de obscurantistas] (cf. GS III, p.356-60); o texto foi distorcido por um erro tipográfico: em vez de *"im Drüben"* [no além], lê-se *"im Trüben"* [no escuro].

64 Esta carta, datada de uma quinta-feira, não traz indicação de onde foi escrita; como a data precisa em que Benjamin partiu de Poveromo é desconhecida e ele escreve na carta que já está *a caminho* de Berlim e espera chegar a Frankfurt no domingo, dia 13, é de supor que a tenha escrito após ter deixado Poveromo. Por falta de dinheiro, Benjamin fez a viagem de volta à Alemanha de carona no carro de Speyer.

Devo chegar domingo pelo meio-dia ou uma da tarde. É provável que me hospede na casa de Schoen. Domingo no final da tarde seria para mim uma hora ideal para nos vermos. Talvez você possa arranjar isso. Mais detalhes ficariam por conta de Schoen.

Já terei oportunidade de ver as provas do livro sobre Kierkegaard?

Dessa vez também estou com extraordinária disposição para encontrar Horkheimer. E por uma razão bem precisa. Se o Instituto puder e quiser dar algum suporte a meu trabalho, agora é a hora de fazê-lo, já que no momento ele está sendo sabotado[65] de todas as partes. (Você entende o que quero dizer; e entende também se lhe pedir nesse particular que trate da notícia de minha chegada com toda a reserva.)

Gostaria de fazer a Horkheimer algumas propostas relevantes a respeito de um ensaio alentado para o Arquivo, em muito semelhante ao seu.[66] Por favor lhe faça saber com urgência da necessidade de uma discussão nesse sentido.

Levo comigo um novo manuscrito[67] – um livrinho, de fato – que causará sua admiração.

---

65 Benjamin queixava-se nessa época de que as redações de jornal e as emissoras de rádio lhe fechavam as portas. Ele parece ter acertado com Horkheimer entregar o ensaio "Sobre a atual posição social do escritor francês" [Zum gegenwärtigen gesellschaftlichen Standort des französischen Schriftstellers] (cf. *Zeitschrift für Sozialforschung*, v.3, n.1, 1934, p.54-77; agora em GS II [2], p.776-803).

66 Ver nota anterior; Benjamin pensava no ensaio de Adorno "Sobre a situação social da música", mencionado na carta anterior.

67 Ou seja, o da *Infância em Berlim por volta de 1900*. Adorno relatou a impressão que lhe deixara a leitura do manuscrito por Benjamin numa carta (inédita) a Kracauer datada de 21.11.1932: "Benjamin esteve aqui. Leu-me boa parte de seu novo livro [...]. Achei-o maravilhoso e sumamente original; marca até um grande avanço em relação à *Rua de mão única* na medida em que nele toda mitologia arcaica é efetivamente liquidada e o mítico só é buscado no que é mais contemporâneo –

Cordialmente como sempre,

Walter Benjamin

10 de novembro de 1932

10. Benjamin a Wiesengrund-Adorno Berlim, 01.12.1932

Caro sr. Wiesengrund,

Interrompo minha leitura do livro sobre Kierkegaard[68] por um instante para lhe dar enfim alguma ideia (ainda provisória) da impressão que vem me causando esse trabalho extremamente interessante e significativo. Trata-se, por assim dizer, de uma leitura *em* Kierkegaard. Nessa altura não me sinto competente para falar sobre a condução do argumento e a estrutura do texto. E falta ainda a conclusão. Estou na expectativa de esclarecimento decisivo a partir do exemplar completo. De posse das provas, é grande a tentação de se perder folheando páginas, tentação essa positivamente recompensada. Quer eu me volte à sua apresentação do tema barroco em Kierkegaard, à análise – de fazer época – do *intérieur*, às maravilhosas citações que você fornece a partir do tesouro técnico do filósofo, repleto de alegorias, ao relato da situação econômica de Kierkegaard, à interpretação da intimidade como cidadela ou do espiritualismo como valor último do espiritismo – sempre me

---

sempre no que é 'moderno'. Estou convencido de que ele também lhe causará grande impressão".

68 Benjamin estava lendo grande parte das provas do livro de Adorno sobre Kierkegaard. Entre setembro e novembro Adorno retrabalhara completamente o texto, que apareceria sob o título *Kierkegaard. Construção do estético* [Kierkegaard. Konstruktion des Ästhetischen] em janeiro de 1933 pela editora J.C.B. Mohr (Siebeck) de Tübingen (agora em GS 2, p.7-213).

deparo em tudo isso com a riqueza de percepção, mas também com a perspicácia de sua avaliação. Desde os últimos versos de Breton (o "Union libre"),[69] nada me atraiu tanto a meu próprio domínio quanto sua exploração dessa terra da intimidade de cujo destino seu herói jamais retornou. Assim é que ainda existe, afinal, algo como trabalho conjunto; e ainda existem frases que permitem a uma pessoa representar outra. Aliás, não posso saber, mas desconfio que seu livro deve muitíssimo à total reelaboração a que você o submeteu no momento mesmo em que o dera por concluído. Nisso reside uma misteriosa condição do sucesso, algo em que bem vale a pena refletir.

Por hoje é só. Mas gostaria ainda de acrescentar que, entre seus trabalhos mais curtos, poucos são os que estimo tanto quanto o ensaio sobre "Os contos de Hoffmann".[70] Bloch, com quem falei ontem, também tem toda uma predileção por ele. A segunda parte da crítica sociológica da música[71] é a próxima coisa de que me ocupo.

Cada cinco minutos livres que tenho é dedicado à Infância em Berlim. Até onde terei sucesso ao adicionar novas peças às antigas[72] eu não sei. Mas nesse meio-tempo fiz profundas mudanças em alguns dos esboços. Foi muito gratificante ver como G K [Gretel Karplus] respondeu a algum material que li para ela. Esse encontro com ela me propiciou descobrir que ela mantém relações bem amigáveis com a "Parca".[73] Uma ou outra dificuldade com

---

69 Esse poema de André Breton apareceu em 1931.

70 Cf Adorno, "Hoffmanns Erzählungen in Offenbachs Motiven" [Os contos de Hoffmann nos motivos de Offenbach]. *Theaterwelt. Programmschrift der Städtischen Bühnen Düsseldorf*, v.8, n.2, 1932/33, p.17-20 (agora em GS 17, p.42-46).

71 Benjamin refere-se ao ensaio de Adorno "Sobre a situação social da música", loc. cit. (carta n.8, nota 53).

72 Cf. a nota do editor em GS IV [2], p.965.

73 Identidade desconhecida.

as autoridades daqui acerca de minhas instalações[74] talvez torne aconselhável entrar em contato com alguma associação de artistas local a respeito de meu ateliê. Trata-se portanto de um assunto confidencial, e está exclusivamente em questão um arranjo apropriado. Será que você poderia obter acesso a uma tal associação? Soube de alguma coisa de Praga?

Cordiais recomendações,

Walter Benjamin

1º de dezembro de 1932
Berlim-Wilmersdorf
Prinzregentenstr 66

11. Benjamin a Wiesengrund-Adorno Berlim, 14.01.1933

Dr. Walter Benjamin

Berlim-Wilmersdorf
Prinzregentenstr. 66
14 de janeiro de 1933

Caro sr. Wiesengrund,

Só quero lhe informar com brevidade que consegui fazer que a *Vossische Zeitung* me permitisse resenhar seu livro sobre Kierkegaard.[75]

---

74 A 7 de agosto, Benjamin já havia escrito a Scholem de Poveromo: "As autoridades querem que me mude do apartamento em Berlim, algo que, de um lado, calha perfeitamente com minhas dificuldades financeiras e, do outro, com minha falta de inclinação a perseverar na batalha inútil por um lugar ao sol na imprensa ou no rádio aqui em Berlim" (*Briefwechsel Benjamin/Scholem*, loc. cit., p.25).

75 A resenha de Benjamin, abreviada em um parágrafo (cf. Benjamin, *Briefe*, loc. cit., p.581), apareceu sob o título "Kierkegaard. O fim do idealismo filosófico" [Kierkegaard. Das Ende des philosophischen

Não foram fáceis as tratativas, pois nunca publiquei resenhas com eles antes. Mas como por enquanto quero me manter afastado do *Mundo Literário*, e de um modo ou de outro vou acabar por resenhá-lo para eles (pois se não mencionar o livro por lá ele ficará sem resenha), pareceu-me importante assumir a tarefa, que de outro modo poderia caber a algum incompetente. Concordei com a condição de restringir-me a duas páginas e meia datilografadas; mais que isso eles jamais poriam à disposição de nenhum resenhista.

Infelizmente cometi o erro de repassar as provas que você me enviou a meu amigo Gustav Glück,[76] o qual saiu em férias. Como o jornal ainda não me forneceu o livro, talvez lhe possa pedir que me envie uma cópia o mais breve possível. Quero iniciar o trabalho sem mais demora.

Assim uniremos nossas forças e nos alegraremos mutuamente com o fato.

Com as mais cordiais recomendações,

Walter Benjamin

12. Benjamin a Wiesengrund-Adorno Paris, 29.01.1934

Caro sr. Wiesengrund,

Há circunstâncias nas quais as dificuldades e riscos inerentes a uma longa separação assumem o seu verdadeiro peso. Tal foi o que

---

Idealismus] na *Vossische Zeitung* de 02.04.1933 (agora em GS III, p.380-83).

76 O vienense Gustav Glück (1902-73), que Benjamin conhecera em 1930, foi diretor da área externa do banco Reichskreditgesellschaft em Berlim até 1938; em seguida emigrou para a Argentina, depois da guerra tornou-se membro da diretoria do Dresdner Bank em Frankfurt a.M. e viveu seus últimos anos novamente em Viena.

aconteceu no tocante ao *Tesouro do índio Joe*.[77] Na relação que temos já faz alguns anos, rara foi a vez em que um trabalho de maior volume chegou às mãos do outro em sua forma simples e acabada. Ao ler essa peça, quis vez por outra que tivéssemos podido discutir o projeto em detalhe. Desejo um tanto egoísta, talvez; mas como teria aliviado o meu presente apuro se tivesse sido realizado! Você logo teria visto que a própria natureza do material – à parte toda a questão musical, sobre a qual não me arrisco a nenhuma opinião – parece-me pouco promissora. Não estou bem certo se você não a mencionou para mim, a não ser pelo título. Se assim foi, esse Mark Twain ficara para mim apenas como um título. Mas não mantivemos um verdadeiro contato durante o período de gestação do projeto, e as circunstâncias que levaram a tanto[78] talvez o tenham motivado a recolher-se ainda mais fundo em seu próprio trabalho. Seja como for, meu prolongado silêncio o terá certamente alertado para as notáveis dificuldades que obstaram minha resposta nesse caso. Se me decidi agora a expressá-la, você também reconhecerá nisso – na medida em que der mais peso ao fato de *que* e não a *como*

77 Cf. Adorno, *Der Schatz des Indianer-Joe. Singspiel nach Mark Twain* (editado e posfaciado por Rolf Tiedemann). Frankfurt a.M., 1979. Adorno escreveu o libreto dessa opereta baseada no *Tom Sawyer* de Mark Twain entre novembro de 1932 e agosto de 1933. Da parte musical, só completou "Duas canções com orquestra" (cf. Adorno, *Kompositionen*, ed. Heinz-Klaus Metzger e Rainer Riehn, v.2: "Kammermusik, Chöre, Orchestrales". Munique, 1984, p.63-72). Adorno já enviara o manuscrito do libreto a Benjamin no verão de 1933 e não recebera resposta. Gretel Karplus lhe solicitara repetidas vezes manifestar sua reação à peça, pela última vez em sua carta (inédita) de 20.01.1934: "Teddie lhe enviou no verão o manuscrito do Tom e aguarda desde então com ansiedade seu juízo e uma carta".

78 Alusão à tomada de poder por Hitler, que levou à emigração de Benjamin em março de 1933, ao passo que Adorno permaneceu na Alemanha até o início de 1934.

eu o faça – uma imagem imaculada de nossa relação. Muito mais me agradaria tê-lo cumprimentado em detalhe pelo seu esboço de crianças em "A quatro mãos outra vez"[79] – a última coisa que li de sua autoria. Ele me fala de mais perto do que a atmosfera na qual sua ópera envolveu a infância. Creio ter compreendido sua intenção. Ou muito me engano ou é difícil ver como, depois de Cocteau, isso poderia ter sucesso. Pois em seu *Enfants terribles*[80] tudo se desenrola *mais perigosamente*. E é de fato tal perigo que fornece a medida para dar forma àquilo que você parece – no sentido mais elevado – ter pretendido. Você pode estar certo de que não ignoro passagens de extrema beleza na peça. Sobretudo as cenas na caverna. Mas se trata da redução ao idílico, tal como expresso tanto pelas músicas quanto pelo curso da ação, coisa incompatível, a meu ver, com o conteúdo a que você se consagra. Pois de fato a infância só se deixa invocar tão imediatamente à custa de sangue sacrifical. Em Cocteau ele corre abundante. No seu caso, o tom direto, rústico do diálogo acaba por estancá-lo.

Sem incluir nessas linhas outra pretensão que não aquela inerente a meu mais pessoal juízo, peço-lhe que veja nelas solidariedade não menor que, na época, expressei em meu juízo *público* sobre seu *Kierkegaard*.

Cordiais recomendações,

Walter Benjamin

29 de janeiro de 1934
Paris VI
1 Rue Du Four
Palace Hotel

79 Cf. Adorno, "Vierhändig, noch einmal". *Vossische Zeitung*, 19.12.1933 (agora em GS 17, p.303-06).

80 Romance de Jean Cocteau publicado em 1929, em Paris.

13. Wiesengrund-Adorno a Benjamin Berlim, 04.03.1934

Berlim N 20, Prinzenallee 60, casa dos Karplus
4 de março de 1934

Caro sr. Benjamin,

há semanas carrego comigo uma detalhada carta em torno da questão do *Tom Sawyer*, já que suas linhas são naturalmente a única coisa de substância que recebi sobre o assunto. Mas nesse meio-tempo Felicitas[81] me pôs a par de sua situação extremamente crítica[82] e,

81 Cognome dado por Benjamin a Gretel Karplus a partir da protagonista feminina da peça *Um chapéu, um casaco, uma luva*, de Wilhelm Speyer, na qual Benjamin colaborara (ver nota 47, carta n.8). A variação da ortografia – Adorno e Gretel Karplus costumam escrever *Felicitas*, enquanto Benjamin, Felizitas – foi mantida no texto. Por sua vez, Gretel tratava Benjamin pelo prenome de seu pseudônimo, *Detlef Holz*.

82 Benjamin descreve sua situação numa carta não datada a Gretel Karplus (provavelmente de fim de fevereiro de 1934): "O que será de mim? [...] Enquanto isso a situação está ficando cada vez pior. Até hoje bastou para o que havia de mais básico – agora não basta mais. As últimas duas semanas – depois que paguei pelo quarto – foram uma série de decepções. [...] Mas basta disso. Sem você só poderia enfrentar as próximas semanas com desespero ou apatia. Não sou mais um diletante em nenhum desses ânimos./ Na minha situação mal tenho forças para tratar dessas questões. Há dias que estou aqui deitado – simplesmente para não precisar de nada nem para ver ninguém – e trabalho tão bem quanto posso./ Considere o que puder para ajudar. Preciso de mil francos para cobrir as despesas mais essenciais e chegar até março" (GS V [2], p.1099). Em carta (inédita) de 03.03.1934, Gretel respondeu a Benjamin: "Foi muito bom que sua penúltima carta ainda tenha pego Teddie por aqui, você certamente me perdoará por tê-la lido para ele – pois tal ação não ficou sem resultado. Hoje só lhe mencionarei o assunto brevemente, Teddie dará mais detalhes de próprio punho. Trata-se da família Herzberger de meu antigo *compagnon*; eles são amigos dos Wiesengrund há décadas, e creio que você mesmo conheceu Else em Frankfurt. Com a ajuda de

nessas circunstâncias, bem posso imaginar que toda discussão estética mais dilatada só haveria de parecer um insulto.

Preferi assim lhe fazer chegar algo, e tal por intermédio da sra. Herzberger,[83] na casa de quem você esteve certa feita em Frankfurt na minha companhia, e por minha tia,[84] que se encarregou da ação junto à sra. Herzberger quando esta se encontrava por acaso em Frankfurt (ela mora na verdade em Neunkirchen, onde é proprietária de um negócio). Minha tia me escreveu que a ação teve algum sucesso. Ainda não posso supor qual seja a quantia,[85] e cabe contá-la modesta, mas ainda assim afastará o perigo iminente. Expliquei o quadro todo nos termos mais urgentes e roguei que algo fosse feito sem demora; quero crer que isso aconteça oportunamente. Seja como for, eu ficaria grato pela pronta informação sobre todo o assunto para que possa, caso necessário, exercer mais pressão a seu favor.

Agathe, tia de Teddie, tentamos engajá-la e possivelmente ao irmão dela, Alfons, na sua causa, e nos foi prometida *positivamente* alguma ajuda". Benjamin, que desde o início de 1933 vinha recebendo ajuda financeira de Gretel a par dos honorários cada vez mais escassos provenientes da atividade jornalística, começou a receber a partir de abril de 1934 a soma mensal inicial de cem francos suíços do escritório genebrino do Instituto de Pesquisa Social.

83 A comerciante Else Herzberger (1877?-1962) foi uma amiga de longa data dos pais de Adorno, sobretudo de sua tia e sua mãe. Para uma imagem de Else Herzberger, ver a peça "Heliótropo" em *Minima moralia* (GS 4, p.199-201).

84 A pianista Agathe Calvelli-Adorno (1868-1935), irmã da mãe de Adorno, viveu também na casa dos pais dele. O pai de Adorno, Oscar Wiesengrund (1864-1946), um abastado comerciante de Frankfurt, passara vários anos na Inglaterra durante a juventude antes de se casar com a cantora Maria Calvelli-Adorno (1864-1952). Os pais de Adorno deixaram a Alemanha no início de 1939 e foram primeiro para Cuba; a partir de meados de 1940, viveram em Nova York.

85 A contribuição montou de fato a 450 francos franceses (ver também carta n.19).

Outro plano[86] ainda não amadureceu, já que a pessoa em questão, que mora em Paris, lá não se encontra no momento. Mas aqui também farei o que estiver ao meu alcance.

Sobre o *Tom* só direi isto: creio que as estrelas que guiam os *Enfants terribles* não são propícias à peça. O que está em jogo aqui é algo bem diverso, e algo que, espero, não seja apenas exclusivo a mim. A linguagem engenhosa não é a engenhosidade das crianças, mas aquela da literatura infantil; o curso da ação, cujo centro é naturalmente a cena da caverna, não me parece tão inofensivo; se não soar arrogante, talvez me seja permitido dizer que na peça fervem ingredientes, que nada é tencionado tal como aparece de início e que me valho do modelo infantil para demonstrar coisas bem sérias: tanto é que me importa mais a demonstração baseada no modelo infantil do que a evocação da infância. A história do nascimento da peça também possui algo daqueles momentos de perigo de que você sentiu falta. Certamente não se deve medi-la em confronto com Cocteau nem com o teatro épico; antes, ela se prende de perto a meu livro sobre Kierkegaard. O centro é a quebra do juramento, e o todo, um plano de fuga: a expressão da angústia. Se a tomar nas mãos novamente, talvez ela lhe mostre uma faceta melhor; mal posso acreditar, justo em se tratando desse trabalho, que você, seu leitor ideal, tenha falhado uma apreciação. Aliás, você conhecia não só o plano geral, mas também duas cenas (a do cemitério e a da casa assombrada) que li na casa de Schoen, naquela mesma tarde[87] em que você nos leu as primeiras peças do trab– (quase escrevi: trabalho das *Passagens*![88] Que lapso!), quer dizer, da

86 Adorno considerara tentar interessar o irmão de Else Herzberger, Alfons, em tornar-se objeto da dedicatória do trabalho das *Passagens* (ver a sequência da carta); a ideia é elaborada na carta n.15.

87 Em novembro de 1932, quando Benjamin se deteve em Frankfurt no caminho de volta de Poveromo (ver carta n.9).

88 Os fragmentos do inacabado trabalho das *Passagens*, no qual Benjamin trabalhou de 1927 até o ano de sua morte (cf. GS V). Em sua carta

Infância em Berlim. Isso somente como defesa contra a acusação de ter lançado algo de imprevisto. No que se refere à música 9,[89] as coisas já estão em curso.

Mas como de fato anda o trabalho das *Passagens*? Passou-me pela cabeça a ideia de que poderíamos seguir uma de nossas duas ações (a segunda, ainda pendente) ao modo antiquado de uma dedicatória formal por meio daquele nosso amigo. Não sei se vou conseguir que ele faça isso, mas gostaria de saber de antemão o que acha da ideia. Claro que nem preciso lhe dizer quanto está em jogo meu interesse baixo e egoísta de aprender de cor o trabalho *das Passagens*! E talvez o suporte de encargo tão preciso não fosse desfavorável à obra.

Tenho muito trabalho a fazer, alguns bem curiosos. No momento estou escrevendo um longo ensaio sobre a crise da crítica musical para a revista *Musik*.[90] São estreitos os laços dele com meu tratado músico-sociológico.[91]

Fiel e cordialmente,

Teddie Wiesengrund

---

a Horkheimer de 08.06.1935 Adorno se referiu desta forma à obra: "Pollock contou-me que Benjamin lhe explicara em Paris o projeto do trabalho 'Paris. Capital do século XIX', a obra que eu e Benjamin conhecíamos como 'trabalho das *Passagens*' e que foi o centro de nossas discussões durante os últimos dez anos. Disse a Pollock que considero esse trabalho a genuína *chef d'œuvre* de Benjamin, algo do maior alcance teórico possível e – se tal palavra nos for permitida – de genial concepção" (GS 7 [2], p.860).

89 Ver nota 77, carta n.12.

90 O ensaio de Adorno "Zur Krisis der Musikkritik" (agora em GS 20 [2], p.746-55) não apareceu em *Die Musik*, mas na revista musical vienense 23, editada por Ernst Krenek e Willi Reich (*23 – Einer Wiener Musikzeitschrift*, n.20/21, 25.03.1935, p.5-15).

91 Cf. Adorno, "Sobre a situação social da música", loc. cit. (carta n.8, nota 53).

14. Benjamin a Wiesengrund-Adorno Paris, 09.03.1934

Caro sr. Wiesengrund,
se prolongado foi o silêncio entre nós nesse ano que passou, memorável e decisiva foi a forma com que, de sua parte, você tratou de rompê-lo. Pode acreditar em minhas palavras quando digo que estou profundamente tocado, e assim permanecerei, pela sua atitude em relação a tudo quanto vem discutido em sua carta.

Queira por favor também dizer à sua tia quanto me sinto obrigado à bem-sucedida intervenção dela. Guardo esperanças de um dia poder agradecê-la em pessoa.

Mas espero também não ter de protelar indefinidamente um encontro entre nós.[92] Isso me é agora tanto mais urgente quanto termos de discutir o *Tom* a fundo. Desde a primeira vista me pareceu óbvio que, como diz o ditado beduíno, a morte está nas dobras do casaco de Tom. E as reservas expressas em minha carta diziam respeito não às suas intenções, mas à execução. Mas tudo depende do conceito de "modelo infantil", e a fim de discuti-lo e elaborá-lo dependo de sua presença aqui.

Se você conseguir vir, um de meus maiores desejos seria lhe revelar vários aspectos da Bibliothèque Nationale, coisas que a ninguém empolgaria mais do que a você.

De fato, a biblioteca contém uma das mais notáveis salas de leitura do mundo,[93] e trabalhar lá é como estar rodeado por um cenário de ópera. Só é de lamentar que às seis ela já esteja fechada –

---

92 Referência a um comentário numa carta inédita de Gretel Karplus a Benjamin de 03.03.1934: "Teddie ainda se acha em Berlim, mas seguirá para Londres via Frankfurt no correr da semana que vem para tomar pé do lugar, já que não há nada urgente por aqui – no caminho de volta talvez ele passe por Paris". O encontro não se concretizou.

93 Cf. ilustração n.80 no *Benjamin-Katalog*, p.226.

uma medida que deriva da época em que o teatro começava nesse horário. Minhas *Passagens* tornaram a reviver, e foi você quem soprou as brasas – que não poderiam estar mais vivas do que me sinto eu próprio. Desde que tornei a sair novamente, passo na verdade o dia inteiro lá na sala de leitura e terminei até por me habituar ao regulamento um tanto oficioso do lugar.

Uma de minhas descobertas mais interessantes, por mais incrível que pareça, foi um livro alemão com que você talvez ainda não tenha deparado, mas que lhe há de ser acessível em uma biblioteca próxima: a história, em quatro volumes, das associações dos operários franceses, da autoria de Engländer.[94]

Minhas noites são curtas. Durmo tarde e acordo cedo. Estas linhas lhe fazem chegar a primeira luz de um dia que foi animado pelos sinos de Saint-Germain e acalentado novamente pelo som da chuva.

Cordiais lembranças,

Walter Benjamin

9 de março de 1934
Paris VI
1 Rue Du Four

15. Wiesengrund-Adorno a Benjamin Berlim, 13.03.1934

Berlim, 13 de março de 1934

Caro sr. Benjamin,
agradeço-lhe de coração sua última carta, que me foi encaminhada para cá – permaneço aqui durante a Páscoa, então sigo para Frank-

94 Cf. Sigmund Engländer, *Geschichte der Französischen Arbeiter-Associationen*. Hamburgo, 1864, 4 v.

furt por uma semana e depois para a Inglaterra, onde uma oportunidade universitária[95] parece estar gradualmente se cristalizando. Fico muito feliz de que meus esforços a seu favor tenham tido algum êxito. Há uma ou outra coisa que gostaria de lhe perguntar a fim de assegurar o prosseguimento dessa assistência: sobretudo se o que foi obtido até agora[96] é suficiente para lhe propiciar uma base, dado que nos seja possível conferir certa regularidade ao fato, ou se você considera oportuno que eu exerça alguma pressão a mais junto às mesmas pessoas – o que, se a assistência for por demais modesta, seria bastante apropriado e até necessário, mas do contrário só faria prejudicar o quadro. Você compreenderá que, no seu interesse e no interesse do plano a ser adotado, seria útil a mim enxergar a questão claramente. Além disso, gostaria de saber o que acha de minha sugestão sobre uma dedicatória para o *trabalho das Passagens*. Nesse caso caberia interessar o irmão (residente em

---

95 Numa carta (inédita) a Kracauer de 05.07.1935 Adorno fez um resumo do que alcançara na Inglaterra: "... estou em Oxford na condição de *advanced student* (não, como murmuram, de *fellow* ou *professor*) vinculado ao Merton College e estou escrevendo um livro de fundo epistemológico bastante vultoso, no sentido externo e talvez também interno, o qual por enquanto traz o título 'As antinomias fenomenológicas' e o subtítulo 'Prolegômenos à lógica dialética'. Espero poder utilizar uma das partes, a análise da intuição categórica, como dissertação em inglês. Um sucesso que posso relatar é que me elegeram membro da altamente seleta Oxford Philosophical Society. As perspectivas para o futuro podem não ser assim tão más. Mas ainda resido temporariamente em Oxford e meu domicílio, como antes, continua Frankfurt". De início, Adorno esperara obter um cargo docente em Oxford ou em Londres (cf. *Briefwechsel Adorno/Krenek*, loc. cit., p.43ss.).

96 A soma em dinheiro recebida por Benjamin montou a 450 francos franceses (cf. carta n.13). Adorno, sua tia Agathe e Else Herzberger contribuíram cada um com um terço, tal como Gretel Karplus informou a Benjamin em 19.04.1934 (ver também carta n.19).

Paris) da senhora que seria a principal envolvida dessa vez. Ele é um homem difícil, não será fácil você se dar com ele (não menos do que ele é para mim: um intelectual frustrado que virou comerciante e em seus sucessos práticos e nas respectivas consequências ainda gosta de externar seu ressentimento sobre tudo o que de outro modo falhou em sua vida), mas, se a pessoa souber abordá-lo corretamente, ele é de extraordinária generosidade e, em situações de apuro, um amigo como poucos, capaz de responder à sua sina em mais de um aspecto. No momento ele não está em Paris, mas me escreveu que logo retorna, e tenho motivo para supor que este seria um momento relativamente oportuno para envolvê-lo. E nesse sentido, pelas razões que já mencionei, algo como a dedicatória seria extraordinariamente adequado, mas apenas, claro, se ele se dispusesse a um auxílio substancial – seja como for, você compreenderá minha insistência nesse ponto. Por favor me responda tão logo possível.

De resto, houve ainda este outro avanço: consegui também interessar o sobrinho da senhora que mencionei,[97] o qual está morando aqui no momento e, embora não seja ele próprio rico, tem inúmeros contatos e se desdobra a seu favor. Ele recorreu a um amigo dele parisiense, um tal de sr. Schwartz[98] (com o nome comercial Martin), que está disposto a fazer algo para ajudar e tentou repetidas vezes, em vão, contatá-lo no hotel, não sei se por telefone ou pessoalmente. Esse Schwartz seria um homem ativo e

97 Arnold Levy (também conhecido como Levy-Ginsberg), professor universitário de história da arte que mais tarde se voltou ao comércio de livros antigos. Na França, onde viveu após a II Guerra Mundial, mudou seu nome para Armand Levilliers. Os Levy-Ginsberg foram os conhecidos mais próximos de Benjamin nos seus últimos anos de vida.

98 Nada se sabe sobre essa pessoa.

cauteloso. É de aconselhar, se você passa o dia inteiro trabalhando na Bibliothèque Nationale, que lhe deixe um bilhete no hotel indicando algum horário específico no qual ele possa lhe falar e que tome providências para que ele não seja ignorado caso apareça no hotel. Meu amigo aqui aposta em um resultado prático dessa relação. Além disso, esse mesmo amigo (o sobrinho), que já foi livreiro, interveio a seu favor junto à Rowohlt (aliás, sem antes me consultar; não lhe teria demandado sem lhe consultar). Ele obteve um sucesso modesto: a Rowohlt lhe pôs à disposição vinte cópias de seu livro sobre o barroco e vinte da *Rua de mão única*, as quais devem ser enviadas a conhecidos etc.; o lucro integral deve ir para você. Como todos os meus conhecidos daqui já possuem naturalmente ambos os livros, Gretel e eu não sabemos direito a quem nos voltar – talvez lhe seja possível, no seu círculo parisiense, encontrar interessados para parte deles ao menos. Nesse caso, eu cuidaria para que o envio fosse efetuado imediatamente. Não preciso dizer que eu mesmo também estou fazendo o que posso por aqui.

A propósito, você fez alguma tentativa junto à Erich Reiss[99] no tocante à *Infância em Berlim*? Conheço alguém que trabalhou lá como revisor,[100] que conhece muito bem seu trabalho e o tem em grande estima; é verdade que ele não trabalha mais lá, mas posso calcular que ele ainda exerça certa influência na editora. Seja como for, seria bom se tivéssemos uma cópia à disposição por aqui. Mas em geral as oportunidades editoriais vão de mal a pior. A editora

99 Herdeiro de considerável fortuna, Erich Reiss (1887-1951) possuía sua própria editora desde 1908; como judeu, foi proibido em 1935 de publicar qualquer literatura que não fosse judaica; em 1938 foi encerrado em um campo de concentração; libertado, chegou a Nova York via Suécia.

100 O escritor Hans Hennecke (1897-1977); ver carta n.17.

Bote & Bock, por exemplo, recusou a publicação[101] de minhas composições, embora elas tenham sido altamente recomendadas por uma ilustre autoridade na área de música contemporânea. Não se deve, portanto, nem superestimar nem subestimar as perspectivas. Aliás, o atual diretor da Erich Reiss[102] é um vigoroso sionista perante o Senhor. Talvez seu amigo Gerhard[103] possa ser de alguma ajuda nesse sentido.

Já que fiz o papel de um Catão construtivo nesse assunto, não lhe preciso garantir como estou feliz de que você tenha voltado a seu trabalho nas *Passagens*. Eu próprio tenho escrito um bocado: uma porção de coisas musicais,[104] todas aceitas pela *Vossische Zeitung*, mas um tanto lentas de serem publicadas; e também um ensaio sobre o recentemente publicado volume dos escritos em prosa de George[105] para o mesmo periódico, algo que, espero, não deixará de interessá-lo. Há coisas extraordinárias no volume, sobretudo o relato do sonho e a tradução de uma incrível peça de Mallarmé,[106] que eu não conhecia. E escrevi ainda várias peças filosóficas,[107] mas

---

101 Nada mais se sabe sobre as relações de Adorno com essa editora musical de Berlim; também foi impossível identificar a *ilustre autoridade na área de música contemporânea*.

102 Nada se sabe sobre tal pessoa.

103 Ou seja, Gerschom Scholem (1897-1982); numa carta de 08.04.1934, Benjamin lhe perguntara se poderia intervir junto a Reiss; para a resposta de Scholem, cf. *Briefwechsel Benjamin/Scholem*, loc. cit., p.135.

104 Acerca dos ensaios sobre música que Adorno escreveu para a *Vossische Zeitung*, ver carta n.17 e as respectivas notas.

105 Cf. Stefan George, *Tage und Taten. Aufzeichnungen und Skizzen* [Datas e atos. Apontamentos e esboços]. Berlim, 1933; (o ensaio extraviou-se).

106 Adorno se refere ao poema em prosa "Frisson d'hiver", traduzido por George sob o título "Winter-Schauer" (cf. ibid., p.94ss).

107 Impossível identificá-las precisamente.

não publiquei nenhuma. Por outro lado, o longo ensaio sobre a crise da crítica musical, o qual concluí há pouco, parece prestes a aparecer.

Ainda não estou bem certo do roteiro de minha viagem a Londres, mas espero ansiosamente que a viagem de volta me leve a Paris[108] – a menos que eu tenha de ficar por lá até o início do período letivo e dar palestras (talvez com Cassirer[109] em Oxford), uma possibilidade que me parece cor-de-rosa demais para ser seriamente temida. Em todo caso, logo darei as caras, sem que me lisonjeie com a esperança de que me aguardam por lá com tanto entusiasmo quanto, para meu enorme prazer, você próprio o faria em nome das *Passagens* e da discussão sobre o meu "Tom".

Tenho gasto um exagero de tempo aprendendo inglês. Aprender uma língua nova na idade adulta constitui uma experiência das mais singulares.

Queira por favor responder-me o quanto antes. Ouviu algo sobre Friedel[110] e sabe me dizer seu endereço? E como anda Schoen?

Cordiais recomendações,

Teddie

16. Benjamin a Wiesengrund-Adorno Paris, 18.03.1934

Caro sr. Wiesengrund,

meus sinceros agradecimentos por sua carta judiciosa, tão ponderada em todos os aspectos. Ela me permitiu tomar um profundo

---

108 Adorno não retornou à Alemanha via Paris.

109 Nessa época Adorno se dirigira a Ernst Cassirer (1874-1945), que lecionava então em Oxford, a fim de se informar mais a respeito das possibilidades acadêmicas na instituição.

110 Isto é, Siegfried Kracauer (1889-1966), amigo próximo de Adorno desde a juventude do último; cf. Adorno,"Der wunderliche Realist [O singular realista]. Über Siegfried Kracauer" (GS II, p.388-408).

fôlego de esperança – e isso já é de infinita valia em minha situação. Essa mesma esperança abriga a perspectiva de que possamos no futuro próximo discutir tantas coisas de mútuo interesse. Fico feliz em saber de suas oportunidades na Inglaterra, às quais se devem tal perspectiva.

Londres ainda é o portão para o mundo – assim me disse alguém que voltou de lá recentemente. Se a pessoa além disso sabe se virar em inglês, é provável que se abram portas bem diversas do que a alguém em Paris, por mais familiar que lhe seja a cidade. Lá você poderá ver Schoen, de quem, aliás, pouco tenho tido notícias. Que ele ainda tenha os seus a seu lado não é mau testemunho da confiabilidade do solo inglês.

Eu lhe agradeci em minha última carta pela rápida e prestativa intervenção de seus amigos, e acrescento – em resposta às suas indagações – que certa regularidade na assistência seria de um valor tal que esses doadores desconhecidos sequer podem imaginar, pois isso me possibilitaria ao menos tentar planejar e pensar com antecedência. E na vida que tenho levado nos últimos tempos nada é talvez de efeito mais destrutivo que a total impossibilidade de enxergar além do mais modesto espaço de tempo.

A esperança que me foi aberta pelas mãos de seus amigos, e depois pela sua carta, conduziu-me de volta ao trabalho – e de fato a seu próprio centro – com uma intensidade que revelou a mim mesmo a dimensão de meu abatimento anterior. E tanto menos me sinto na necessidade de lhe confidenciar tudo isso nesta carta graças à perspectiva de vê-lo em futuro próximo. Espero em breve poder conduzi-lo um dia a meu local de trabalho na biblioteca. No que tange à questão da dedicatória, creio que as seguintes reflexões correspondem de perto às suas: a consumação desse trabalho seria de fato arrebatada ao "tempo do agora" – por mim e por quem o terá tornado possível. Essa consumação representaria um anacronismo na melhor acepção da palavra. Na melhor, pois espero menos que ele galvanize o passado do que antecipe um futuro humano mais digno. É precisamente a isso que conferiria expressão a dedicatória desse trabalho, a que eu mesmo dou um futuro.

De resto, suponho que o feitio dessa expressão, bem como da contribuição sugerida, assumirá uma forma mais determinada a partir do encontro pessoal a ser arranjado no futuro, caso você considere isso apropriado.

Nesse meio-tempo estive na casa de sr. Schwartz, que, como você diz, é um homem ativo e circunspecto, de sorte que a breve conversa que tivemos transcorreu de forma bastante cortês. Ele me deixou com a esperança de novas notícias da parte dele. Muito me alegra concluir do que você me diz que a sua produção permaneceu tão constante. Não preciso me estender sobre o ávido interesse com que aguardo seu ensaio sobre George. Queira por favor enviá-lo assim que ele esteja pronto; e lhe pediria o mesmo no tocante a seu ensaio sobre a crítica musical.[111] Eu lhe retribuo com o manuscrito de uma longa resenha do *Jean Paul* de Kommerell,[112] a qual não parece muito propensa a encontrar quem a publique.

A sina de suas peças musicais junto à Bote & Bock somente me fornece uma demonstração a mais, indesejável e supérflua, das dificuldades que rondam as nossas produções. Mas não estamos destinados a uma influência apócrifa? É nesse sentido – como você sabe – que sempre gostei de interpretar a sina dos meus próprios

111 Ver nota 90, carta n.13.

112 A resenha de Benjamin sobre o livro de Max Kommerell (Frankfurt a.M., 1933), intitulada "Embebendo a vara de condão. Sobre o *Jean Paul* de Max Kommerell" [Der eingetunkte Zauberstab. Zu Max Kommerells *Jean Paul*], apareceu sob o pseudônimo K. A. Stempflinger na *Frankfurter Zeitung* de 29.03.1934 (agora em GS III, p.409-17).

escritos; quer se trate da edição incendiada da minha dissertação[113] ou da proposta da Rowohlt a que você alude em sua carta, é a mesma lei que reconheço, e nesse sentido ficaria muito contente em receber metade das vinte cópias de cada texto.

Você também menciona Erich Reiss; quais sejam as possibilidades lá, não posso realmente avaliar. Mas um manuscrito da *Infância em Berlim* eu posso certamente fornecer. Hermann Hesse escreveu-me sobre o livro[114] de forma bastante bela e perspicaz – mas também melancólica. Sua própria esfera de influência encolheu, e seus problemas visuais não parecem ter melhorado em nada.

Você me escreverá de novo antes de deixar Frankfurt? E me fará saber da data em que chegará a Paris assim que tudo esteja assentado?

Cordialíssimas lembranças,

Walter Benjamin

18 de março de 1934
Paris VI
1 Rue Du Four
Palace Hotel

---

113 A dissertação de Benjamin, *O conceito de crítica de arte no romantismo alemão* [Der Begriff der Kunstkritik in der deutschen Romantik] (agora em GS I [1], p.7-122), fora publicada em 1920 pela editora A. Francke, de Berna, como o quinto número dos "Novos Ensaios Berneses sobre Filosofia e História", uma série editada pelo orientador do doutorado de Benjamin, Richard Herbertz; em 1924, um incêndio no depósito da editora destruiu "toda a edição existente da minha dissertação" (Benjamin, *Briefe*, loc. cit., p.341).

114 Cf. Hermann Hesse, *Gesammelte Briefe*, v.2: 1922-35. Frankfurt a.M., 1979, p.412ss.

17. Wiesengrund-Adorno a Benjamin Berlim, 05.04.1934

Berlim, 5 de abril de 1934

Caro sr. Benjamin,
minha estada em Berlim estendeu-se mais que o esperado também dessa vez – mas agora estou prestes a voltar para casa por oito dias, e sigo então direto para Londres, de maneira que só queria lhe escrever algumas palavras antes disso.

Espero encontrar em casa a senhora que na verdade está encarregada do auxílio financeiro, e é claro que farei tudo a meu alcance para que se observe certa regularidade no assunto. Logo constatarei então qual estratégia foi por ela adotada; mas dada a urgência de meu pedido original não consigo imaginar que ela esteja planejando outra coisa senão efetuar um arranjo regular. Se eu estiver equivocado a respeito, certamente terei o ensejo de exercer a devida pressão, e nem preciso dizer que farei o quanto me for possível. Espero assim positivamente que logremos socorrê-lo nesses meses críticos.

Enquanto isso, não fiquei ocioso com respeito à *Infância em Berlim*. A meu contato, Tau[115] expressou algum interesse em nome da editora Cassirer, mas eu não nutriria muitas esperanças por diversas razões, sobretudo por causa do próprio Tau, que me parece a pessoa menos predestinada a representar nossos interesses de modo devido. Muito mais importante é a coisa com Erich Reiss. Ele mostrou abertamente sério interesse, e a pessoa que o representa aqui, seu ex-revisor Hans Hennecke, é um grande erudito

115 O filólogo Max Tau (1897-1976) foi revisor da editora Bruno Cassirer nessa época, emigrou para a Noruega em 1938 e para a Suécia em 1942.

e genuíno admirador de seu trabalho; ele já fez, e faz, os mais devotados esforços a seu favor. Parece de bom auspício que Reiss tenha dito poder reconhecer a própria infância na sua *Infância*[116] (de cuja ideia Hennecke lhe falou, mostrando-lhe inclusive recortes de jornal). O problema com que estamos à volta aqui é todo peculiar. Pois a editora tornou-se por assim dizer ortodoxamente sionista – é justamente por isso que Hennecke, um cristão, não chefia mais os revisores de lá. E há certas dúvidas quanto a lhes ser condizente o seu trabalho. Espero que as coisas funcionem; mas de todo modo seria do *maior* interesse imaginável se você pudesse engajar seu amigo Gerhard no negócio e ele se dispusesse a atestar, por exemplo, que toda a sua obra está profundamente relacionada com a tradição da teologia judaica (mesmo que isso não seja imediatamente óbvio diante de seus temas). Quanto antes isso ocorresse, melhor. Sem demora, então, envie por favor a Gretel um manuscrito da *Infância* pronto para o prelo (ela lhe telegrafou hoje nesse sentido), de modo que ela possa dá-lo a Hennecke. Por fim, é importante que você passe a integrar a Associação dos Escritores,[117] que não mantém preceitos arianos. De todo modo, você precisa estar oficialmente registrado lá ou portar a confirmação de *registro* iminente, a fim de não esbarrar em dificuldades para publicar a sua obra – a admissão propriamente dita é um processo algo moroso. Pode acreditar em mim quando digo que não insistiria tanto nesse ponto se não fosse de importância crucial para as perspectivas de

---

116 Para a documentação sobre as publicações de Benjamin até então, cf. GS IV [2], p.970ss.

117 Benjamin não deu entrada a nenhum requerimento para se tornar membro da nacional-socialista Associação Imperial dos Escritores [Reichsschrift- tumskammer]; o respectivo requerimento de Adorno foi recusado num comunicado oficial de 20 de fevereiro de 1935.

publicação. Penso que o livro sobre o drama barroco e o ensaio sobre *As afinidades eletivas*[118] (esses e somente esses) lhe forneceriam legitimação suficiente, e que ninguém será capaz de minar. Caso você conheça Benn,[119] isso facilitaria bem as coisas.

Felizitas encontra-se sensivelmente melhor. No tratamento de duas semanas a que se submeteu, ganhou oito libras e mal se reconhece. Está com um apetite saudável e se livrou das dores de cabeça. O novo médico é o primeiro a ser sensato. Ao menos nesse ponto me sinto tranquilo, e posso deixar Berlim num humor bem mais distendido do que aquele dessa última e improdutiva semana.

Quanto a mim, fiquei muito tocado com a morte da *Vossische Zeitung*.[120] Onze dos meus manuscritos já aceitos, todos de natureza densa e séria, restaram inéditos e ainda não faço ideia de onde possa publicá-los; além disso, quatro outros ensaios, incluindo aquele sobre estrangeirismos,[121] me foram devolvidos por causa do colapso da revista de Haas.[122] A última peça que escrevi para a *Vossische Zeitung* foi uma análise sobre Beethoven,[123] a par de uma nota acerca do es-

---

118 O longo ensaio de Benjamin "*As afinidades eletivas* de Goethe" aparecera em dois números da *Neue Deutsche Beiträge* (abril de 1924 e janeiro de 1925), revista editada por Hugo Hofmannsthal na editora Bremer Presse (agora em GS I, p.123-201).

119 Benjamin pedira em seguida a Gretel Karplus que lhe enviasse o discurso de Gottfried Benn "O novo Estado e os intelectuais" [Der neue Staat und die Intellektuellen].

120 O jornal deixou de ser publicado a partir de 31 de março de 1934.

121 Cf. Adorno "Über den Gebrauch von Fremdwörtern" (publicado somente em GS 11, p.640-46).

122 Trata-se d'*O Mundo Literário*, que desde meados de 1933 já não era editada por Willi Haas, mas por Karl Rauch; a partir de setembro de 1933 a revista ficou sob o controle das autoridades nazistas.

123 Cf. Adorno, "Ludwig van Beethoven: Sechs Bagatellen für Klavier [Seis Bagatelas para Piano], op. 126" (publicado somente em GS 18, p.185-88.

tilo tardio (meu *primeiríssimo* trabalho sobre Beethoven),[124] na qual deposito alguma fé. Isso, bem como o ensaio sobre George,[125] uma peça sobre Brahms[126] e um novo artigo sobre Ravel,[127] têm agora de esperar. No entanto, tenho realmente "me inscrito" nos últimos três meses, e agora estou decidido a iniciar meu novo livro tão logo possível e sejam quais forem as circunstâncias. Será uma teoria da reprodução musical,[128] uma obra que venho ruminando por quase dez anos e da qual inúmeros fragmentos ("Serenata", "Novos tempos" etc.)[129] já apareceram, mas o todo assumirá agora proporções bem maiores. Talvez tudo isso lhe pareça de início um tanto remoto. Mas creio também que compartilhamos a convicção de que as coisas remotas não são necessariamente secundárias, de modo que a obra (inteiramente filosófica, e não um trabalho artístico prático) é muito mais próxima dos seus próprios interesses do que o título por si só pode sugerir. Apenas quero lhe adiantar hoje o seguinte: a questão do mutismo das obras conduziu-me da forma mais espantosa à nossa questão central, a da univocidade do moderno e do arcaico. E isso a partir da outra ponta do espectro: a partir do próprio arcaico.

---

124 Cf. Adorno, "Beethovens Spätstil". *Der Auftakt. Blätter für die Tschechoslowakische Republik*, XVIII, 1937, p.65-67 (agora em GS 17, p.13-17).

125 Ver nota 105, carta n.15.

126 Cf. Adorno,"Brahms atual" [Brahms aktuell], publicado pela primeira vez em *Adorno-Noten*, editado por Rolf Tiedemann (Berlim, 1984, p.34-39); agora em GS 18, p.200-03.

127 Provavelmente a peça póstuma publicada sob o título "Ravel" e datada pelo editor de "*circa* 1928" (cf. GS 18, p.273ss.), a qual Adorno parece ter enviado a Benjamin em 1936 em uma versão revisada (ver carta n.58 e a respectiva nota).

128 Nenhum material da obra, que restou como fragmento, sobreviveu desse período (ver carta n.47 e a respectiva nota).

129 Cf. Adorno, "Nachtmusik". *Anbruch*, v.11, n.1, 1929, p.216-23 (agora em GS 17, p.52-59), e "Neue Tempi". *Pult und Taktstock*, v.7, n.1, 1930, p.1-7 (agora em GS 17, p.66-73).

Ocorreu-me que, assim como o moderno é o mais antigo, o arcaico também é uma função do novo: primeiro ele é produzido como arcaico, e nesse sentido é dialético e não "pré-histórico", antes o exato contrário. Ou seja, nada senão o lugar de tudo o que emudeceu por meio da história: algo que só pode ser medido nos termos do ritmo histórico que, sozinho, o "produz" como história primeva. Creio que só preciso lhe sugerir esse tanto para despertar seu interesse em minha empreitada, que conterá em seu centro uma crítica da "proto-forma". E talvez ela não seja uma contrapartida tão remota das suas *Passagens*, tal como lhe pareça à medida que as conclui: ao menos uma contrapartida, uma contrapartida à história primeva do século XIX como um presságio da historicidade essencial e categórica do arcaico; não como o historicamente mais antigo, mas algo que tão somente emerge da lei mais intrínseca do próprio tempo. E assim chego com satisfação ao *ceterum censeo*,[130] isto é, às suas *Passagens*, que devem ser escritas a todo custo, rematadas e ultimadas, com toda a coerência e articulação precisa, com todas aquelas páginas esplêndidas sobre o jogador, as quais já conheço, o anel de Saturno,[131] o impasse da dialética e o "sempre-igual". Permita-me assim concluir com o anseio mitológico de conjurar o conjurador!

Atenciosamente,

Teddie

Peço-lhe para enviar sua resposta a minha casa. Seria possível que você me fornecesse o manuscrito de sua resenha sobre meu *Kierkegaard*?

---

130 Expressão latina que remonta ao bordão com que Catão sempre encerrava seus discursos no Senado romano, qualquer que fosse o tema em pauta: "*Ceterum censeo carthaginem esse delendam*" (Em suma, creio que Cartago deve ser destruída).

131 Cf., respectivamente, GS V [2], p.1056ss e 1060.

18. Benjamin a Wiesengrund-Adorno
Paris, 09.04.1934

Caro sr. Wiesengrund,
muitíssimo obrigado pela sua ponderada carta.

O que eu tinha imediatamente a fazer era escrever a Scholem,[132] e o fiz ontem. Ver como você lidou com a questão me foi de tanta importância quanto o fato de que o tenha feito. E aproveito essa oportunidade para lhe dizer quanto partilho de suas reservas acerca de Tau. Se a despeito de tudo ele for de ajuda, tanto melhor. Seja como for, o manuscrito segue para Felizitas pelo mesmo correio.

Fico muito contente em saber sobre a melhora na saúde dela. Já era hora de ela ter encontrado um médico que entenda do riscado. Aliás, recomendei a ela procurar o conselho do dr. Wissing,[133] em cujo juízo médico deposito grande confiança e que em breve estará em Berlim.

Não posso me esquecer de lhe dizer que Hermann Hesse conhece a *Infância em Berlim*, que expressou comentários extremamente favoráveis a respeito e talvez externasse os mesmos sentimentos a

---

132 Cf. a carta de Benjamin de 08.04.1934 em Briefwechsel Benjamin/Scholem, loc. cit., p.129-31.

133 Egon Wissing (1900-84), sobrinho de Benjamin por parte de mãe e seu amigo próximo. "Antes da era nazista, Benjamin viveu na mesma casa que Wissing [...] em Berlim, e quando cogitava em suicídio em julho de 1932 nomeou-o seu testamenteiro em uma carta acompanhada de seu testamento, que ainda subsiste em Berlim Oriental" (Gershom Scholem, *Walter Benjamin und sein Engel* [Walter Benjamin e seu anjo]. Frankfurt a.M., 1983, p.149). Depois de passar algum tempo na União Soviética, Wissing foi para os Estados Unidos e empregou-se no Massachusetts Memorial Hospital, em Boston; no início de 1940 casou-se com a dentista Liselotte Karplus, irmã de Gretel.

Reiss, se tal lhe fosse pedido. O problema com a Associação dos Escritores é mais difícil, já que o prazo para inscrições, até onde sei, já expirou há muito. Tem alguma informação a mais a respeito?

Mas agora me volto às sugestões altamente significativas que você fez em sua carta acerca do conceito de arcaico e moderno no contexto de sua investigação sobre a reprodução musical. Não que eu possa no momento fazer outra coisa senão confirmar sua ideia de que tenha de fato tocado em uma questão central do trabalho das *Passagens*. Mas sua viagem de volta da Inglaterra não lhe dará oportunidade de finalmente consumar um encontro nosso em Paris? Você pode imaginar quanto eu estimaria tê-lo aqui em pessoa e revelar-lhe os últimos estágios do trabalho.

Terei tanto mais tempo para dedicar-me sem reservas ao trabalho, já que uma tarefa de vulto a que dera prioridade sobre meus outros trabalhos nas últimas semanas acaba de evaporar-se, para consternação minha. Como você talvez tenha sabido por Felizitas, acenaram-me com a perspectiva de proferir uma palestra sobre a literatura alemã[134] da última década na casa de um ginecologista bastante conhecido por aqui. A importância da empreitada consistiria em ser introduzido a certos círculos influentes. Mas uma semana antes da data aprazada – os convites já tinham sido enviados – o doutor caiu de cama com uma séria inflamação pulmonar,

134 Benjamin escrevera a Brecht em 05.03.1934: "Nos círculos franceses com que estou familiarizado, e em um ou dois outros, anunciei uma série de palestras: 'L'avantgarde allemande'. Será um ciclo de cinco palestras – e é preciso fazer assinatura da série inteira. Das diversas áreas envolvidas, selecionei em cada caso uma única figura, na qual a situação presente se acha exemplarmente expressa./ 1. le roman (Kafka)/ 2. l'essai (Bloch)/ 3. théâtre (Brecht)/ 4. journalisme (Kraus)/ Estas serão precedidas por uma palestra introdutória: 'Le public allemand'" (Benjamin, *Briefe*, loc. cit., p.602ss.).

e ainda agora se encontra entre a vida e a morte. Parece altamente improvável que a palestra ocorra nessa temporada, e a perspectiva de proferir outras palestras também desapareceu.

A planejada série de palestras era destinada a me garantir uma reserva para o verão. Isso está fora de cogitação agora. Mais do que nunca dependo, assim, da intervenção da qual você se incumbe. Muito me inquieta nunca mais ter tido notícias do sr. Schwatz-Martin. Depois de nosso primeiro encontro, que transcorreu às maravilhas, telefonei-lhe no final de março para comunicar a mudança de meu endereço. Ele me sugeriu claramente que entraria em contato após a Páscoa. Até agora, nada. É por isso que sua intervenção tornou-se o foco de minhas esperanças.

Ler provas parece fadado a tornar-se para nós um evento descomunal, e mesmo divertido. Depois de me inteirar das condições editoriais que você teria de cumprir para participar da imprensa musical, mal ouso candidatar-me. Que onze de suas contribuições tenham seguido para Berlim, já diz o bastante. Mas como você menciona quinze ao todo, posso fazer uma ideia do volume de trabalho que produziu no último ano. Eu adoraria conhecer mais de perto essas obras. E essa é outra razão pela qual aguardo ansioso sua visita.

Isso é tudo por enquanto. Espero ter notícias suas muito em breve.

Cordialíssimas lembranças,

Walter Benjamin

9 de abril de 1934
Paris XVI
25 Rue Jasmin

19. Wiesengrund-Adorno a Benjamin Frankfurt am Main, 13.04.1934

Frankfurt, 13 de abril de 1934

Caro sr. Benjamin,

permita-se responder às pressas, em meio à partida iminente, à sua carta que encontrei aqui ontem ao regressar de Amorbach.[135]

Bom que você tenha mencionado a soma[136] a Felizitas. Acho-a tanto menor porque dois terços representam as contribuições de minha tia e a minha própria. Por acaso a senhora em questão jantou conosco outra noite e fiz as mais precisas sugestões – com sucesso, espero. Seja como for, a respectiva contribuição pode ser tomada seguramente como um mínimo.

Falei hoje com Benno[137] a esse mesmo respeito e ele me confirmou que podemos contar da parte dele com parcelas mensais no valor de dois terços da soma[138] em apreço. Com as demais contribuições, isso dará pelo menos um mínimo, e quero crer que depois de minha intervenção – extremamente drástica – haverá um aumento. Quero crer também que não haja mais razão para as mais graves inquietações. De todo modo, comunique à empresa[139] – e também a Benno, caso já não o tenha feito – sobre a mudança de endereço o mais cedo possível.

---

135 Adorno e seus pais costumavam passar os meses de verão em Amorbach, uma cidadezinha na região de Oldenwald.

136 Sobre o montante da contribuição monetária, ver carta n.15.

137 Benno Reifenberg (1982-70) editou o suplemento cultural da *Frankfurter Zeitung* de 1924 a 1930, foi correspondente do jornal em Paris de 1930 a 1932 e tornou-se seu editor de política em 1932.

138 Ou seja, cerca de trezentos francos.

139 Adorno refere-se provavelmente ao endereço do estabelecimento de Else Herzberger em Neunkirchen, na Saarland.

Sobre a Associação dos Escritores: no que tange ao prazo das inscrições, as notícias não são tão más. Escreva-lhes que, por causa de sua temporada nas Ilhas Baleares, você não ficou sabendo do prazo final (o que afinal não deixa de ser verdade!). Será bom fazer constar que você lá costumava passar meses a fio em anos anteriores, para evitar que o confundam com um emigrante. É fácil provar isso tudo se necessário. Mas eu me devotaria à questão com a maior urgência, pois é algo de extrema importância para a publicação de livros – de outro modo, creia-me, eu não o aborreceria a respeito. O ponto de vista de que há anos você vive viajando é particularmente importante.

Parto para a Inglaterra no sábado e estarei em Londres na segunda-feira. Meu endereço:[140] T.W.-A., c/o Dr. Bernard Wingfield, Brooklyn-House, *West-Drayton*, Middlesex. Continuo a nutrir o desejo de um desvio via Paris na minha viagem de volta; agora, no início do período letivo,[141] preciso estar em Londres. A data precisa e a oportunidade de meu desvio recreativo por Paris[142] ainda estão obscuras: isso porque é bem possível que eu tenha de passar o semestre inteiro, e há também o problema financeiro da transferência de divisas.[143] Eu adoraria ter encontrado Felizitas em Paris. *Let us hope the best.*

---

140 O endereço dado por Adorno é o de seu primo por parte de pai.

141 O período letivo em Oxford começava em meados de abril.

142 A ideia de visitar Paris e lá encontrar Gretel Karplus não se concretizou.

143 Com a tomada de poder pelos nazistas, as restrições às transferências de capital ao exterior, vigentes desde 1931, converteram-se em uma quase total interdição. Mesmo as regras de exceção, que permitiam a transferência de fundos para viagens ao estrangeiro desvinculadas de negócios, empreendidas por razões de saúde ou estudo, foram quase inteiramente revogadas no outono de 1934. Depois disso, a

Ontem vi uma lontra selvagem[144] em carne e osso pular no lago nos jardins de Amorbach, e mesmo nesta carta protocolar não resisto a lhe enviar lembranças da graciosa criatura. Por favor, escreva em breve!

As mais cordiais recomendações,

Teddie

Eu me valeria *sem reservas* da recomendação de Hesse!

20. Wiesengrund-Adorno a Benjamin Brooklyn (West Drayton), 21.04.1934

Wingfield Brooklyn
West Drayton
21 de abril de 1934

Caro sr. Benjamin,
muitíssimo obrigado por sua carta[145] e pelas peças curtas,[146] que recebi hoje cedo. É de fato uma pena que não tenhamos tido a oportunidade de discutir mais cedo a questão da Associação dos Escri-

---

transferência de fundos só era permitida se pudesse ser demonstrado um vital interesse político-cultural.

144 Alusão à peça "A lontra" [Der Fischotter] da *Infância em Berlim* por volta de 1900, que já fora publicada, junto com duas outras peças, na *Frankfurter Zeitung* de 02.03.1933, sob o título "Berliner Kindheit um 1900. III" (agora em GS IV [1], p.255-57, e GS VII [1], p.406-08).

145 Não subsistente, foi possivelmente destruída a pedido de Benjamin (como também pede Adorno ao fim desta carta).

146 Cf. as "imagens do pensamento" [Denkbilder] benjaminianas: "O sábio" [Der Wissende] (GS IV [1], p.422ss.); "Belo horror" [Schönes Entsetzen] (ibid., p.434ss.); "O jornal" [Die Zeitung] (GS II [2], p.628ss.); ver também *infra*, nesta carta.

tores. Pois receio que você na verdade – se me permite pôr nestes termos – descuidou-se bastante das coisas nesse aspecto com sua ausência da Alemanha. Mesmo sua nomeação a bibliotecário, como autor de uma obra que diz respeito ao campo germanista, já não me parece particularmente prometedora; sobretudo porque você não preencheu o requerimento quando isso lhe foi requisitado. Tomo como altamente improvável que alguém saiba sobre o negócio na Suíça;[147] se de todo modo abrirem um inquérito nesse sentido, você poderia avançar como explicação uma doença pulmonar, o que hoje seria tão difícil de verificar quanto seu certificado de reservista. Mas nem mesmo isso seria decisivo. Ao contrário, a situação é tal que, de modo geral e entre autores não arianos (eu mesmo um deles), a pessoa primeiro recebe tão somente a confirmação do requerimento oficial, e isso sem dificuldade, enquanto a aprovação definitiva fica para as calendas gregas. Dei entrada ao requerimento em novembro último e ainda não recebi comunicado oficial da aprovação. Mas isso não é imprescindível, uma vez que, de acordo com o regulamento oficial, essa confirmação é documento suficiente para redações e também editoras até que se profira a decisão definitiva. Se eu estivesse em seu lugar, portanto, embora a coisa possa ter-se prejudicado com sua demora, preencheria o formulário agora mesmo e tentaria arranjar *alguma desculpa plausível para tal demora*. Dos dois cidadãos cujos nomes você tem de fornecer, talvez fosse melhor escolher como um deles Rudolf Alexander Schröder, com quem pode certamente entrar em contato por meio da Bremer Presse; o outro seria de escolher no âmbito da direita política;

---

147 No início de 1917, Benjamin conseguiu esquivar-se do iminente alistamento para o serviço militar mediante um atestado médico que alegava ciática, e em meados do ano fixou residência em Berna com sua mulher Dora.

além de Benn, ocorre-me o nome – não se assuste – de Fechter.[148] O fato de que você tenha deixado a Alemanha em março de 1933 pesará muito mais do que o negócio na Suíça. Nesse sentido, você precisa salientar com eloquência, e exibir documentos se possível, que em épocas anteriores já passara tempo considerável no exterior por razões econômicas, e sua primeira temporada em Ibiza[149] certamente lhe quadrará bem. A cessão dos direitos autorais[150] não me parece muito aconselhável: em parte porque isso sempre dá margem a mal-entendidos (a propósito: você tentou levar ao palco *Casaco, chapéu e luva*[151] em Londres? Minhas impressões fugazes do teatro daqui sugerem que as chances seriam boas – talvez Schoen pudesse traduzi-la, se é que você ainda está interessado nisso), e enfim porque tomo o procedimento como arriscado, agora que tantos fragmentos foram publicados. A declaração de lealdade não tem inconveniente algum – do nosso ponto de vista, não tem maior significado que as declarações oficiais de obrigação que todos os funcionários públicos faziam sob a república. Não posso lhe esconder que agora começo a duvidar se o Estado nazista continuará muito mais tempo a tirar conclusões dessas declarações. Pois embora eu esteja isento de otimismo e espere para o futuro uma espécie de anarquia de direita e a realização das fantasias *à la* Bronnen,[152] quando não uma pura ditadura militar ou uma espécie

148 O jornalista e historiador da literatura Paul Fechter (1880-1958) foi coeditor do semanário *Deutsche Zukunft* [Futuro alemão] entre 1933 e 1942.

149 Referência à primeira estada de Benjamin em Ibiza, em 1932.

150 Benjamin provavelmente planejara ceder *pro forma* seus honorários de publicações na Alemanha a outra pessoa com o intuito de contornar o problema das remessas ao exterior.

151 Ver cartas n.8 e n.13 e as respectivas notas.

152 O escritor Arnolt Bronnen (1895-1959) fora amigo de Brecht nos anos 1920 e depois tornou-se simpatizante dos nazistas. Adorno

de regime Dollfuss, os sinais de colapso começam a se acumular de tal maneira que não é preciso mais ignorá-los de medo que o sonho não se torne realidade.

E com essa figura chego ao horizonte de suas peças curtas, que me agradaram enormemente. Em grande parte, aliás, eu já as conhecia como *parerga à Rua de mão única*,[153] como o "sonho tripartite" e a bela peça sobre "festa e pânico", que, se não me engano, foi algo alterada: antes não se concentrava tanto no 14 de julho, cujos fogos de artifício Debussy glorificou com uma retumbante Marselhesa no meio – ou seja, não se organizava tão precisamente em torno de dia e hora, e agora certamente ganhou em efeito. De longe, a maior impressão causou-me a peça sobre o jornal, a qual subscrevo integralmente. Ela corresponde de perto aos meus intentos – entenda isso apenas como esclarecimento da concordância mútua, não como expressão de arrogância –, tanto que anos atrás fiz a tentativa de defender a linguagem caótica dos jornais contra as acusações de Kraus.[154] Como pequena recompensa, espero poder lhe enviar em breve minha peça sobre estrangeirismos, um pouco mais longa que a sua, a qual faz a apologia de tais palavras de maneira bastante analógica, ou seja, lá onde são usadas da forma mais inadequada. Enviei-a à *Língua Materna* [Muttersprache],[155] revista da Associação de Linguística Geral, mas até agora não recebi resposta. Esse seria um lugar esnobe de publicação, com o que eu próprio poderia esnobá-lo. Trata-se de órgão do purismo mais imbecil.

---

provavelmente pensa aqui no entusiasmo de Bronnen pelos Corpos de Voluntários [Freikorps] (cf. o romance *O.S.* Berlim, 1929).

153 Cf. GS IV [2], p.911ss.

154 Nada se sabe sobre tal tentativa.

155 Cf. Adorno, "Sobre o uso de estrangeirismos", loc. cit. (carta n.17, nota 121), que não foi publicado por essa revista.

Meus assuntos ainda estão bastante no ar; mas ando bastante pessimista. A tarefa de morar aqui, especialmente na universidade, quase se compara ao problema brechtiano em *Um homem é um homem* [Mann ist Mann] (já não quer o título ficar logo traduzido como *Man is man*?). Um pós-doutorado regulamentar está fora de cogitação aqui. Além disso, tudo se complicou bastante com as novas normas sobre transferência de divisas, uma vez que já não é nada simples receber da Alemanha mesmo as quantias mais modestas. Até meados da semana que vem espero ver as coisas com mais clareza. Na Alemanha, tomo a demissão de Diels[156] como um golpe imprevisivelmente importante contra Goering. É a primeira vez que conflitos internos se revelaram para fora, e isso pode muito bem conduzir a uma luta aberta pelo poder.

Horkheimer convidara-me para alguns dias em Paris, onde estará na próxima semana, antes de começar uma viagem bastante longa. Mas tive de recusar, porque tenho encontros extremamente importantes marcados para amanhã e quarta-feira, os quais, novato que sou aqui, não posso cancelar por causa de uma viagem a Paris: um encontro com Plant da School of Economics e depois uma reunião com Cassirer e Adams, secretário-geral do Assistance Council.[157] Se encontrar Horkheimer, por favor lhe ressalte a impossibilidade de que eu postergue tais encontros. Não preciso acrescentar como sinto por isso.

Por amor à clareza, só queria dizer que minha tia e eu também participamos com cerca de dois terços da remessa da sra. Herzberger.

---

156 O fundador e primeiro chefe da Gestapo, Rudolf Diels (1900-57), homem de confiança de Goering, foi demitido do cargo a 1º de abril de 1934 e substituído por Himmler.

157 O Academic Assistance Council mediou os ajustes entre Adorno e as autoridades inglesas; oficialmente, foi a instituição que "convidou" Adorno a prosseguir seus estudos filosóficos na Inglaterra. Adorno encontrou com Walter Adams e Ernst Cassirer na tarde de 3 de maio.

Estamos às voltas com uma espécie de *clearing* [compensação]: tratamos das contribuições para seu uso na Alemanha, enquanto ela as remete da região do Saar. Arnold Levy de fato também não está em Paris.

Eu o informei de que Reifenberg ficaria lisonjeado em receber um ensaio seu acerca do livro sobre Kierkegaard, mas vou, *sans phrases*, deixar todo o assunto nas suas mãos, para decidir se quer ou não lhe escrever. Minha impressão sobre Reifenberg foi dessa vez bastante positiva do ponto de vista pessoal, e acredito que possamos esperar certa solidariedade da parte dele.

Posso reiterar meu pedido sobre os endereços de Schoen e Kracauer? Dê notícias em breve, é o que lhe peço. Não estarei mais morando aqui depois de meados da próxima semana, mas em Oxford – ou nas vizinhanças da biblioteca do British Museum. Peço-lhe também que destrua esta carta. Gretel sente-se realmente melhor. No momento é o único raio de luz que vejo.

Cordiais lembranças,

Teddie

21. Benjamin a Wiesengrund-Adorno
Paris, 28.04.1934

Dr. Walter Benjamin Paris (14), 28 de abril de 1934
28, place Denfert-Rochereau
Hôtel Floridor

Caro sr. Wiesengrund,
aproveito o elã que sinto ao ter acabado de ditar o texto de uma longa palestra[158] para ativar por sua causa a máquina de escrever.

---

158 O ensaio "O autor como produtor" [Der Autor als Produzent], mencionado a seguir na carta, inédito em vida de Benjamin (cf. GS II [2], p.683-701).

Isso é tanto mais oportuno quanto inúmeros são os assuntos importantes que tenho a discutir.

Mas primeiro de tudo lhe agradeço pela sua carta de Londres. A questão referente à minha relação com a Associação dos Escritores não é naturalmente tão fundamental, e sim apenas uma questão de oportunidade. Por isso eu só entraria em contato com essa gente uma vez que todas as outras questões preliminares com a editora Reiss fossem esclarecidas. Infelizmente isso não parece ser o caso no momento. Até agora ainda não tive nenhuma notícia direta da parte deles nem recebi novidades de Felizitas nesse sentido. Mas por outro lado pus Scholem a par do assunto[159] no caso de uma evolução favorável, e ele se prontificou a expressar à editora sua opinião sobre o livro.

Nesse meio-tempo Arnold Levy esteve aqui. Creio ter reconhecido nele um homem excepcionalmente inteligente e – graças a você – muito benevolente. Discutimos minha situação em pormenores. Veio à tona que ele de fato já havia considerado um tipo de assistência que superaria o arranjo de Neunkirchen, mas ainda não conseguira organizá-lo. Mas não sei se ele toma as perspectivas de sucesso para uma tal organização como realmente favoráveis ou não.

Como ele só pôde falar muito brevemente com a sra. Herzberger antes de partir, suas informações a respeito da posição dela sobre o assunto não são das mais claras. Assim foi que ele perguntou *a mim* se a assistência vinda de Neunkirchen há de prolongar-se. Com base em sua penúltima carta, senti-me no direito de dar uma resposta afirmativa a essa pergunta, e de fato eu não saberia olhar o futuro nos olhos se tal não fosse o caso. Graças a você quase nos habituamos a discutir essas coisas. Não me é fácil expressar em uma carta como me sinto, apesar de toda a objetividade, quando

159 Cf. a carta de Benjamin referenciada na nota 132, carta n.18.

reflito nesse novo tipo de envolvimento entre nós. E essa é também outra razão pela qual anseio tanto vê-lo pessoalmente em Paris.

Se você estivesse aqui, creio que a palestra de que falei no início daria farto material para discussão. Seu título é "O autor como produtor" e será apresentada aqui no Instituto para o Estudo do Fascismo[160] diante de uma plateia bem pequena mas altamente qualificada; ela representa uma tentativa de fornecer, para a literatura, uma contrapartida à análise que empreendi para o teatro no trabalho sobre "O teatro épico".[161]

Você será o primeiro a saber meu novo pseudônimo, destinado ao uso no estrangeiro: O.E.Tal = *lateo*, eu me escondo.

Escrevi imediatamente à *Frankfurter Zeitung* a respeito do seu livro sobre Kierkegaard, pedindo-lhes confirmação dessa encomenda,[162] a qual de minha parte solicitei naturalmente com urgência. Não preciso lhe dizer quanto eu gostaria de escrever essa resenha.

O endereço de Kracauer é: Paris (6), Madison Hôtel, Boulevard St. Germain. É bem possível que o endereço de Schoen não seja mais este, pois faz meses que não tenho notícias dele. Ernst Schoen c/o Lea Steps, Vale of Health, Hampstead (Hampstead 3410).

Espero em breve ter notícias boas de você e do progresso de seus assuntos acadêmicos. Mantenha-me informado o mais de perto que puder sobre a marcha dos acontecimentos.

Cordialmente,

[Walter Benjamin]

---

160 Sobre esse instituto, cf. GS II [3], p.1462.

161 Cf. Benjamin, "Que é o teatro épico? Um estudo sobre Brecht" [Was ist das epische Theater? Eine Studie zu Brecht], escrito provavelmente no início de 1931 e só publicado postumamente, em 1966 (agora em GS II [2], p.519-31).

162 A resenha de Benjamin sobre o livro de Adorno sobre Kierkegaard na *Frankfurter Zeitung* não se concretizou.

22. Benjamin a Wiesengrund-Adorno
Paris, 24.05.1934

Caro sr. Wiesengrund,
estas poucas linhas destinam-se a lembrá-lo do pedido final da minha última carta: manter-me informado, tanto quanto puder, sobre a marcha dos acontecimentos em seus caminhos ingleses. Há tempos que não recebo notícias suas, e menção de você tive somente em um breve postal de Schoen, que se comunica a intervalos verdadeiramente meteóricos.

Não sei se suas próximas novidades me alcançarão aqui ou na Dinamarca.[163] A data da minha partida ainda não é certa, mas será a mais breve possível. Se você pudesse me escrever para cá até então – de um modo ou de outro não viajo antes de 4 de junho –, eu ficaria muito feliz. Se escrever mais tarde, terá de aguardar notícias da Dinamarca, e é de levar em conta que o correio enviado daqui para a Dinamarca pode às vezes passar pela Alemanha.

De lá o que não faltam são notícias confiáveis dos últimos tempos. Quanto mais informados os observadores, menos se inclinam, claro, a expressar um prognóstico. Que uma crise seja iminente é bem provável – o desfecho, porém, é incerto.

Não sei mais se já lhe escrevi sobre meu último trabalho. Chama-se "O autor como produtor" e é uma espécie de contrapartida ao anterior sobre o teatro épico. No momento estou negociando sua publicação na revista *Sammlung*,[164] o que certamente exige alguma persistência.

Você terá ouvido que Reiss recusou a *Infância*. Isso não me impede de lhe agradecer mais uma vez por todos os seus esforços no tocante a esse assunto.

---

163 Benjamin viajou para lá em meados de julho a convite de Brecht.
164 *Die Sammlung*, revista editada por Klaus Mann em Amsterdã.

Antes de partir ainda tenho de ver algumas pessoas importantes: Paulhan, Pierre-Quint, Du Bos.[165] E Kracauer também, que, assim me parece, se retrai cada vez mais. Ele parece retrair-se completamente para dar os toques finais em seu romance.[166] Desejo realmente que as expectativas depositadas por ele na tradução sejam cumpridas, embora não possa esconder minhas reservas literárias sobre a obra.

Eu lhe perguntei em minha última carta sobre um tal de Paul Binswanger, que acaba de lançar um livro escandaloso sobre *A problemática estética de Flaubert*[167] pela Klostermann?

E agora um derradeiro pedido: será que você mesmo pode lembrar outra vez Geck ou Reifenberg[168] sobre a resenha do *Kierkegaard*? Já perguntei duas vezes, sem obter nenhuma resposta.

---

165 Jean Paulhan (1884-1968) foi o principal chefe de redação da *Nouvelle Revue Française* (ver também nota 264, carta n.28); o romancista e ensaísta Léon Pierre-Quint (1895-1956) se destacou sobretudo por seus grandes estudos sobre Marcel Proust (1926) e André Gide (1933); Charles Du Bos (1882-1939), ensaísta e crítico literário francês.

166 Nessa época, Kracauer trabalhava em seu segundo romance, *Georg*, que só foi publicado postumamente (cf. Siegfried Kracauer, Schriften, v.7. Frankfurt a.M., 1973, p.243-490).

167 Cf. Paul Binswanger, *Die ästhetische Problematik Flauberts. Untersuchungen zum Problem von Sprache und Stil in der Literatur* [Investigações sobre o problema da linguagem e estilo na literatura]. Frankfurt a.M., 1934; a crítica de Benjamin sobre o livro,que originariamente fazia parte de uma resenha de vários outros livros, apareceu em separado sob o pseudônimo Detlef Holz no suplemento literário da *Frankfurter Zeitung* de 12.08.1934 (agora em GS III, p.423-25).

168 Rudolf Geck (1863-1936) atuou no suplemento cultural da *Frankfurter Zeitung* de 1896 a 1933, e em seguida foi substituído por Benno Reifenberg.

Mas basta por hoje. Por favor escreva, se possível ainda para cá. E cordiais lembranças,

Walter Benjamin

24 de maio de 1934
Paris XIV
28 place Denfert-Rochereau
Hôtel Floridor

23. Wiesengrund-Adorno a Benjamin Oxford, 06.11.1934

Oxford, Merton College
6 de novembro de 1934

Caro sr. Benjamin,
muitíssimo obrigado por sua carta.[169] Meu prolongado silêncio não tem nada a ver com exigências de assimilação, as quais defronto aqui, certamente, sem nenhum descanso, e o silêncio entre nós não pode de modo algum durar tanto. Respondo-lhe assim de imediato. O que me levou a tão longo silêncio, você sabe desde a visita de Gretel;[170] essa visita, bem como as insinuações de sua carta, removeu as dificuldades em questão. Elas se circunscreviam todas à esfera de nosso trabalho; não pude reprimir as mais profundas reservas acerca de algumas de suas publicações (e isso pela primeira vez desde que nos aproximamos); a saber, o trabalho sobre o romance francês[171] e o artigo sobre Kommerell, que também me

169 Essa carta não subsistiu.
170 Ela encontrara Benjamin na região de Gedser, Dinamarca, em 22/23 de setembro.
171 Cf. Benjamin, "Sobre a atual posição social do escritor francês", loc. cit. (carta n.9, nota 65).

magoou profundamente em termos pessoais,[172] já que esse autor certa vez expressou às claras que pessoas como eu deveriam ser postas contra o muro –, desnecessários são maiores esclarecimentos nesse sentido. Mas os pontos controversos eram bem mais fundamentais e em todos os sentidos melindrosos para permitir adequada discussão por carta, sobretudo durante sua temporada em Copenhague;[173] por outro lado, durante os últimos três meses em Londres me senti privado daquela liberdade, daquela segurança que uma tal discussão teria pressuposto. Assim foi que me calei, na expectativa de que outra carta chegasse e me insuflasse ânimo, e então chegou de fato sua carta. E sua influência é tanto maior pelo próprio fato de distanciar-se de outras posições suas. Espero não ser suspeito de nenhuma interferência descabida se confesso que o pomo dessa discórdia toda está ligado à figura de Brecht e ao crédito que você lhe confere, e que isso toca também em questões fundamentais da dialética materialista, tal como o conceito

---

172 Para a resenha de Benjamin sobre o livro de Max Kommerell, ver nota 112, carta n.16. Já em 1968, numa carta a Francis Golffing, Adorno versou sobre as razões de sua irreconciliável hostilidade com Kommerell: "Conheci Kommerell pessoalmente, e recebemos nossos diplomas de pós-doutorado em Frankfurt quase ao mesmo tempo. Mas nossa amizade era bastante superficial – as diferenças políticas então eclipsaram tudo a tal ponto que nenhum verdadeiro contato entre mim e um indivíduo decididamente tão de direita poderia se estabelecer; na época eu o via como um fascista altamente dotado, é verdade, e tenho certeza de que ele também não me suportava. Hoje tudo isso soa estanho, mas antes de 1933 as coisas eram bem diversas. [...] Ele certamente era uma pessoa altamente dotada, mas não me era muito simpático em termos pessoais, e nunca pude entender a admiração que Benjamin nutria pelos seus inimigos" (carta inédita de Adorno a Golffing de 04.01.1968).

173 Adorno se refere à temporada de Benjamin na Dinamarca a convite de Brecht.

de valor de uso, cuja posição central hoje não posso mais aceitar como antes. Ou muito me engano, ou você tinha se desvencilhado dessas ideias, e a atitude mais importante que pareço poder tomar é lhe assegurar meu total apoio a tal comportamento, sem temer que você interprete isso como uma expressão de conformismo ou de uma tendência a reservar meus próprios direitos no assunto. O que você diz sobre concluir o período de ensaio e finalmente retomar o trabalho das *Passagens* é de fato a notícia mais exultante que ouço de você em muitos anos. Você sabe que realmente vejo nesse trabalho parte de nossa predestinada contribuição à *prima philosophia*, e não há nada que eu mais deseje senão vê-lo capaz, após longa e dolorosa hesitação, de levar a cabo essa obra, fazendo jus a tema tão prodigioso. E se eu puder imprimir meu próprio alento a esse trabalho, sem que você tome isso como imodéstia de minha parte, ele será este: que o trabalho se consume sem receios no conteúdo teológico e em toda a *literalidade* de suas teses mais extremas, tudo o que nele já estava contido (sem receios, digo, com respeito às objeções daquele ateísmo brechtiano que um dia talvez nos caiba redimir como uma espécie de teologia inversa, mas de modo algum acolher!); e mais, que em atenção à sua própria abordagem você se abstenha decididamente de associar seus pensamentos à teoria social de uma forma externa. Pois quer me parecer que aqui, onde estão em jogo temas absolutamente graves e decisivos, é preciso falar em alto e bom som e descer à toda profundidade categórica do assunto, sem descurar da teologia; e então, nesse nível decisivo, creio que poderemos nos valer tanto mais da teoria marxista quanto menos formos forçados a apropriá-la externamente, de maneira submissa: aqui o "estético" pode intervir na realidade muito mais a fundo, de modo revolucionário, do que a teoria de classes como *deus ex machina*. Parece-me, portanto, indispensável que justamente os temas mais remotos, o do "sempre-igual" e do inferno, sejam expressos com força plena, e igualmente que o conceito de "imagem dialética" seja exposto em toda a sua claridade. Ninguém melhor que eu sabe que, nesse particular, cada sentença está e deve estar carregada de dinamite política; mas quanto mais profundamente ela estiver enterrada, maior seu poder de explosão. Eu não me atreveria a lhe oferecer "conselhos" – o que pretendo nada mais é senão pôr-me a seu lado como advogado de seus próprios intentos contra uma tirania que, tal como você mesmo fez com Kraus, só precisa ser chamada pelo nome para desaparecer. Aliás, parece ter acabado de surgir um impulso externo importante para as *Passagens*. Li numa revista de cinema inglesa uma resenha sobre o novo livro de Breton (*Os vasos comunicantes*),[174] que, se não estou enganado, coincide em muito com várias de nossas postulações. Ela também se volta contra a interpretação psicológica dos sonhos e defende outra, em termos de imagens objetivas – e parece lhes atribuir um caráter histórico crucial. O todo fala de perto o bastante à sua temática para que não necessite provavelmente de uma radical revisão em seu ponto mais central (onde, não sei dizer a partir da resenha); mas, se ela efetuar tal revisão, poderia ser de grande importância para você, comparável talvez – que paralelo! – a Panofsky e Saxl em relação ao livro sobre o barroco! Ainda no que se refere às *Passagens*, devo dizer que me seria uma infelicidade se esse trabalho, que terá de significar a integração de toda a sua experiência de linguagem, fosse escrito em francês, ou seja, em um meio que, mesmo com o mais magistral conhecimento, não favorece aquela integração que pressupõe justamente a dialética de sua língua materna! Se houver problemas de publicação, o caminho adequado me pareceria o da *tradução* – a perda

174 *Les vases communicants*, de André Breton, aparecera em Paris em 1932; foi impossível identificar a mencionada resenha do livro "numa revista de cinema inglesa".

de um original alemão me seria análogo, *sans phrase*, a nada menos que a mais grave perda que nossa língua terá sofrido desde que Uhland queimou seu quinhão do espólio de Hölderlin.[175] É óbvio que eu faria tudo a meu alcance para a publicação; as perspectivas mais favoráveis me parecem vir da Áustria, onde Krenek[176] ocupa agora uma série de cargos importantes, e está fora de dúvida de que ele faria tudo o que se possa imaginar em favor desse trabalho.

Quanto a meu trabalho sobre Husserl,[177] marchei de olhos vendados como se para o local de execução, o que talvez não seja de todo mau para uma obra lógica desse tipo. Minha ideia original era tentar uma espécie de retradução de uma linguagem eminentemente "filosófica" para uma linguagem de imagens; se terei êxito nisso, infelizmente não depende mais só de mim; mas não deixarei de apontar as contradições imanentes de tal ontologia formal e seu fundamento – uma ontologia arquitetada a partir da posição mais avançada de sua classe, algo sem dúvida que só se evidencia aqui, de forma imediata, onde a "filosofia" é o objeto. Mas estou ainda muito no começo para poder dizer algo a respeito sem falar besteira, e lhe pediria que tivesse paciência por mais uns três me-

175 Adorno enganou-se aqui.

176 O compositor Ernst Krenek (1900-91), que se correspondia com Adorno desde 1929, também não era estranho a Benjamin; já na primeira metade de 1930 houve planos para algum tipo de colaboração entre eles, e em abril de 1931 Krenek visitou Benjamin em Berlim para discutir com ele o seu ensaio "Karl Kraus"; para a descrição de Krenek, cf. *Der Briefwechsel Ernst Krenek–Friedrich T. Gubler 1928-39*. Viena/Colônia, 1989, p.122ss.

177 O trabalho mencionado na primeira nota à carta n.15, a partir do qual Adorno desenvolveu seu livro *Metacrítica da epistemologia. Estudos sobre Husserl e as antinomias fenomenológicas* [Zur Metakritik der Erkenntnistheorie. Studien über Husserl und die phänomenologischen Antinomien], publicado em 1956 (agora em GS 5, p.5-245).

ses, quando verei as coisas mais claras. As perspectivas externas de que meus trabalhos me habilitem a alcançar o raro e difícil Ph.D. Oxford[178] não parecem tão ruins; as relações pessoais envolvidas são extremamente agradáveis; não posso dizer o mesmo da vida de um estudante medieval in *Cap and Gown* que me vejo forçado a levar.

Não vi Brecht nem tive notícias dele. Por outro lado, encontrei com Eisler[179] na rua em Londres, e ele aproveitou o ensejo para se comportar com uma arrogância tão descarada que perdi qualquer desejo de dar um passo ou outro rumo a um domínio de ideias que é, não nego, um "estilo de comportamento", mas não um modo conveniente de se portar. Eisler pelo menos achou aconselhável apresentar suas desculpas a mim por intermédio de Schoen, mas *sunt certi denique fines.*[180] Schoen eu vi duas vezes, e como consegui com muita astúcia manter Hansi[181] afastada, nosso encontro foi extremamente agradável – muito mais que a situação dele, que me parece funesta, sem a menor possibilidade de ajuda. E agora, salvo um postal, fiquei sem notícia dele. Pode ser que a coisa esteja tão desesperadora para o lado dele que talvez não se possa mais contar com sua ajuda. O endereço dele é Londres NW, 32 Belsize Park.

---

178 Em razão de sua mudança para Nova York no início de 1938, Adorno não obteve a graduação.

179 O compositor Hanns Eisler (1898-1962), aluno de Arnold Schönberg, conhecia Adorno desde a época em que este estudou em Viena com Alban Berg, em 1925; Adorno e Eisler tornaram a encontrar-se mais tarde em Nova York e depois na Califórnia, onde começaram a colaborar, no final de 1942, no livro *Compondo para filmes* [*Komposition über den Film*] (cf. GS 15, p.17-155).

180 Cf. Horácio, *Sátiras*, I, 106: "Est modus in rebus, sunt certi denique fines, / quos ultra citraque nequit consistere rectum" [Há moderação nas coisas, há um meio que define o direito – além ou aquém tudo se perde].

181 A mulher de Schoen, Johanna, condessa de Rogendorf.

Eu poderia obter uma cópia do ensaio sobre Kafka?[182] Não preciso lhe dizer da importância central que ele teria para mim. Escrevi uma longa polêmica com o sociologismo burguês de Mannheim,[183] o trabalho mais explicitamente marxista que já empreendi; mas ele me pediu para adiar a conclusão do ensaio até que seu livro fosse publicado, e com toda lealdade não lhe podia negar isso; assim é que a matéria vai descansar por algumas semanas. Assim que a cópia a limpo estiver pronta, você receberá um exemplar (que, de tanto crescer, virou já um opúsculo; contém elementos de uma teoria do fascismo).

Espero que sua decisão de visitar San Remo[184] lhe seja mais frutífera do que possa parecer agora, e todos os meus votos, em todos os sentidos, acompanham-no nessa viagem. Você sabia que

---

182 Durante a vida de Benjamin, somente duas seções de seu ensaio "Franz Kafka" foram publicadas – "Potemkin" e "O homenzinho corcunda" [Das bucklichte Männlein] – sob o título "Franz Kafka. Eine Würdigung" [Uma apreciação] na revista *Jüdische Rundschau* de 21 e 28.12.1934; para o ensaio na íntegra, cf. GS II [2] p.409-38.

183 Originalmente concebida como um "comentário crítico sobre a indizível palestra [de Mannheim] sobre 'Crise cultural e democracia de massas' [...] com uma longa análise introdutória" (carta inédita de Adorno a Horkheimer, 24.11.1934), tornar-se-ia – a pedido de Mannheim, com quem Adorno mantinha contato em Londres – um comentário sobre o livro de Mannheim *Homem e sociedade na era da transformação* [Mensch und Gesellschaft im Zeitalter des Umbaums] (Leiden, 1935). O ensaio, intitulado "Nova sociologia livre de valores" [Neue wertfreie Soziologie], só foi publicado postumamente (cf. GS 20 [1], p.13-45). Depois da guerra, Adorno revisou e publicou esse ensaio sob novo título, "A consciência e a sociologia do conhecimento" [Das Bewusstsein der Wissenssoziologie], em sua coletânea de ensaios *Prismas* [Prismen] (agora em GS 10 [1], p.31-46).

184 Na carta que não subsistiu, Benjamin sem dúvida expressara a Adorno sua intenção de visitar San Remo, onde sua ex-esposa tinha uma pensão chamada primeiro Villa Emily e depois Villa Verde.

morei lá durante meses?[185] Em sinal de amizade, recomendo como local de trabalho o Café Morgana, que se debruça sobre o mar. E de modo algum você pode perder o vilarejo abandonado de Bussana Vecchia[186] no alto das montanhas, um lugar que se compara aos mais notáveis arredores de Positano. E se você for apreciador de um *bouille à baisse*, o proprietário do Hôtel de l'Europe, Signor Coddoni, a quem lhe peço dar minhas lembranças, é a pessoa mais versada a respeito e partilhará com prazer seus conhecimentos. E também poderá iniciá-lo nos mistérios de uma *uòva all'òstrica*.[187]

Estou de consciência muito pesada com respeito a Kracauer,[188] embora não possa tomar minhas reservas como acidentais. Ainda não vi o *Romance dos três vinténs*.[189] Estou lendo Richard Hughes e Norman Douglas[190] com enorme proveito.

Recebi também e examinei os trabalhos de Sternberger na *Rundschau*.[191] Não os acho tão pobres quanto diz Felizitas, sobretu-

185 Adorno passara tempo considerável em San Remo, no final do verão e no outono de 1927 (ver também carta n.25).

186 O lugar fora em boa parte destruído por um terremoto em 1887.

187 Gema de ovo temperada com uma pitada de sal e umas gotas de limão, sorvida diretamente de uma colher de sopa tal qual uma ostra – *all'òstrica*.

188 O contato epistolar entre Adorno e Kracauer, que a 28 de fevereiro de 1933 fugira para Paris, foi interrompido no final de abril de 1933. O reinício da correspondência só se deu no verão de 1935.

189 A primeira edição do *Dreigroschenroman* de Brecht saíra em outubro.

190 Cf. Richard Hughes, *Ein Sturmwind von Jamaika* [Um ciclone na Jamaica], Berlim, 1931 [1929]; Norman Douglas, South Wind. Londres, 1934 [1917].

191 Cf. Dolf Sternberger, "Über die Kunst der Photographie" [Sobre a arte da fotografia]. Die Neue Rundschau, v.45, n.2, 1934, p.412-35; "Jugendstil. Begriff und Physiognomik" [Art nouveau. Conceito e fisionomia], Die Neue Rundschau, v.45, n.9, 1934, p.255-71. Dolf Sternberger (1907-89) manteve contato próximo com Adorno entre 1930 e 1933, tomando parte nos seminários deste; Adorno o encorajou a trabalhar em sua dissertação (cf. *Der verstandene Tod. Eine*

do no ensaio sobre a fotografia há coisas excelentes, por exemplo a crítica da "Nova Objetividade"; a peça sobre a *art nouveau* não passa, é claro, de um inventário. Mas eu ficaria feliz se alguém baixasse nesses lugares e afixasse uma placa com os dizeres "Só para adultos". Escrevi-lhe com precaução sugerindo que ensaios contra Heidegger, Jaspers e a filosofia como forma são sem dúvida apropriados, mas que, neles, somente as categorias filosóficas mais caras e graves são suficientes. Tudo isso será resolvido com a mera existência do trabalho das *Passagens*.

As mais cordiais recomendações, como sempre,

Teddie Wiesengrund.

Era para Else Herzberger ter chegado à Inglaterra, mas manteve-se tão invisível para mim quanto para você seus amigos ingleses.[192] Caso eu a encontre, não me esquecerei dos assuntos práticos. Dê as minhas lembranças à sra. Dora Sophie![193]

24. Benjamin a Wiesengrund-Adorno San Remo, 30.11.1934

[o começo da carta se perdeu]
e caso isso ocorra, será apenas em parte, e nesse caso o todo naturalmente estaria à sua imediata disposição em manuscrito.[194]

Untersuchung zu Martin Heideggers Existential-Ontologie [A morte compreendida. Um estudo sobre a ontologia existencial de Martin Heidegger]. Leipzig, 1934) e escreveu um parecer acadêmico sobre a obra.

192 Foi impossível identificar os "amigos ingleses" que foram provavelmente mencionados na carta de Benjamin que não subsistiu.

193 Dora Sophie Benjamin (1890-1964), Kellner de solteira, ex-esposa de Benjamin.

194 Parece claro que Benjamin responde aqui ao pedido feito por Adorno na carta n.23 de uma cópia do ensaio "Franz Kafka", aludindo à pouca chance de que fosse publicado na íntegra.

Mal posso esperar para ver seu escrito contra Mannheim; espero recebê-lo o mais breve que puder.

Ernst Bloch, de quem aliás não sei quase nada nem tenho notícia, anunciou um novo livro.[195] Mas a editora Oprecht & Helbling ainda não o publicou. Alguns dias atrás finalmente recebi notícias de Schoen, as quais infelizmente não contradizem o que você me escreveu. Que Eisler[196] se dê melhor com trilhas sonoras do que os outros se dão com ele, isso já havia me ocorrido no verão passado.

Sua recomendação do Café Morgana só me encheu de pesar. Isso porque de fato ele me parece, por sua localização, um lugar incomparavelmente adequado no qual trabalhar. Os demais cafés daqui são ainda piores que os dos menores vilarejos italianos. Mas, para ser breve, o Morgana decretou falência e fechou. Vou a Bussana Vecchia em breve. Para esses mesmos lados, cheguei recentemente até Taggia. Trata-se de uma cidade alpina numa paisagem esplêndida, na qual descobri "a escada mais bela do mundo". Quando foi que você esteve aqui?

Minha ex-esposa lhe retribui as mais afetuosas lembranças.

Eu adoraria ter mais notícias suas e reitero as mais cordiais recomendações,

Walter Benjamin

30 de novembro de 1934
San Remo
Villa Emily

---

195 Cf. Ernst Bloch, *Erbschaft dieser Zeit* [Herança do nosso tempo], Zurique, 1934.

196 Benjamin se encontrara com Hanns Eisler no verão que passara com Brecht na Dinamarca.

25. Wiesengrund-Adorno a Benjamin Oxford, 05.12.1934

5 de dezembro de 1934
Merton College
Oxford

Caro sr. Benjamin,
sua carta me foi um grande prazer, e lhe respondo de imediato para poder escrever ainda da Inglaterra: em meados da semana que vem viajo com Felizitas para Berlim. Até lá meu endereço é Albemarle Court Hotel, Lenster Gardens, Londres W2, e se você for rápido, uma palavra sua ainda pode me alcançar aqui – do contrário receio uma interrupção de nossa correspondência, ao menos em termos abertos, até meados de janeiro.

Primeiro, no tocante ao plano para um encontro, ninguém o desejaria mais do que eu, e é ponto pacífico que não podemos deixar passar o próximo ano sem nos falarmos à vontade. Entretanto, isso será muito difícil de arranjar nos próximos meses, a menos que suas viagens o tragam a Londres. De meados de janeiro a meados de março, e então de final de abril a meados de junho, vou estar preso a Oxford, e nesse meio-tempo é extremamente provável que eu tenha de ir aos Estados Unidos, já que não posso recusar os veementes convites de Horkheimer[197] sem pôr em risco uma série de

197 Adorno refere-se à carta (inédita) de Horkheimer de 16.11.1934, na qual descreve as perspectivas para ele nos Estados Unidos e prossegue: "Essa perspectiva sobre nossa situação atual, a par da convicção de que você próprio considera a sobrevivência e a crescente influência do Instituto nesse mundo cada vez mais sombrio como um dever positivo, basta para fundamentar a sugestão de que você pondere seriamente uma viagem aos Estados Unidos. Caso eu vá à Europa nos primeiros meses do ano que vem, teremos a oportunidade de discutir

interesses, isso sem falar da obrigação pessoal em jogo. Mas como as férias aqui são excepcionalmente longas – de meados de junho a pelo menos meados de outubro –, seguramente poderemos arranjar algo nesse período, e já estou pensando onde e como.

Else Herzberger: minhas esperanças de falar-lhe foram frustradas, uma vez que ela acabou não vindo à Inglaterra. Há uma chance de que eu a veja em Frankfurt no Natal – mas não é nada certo –, e não julgo aconselhável uma intervenção por carta. A princípio me parece que só se deve lançar mão dessa possibilidade (limitada como é, infelizmente) na mais extrema e urgente circunstância – justamente para que então possamos contar com ela. Portanto, eu ficaria muito grato se você pudesse externar sua presente situação – se uma tal *ultima ratio* realmente é necessária ou se no momento você está se virando – e nesse caso eu acharia melhor deixar as coisas como estão (justamente, e de fato apenas, pelas razões que

---

juntos tal viagem. Mas como sob certas hipóteses minha viagem pode ser adiada, a ideia de que você venha ainda no inverno não parece tão absurda. Não excluo a possibilidade de que, sob influência do lugar visto em pessoa, e isso sem levar em conta a assistência puramente material oferecida pelo Instituto, você sinta que suas chances aqui são muito mais promissoras do que na Inglaterra. Com a ressalva de que decepções são sempre possíveis, a atitude extremamente benévola de certos círculos de destaque na Universidade de Colúmbia e também de algumas personalidades em outras universidades com relação a tudo o que representa nosso Instituto inclina-me a um prognóstico bem favorável. Seja como for, sua situação atual no contexto da presente constelação de interesses daqui parece-me justificar plenamente que você venha e tire suas conclusões. Poderíamos dividir os custos da viagem de ida e volta, de modo que a coisa não lhe fosse de maior incômodo do que você ache justificado à luz de seus próprios interesses vitais. Por favor, considere o assunto seriamente! Claro que meu próprio desejo de vê-lo e lhe falar desempenha lá seu papel no meu convite". A viagem aos Estados Unidos ocorreria somente em junho de 1937.

já sugeri). E isso sobretudo à luz da decisão da Saarland,[198] que, é claro, pesa mais sobre Else. Posso lhe pedir assim que me informe como proceder?

E agora mais algumas palavras sobre as *Passagens*. A relação entre seu "sonho do coletivo" e o inconsciente coletivo de Jung (de cujas publicações mais recentes nada pude ver senão um ensaio nada insignificante sobre Joyce)[199] certamente não é para ser descartada. Mas devo dizer que sempre me admirou o fato de você se distanciar enfática e resolutamente daquilo que aparentemente lhe é mais próximo: de Gundolf no ensaio sobre *As afinidades eletivas*[200] bem como daquelas apreciações do barroco, desde o expressionismo até Hausenstein e Cysarz,[201] cujo livro sobre Schiller excede nossos temores mais sombrios. De fato, eu atribuiria até certa dignidade sistemática a essa sua inclinação, vinculada que está, em certa medida, à categoria do "extremo", algo que me é de particular importância no momento. Ainda lembro como fiquei impressionado, há uns bons dez anos, quando você, embora fosse bem menos reticente em expressar frases teológicas, isto é, teocrático-ontológicas, opôs-se incisivamente ao Scheler[202] da época. Somente nesse sentido posso imaginar, de fato, alguma relação com Jung ou por exemplo Klages

198 O plebiscito na região do Saar, no qual 90% da população votou pela unificação com a Alemanha, ocorreu em 13 de janeiro de 1935.

199 Cf. Carl Gustav Jung,"Ulysses. Ein Monolog". In: *Wirklichkeit der Seele* [Realidade da alma]. Zurique, 1934 [1932].

200 Cf. GS I [1], p.158-67.

201 Cf. o "Prefácio crítico-epistemológico" da *Origem do drama barroco alemão* (cf. GS I [1], p.232-36), em que Benjamin cita Wilhelm Hausenstein (*Do espírito do barroco* [Vom Geist des Barock]) e Herbert Cysarz (*Poesia barroca alemã. Renascimento, barroco, rococó* [Deutsche Barockdichtung. Renaissance, Barock, Rokoko]); cf. Herbert Cysarz, Schiller. Halle, 1934.

202 Não foi possível descobrir o contexto dos comentários de Benjamin sobre Scheler.

(cuja doutrina dos "fantasmas" na "Realidade das imagens" do seu *Espírito como antagonista*[203] fala relativamente de perto às nossas questões). Ou para ser mais preciso: é exatamente aqui que reside a diferença decisiva entre imagens arcaicas e dialéticas, ou, como certa vez formulei a questão contra Brecht, esse é o lugar de uma doutrina materialista das ideias. Mas me parece altamente provável que você ache o debate de Freud com Jung um veículo apropriado nesse sentido, pois, embora não tenha em vista nossa questão, Freud submete Jung àquela provação nominalista que certamente é necessária para ter acesso à história primeva do século XIX. Na mais íntima correlação com isso, isto é, com o caráter dialético dessas imagens, está, assim me parece, o fato de que estas têm de ser interpretadas objetivamente, e não "psicologicamente" num sentido imanente. Se bem compreendo a constelação dos conceitos, então é justamente a crítica individualista mas dialética de Freud que pode auxiliar a romper a tendência arcaizante daqueles, e então ser usada, dialeticamente, para superar o ponto de vista imanente do próprio Freud. Queira perdoar as alusões vagas e topológicas – elaborá-las em detalhe seria nada menos que antecipar sua teoria, e isso é a última coisa a que me atreveria. Mas me parece fora de questão duvidar que os escritos de Freud sobre a interpretação da análise[204] são de extrema importância nesse contexto. No livro

---

203 Cf. Ludwig Klages, *Der Geist als Widersacher der Seele* [O espírito como antagonista da alma], v.3, parte I: "Die Lehre von der Wirklichkeit der Bilder" [A doutrina da realidade das visões]. Leipzig, 1932, p.1.223-37.

204 Adorno pensa provavelmente nos seguintes ensaios de Freud: *Autoapresentação* [Selbsdarstellung] (1925), *Sobre a história do movimento psicanalítico* [Zur Geschichte der psychoanalytischen Bewegung] (1915), *Breve resumo da psicanálise* [Kurzer Abriss der Psychoanalyse] (1924-28) e *Resistências à psicanálise* [Die Widerstände gegen die Psychoanalyse] (1925).

sobre o barroco você redimiu a indução:[205] aqui cabe redimir os nominalistas e psicologistas para destruir e transcender todo ontologismo burguês. Aliás, me interessaria saber se você teve contato com Reich e seu círculo[206] em Copenhague. Há muito de valor neles, claro que ainda combinado com outro tanto de Feuerbach romântico, de regressão anarquista e de uma precária glorificação da sexualidade "genital", e portanto a-histórica.

Com muito gosto, com gosto ardente, eu leria as novas peças da *Infância*[207] e, acima de tudo, seu "Kafka":[208] afinal, todos devemos uma palavra de redenção a Kafka, sobretudo Kracauer[209] – e como é urgente a tarefa de resgatá-lo de uma teologia existencialista e dedicá-lo a outra! E como temos de contar com um considerável espaço de tempo até nossa reunião, seria possível dar uma olhada nesses trabalhos agora?

---

205 Cf. GS I [1], p.223-27.

206 O psicanalista Wilhelm Reich (1897-1957) emigrara para a Dinamarca e dirigia em Copenhague a Verlag für Sexualpolitik.

207 Adorno tomou conhecimento delas por meio de uma carta sem data (mas escrita provavelmente por volta do final de novembro de 1934) de Benjamin a Gretel Karplus: "No tocante ao trabalho – e esse infatigável interesse talvez a surpreenda –, a primeira coisa que fiz foi retomar a *Infância em Berlim*. Há ainda algumas poucas peças nas quais penso faz anos. Mas uma coisa creio ter finalmente alcançado; o título lhe diz quanto ela é central para mim. Chama-se 'As cores'. Se conseguir alguém que a transcreva para mim, envio-lhe uma cópia. Além dela, há outras, 'Portão de Halle' e 'Canção de Natal'" (cf. GS IV [2], p.967).

208 Ver nota 182, carta n.23.

209 Os escritos de Kracauer sobre Kafka incluíam resenhas de seus romances e do volume póstumo *Durante a construção da muralha da China* [Beim Bau der Chinesischen Mauer] (1931), bem como dois alentados ensaios sobre o autor; cf. Siegfried Kracauer, *Schriften*, v.5. Frankfurt a.M., 1990.

Mencionei Krenek porque no momento ele está tratando de encontrar um editor para a coletânea de meus escritos musicais[210] (Felizitas lhe batizou: "O grande Pã está morto", e para a qual descobri agora uma epígrafe de George[211] verdadeiramente extraordinária). A evolução dele seguiu um curso muito favorável, e em nossa correspondência atual revela um tal conhecimento sobre os aspectos mais remotos da música como poucas vezes encontrei em alguém antes. Em matéria de política, é impossível, afortunadamente, compreendê-lo.[212]

Você viu o *Crepúsculo*?[213]

Tudo de bom em seu trabalho – do meu, só ofereço esta frase de Bolzano,[214] a qual defendo, e espero não tê-la enviado antes:

---

210 Tal coleção, que haveria de se chamar "O grande Pã está morto" [Der Grosse Pan ist Tot], jamais tomou corpo (cf. também *Briefwechsel Adorno/Krenek*, loc. cit., p.73).

211 Os versos de "O sétimo anel" [Der Siebente Ring] de Stefan George citados por Adorno em sua carta a Krenek de 05.11.1934: "Und wenn die grosse Nährerin im zorne / Nicht mehr sich mischend neigt am untern borne / In einer weltnacht starr und müde pocht: / So kann nur einer der sie stets befocht / Und zwang und nie verfuhr nach ihrem rechte / Die hand ihr pressen, packen ihre flechte / Dass sie ihr werk willfährig wieder treibt: / den leib vergottet und den gott verleibt" [E quando a grande Provedora em cólera/ Não pender mais a imiscuir-se na fonte inferior/ E bater austera e cansada na noite desse mundo:/ Então apenas quem contra ela tiver sempre combatido/ E a coagido e nunca se submetido à sua lei / Pode apertar sua mão e apanhar suas mechas/ Para que ela retome sua obra com prazer:/ o corpo deificado e o deus corporificado] (cf. *Briefwechsel Adorno/Krenek*, loc. cit., p.59 e 73). Benjamin citara esses versos já em 1933 (cf. GS III, p.397).

212 Nessa época Krenek ainda era um legitimista dos Habsburgos.

213 Cf. Heinrich Regius [pseudônimo de Max Horkheimer], *Dämmerung. Notizen in Deutschland*. Zurique, 1934 (agora em Max Horkheimer, Schriften, v.2: "Philosophische Frühschriften 1922 bis 1932". Frankfurt a.M., 1987, p.309-452).

214 Adorno cita a partir de Edmund Husserl, *Logische Untersuchungen* [Investigações lógicas], v.1: "Prolegomena zur reinen Logik" [Pro-

segundo ele, a lógica é "aquela ciência que nos ensina como apresentar a ciência em manuais úteis".

San Remo eu conheço desde 1927, primeiro uma estada breve com Gretel, depois sozinho por vários meses; dessa época datam minhas leituras de Freud. A paisagem dos Alpes e do lago é incomparável – especialmente nas próprias montanhas, que têm as mais belas veredas até o topo.

Peço-lhe que retribua com todo o afeto as lembranças de sua ex-esposa. Cordialmente, como sempre,

Teddie Wiesengrund

26. Wiesengrund-Adorno a Benjamin Berlim, 16.12.1934

Berlim, 16 de dezembro de 1934[215]

Caro sr. Benjamin, graças a Wissing* pude dar uma olhada em seu "Kafka" e hoje gostaria somente de lhe dizer que os motivos por trás do trabalho me causaram uma impressão extraordinária – a maior acerca de tudo quanto você fez desde o primor do "Kraus".[216] Espero encontrar tempo nos próximos dias para responder em pormenor; tome apenas como pagamento antecipado se sublinho aqui a tremenda definição da atenção como figura histórica da prece[217] ao fim do terceiro capítulo. Quanto ao resto, nossa conformidade

---

legômenos a uma lógica pura], 3.ed. Halle, 1922, p.29; Husserl reporta-se ali a "B. Bolzano, *Wissenschaftslehre* (Sulzbach, 1837), I, p.7".

215 * Acrescentado à mão por Egon Wissing, para dizer a Benjamin que Adorno não recebera dele o manuscrito do ensaio sobre Kafka.

216 O ensaio de Benjamin de 1931, que aparecera em quatro números na *Frankfurter Zeitung* ao longo de março de 1931 (cf. GS II [1], p.334-67).

217 Cf. GS II [2], p.432.

nos temas filosóficos fundamentais nunca me pareceu tão nítida quanto nesse trabalho! Comigo as coisas vão bem por aqui.

Lembranças,

Teddie W.

27. Wiesengrund-Adorno a Benjamin Berlim, 17.12.1934

Berlim, 17 de dezembro de 1934

Caro sr. Benjamin, permita-me a toda pressa – Felizitas está prestes a levar embora meu exemplar do seu "Kafka", que só consegui ler duas vezes do começo ao fim – resgatar minha promessa anterior e dizer umas palavras a respeito, mais para expressar a gratidão espontânea, a gratidão esmagadora que tomou conta de mim do que por imaginar ter decifrado esse colossal torso ou estar em condições de "julgá-lo". Não tome como imodéstia de minha parte se começo por confessar que nossa concordância nos fundamentos filosóficos nunca marcou tão plenamente minha consciência quanto agora. Menciono apenas minha própria tentativa mais recuada,[218] nove anos atrás, de interpretar Kafka: ele representaria uma fotografia de nossa vida terrena da perspectiva de uma vida redimida, uma fotografia na qual nada mais se revela desta última senão uma fímbria de pano negro, enquanto a óptica terrivelmente distanciada da imagem não é outra senão a da própria câmara obliquamente armada – outras palavras não parecem necessárias para comprovar a nossa concordância, por mais que sua análise também aponte além dessa concepção. E isso toca ao mesmo tempo, e num

---

218 Nada se sabe a respeito dessa *tentativa recuada*; cf., porém, o início do ensaio "Anotações sobre Kafka" [Aufzeichnungen zu Kafka] (GS 10 [1], p.254).

sentido bastante fundamental, na posição que se adota perante a "teologia". Como sempre insisti nessa posição antes de entrar nas suas *Passagens*, parece-me duplamente importante que a imagem da teologia, na qual eu veria com prazer dissiparem nossos pensamentos, seja justamente aquela que sustenta aqui seus pensamentos – a qual poderia muito bem ser chamada de teologia "inversa". Essa posição, dirigida tanto contra a interpretação natural quanto supranatural, formulada primeiro aqui com toda a precisão, parece-me absolutamente idêntica à minha – meu *Kierkegaard*,[219] de fato, não estava às voltas com outra coisa, e quando você escarnece do vínculo entre Pascal e Kierkegaard,[220] bem me cabe lembrá-lo que expresso o mesmo escárnio sobre o vínculo de Kierkegaard com Pascal e Agostinho[221] em meu próprio estudo. Mas se insisto numa relação entre Kierkegaard e Kafka, ela não é de modo algum a da teologia dialética, cujo advogado é Schöps,[222] ao menos no que tange a Kafka. Antes, essa relação reside precisamente no papel da "Escritura",[223] sobre a qual você diz de forma tão decisiva que aquilo que Kafka considerava a relíquia da escrita poderia ser mais bem compreendido, sobretudo em termos sociais, como os pro-

219 Cf. Adorno, *Kierkegaard. Construção do estético*, loc. cit. (carta n.10, nota 68).
220 Cf. GS II [2], p.426.
221 Cf. GS 2, p.91.
222 Hans Joachim Schöps e Max Brod editaram a coletânea póstuma de Kafka *A construção da Muralha da China* [Beim Bau der Chinesischen Mauer] (Berlim, 1931); Adorno se refere ao posfácio composto pelos editores, que anunciava também a publicação de uma monografia de Schöps destinada a "apresentar uma detalhada interpretação de toda a obra de Franz Kafka como expressão última de uma atualização negativa da compreensão judaica da revelação, atualização essa condicionada pela marcha do processo de secularização na história ocidental" (p.258).
223 Cf. GS II [2], p.437.

legômenos da escrita. E esse é de fato o caráter cifrado de nossa teologia, sem tirar – claro, sem nenhuma vírgula a menos – nem pôr. Que isso aflore aqui com força tão extraordinária é a prova mais cabal, a meu ver, de seu êxito filosófico desde que tomei conhecimento dos primeiros fragmentos das *Passagens*.[224] Como evidência da concordância gostaria ainda de incluir em especial seus comentários sobre música e sobre o gramofone e a fotografia – em poucas semanas, assim espero, você receberá um trabalho que escrevi cerca de um ano atrás sobre a forma dos discos,[225] uma peça que toma uma passagem específica do seu livro sobre o barroco[226] como ponto de partida e emprega simultaneamente a categoria da alienação reificante quase no mesmo sentido preciso que agora encontro construído no seu "Kafka"; e o mesmo vale sobretudo para seus comentários sobre a beleza e a desesperança.[227] Quase lamento que, embora você note expressamente a platitude das interpretações oficialmente teológicas de Kafka,[228] não a explicite tão plenamente como o fez com as interpretações de Gundolf em seu ensaio sobre *As afinidades eletivas*[229] (e, diga-se de passagem, as trivialidades psicanalíticas de Kaiser[230] distorcem a verdade bem menos que a profundidade burguesa daquele). Em Freud, imago paterna e uniformidade seguem de mãos dadas.

---

224 Ver nota 44, carta n.7.

225 Cf. Adorno, "Die Form der Schallplatte". 23 – *Einer Wiener Musikzeitschrift*, n.17-19, 05.12.1934, p.35-39 (agora em GS 19, p.530-34).

226 Referência à caracterização da "música como a última linguagem universal depois de Babel" (GS I [1], p.388), que Adorno cita sem designar a fonte no ensaio referido na nota anterior (cf. GS 19, p.533).

227 Cf. GS II [2], p.413ss.

228 Cf. ibid., p.425ss.

229 Cf. GS I [1], p.158-67.

230 Cf. Hellmuth Kaiser, *Kafkas Inferno* [O inferno de Kafka]. Viena, 1931 (cf. GS II [2], p.425).

Se você mesmo descreve o trabalho como "incompleto", seria muito ingênuo e convencional de minha parte contradizê-lo. Você está cansado de saber quanto o significado da obra está irmanado ao caráter fragmentário. Mas isso não quer dizer que o lugar no qual está incompleto não possa ser identificado – justamente porque esse trabalho precede as *Passagens*. Pois esta é sua incompletude. A relação entre história primeva e modernidade ainda não foi alçada a conceito, e em última instância o sucesso de uma interpretação de Kafka dependerá disso. Há uma primeira lacuna no início com a citação de Lukács e a antítese entre os conceitos de "era histórica" [*Zeitalter*] e "era cósmica" [*Weltalter*].[231] Essa antítese não pode ser explorada simplesmente como contraste, mas só será frutífera dialeticamente. Eu diria assim: que *para nós* o conceito de era histórica é meramente inexistente (da mesma maneira que não conhecemos decadência e progresso no sentido óbvio que você próprio destrói nesse contexto), e só apreendemos a era histórica como extrapolação do presente petrificado. E sei que, em termos teóricos, ninguém admitiria isso mais prontamente que você. No "Kafka", entretanto, o conceito de era cósmica permanece abstrato no sentido hegeliano (a propósito, é admirável, embora você provavelmente não se tenha dado conta disso, como esse trabalho tem relações profundas com Hegel. Aponto somente que o trecho sobre "nada" e "algo"[232] corresponde com máxima precisão ao primeiro movimento do conceito hegeliano – ser-nada-devir – e que Cohen certamente adotou da filosofia do direito de Hegel,[233] bem como, claro, da tradição judaica, o tema da conversão da lei mítica em transgressão). Mas isso nada mais significa senão que

231 Cf. GS II [2], p.410.
232 Cf. ibid., p.435.
233 Cf. ibid., p.412.

a anamnese – ou o "esquecer" – da história primeva em Kafka é interpretada em seu trabalho num sentido essencialmente arcaico, e não inteiramente dialético, com o que o trabalho regride ao início das *Passagens*. Sou a pessoa menos indicada a julgar aqui, pois sei muito bem que posso ser acusado da mesma regressão, da mesma articulação insuficiente do conceito de mito no meu *Kierkegaard*, onde esse conceito foi dialeticamente superado como construção lógica, mas não de forma concreta. É justamente por isso, no entanto, que me é dado ressaltar esse ponto. Não é por acaso que, entre as anedotas interpretadas, uma em particular, a do retrato de infância de Kafka,[234] permaneça sem interpretação. Mas interpretá-la equivaleria a uma neutralização da era cósmica no clarão de um relâmpago. O que dá a entender então todas as imagináveis divergências *in concreto* – sintomas da insuficiência do arcaico, da improficiência da dialética mítica ainda aqui. A mais relevante me parece referir-se a Odradek.[235] Isso porque é meramente arcaico erigi-lo do "mundo pré-histórico e culpa" em vez de relê-lo exatamente como aquele prolegômeno que você identificou com tamanha perspicácia no problema da Escritura. Se o lugar dele é junto ao chefe de família, não representaria ele precisamente a *preocupação* e o perigo para esse último, não anteciparia ele precisamente a superação do estado de culpa da criatura, e não seria essa preocupação – um verdadeiro Heidegger posto de cabeça para cima – a cifra, a mais indubitável promessa de *esperança*, precisamente na superação do lar? Por certo, como reverso do

---

234 Cf. ibid., p.416; a fotografia, que Benjamin possuía, é reproduzida no *Benjamin-Katalog*, p.247.

235 Cf. a narrativa de Kafka "A preocupação do pai de família" [Die Sorge des Hausvaters] publicada no volume *Um médico rural* [Ein Landarzt] (1919); para a interpretação de Benjamin em termos de mundo pré-histórico e culpa, referida na sequência, cf. GS II [2], p.431.

mundo das coisas, Odradek é um signo da distorção – mas como tal precisamente um emblema do transcender, do limite último e da reconciliação entre o orgânico e o inorgânico ou da superação da morte: Odradek "sobrevive". Em outras palavras, é somente a uma vida deturpada em forma de coisa que se promete a escapatória do âmbito da natureza (e essa é também a razão mais profunda pela qual sou contra estabelecer uma relação imediata com o "valor de uso" em outros contextos!). Há mais do que simples "nuvem"[236] aqui, pois a dialética e a imagem da nuvem, não cabe certamente que sejam "esclarecidas", mas dialetizadas de alto a baixo – para em certa medida fazer chover as parábolas – tal permanece o desígnio mais íntimo de qualquer interpretação de Kafka: desígnio idêntico à articulação teórica da "imagem dialética". Não, Odradek é tão dialético que dele propriamente se pode dizer que "um quase nada fez tudo ficar bem".[237] A passagem sobre mito e fábula[238] integra o mesmo complexo, e seria o caso de objetar pelo menos pragmaticamente que a fábula apareça como o logro do mito ou como sua dissolução – como se os trágicos áticos fossem fabuladores, o que de fato são em última análise, e como se a figura-chave da fábula fosse o *pré*-mítico, não, o mundo livre de pecado, tal como nos aparece *materialmente* cifrado. É extremamente estranho que os "erros" objetivos de que o trabalho possa ser acusado tenham sua fonte justamente aqui. A menos que minha memória me engane cruelmente, a máquina da colônia penal[239] inscreve não apenas as costas dos condenados, mas seus corpos inteiros, e de fato é até

236 Cf. ibid., p.420.

237 Verso da opereta de Adorno *O tesouro do índio Joe*, loc. cit. (carta n.12, nota 77, p.74).

238 Cf. GS II [2], p.415.

239 Referência à narrativa de Kafka "Na colônia penal" [In der Strafkolonie]; cf. ibid., p.432.

mesmo descrito o processo pelo qual a máquina os revira (esse revirar é o coração da história, e também é imediatamente óbvio à compreensão; de resto, nessa narrativa, em cuja parte central transparece certa abstração idealista, tal como nos aforismos que você com razão relega,[240] não devemos nos esquecer da conclusão disparatada, com o túmulo do velho comandante sob a mesa da casa de chá). Arcaica também me parece a interpretação do teatro ao ar livre em termos de "quermesse campestre ou festa infantil"[241] – a imagem de um festival de música numa cidade grande dos anos 1880 com certeza seria mais verdadeira, e a "atmosfera de aldeia" de Morgenstern[242] sempre me pareceu suspeita. Se Kafka não é nenhum fundador de religião[243] – e nisso você está coberto de razão! nada mais afastado da verdade! –, com certeza também não é, em absoluto, um poeta da pátria judaica. Nesse ponto vejo como absolutamente crucial a observação sobre o entrelaçamento dos fatores alemão e judaico.[244] As asas postiças do anjo[245] não são uma deformidade, mas seu próprio "traço" – tais asas, sua aparência obsoleta, são a esperança mesma, e outra não há senão essa.

É dela, da dialética da aparência como modernidade prematura, que me parece nascer a função do teatro e do gesto,[246] à qual que você foi o primeiro a atribuir a devida importância central. Todo

240 Cf. Kafka, "Reflexões sobre pecado, sofrimento, esperança e o caminho verdadeiro" [Betrachtungen über Sünde, Leid, Hoffnung und den wahren Weg]. In: A construção da Muralha da China (loc. cit.); cf. GS II [2], p.425s.

241 Cf. GS II [2], p.423.

242 Cf. ibid., p.423; para o "comentário" de Soma Morgenstern, feito durante uma conversa com Benjamin, cf. GS II [3], p.1231.

243 Cf. GS II [2], p.424.

244 Cf. ibid., p.432.

245 Cf. ibid., p.423.

246 Cf. ibid., p.418-20.

o teor do processo é desse tipo. Quisesse alguém buscar o fundamento do gesto, talvez procurasse menos no teatro chinês do que na própria "modernidade", ou seja, na abolição da linguagem. Nos gestos kafkianos liberta-se a criatura que foi privada da linguagem das coisas. Essa é seguramente a razão pela qual, como você diz, ela se abre à reflexão profunda e ao estudo como prece – não acredito que ela possa ser entendida como "ensaio experimental",[247] e me parece que é simplesmente alheia ao material a adoção de categorias extraídas do teatro épico. Isso porque esse teatro do mundo, como de fato só é encenado para Deus, não tolera nenhum ponto de vista externo a si mesmo, em relação ao qual simplesmente encolheria às dimensões de palco; e, como você diz, assim como não se pode pendurar o céu[248] como uma moldura na parede de uma galeria de quadros, tampouco há um pano de fundo para a própria cena (a não ser precisamente o céu sobre o hipódromo), e por isso é parte constitutiva da concepção do mundo como "teatro" da salvação, na acepção tácita da palavra, que a forma artística de Kafka (e certamente, uma vez recusada a ideia de uma exposição imediata da doutrina, está *fora de questão* ignorar essa forma artística) encontre-se no mais extremo antípoda da forma teatral, romance que é. Assim, parece-me que com a banal alusão ao cinema Brod acertou aqui em algo muito mais preciso do que poderia ter imaginado. Os romances de Kafka não são roteiros para o teatro experimental, pois lhes falta em princípio o próprio espectador que intervenha em tais experimentos. São os últimos e evanescentes textos de ligação com o filme mudo (cujo desaparecimento, e não por acaso, foi quase exatamente simultâneo à morte de Kafka); a ambiguidade do gesto

247 Um conceito pertinente à teoria do teatro épico de Brecht; cf. GS II [2], p.418.
248 Cf. ibid., p.419.

consiste em estar a meio caminho de submergir na mudez (com a destruição da linguagem) e de fazê-la emergir a salvo na música – assim, a mais importante peça da constelação gesto-animal-música é com certeza a representação da matilha e sua música silenciosa nas "Investigações de um cão",[249] que não hesito comparar com "Sancho Pança".[250] Talvez muita coisa pudesse ser esclarecida se isso fosse levado em conta. Quanto ao caráter fragmentário da peça, permita-me dizer apenas que a relação entre esquecer e lembrar,[251] decerto central, ainda não me ficou inteiramente clara, e talvez possa ser articulada com nitidez e ênfase ainda maiores; acerca da passagem sobre a "ausência de caráter",[252] permita-me dizer, somente por curiosidade, que escrevi no ano passado uma pequena peça sobre o processo de "nivelamento",[253] na qual também interpretei positivamente a eliminação do caráter individual; e permita-me lhe dizer, também a título de curiosidade, que escrevi no começo desse ano uma peça sobre os inúmeros modelos de bilhetes coloridos em uso nos ônibus de Londres,[254] a qual confina da forma mais estranha com sua peça sobre as cores na *Infância em Berlim*,[255] que me foi mostrada por Felizitas. Mas permita-me

---

249 Narrativa de Kafka que integra o volume *Descrição de uma luta* [Beschreibung eines Kampfs] (1904).

250 Cf. a narrativa de Kafka "A verdade sobre Sancho Pança" [Die Wahrheit über Sancho Pansa], no volume *Preparativos para um casamento no campo* [Hochzeitvorbereitungen auf dem Land]; cf. GS II [2], p.438.

251 Cf. GS II [2], p.429-32.

252 Cf. ibid., p.418.

253 Essa peça sem título de Adorno, datada de 18.01.1934, será publicada nas *Frankfurter Adorno Blätter III*.

254 Essa peça de Adorno data de 22.04.1934 (cf. *Frankfurter Adorno Blätter II*, Munique, 1993, p.7).

255 Cf. GS IV [1], p.263, e GS VII [1], p.424.

sublinhar uma vez mais o significado da passagem sobre a atenção como prece.[256] Não saberia apontar nada mais importante da sua autoria – nem nada que pudesse dar notícia mais precisa de seus desígnios mais íntimos.

Quase quer me parecer que a blasfêmia de nosso amigo Ernst[257] tenha sido expiada pelo seu "Kafka". Dele ainda não tive resposta a uma alentada carta minha, e estou morrendo de curiosidade para saber se tal carta sequer terá chegado. Partimos para Frankfurt no sábado. Encontrei Felizitas em bom estado e eu próprio estou muito bem.

Vou escrever a Levy em termos claros. Com amizade,

Teddie W.

28. Benjamin a Wiesengrund-Adorno San Remo, 07.01.1935

Caro sr. Wiesengrund,
supondo que você esteja de volta, passo a responder sua longa carta de 17 de dezembro. Mas não sem hesitar – ela é tão grave e desce tão diretamente ao coração do assunto que não guardo esperança de lhe fazer jus por via epistolar. É assim deveras importante que antes de tudo eu lhe assegure o grande prazer que me propiciou seu vivo interesse em minha obra. Não li sua carta apenas, estudei-a; ela exige ser ponderada frase a frase. Como você apreendeu minhas intenções com a máxima precisão, suas sugestões sobre onde eu tenha me enganado são da maior relevância. Isso vale especialmente para os comentários que você faz sobre a compreensão insuficiente

256 Cf. GS II [2], p.432.

257 Certamente uma referência à passagem sobre Kafka em Ernst Bloch, *Herança de nosso tempo*, loc. cit., p.182.

do arcaico; e vale portanto de forma particular para suas reservas sobre a questão da era cósmica e do esquecimento. Aliás, aceito sem reservas suas objeções ao termo "ensaio experimental" e guardarei na lembrança seus comentários muito significativos sobre o filme mudo. O fato de você se referir com particular ênfase às "Investigações de um cão" me chamou a atenção. Justamente essa peça – quem sabe a única – ainda me permanecia estranha no curso de meu trabalho sobre Kafka, e sabia que ela – e assim afirmei a Felizitas – ainda tinha algo a me dizer. Seus comentários resgatam essa expectativa.

Agora que duas partes – a primeira e a segunda – foram publicadas, o caminho está aberto para a revisão; claro, ainda é discutível se isso culminará em uma publicação e se Schocken editará a versão ampliada em forma de livro.[258] Até onde posso ver no momento, a revisão afetará principalmente a quarta parte,[259] que, apesar da grande – ou talvez por causa da demasiada – ênfase que lhe imprimi, não permitiu mesmo a leitores como você ou Scholem tomarem uma posição. De resto, Brecht está entre aqueles que até agora externaram opiniões;[260] e assim, no fim, uma espécie de figura musical formou-se ao redor dela, da qual ainda espero aprender algo. Provisoriamente planejei uma coleção de reflexões, e não me preocupo ainda como elas serão projetadas sobre o texto original. Elas se agrupam ao redor da relação "alegoria = símbolo", na qual

---

258 Salman Schocken (1877-1959) fundou a editora Schocken em 1931 e em 1933 partiu para a Palestina. A tentativa de Benjamin de fazer que ele se interessasse por um livro sobre Kafka não deu em nada. Sobre o plano para uma versão ampliada, cf. GS II [2], p.1.179-88.

259 A seção intitulada "Sancho Pança" (cf. GS II [2], p.433-38).

260 Cf. Benjamin, "Notizen Svendborg Sommer 1934" [Notas de Svendborg, verão de 1934] (GS VI, p.526-30), onde ele registra os comentários de Brecht sobre seu "Kafka".

creio ter captado a antinomia que define as obras de Kafka de uma maneira que faz mais jus a seu modo de pensar que a oposição "parábola = romance".[261] Uma definição mais precisa da forma romance em Kafka, sobre cuja necessidade estamos de acordo e cuja lacuna é um fato, só pode ser alcançada mediante um desvio.

Eu desejaria – e isso não é de modo algum tão improvável – que algumas dessas questões permanecessem em aberto até que nos víssemos da próxima vez. Isso se me for dado realmente tirar alguma esperança da sugestão de Felizitas, segundo a qual você anda considerando uma viagem a San Remo durante a Páscoa.[262] Eu adoraria se esse fosse o caso – mais, de fato, do que você possa presumir, do que seja capaz de mensurar quanto ao meu presente isolamento. Mas no momento uma breve interrupção desse estado é iminente; aguardo Wissing, e assim talvez me torne uma testemunha indireta de seus últimos meses em Berlim, cujo desfecho você presenciou diretamente. E isso também me faz desejar um encontro com você.

Além da Páscoa, não faço planos. Brecht convidou-me outra vez para ir à Dinamarca, e imediatamente. Mas é muito improvável que eu deixe San Remo antes de maio; de todo modo, não vou permitir que minha temporada aqui se estenda indefinidamente, por mais valiosa que me seja como refúgio. Isso porque com o tempo o isolamento dos amigos e dos meios de trabalho a torna uma aflitiva provação. Além disso, claro, a toda hora sobrevém aquela paralisante sensação de estar estritamente reduzido à pura necessidade, já que agora – e isso em resposta à sua cordial indagação de dezembro, pela qual lhe agradeço –, sob as atuais condições, os cem francos

261 Cf. GS II [3], p.1253ss, p.1255ss, p.1258ss e p.1260ss.
262 Em sua carta (inédita) de 26.12.1934, Gretel Karplus mencionara uma futura viagem a San Remo que não ocorreu.

suíços[263] do Instituto me permitem ao menos fazer face a tal necessidade, de modo que não vem a propósito assediar estranhos em meu benefício. É certo que um mínimo de liberdade de movimento, e assim um bocado de iniciativa, me seriam propiciados nesse exato momento com os mais modestos recursos – mas como?

Por outro lado, você sabe por experiência própria que é preciso uma enorme iniciativa para compor as primeiras peças em língua estrangeira. Sinto isso na pele com relação ao "Bachofen"[264] que estou escrevendo para a *Nouvelle Revue Française*. Esse projeto bem pode oferecer uma oportunidade para dizer muito sobre nossas mais íntimas preocupações. Para a França, onde ninguém conhece Bachofen – nenhum de seus escritos foi traduzido –, sou obrigado a apresentar informações gerais em primeiro plano. Nesse ponto, não posso esquecer porém de registrar minha plena concordância com seus comentários sobre Jung e Klages[265] em sua carta de 5 de dezembro. No sentido mesmo por você indicado, julgo necessário adquirir muito mais conhecimento sobre Jung. Você por acaso tem à disposição o estudo dele sobre Joyce?

Você poderia me dizer por favor a fonte desse verso: "Um quase nada fez tudo ficar bem?"[266] E não quer me enviar a peça sobre os bilhetes de ônibus londrinos a que faz alusão? Seja como for, aguardo tão logo quanto possível ler sua peça sobre os discos, que concerne a tantas áreas de interesse relevantes.

---

263 A soma que Benjamin recebia mensalmente do Instituto de Pesquisa Social.

264 Benjamin fora convidado a escrever um ensaio em francês sobre "Johann Jakob Bachofen" (cf. GS II [1], p.219-33) para a Nouvelle Revue Française pelo seu redator-chefe, Jean Paulhan, que acabou por rejeitar a peça (cf. *Benjamin-Katalog*, p.235ss.), a qual jamais foi publicada durante a vida de Benjamin.

265 Ver carta n.25.

266 Ver nota 237, carta n.27.

O primeiro exemplar do livro de Bloch[267] que me foi enviado deve ter-se extraviado; a editora prometeu que outra cópia está a caminho. O que lamento, e muito, é que Bloch, que certamente precisa tanto quanto todos nós do conselho dos seus amigos especialistas, delimite aparentemente seu amplo território sem dar atenção a eles e se satisfaça com seus próprios papéis por companhia.

Você leu o *Romance dos três vinténs*?[268] A meu ver, é um sucesso consumado. Escreva-me o que pensa a respeito. Queira me dar notícia detalhada sobre tudo e não se esqueça de me manter informado sobre o pé em que está seu próprio trabalho.

Por hoje, minhas mais cordiais lembranças,

Walter Benjamin

7 de janeiro de 1935
San Remo
Villa Verde

29. Benjamin a Wiesengrund-Adorno Mônaco-Condamine, [início de abril de 1935][269]

Caro sr. Wiesengrund,
gostaria muito de ter respondido bem antes à sua última carta.[270] Mas agora esta chegar-lhe-á – assim espero – em meio às suas férias na Alemanha. De resto, meu silêncio teve uma boa razão: pensando em sua carta, senti-me como o capitão de um veleiro

267 Cf. Ernst Bloch, *Herança de nosso tempo*, loc. cit.
268 De Brecht (ver nota 189, carta n.23).
269 Esta carta foi escrita entre 24 de março – data em que foi publicada a "Conversa sobre o Corso" (ver nota 271), que Benjamin entregara a Gretel Karplus como recorte de jornal – e seu retorno a Paris em 10 de abril.
270 Tal carta não subsistiu.

que tivesse de se voltar a seu diário de bordo em plena calmaria. Ele há de escrever o quê?

Os trabalhos que componho aqui[271] possuem aquele valor de curiosidade típico dos instantâneos de lutadores em posturas pitorescas. Talvez você tenha passado os olhos por um deles por meio de Felizitas; outro está sendo elaborado. Não vale a pena falar sobre nenhum deles. E aquilo que em outro plano seria tão urgente quanto essa autoafirmação no que está próximo, para isso não consigo reunir nenhuma força no momento.

Penso sobretudo em desanuviar a relação com Ernst B.[272] É verdade que essa necessidade perdeu a meus olhos algo do seu peso desde que soube do casamento dele com Karola.[273] O laço entre eles não é nada de novo, mas a meu ver a posição que a jovem assumirá oficialmente de agora em diante não deixa muita esperança, mesmo sob as mais auspiciosas circunstâncias, para o futuro de nossa amizade. Não que eu tenha de apelar para circunstâncias específicas nesse sentido. Não – é uma questão de atmosfera: assim como há mulheres que sabem dar o mais alto valor ao papel da amizade na vida de seus maridos – e para ninguém isso vale mais que Else von Stritzky[274] –, há outras em cuja presença tais amizades facilmente

---

271 Benjamin refere-se provavelmente a "Conversa sobre o Corso. Ecos do Carnaval em Nice" [Gespräch über dem Corso. Nachklänge vom Nizzaer Karneval] (cf. GS IV [2], p.763-71), escrito sob o pseudônimo Detlef Holz e que apareceu na *Frankfurter Zeitung* de 24.03.1935, e a "A mão da sorte. Uma conversa sobre o jogo" [Die glückliche Hand. Eine Unterhaltung über dem Spiel] (cf. GS IV [2], p.771-77), que não foi publicado durante a vida de Benjamin.

272 Sobre a tumultuada relação entre Benjamin e Bloch, cf. *Benjamin--Katalog*, p.95-97.

273 Karola Piotrkowska e Ernst Bloch se conheceram em 1927 e casaram--se em novembro de 1934.

274 Primeira mulher de Bloch, que morrera em 1921.

definham. Linda[275] já estava a caminho disso, e Karola parece ser perfeitamente uma delas.

Claro que lamento muitíssimo – e não somente por causa desse assunto – que nosso encontro não tenha podido se concretizar. Para quando podemos esperar por outro? Mesmo que sua viagem de volta o faça passar por Paris, é pouco provável que você me ache lá. A circunstância em que me encontro é precária demais para me aventurar a sair daqui. E parece-me cada vez mais difícil tomar pé por lá. A última descrição das condições de lá vem de uma carta de Siegfried[276] e pinta a vida na cidade em cores sombrias. As profundas transformações que lá ocorreram são tanto mais perceptíveis a observadores mais bem abalizados e autorizados, e em uma revista francesa descobri outro dia uma carta de um inglês[277] – certamente também um intelectual – que explica por que agora evita Paris. Seu relato confirmou as minhas experiências.

Claro, isso em nada altera o fato de que a Bibliotèque Nationale seria ainda meu local de trabalho mais desejável. E também o trabalho sobre Fuchs,[278] que o Instituto me solicita com tanta urgência, só pode realmente ser concluído lá. Mas a pessoa precisa levar tudo consigo para esse local de trabalho, e somente pode esperar ser atendido *à la longue*.

Você certamente fez a coisa mais sagaz em seu novo ambiente ao contar com perspectivas de longo prazo – talvez as únicas até que o

---

275 Ou seja, Linda Oppenheimer, com quem Bloch se casara em 1921.

276 Carta de Kracauer a Benjamin de 24.02.1935; cf. Benjamin, *Briefe an Siegfried Kracauer. Mit vier Briefe von Siegfried Kracauer an Benjamin*. Marbach a.N., 1987 (Marbacher Schriften n.27), p.82-85.

277 Nada se sabe a respeito.

278 Cf. Benjamin, "Eduard Fuchs, der Sammler und der Historiker" [Eduard Fuchs, o colecionador e o historiador]. *Zeitschrift für Sozialforschung*, v.6, n.2, 1937, p.346-80 (agora em GS II [2], p.465-505).

nevoeiro se dissipe. Gostaria de saber mais a respeito do seu trabalho sobre Husserl. O que você sugeriu no tocante à falta de expressão despertou meu profundo interesse. E sua alusão ao mito das górgones parece-me especialmente importante. Quando você estiver em Frankfurt, dê uma olhada na monografia arqueológica sobre o mito das górgones[279] que, se não me engano, foi publicado por um tal de Levezow nos anos quarenta ou cinquenta do século passado.

Quem sabe você possa me escrever umas linhas de Frankfurt? Quando volta para Oxford? Recebi uma carta afetuosa de Else H. semanas atrás. Quando respondi a ela, as coisas ainda pareciam mais claras para mim: eu acreditava poder tomar refúgio em San Remo até a Páscoa e concluir minha temporada lá com o nosso encontro. Agora não vou contatá-la – e sobretudo não daqui – antes da Páscoa.

Espero que você veja um pouco da primavera em Frankfurt. O que de fato será mais ameno do que aqui, onde as últimas quarenta ou cinquenta fortunas financeiras do globo se exibem umas às outras em seus iates e Rolls-Royces, o lugar todo envolto em nuvens anunciando chuva, que são as únicas coisas que partilho com eles.

As mais cordiais lembranças a você e a Felizitas,

WB

Mônaco-Condamine
Hôtel de Marseille

---

279 Cf. Konrad Levezow, *Über die Entwicklung des Gorgonen-Ideals in der Poesie und bildenden Kunst der Alten. Eine archäologische Abhandlung* [Sobre a evolução do ideal das górgones na poesia e na arte dos antigos. Um ensaio arqueológico]. Berlim, 1833. O teólogo e filólogo Jakob Andreas Konrad Levezow (1770-1835) lecionou no Friedrich Wilhelm Gymnasium em Berlim, e a partir de 1828 foi diretor de Antiguidades do Museu de Berlim.

30. Benjamin a Wiesengrund-Adorno
Paris, 01.05.1935

Caro sr. Wiesengrund,
fiquei muito contente por receber confirmação de Felizitas de que você passou dias agradáveis em Königstein[280] e que, como posso deduzir de seu postal,[281] tem avançado em seu trabalho com extrema força e confiança.

Nesse meio-tempo estive em Paris por breve período e agora estou prestes, pela primeira vez em anos, a retomar as *Passagens*, não mais na trilha dos meus estudos apenas, mas com base num plano geral.[282] Claro, ainda há muito a fazer antes que tal plano se estabeleça. Mas uma vez estabelecido, nesse caso em particular e em vista da extensa documentação que se acha a meu dispor, uma parte considerável do trabalho terá sido realizada.

Não são apenas essas circunstâncias, mas certamente também elas, que de novo me despertam a esperança de um encontro nosso este ano. Além disso, parece altamente improvável que no decorrer do ano eu vá à Dinamarca. Você já tem planos para as férias de verão? Acredita que talvez seja possível nos encontrarmos na França?

Seria um grande prazer para mim reencontrá-lo. Já a possibilidade de um encontro com Bloch, o que sob certas hipóteses poderia se dar aqui, pesa-me bastante. Desde que ele me repreendeu há dois meses pelos meus comentários escritos sobre seu livro,[283]

---

280 Benjamin soube da estada de Adorno na cidade, que se estendeu de cerca de 7 a 21 de abril, por uma carta (inédita) de Gretel Karplus de 02.04.1935.

281 Este não subsistiu.

282 Benjamin refere-se ao *exposé* "Paris, a capital do século XIX" [Paris, die Hauptstadt des xix]. Jahrhunderts (cf. GS V [1], p.45-59).

283 Cf. a carta de Bloch de 18.12.1934 em Ernst Bloch, *Briefe 1903-75*, v.2. Frankfurt a.M., 1985, p.658ss.

à maneira de um professor que exige ver a lição de casa do aluno, desisti da tentativa por si só penosa de lhe expressar por carta minha opinião sobre o *Herança de nosso tempo*.

Nesse meio-tempo, ouvi falar de algo que confirma não só os meus receios particulares, mas também a impressão causada por várias páginas do próprio livro: ele teria escrito algo para a "geração jovem", tal como representada por Alfred Kantorowicz,[284] como quem quer mostrar o caminho para a juventude. (Um caminho literário que Karola certamente lhe terá feito notar.)

Depois de minha chegada aqui, escrevi uma carta a Else Herzberger em seu endereço parisiense – 38 Quai d'Auteuil c/o Alfons Herzberger –, mas ainda não tive resposta. Suponho que ela não esteja aqui no momento. Não obstante, é evidente que eu estaria particularmente disposto a travar contato pessoal com ela. Você acha que pode fazer algo para facilitar tal oportunidade? E descobrir talvez da parte dela se e quando ela se encontrará na cidade? Você me faria com isso um grande favor. Nos últimos dias, caiu-me nas mãos um livro que há anos venho procurando e que se mostrou à altura de todas as expectativas que nele eu depositara. Sob o risco de que você já o conheça, não resisto ao prazer de lhe remeter aqui três máximas, escolhidas quase ao acaso, em minha própria tradução.

XI

As ideias que são importantes à pessoa devem ser coordenadas a seus dez dedos e às específicas juntas.

---

284 O publicista e escritor Alfred Kantorowicz (1899-1979) foi correspondente da *Frankfurter Zeitung* entre 1927 e 1929; em 1931 ingressou no Partido Comunista Alemão e em 1933 fugiu para Paris.

XLI

O que uma pessoa mais precisa ser no momento deve ser associado àquelas coisas ou pessoas que ela ama, mas sobretudo àquelas que odeia.

XLII

Se alguém pretende se ocupar com coisas ou com pessoas, então aquelas ideias que lhe são importantes devem ser coordenadas a uma série de objetos que se acham constantemente sob os olhos à medida que passamos.

Hérault de Séchelles:[285] *Teoria da ambição*. Um precursor não somente de Stendhal, mas também do materialismo antropológico de Georg Büchner.

Krenek enviou-me seu *Carlos V* e o ensaio sobre a representação da história.[286] Vou lhe agradecer por isso nos próximos dias.

Espero ter notícias suas muito em breve! As mais sinceras recomendações,

Walter Benjamin

1º de maio de 1935
Paris XIV
28 place Denfert-Rochereau
Hôtel Floridor

---

285 Teoria da ambição: Marie-Jean Hérault de Séchelles (1759-94) participou ativamente na Revolução Francesa, associou-se aos jacobinos e tornou-se membro do Comitê de Salvação Pública, sendo guilhotinado em 1794 sob a acusação de ter colaborado com os realistas. Para as três máximas, cf. Hérault de Séchelles, *Théorie de l'ambition*. Paris, 1927, p.57.

286 Benjamin refere-se ao libreto escrito pelo compositor para sua ópera *Karl V*. O ensaio "Abordagem artística e científica da história" [Künstlerische und wissenschaftliche Geschichtsbetrachtung] apareceu na revista *Wiener Politische Blätter* de 24.03.1935; ali Krenek cita várias vezes o livro de Benjamin sobre o drama barroco alemão.

31. Wiesengrund-Adorno a Benjamin Oxford, 20.05.1935

Oxford, 20 de maio de 1935
Merton College

Caro sr. Benjamin,

Muito obrigado pelas suas duas cartas.[287] Minha resposta à primeira atrasou-se excessivamente porque tive de passar uns dias em Londres, o que tolheu bastante meus planos de trabalho, e me vi obrigado a pôr algumas coisas em dia; assim, tanto mais me apresso em lhe escrever a segunda.

De fato, sua elaboração do esquema é a mais importante e agradável notícia que eu poderia ter ouvido de você, e não preciso lhe dizer quão extraordinário seria meu desejo de ver tal esquema – se dele existir uma cópia datilografada; é evidente que você não irá querer perder de vista o original e confiá-lo ao Canal da Mancha, duvidoso como está outra vez. E não é apenas minha simples simpatia teórica – que no caso desse trabalho em particular deve ser entendida em termos da mais plena solidariedade – que me motiva a lhe pedir seu *exposé*, mas também certas considerações práticas.

Tenho passado bastante tempo com Pollock[288] em Londres, e é natural que boa parte de nossas conversas tenha sido dedicada a assuntos de seu interesse. Pollock garantiu-me explicitamente que o Instituto continuará a sustentá-lo materialmente, a despeito de todas as restrições (a última das quais levou ao fechamento da filial londrina do Instituto) – embora eu obviamente tenha sido incapaz

287 A carta n.30 e outra que se extraviou.

288 Friedrich Pollock (1894-1970), economista e sociólogo, foi diretor assistente do Instituto de Pesquisa Social, cujas finanças eram por ele administradas.

de fazê-lo ater-se a uma soma específica. Sem nenhum otimismo, estou inclinado a enxergar essa garantia muito positivamente, e isso não apenas porque sei quanto Horkheimer o estima, mas também por levar em conta meu próprio relacionamento com o Instituto. Como você sabe, o Instituto não fez praticamente nada por mim, apesar de anos e anos da colaboração mais estreita possível de minha parte.[289] Parece que chegou o ponto em que esse fato está começando a pesar seriamente sobre Horkheimer e Pollock, e o principal cuidado de Pollock foi esclarecer as dificuldades do passado. Ficamos acordes em que continuo em Oxford no próximo ano e lá termino meu trabalho; os arranjos *à la longue* ainda não estão de todo definidos. Com relação ao Instituto, acho-me assim, agora como antes, na desfavorável posição de alguém que pertence a ele sem na verdade exigir nada para si no momento. O único ponto no qual insisti foi a solidariedade do Instituto em relação a você, e *rebus sic stantibus* parece-me inconcebível que eles se furtem a essa obrigação.

Pollock defendeu a opinião de que o Instituto poderia esperar em troca certas contribuições suas, e eu não pude contradizê-lo por saber como é irremediavelmente escasso o número daqueles com cuja força produtiva o Instituto pode contar. Ele me falou de três planos: o ensaio sobre Fuchs, outro sobre a política cultural social-democrata[290] antes da guerra e finalmente, para grande espanto meu, falou-me das *Passagens*.

---

289 Horkheimer conhecera Adorno em Frankfurt em 1921, quando este ainda era estudante; a colaboração de Adorno refere-se não apenas à posição oficial de membro do Instituto de Pesquisa Social, mas também à participação nos debates e à colaboração na revista do Instituto, a *Zeitschrift für Sozialforschung*.

290 O projetado ensaio, a ser baseado na análise da política cultural expressa na Neue Zeit, nunca chegou a se concretizar.

Coloquei então o ponto de vista – espero que com sua anuência – de que seria absolutamente aconselhável persuadi-lo a redigir os dois ensaios mais longos, tanto pela incomparável vantagem que isso traria à própria revista como também, para ser honesto com você, pela esperança de que esses trabalhos já estejam tão avançados que redigi-los – mesmo trabalhando nas *Passagens* – talvez não lhe custe demasiado esforço.

As coisas não foram assim tão fáceis com as *Passagens*, sobretudo porque não tenho conhecimento do *exposé*, embora você claramente já tenha aludido algo a Pollock. O que ele soube me dizer a respeito sugere amplamente um trabalho histórico-sociológico, para o qual me propôs o excelente título "Paris, capitale du xixième siècle". Ora, sei muito bem que o Instituto, e sobretudo uma revista com a qual Löwenthal[291] ainda está em grande medida envolvido, dificilmente se adaptarão a outra coisa a não ser um tal trabalho histórico-sociológico. E você não me levará a mal se lhe disser sem rodeios que não vejo nas *Passagens* uma investigação histórico-sociológica, mas antes a *prima philosophia* no sentido particular que você lhe confere. Por certo não precisamos brigar sobre o significado crucial do material utilizado, e ninguém mais do que eu sabe quanto a interpretação deve ser buscada única e exclusivamente nesse próprio material. Mas também ninguém menos que eu pretenderia rejeitar sua interpretação e sua perfeita articulação no conceito, e creio possuir ideia suficiente de seu projeto para conceber claramente que também isso faz parte de seu propósito. Pois você já justificou certos materiais prévios não interpretados, como o ensaio sobre o

291 Leo Löwenthal (1900-93) estudou literatura, história, filosofia e sociologia e trabalhou como professor antes de associar-se definitivamente, em 1930, ao Instituto de Pesquisa Social, de cuja revista foi o principal editor.

surrealismo[292] e o ensaio sobre a fotografia[293] no *Mundo Literário*, justamente com referência à interpretação final a ser fornecida nas *Passagens*. A história primeva do século XIX, a tese do sempre-igual, do mais novo como o mais antigo, o jogador, a pelúcia – tudo isso pertence ao domínio da teoria filosófica. Mas para mim não resta a menor dúvida de que essa teoria só pode encontrar sua própria dialética na polaridade entre as categorias sociais e teológicas e que por isso, assim como pelo procedimento interpretativo, ela foge em princípio ao *a priori* de um trabalho destinado ao Instituto – tal como meu "Kierkegaard" – não, mil vezes mais.

Ora, sei muito bem que há a possibilidade de retrucar assim – que hoje seu interesse é evitar a interpretação; que o material reunido fala por si só; mas que as exigências do Instituto não podem ser evitadas e os procedimentos devem portanto ser adaptados a elas. Embora eu entenda perfeitamente essa linha de argumentação e a necessidade que ela espelha, não posso endossá-la. Permita-me falar abertamente e em nome de uma amizade que, ao menos nesse caso, crê poder reivindicar o direito de plena sinceridade. Considero seu trabalho das *Passagens* não só o centro de sua filosofia, mas a palavra filosófica decisiva que hoje é capaz de encontrar expressão, *chef d'œuvre* ímpar e portanto crucial em todos os sentidos – quer no sentido privado, quer no sentido público do sucesso; todo aviltamento das pretensões intrínsecas desse trabalho, e portanto toda recusa de suas categorias peculiares, parece-me catastrófico e

292 Cf. Benjamin, "Der Surrealismus. Die letzte Momentaufnahme der europäischen Intelligenz" [O surrealismo. Os últimos instantâneos da inteligência europeia]. Die Literarische Welt, 01, 08 e 15.02.1929 (agora em GS II [1], p.295-310).

293 Cf. Benjamin, "Kleine Geschichte der Photographie" [Pequena história da fotografia]. Die Literarische Welt, 18.09, 25.09 e 02.10.1931 (agora em GS II [1], p.368-85).

francamente irreparável. Quer me parecer que, a despeito de como deva ser organizada a sua vida, nenhuma organização concebível tem o direito de exercer poder algum sobre esse trabalho. Tal como eu julgaria uma verdadeira desventura se Brecht passasse a exercer influência sobre esse trabalho (digo isso sem nenhum preconceito contra Brecht – mas aqui, e precisamente aqui, há um limite), assim também consideraria se concessões fossem feitas ao Instituto nesse sentido – e o fato de que o trabalho, tal como originalmente concebido, seja aceito pelo Instituto parece-me tão improvável quanto feliz eu ficaria se ele o fizesse.

Mas sem conhecimento do *exposé* eu realmente não poderia dizer nada a respeito. Assim, embora eu não tenha deixado nenhuma dúvida a Pollock sobre o que penso do trabalho das *Passagens*, pus em destaque as outras peças como possíveis contribuições ao Instituto. De extrema importância me seria agora saber de sua posição – e em que pé estão suas negociações com o Instituto – e se possível, é claro, poder falar com base no próprio *exposé*, mesmo porque devo rever Pollock em futuro próximo. Mas se, à parte todos os fins práticos, minhas palavras lhe disserem algo, então lhe pediria com insistência que compusesse as *Passagens* de modo fiel à história original delas. É minha mais profunda convicção que a obra tirará melhor proveito disso até mesmo, e precisamente, de uma perspectiva marxista; que para nós (perdoe-me se me incluo aqui) a abordagem dos fenômenos sociais procede com muito mais razão de nossas próprias categorias do que da adoção de categorias tomadas de antemão – pois de fato, nas questões que nos dizem respeito, nas mais básicas, os conceitos marxistas muitas vezes se revelam excessivamente abstratos e isolados, funcionam como *dei ex machina* e redundam em má estética. Isso pelo menos é o que descobri em minha própria experiência, e estou bastante propenso a crer que mais rente estamos ao real quanto mais plena e coerentemente permanecemos fiéis às origens estéticas, e que nos tornamos meramente estéticos quando as negamos. Que isso, vindo de minha boca, não se preste a salvaguardar posições decadentes, isso nem preciso dizer – pois acredito que a liquidação da arte só pode ser levada a efeito adequadamente de dentro do estético. Sei que com você estou isento de toda suspeita de reacionarismo – e o choque que virá do trabalho das *Passagens* em sua versão final, tal como aquele provocado pelos surrealistas, parece-me mais revolucionário que a brilhante percepção do caráter social das intervenções urbanísticas.

Escreverei, claro, a Else Herzberger, embora uma carta a ela não me traga satisfações. Se ela estenderá sua existência as mesmas ilusões que mantém sobre a minha, certamente se sentirá melhor sobre isso do que você. *Let us try and see.*

Meu trabalho avança calma e continuamente. Encontro-me agora no ponto decisivo, a análise crítica da intuição categórica, que se dissolveu inteiramente como problema para mim. Espero conseguir escrever a versão final do texto até setembro, no mais tardar. Uma vez já feita toda sorte de estudos preliminares, trata-se essencialmente de redigi-la. Muito obrigado pela referência ao livro de Levezow; vou consultá-lo na Bodleian, uma das bibliotecas mais belas que conheço.

Você conhece Max Ernst pessoalmente? Nunca o vi, mas para mim seria uma simples questão de arranjar um encontro entre vocês dois por meio de Lotte Lenya,[294] amiga muito próxima dele. E posso imaginar que, no atual estágio de suas *Passagens*, viria muito a propósito um encontro com o surrealista que considero o mais produtivo. Aliás, Max Ernst vai de mal a pior. Passei muito tempo com Lenya, e ela acabou por contar muitas histórias adoráveis,

294 A atriz, cantora e dançarina Lotte Lenya (1898-1981), casada com Kurt Weill desde 1926; emigrou em 1933 primeiro para Paris e depois para Nova York.

entre outras, sobre as mulheres de nossos amigos, Carola e Lily.[295] Trabalhei um pouco com ela e com grande proveito. Agora conheço a música de Weill para *Marie galante*,[296] mas, fora uma peça bela e outra notável, o resto é de amargar – impossível de distinguir do puro e simples *music hall*. Talvez sua opereta em inglês[297] seja melhor. O libretista húngaro, porém, justifica as mais lúgubres expectativas.

Tenho visto Schoen com frequência; provavelmente ele virá me visitar este domingo com Hansi. Desesperado ele ainda continua, mas não anda tão mal assim; ele conseguiu transferir o dom realmente genial de pedir emprestado que tinha em tempos passados para a nossa era fascista, a qual parece mostrar-se grata a ele por isso. Sinto-me algo aliviado em relação a ele, agora que pela primeira vez posso lhe oferecer algo de prático. A Hansi também parece haver relaxado o boicote judaico que pairava sobre mim.

Bloch queixou-se de que não teve notícias suas sobre a *Herança*; mas como na mesma carta[298] ele fala de seu orgulho incontido, que com certeza não é invenção mítica, pois às vezes "faz empinar seu nariz", bem entendo que você queira se esquivar de um tal esforço físico, tal qual o farei numa segunda vez. O fato é que ainda lhe devo uma resposta. Gretel ficou muito mal de saúde durante oito dias seguidos; agora parece ter-se recuperado um pouco. Nossa longa separação está ficando insuportável.

Meus planos para o verão ainda estão às cegas – sobretudo porque é incerto se poderei sequer voltar à Alemanha ou se não terei de

---

295 Adorno se refere a Karola Bloch e Lily Kracauer.

296 Kurt Weill escrevera a música para a peça *Marie galante* de Jacques Deval.

297 Trata-se de *A Kingdom for a Cow*, com libreto de Robert Vambery, que fez sua estreia no Teatro Savoy de Londres em 28 de junho de 1935.

298 Ver a carta a Adorno de 18.03.1935, em Ernst Bloch, *Briefe*, loc. cit., v.2, p.434-36.

regressar para cá imediatamente. Mas claro que podemos planejar um encontro desde já. O que acha de setembro em San Remo?

Cordialmente como sempre,

Teddie Wiesengrund

32. Benjamin a Wiesengrund-Adorno Paris, 31.05.1935

Caro sr. Wiesengrund,

Se estas linhas tardaram um pouco a chegar, é porque lhe trazem, junto com o apenso, o mais completo relato de meu trabalho, de minha situação interna e externa.

Antes que eu passe a discutir em poucas palavras o conteúdo de meu *exposé*,[299] permita-me tocar no papel que ele desempenha em minha relação com o Instituto. Disso dou cabo rapidamente. Em primeiro lugar, esse papel se restringe inteiramente à circunstância de que o incentivo para sua composição foi dado por uma conversa que tive com Pollock em fins de abril. É óbvio que tal incentivo foi díspar e superficial. Mas precisamente por isso pôde transmitir aquele frêmito ao grande volume de material que preservei de toda influência externa com tanto cuidado, um frêmito que possibilitou ao conteúdo cristalizar-se. Saliento enfaticamente que nessa circunstância, que em si é legítima e frutífera na economia geral desse trabalho, exaure-se o significado de todos os fatores externos e heterogêneos. E sou levado a realçar isso pelos cuidados demonstrados em sua carta, os quais para mim são compreensíveis e que vejo como expressão incontestável da mais fraterna simpatia – após tão longa interrupção de um diálogo entre nós que se estendeu

299 Para a versão que Benjamin enviou a Adorno, cf. GS V [2], p.1237-49.

anos a fio. Hoje cedo esses cuidados encontraram eco fiel numa carta que chegou de Felizitas.[300] Ela escreve:

"Estou admirada de que Fritz" (Pollock) "tenha se interessado pelos seus esboços; você está pensando então num trabalho para o Instituto? Eu veria isso como um enorme risco, pois os parâmetros são relativamente estreitos, e você nunca poderá escrever aquilo que seus verdadeiros amigos esperam há anos, o grande trabalho filosófico que só o é em razão de sua própria determinação, sem que se fizesse nenhuma concessão e cuja importância lhe compensará por muito dos últimos anos."

Sei que essa é a linguagem da mais verdadeira amizade, não menos do que aquela que o levou a afirmar que veria como uma verdadeira desventura se Brecht passasse a exercer alguma influência sobre esse trabalho. Permita-me dizer o seguinte em resposta.

Se alguma vez pus em prática meu adágio favorito de Graciano, "Procure em todas as coisas trazer o tempo para o seu lado", então creio tê-lo feito na maneira como lidei com esse trabalho. Lá está Aragon bem no seu início – *Le paysan de Paris*,[301] do qual nunca pude ler mais que duas ou três páginas na cama sem que meu coração começasse a bater tão forte que eu precisasse pôr o livro de lado. Que advertência! Que indício dos anos e anos que haveriam de escoar-se entre mim e tal leitura. E no entanto meus primeiros esboços para as *Passagens*[302] datam dessa época. Depois vieram meus anos em

300 A carta de Gretel Karplus data de 28.05.1935 (cf. o excerto em ibid., p.1115ss).

301 Benjamin traduzira trechos do livro de Louis Aragon, os quais apareceram sob os títulos "Don Juan und der Schuhputzer" [Dom Juan e o engraxate], "Briefmarken" [Selos], "Damentoiletten" [Toalete das damas] e "Café Certa" na revista *Die Literarische Welt* de 8 e 15.06.1928.

302 Estes remontam a meados de 1927 (cf. GS V [2], p.1041-43 e 1341-47).

Berlim, nos quais a melhor parte de minha amizade com Hessel[303] foi alentada com inúmeras conversas sobre o projeto das *Passagens*. Foi nessa época que surgiu o subtítulo "Uma feeria dialética"[304] – hoje não mais em vigor. Esse subtítulo sugere o caráter rapsódico da produção tal como concebia na época e cujas relíquias – como hoje reconheço – não continham nenhuma garantia suficiente em termos formais e linguísticos. Mas essa época foi também a de um filosofar despreocupadamente arcaico, preso à natureza. Eram as conversas com você em Frankfurt, e particularmente aquela sobre assuntos "históricos" no chalé suíço, e mais tarde aquela outra, seguramente histórica, à mesa com você, Asja,[305] Felizitas e Horkheimer, que marcaram o fim dessa época. Dali em diante não houve mais ingenuidade rapsódica. Essa forma romântica fora ultrapassada num atalho do percurso, mas naquele tempo, e ainda anos afora, eu não tinha ideia de outra. E esses anos viram ainda o início das dificuldades externas que me revelaram de forma quase providencial que as minhas próprias dificuldades internas já me haviam compelido a um modo de trabalhar um tanto hesitante, dilatório. Seguiu-se então o decisivo encontro com Brecht, e com ele o ápice de todas as aporias relativas a esse trabalho, que mesmo então eu recusava abandonar. O que poderia ser ganho de relevante para o trabalho nessa época recente – e não seria pouco – não podia porém ganhar forma antes que os limites dessa relevância ficassem indubitavelmente claros para mim, e portanto todas as "diretivas" nesse sentido também restaram sem nenhuma consideração.

---

303 Franz Hessel (1881-1941), escritor e tradutor, foi revisor da editora Rowohlt entre 1924 e 1933, emigrando para a França em 1938; sobre a amizade entre Benjamin e Hessel, cf. GS VI, p.469ss.

304 Cf. GS V [2], p.1044-59.

305 Asja Lacis (1891-1979), que Benjamin conhecera em 1924 (cf. *Benjamin-Katalog*, p.161-70).

Tudo o que sugiro aqui será expresso com toda a clareza, e sobretudo para você, no *exposé*, ao qual gostaria de acrescentar umas palavras. O *exposé*, que em nenhum ponto renega minhas concepções, ainda não é, evidentemente, um perfeito equivalente para elas em todos os aspectos. Assim como a exposição completa dos fundamentos epistemológicos do livro sobre o barroco seguia-se à sua comprovação no material, tal será o caso aqui. Mas não quero com isso me comprometer a apresentar tal exposição na forma de um capítulo à parte, seja no final, seja no começo. Essa questão permanece em aberto. Mas o *exposé* contém certas alusões decisivas a esses fundamentos, as quais mal lhe escaparão e nas quais você reconhecerá os temas evocados na sua última carta. Há mais: analogias entre esse livro e o meu sobre o drama barroco emergem agora com nitidez muito maior do que em todos os estágios anteriores do projeto (tanto que eu próprio me surpreendi). Isso haverá de me permitir ver nessa circunstância uma confirmação particularmente significativa do processo de refundição que conduziu o grosso das ideias, originalmente movidas por preocupações metafísicas, rumo a um agregado em que o mundo das imagens dialéticas é imune a qualquer objeção erguida pela metafísica.

Nesse estágio da questão (e de fato pela primeira vez) posso me preparar com serenidade de espírito para o que possa ser mobilizado contra meus métodos de trabalho da parte, digamos, dos marxistas ortodoxos. Creio, pelo contrário, que *à la longue* alcancei terra firme na discussão marxista com você, nem que seja só porque a questão decisiva da imagem histórica tenha sido tratada aqui em todo o seu alcance pela primeira vez. Assim, como a filosofia de um trabalho se prende não tanto à terminologia quanto ao seu posicionamento, quase chego a acreditar que esse *exposé* faz parte daquele "grande trabalho filosófico" de que fala Felizitas, embora tal denominação não me pareça a mais adequada. Como você sabe, estou interessado sobretudo na "história primeva do século XIX".

Nesse trabalho vejo a razão principal, se não a única, para não desanimar da luta pela existência. Só posso escrever o trabalho, do começo ao fim, aqui em Paris – isso agora me é perfeitamente claro, sem prejuízo dos vultosos estudos preparatórios subjacentes. Está claro que a princípio ele só poderá ser escrito em língua alemã. Minhas exigências financeiras mínimas em Paris montam a mil francos por mês; Pollock me pôs essa quantia à disposição em maio, e espero receber o mesmo para junho. Mas para poder dar seguimento ao trabalho vou precisar de outro tanto por mais algum tempo. Aliás, tribulações já se fazem notar o suficiente; frequentes e violentos ataques de enxaqueca me tornam patente a precariedade de meu modo de vida. Se e a que título pode o Instituto se interessar pelo meu trabalho, se sob certas circunstâncias será necessário justificar tal interesse submetendo outros trabalhos – isso é algo que talvez você possa esclarecer mais facilmente do que eu numa conversa com Pollock. Estou pronto para todo trabalho; mas tudo o que seja de alguma relevância, sobretudo o ensaio sobre Fuchs, exigiria que eu postergasse por algum tempo a exposição sobre as *Passagens*. (No momento não me sinto muito inclinado ao trabalho sobre a *Neue Zeit*; mas voltarei ao assunto.)

Tampouco supus que o Instituto pudesse publicar a obra "tal como foi originalmente concebida", tanto que o disse abertamente a Pollock ainda em abril passado. Outra questão, entretanto, é até onde essas novas e intervenientes perspectivas sociológicas, que fornecerão a moldura estável para os elementos interpretativos, podem justificar o apoio do Instituto a esse trabalho, o qual sem ele jamais será realizado nessa ou em qualquer outra forma. Pois uma distância inserida no presente estágio entre o projeto original e sua realização provavelmente implicaria sérios riscos para qualquer exposição ulterior. Não obstante, a moldura esboçada já contém, é verdade que não em todos as partes, mas nas que julgo decisivas, aquelas definições filosóficas conceituais que a fundamentam. Se você irá sentir a falta de certos apontamentos – a pelúcia, o tédio, a definição de "fantasmagorias" –, é que se trata precisamente de temas para os quais só preciso dar um lugar; a sua configuração, que em alguns casos já avançou bastante a meu ver, não se encaixava nesse *exposé*. E isso menos por razões de sua finalidade externa que da interna: havia que combinar os conteúdos antigos, para mim consolidados, com os novos, que adquiri ao longo dos anos.

Peço-lhe que não mostre o esboço que lhe envio para ninguém mais, sem exceção, e que o devolva assim que for possível. Ele se destina somente a meu próprio estudo. Outro, que ficará pronto em breve, e em várias cópias, chegar-lhe-á no devido tempo.

San Remo não vale a pena nem considerar como lugar adequado para nos encontrarmos este ano. Você não consegue arranjar uma viagem que o leve de Oxford a Berlim via Paris? Por favor, considere isso com carinho!

Eu adoraria ver Lenya e Max Ernst. Se você puder facilitar alguma coisa, conte com a minha cooperação.

Ouço com alegria que você está prestes a terminar seu trabalho de formatação do texto. Terei de aguardar nosso encontro para saber mais a respeito?

Ainda não me decidi a escrever eu mesmo a Else Herzberger, mas não sei se posso adiar isso por muito mais tempo.

Minhas mais cordiais lembranças,

Walter Benjamin

31 de maio de 1935
Paris XIV
28 place Denfert-Rochereau

33. Wiesengrund-Adorno a Benjamin Oxford, 05.06.1935

5 de junho de 1935
Merton College
Oxford

Caro sr. Benjamin,

Será que posso incomodá-lo com um pedido? Com relação à minha resposta a seu *exposé* das *Passagens* (ainda não me acostumei a abandonar o título antigo), muito facilitaria a tarefa, tanto no que toca ao tempo envolvido quanto aos temas substantivos, se você me permitisse inserir minhas notas a lápis nas margens sedutoramente largas. Embora você possa muito facilmente removê-las se quiser, não me passaria pela cabeça fazê-lo sem sua permissão.

De resto, e após uma leitura extremamente cuidadosa, agora posso dizer que minhas reservas quanto ao Instituto foram totalmente dissipadas. Creio que o trabalho possa, ou melhor, deva ser aceito pelo Instituto em toda a sua extensão; que ele por certo tem mais direito de lá ser publicado do que, por exemplo, o de Franz von Borkenau;[306] que você não precise fazer nenhuma concessão nesse sentido, e tampouco o próprio Instituto. Se Horkheimer solicitar uma ou outra concretização social em certos pontos, isso certamente viria ao encontro dos seus interesses, bem como dos meus. Estou pensando em primeiro lugar na categoria mercadoria,[307] que vem expressa de modo muito geral no *exposé*

306 O historiador e publicista austríaco Franz Borkenau (1900-57), membro do Partido Comunista Alemão entre 1921 e 1929, já publicara um livro na série patrocinada pelo Instituto de Pesquisa Social: *Der Übergang vom feudalen zum bürgerlichen Weltbild* [A transição da visão de mundo feudal para a burguesa]. Paris, 1934.

307 Cf. GS V [2], p.1242ss.

(como aliás também o foi no meu *Kierkegaard*) para poder revelar algo *específico* sobre o século passado; e não basta defini-la em termos puramente tecnológicos – como, digamos, "artefato" –, já que é preciso acima de tudo investigar-lhe a função econômica, ou seja, as leis de mercado do incipiente capitalismo avançado como o moderno em sentido estrito. O outro conceito em questão, naturalmente, é o de consciência coletiva.[308] Examiná-lo porém já conduziria à discussão central, o que, dadas a enorme dificuldade da matéria e a responsabilidade que implica, de forma alguma me agradaria empreender hoje de maneira leviana. Permita-me aqui apenas arriscar o seguinte *aperçu*: a objeção marxista à constituição de tal consciência coletiva, que é em si adialética, ou seja, não contém o integrante fator classes, coincide provavelmente com uma objeção que eu mesmo ergueria de um modo bem diverso; a saber, com a exigência de que a imagem dialética não deva de maneira alguma ser situada no campo da consciência, ou mesmo no da inconsciência. Independentemente disso, porém, parece-me fora de questão que, aqui como sempre, a especificação empírica do problema implica a especificação da interpretação. Escreverei sem demora a Horkheimer[309] para solicitar a aceitação *en bloc* do trabalho e com isso, claro, o respectivo custeio.

Em vista da importância central que atribuo a esse trabalho, qualquer elogio de minha parte seria blasfêmia. Mas não resisto à tentação de destacar uma ou outra coisa que me tocou de forma mais profunda. Em primeiro lugar, lá estão a teoria da *nouveauté*[310]

308 Cf. ibid., p.1239 e 1246.

309 Em carta a Horkheimer de 08.06.1935 Adorno solicita com instância a imediata aceitação do trabalho de Benjamin para futura publicação por parte do Instituto (cf. Adorno, *Über Walter Benjamin*. Frankfurt a.M., 1970, p.123-26).

310 Cf. GS V [2], p.1246ss.

e sua percepção do enorme alcance dessa categoria, que com tanta razão você compara à alegoria (cabe discutirmos de maneira mais precisa a relação entre os séculos XVII e XIX, que na verdade fundamenta a relação entre seu livro sobre o barroco e as *Passagens*). E então o trecho sobre o fetichismo,[311] que outra vez me trouxe à consciência como se correspondem estreitamente nossas ideias a respeito, apesar de nossos dois anos de separação. De fato, cerca de três meses atrás numa longa carta a Horkheimer,[312] e mais recentemente numa conversa com Pollock, defendi contra Fromm[313] e sobretudo Reich a concepção de que a verdadeira "mediação" entre sociedade e psicologia se encontra não na família, mas no caráter mercadoria e no fetiche, de que o fetichismo é o verdadeiro correlato da reificação. Aliás, nisso você se acha, talvez sem se dar conta, na mais profunda concordância com Freud; há muito o que se pensar nesse sentido. Em todo caso, você deve sem dúvida alguma ler tudo o que encontrar de Freud e do extremamente importante Ferenczi[314] sobre o caráter anal e a problemática anal propriamente dita. Descobri também uma coincidência análoga em sua teoria, bastante nova para mim, sobre a transformação da cidade em campo:[315] pois essa foi precisamente a tese principal de meu trabalho inacabado sobre Maupassant,[316] que você também desconhece

311 Cf. ibid., p.1243.

312 A questão relativa à "mediação entre sociedade e psicologia" é determinante na carta a Horkheimer citada na nota 309.

313 Erich Fromm (1900-80), psicanalista e colaborador do Instituto de Pesquisa Social, foi fundador da psicologia social analítica.

314 O húngaro Sandor Ferenczi (1873-1933) estudou medicina em Viena e a praticou em Budapeste antes de conhecer Freud em 1908 e submeter-se a uma análise com ele. Posteriormente atuou como psicanalista em Budapeste.

315 Cf. GS V [2], p.1245.

316 Tal fragmento parece ter-se perdido, mas é possível que Adorno tivesse em mente sua *marginalia* em duas coletâneas alemãs de Guy

(se eu conseguir encontrar o material, vou compará-lo *in extenso* com as passagens em questão). Lá se tratava da cidade como área de caça, e em geral o conceito de caçador desempenhava papel relevante (com respeito à teoria da uniformidade, por exemplo: todos os caçadores se igualam). A propósito, há uma novela de M. que trata não do caçador domingueiro,[317] mas do muito análogo cavaleiro domingueiro no Bois, o qual com certeza fornece também uma "imagem dialética". Mais uma vez, gostaria de lhe chamar a atenção para Maupassant. Sua inaudita narrativa "A noite, um pesadelo" constitui uma perfeita contrapartida dialética ao "Homem da multidão"[318] de Poe, e está sequiosa de sua interpretação.

Permita-me ainda aventurar a ideia de que o fim do século XIX é marcado pela invenção do aeroplano. Talvez consiga em breve lhe mostrar algo a respeito. Que a abolição da divergência entre cidade e campo[319] seja exigida por Marx e Engels é certamente algo bastante familiar a você.

E como conclusão por hoje – conclusão de um prelúdio, não de uma fuga – um apontamento mais antigo: "O passado recente sempre se apresenta como se fosse algo destruído por catástrofes".[320]

Com cordial amizade e gratidão,

Teddie Wiesengrund

---

de Maupassant: *Das Haus Tellier und andere Novellen* [A casa Tellier e outras novelas] (Berlim, s.d) e *Mondschein. Novellen* [Luar. Novelas] (Munique, 1922).

317 "À cheval" (em *Mademoiselle Fifi*, 1883) e "La nuit, un cauchemar" (em *Clair de lune*, 1888), de Guy de Maupassant.

318 Cf. GS V [2], p.1245.

319 Cf. Karl Marx e Friedrich Engels, Werke, v.3: *Die deutsche Ideologie* [A ideologia alemã]. Berlim, 1969, p.50.

320 Datado de 16.08.1932; Adorno o incorporou mais tarde à *Minima moralia* (cf. GS 4, p.55), ao passo que Benjamin o preservou nas "Notas e materiais" [Aufzeichnungen und Materialen] para o trabalho das *Passagens* (cf. GS V [1], p.501).

34. Wiesengrund-Adorno a Benjamin Oxford, 08.06.1935

8 de junho de 1935
Merton College
Oxford

Caro sr. Benjamin,

Esta ainda não é a carta sobre o *exposé*, que é assunto importante demais para permitir uma resposta improvisada; mas tenho algumas coisas a relatar.

Recebi uma carta de Else Herzberger de Zurique (Hôtel Baur au Lac). Ela está agora informada pelos meus pais sobre a doença de Agathe,[321] de modo que pude escrever a ela diretamente e sem reservas. Aproveitei a oportunidade para lhe perguntar da forma mais urgente e séria possível se ela poderia assegurar a conclusão das *Passagens* com suporte financeiro – e de fato a pus sob certa pressão moral nesse sentido. E apesar de todo o nosso pessimismo anterior, desta vez não estou inteiramente sem esperanças. Creio que este seja o momento psicológico favorável, justamente por causa da doença de Agathe, que a olhos vistos deixou Else profundamente abalada; e meu pedido foi feito de tal modo que a recusa lhe seria extremamente difícil. Se a doença de Agathe puder levar a certa reconciliação nesse sentido, esse pelo menos seria um consolo. De resto, as notícias de Frankfurt não são inteiramente desfavoráveis – a convalescença parece possível, embora longa e dificultosa.

Escrevi a Else dizendo que, caso ela estivesse seriamente interessada na ideia, você lhe poria a disposição o *exposé* (pensei naturalmente no novo, que você está preparando no momento).

321 Agathe Calvelli-Adorno, tia de Adorno, sofrera em maio um leve ataque cardíaco.

Presumo que você não faça objeção a isso. Do ponto de vista psicológico, seria certamente a coisa mais aconselhável a se fazer levando em consideração o narcisismo de Else. Mas aguardamos a sua resposta. Em todo caso, queira por favor me dar seu endereço para telegramas e seu número de telefone.

Além disso, Pollock informou-me que não pretende mais vir a Londres; suponho que ele já esteja a caminho dos Estados Unidos. Meus planos nesse sentido tiveram portanto de ser deixados de lado (um deles era fazer que ele o convidasse para um encontro comum em Londres). Sem hesitar muito, escrevi uma carta bem pormenorizada a Horkheimer[322] e lhe solicitei – com a mesma veemência que empreguei com Else – aceitar na íntegra seu trabalho para o Instituto (eu estava pensando numa publicação parcial na revista e outra, na íntegra, na série de livros do Instituto), além de providenciar assistência financeira para sua conclusão, bem como adiar por enquanto a redação de outras peças ("Fuchs" e "*Neue Zeit*"), por ser incompatível com o volume de trabalho em jogo. Ressaltei e justifiquei em particular minha crença de que o trabalho em seu formato atual pode ser plenamente endossado pelo Instituto, que não tenho reservas intelectuais a respeito e que vejo a publicação dessa obra como uma obrigação. Nesse assunto também estou bastante otimista. Talvez seja ainda aconselhável, do ponto de vista prático, enviar a Horkheimer o *exposé* que já li, pois creio poder antecipar à perfeição suas reações.

Outra iniciativa – referente a Gabi Oppenheim[323] – fracassou, como eu não poderia esperar que fosse diferente. Ela respondeu

322 Ver nota 309, carta n.33.

323 Gabrielle Oppenheim, conhecida de Adorno desde os seus tempos de Frankfurt, mulher do químico Paul Oppenheim (1885-1977), que ocupou posições de destaque na indústria química até 1933. Os Oppenheim emigraram para a Bélgica em 1933 e mais tarde para os

mais uma vez que sua *maison* era *louée* [alugada] e não *achetée* [comprada].

Como soube por um conhecido em Londres,[324] há outro projeto para você, do qual lhe dou notícia extraoficial. Quem o instigou foi o palestino Ernst Simon,[325] e está sendo dirigido por Mannheim. Um indiano esquerdista-radical está publicando na respectiva editora uma pequena série de estudos – creio que o homem atende pelo mais singular nome de Krishna Menon[326] –, e a ideia era convidá-lo a escrever (por favor, não desmaie!) uma apresentação popular, com cerca de 150-200 páginas, da história das ideias dos séculos XIX e XX.[327] Por absurdo que seja em si esse projeto, especialmente em se tratando de você, posso no entanto imaginar que seu próprio absurdo, junto com honorários de 40 libras e participação nos exemplares vendidos, possa exercer certo atrativo. A peça teria de ser traduzida para o inglês. Uma vantagem é que se poderia dizer absolutamente o que se quisesse em termos políticos. O maior ponto negativo, à parte a aterradora magnitude do próprio tema, seria a demanda do caráter rematadamente popular da apresentação. Ambos somente poderiam ser levados a efeito mediante uma abordagem formal inteiramente nova, que apreendesse abruptamente e despedaçasse a totalidade e a história das

---

Estados Unidos, onde Paul Oppenheim trabalhou como teórico e filósofo da ciência.

324 Não se sabe quem fosse.

325 Ernst Simon (1899-1988), pedagogo vindo de Berlim, mudou-se em 1928 para a Palestina depois de trabalhar no Instituto de Ensino Judaico em Frankfurt a.M.; em 1935 passou a ocupar uma cátedra de pedagogia na Universidade Hebraica de Jerusalém.

326 O advogado e político indiano Vengalil Krishnan Krishna Menon (1896-1974) foi secretário da Índia League de 1929 a 1947 e membro do Partido Trabalhista no conselho do condado de Londres.

327 O plano não se concretizou.

ideias. O problema de descobrir essa forma, que exigiria verdadeiramente uma "mão esquerda"[328] e só poderia ser realizada além de *todas* as categorias do conformismo burguês, é no entanto algo que *somente* você poderia realmente levar a efeito. (Ocorre-me agora uma ideia: um catálogo de mercadorias da história intelectual à venda; não precisaria ser tão cínico quanto isso, claro, mas algo do tipo.) Mas não quero influenciar sua decisão. Por favor, não deixe que ninguém mais saiba que você tem notícia do projeto, e muito menos pela minha boca.

Espero que você aproveite as férias. As minhas serão bem calmas.

Com as mais cordiais lembranças e a amizade de

Teddie Wiesengrund

35. Benjamin a Wiesengrund-Adorno Paris, 10.06.1935

Caro sr. Wiesengrund,

Eu teria escrito antes e lhe agradecido por sua importante carta se minha saúde não andasse tão miserável e não me encontrasse num estado de tamanha exaustão. Responsável por isso, entre outras coisas, foi a recente evolução das coisas com relação a Wissing,[329] para quem essas semanas em Paris se mostraram fatídicas e cujo futuro imediato tanto mais me preocupa quanto dizem aqui que, da parte do governo alemão, a Rússia em breve estará fechada para cidadãos alemães. Era na Rússia, porém, que eu imaginava para ele a última chance duradoura de construir uma vida nova.

---

328 Alusão ao aforismo de Benjamin em *Rua de mão única*: "Nesses dias, a ninguém é dado teimar naquilo de que é 'capaz'. Na improvisação reside a força. Todos os golpes decisivos são desferidos com a mão esquerda" (GS IV [1], p.89).

329 Wissing estivera viciado em drogas.

Houve outras coisas mais que tocaram diretamente a mim. Em primeiro lugar, o súbito regresso de Pollock aos Estados Unidos. Ele me acenara com a possibilidade de uma conversa, que ocorreria depois que ele desse uma olhada no meu manuscrito. Ele nem sequer teve tempo de fazê-lo, uma vez que deixou a Europa dois dias depois de eu lhe ter enviado um manuscrito do *exposé* a Genebra[330] para ser transcrito. E tanto mais me pesa o fato de que, afora isso, ele tenha concordado em continuar a me sustentar até 31 de julho, garantindo portanto dois meses inteiros de trabalho sem perturbações, mas me reiterou a pergunta cada vez mais desalentadora de como vou sobreviver depois dessa data, já que a antiga taxa mensal[331] de 500 francos franceses voltara a entrar em vigor. Como disse antes, tal arranjo não foi afetado por problemas relativos ao trabalho maior propriamente dito. Tudo depende agora de saber se esse trabalho será capaz de encontrar seu lugar dentro da economia intelectual e material do Instituto. Você vê como é decisivo para mim seu endosso.

Para lhe facilitar um pouco as coisas, ao menos estrategicamente, pensei ser apropriado escrever uma carta a Pollock, que ele recebeu pouco antes de sua partida, informando-lhe que, a partir de agosto, vou deixar o trabalho maior de lado para escrever o ensaio sobre Fuchs.

Estou extraordinariamente ansioso para ler sua *marginalia*, e não saberia a quem as margens fazem apelo tão veemente quanto a você. Você haverá de me propiciar alguma oportunidade, dada a impossibilidade no momento – e espero que seja apenas temporária –, de falar com você diretamente sobre a profusão de questões levantadas pelo *exposé*. Está bastante claro para mim que, em meio

330 Ou seja, ao escritório genebrino do Instituto de Pesquisa Social.
331 Ver nota 263, carta n.28.

a essa profusão, as duas questões metodológicas que você aponta são da maior relevância – a da definição diferencial da mercadoria nos inícios do capitalismo avançado e a da exígua diferenciação, ou indiferença, de classe do consciente coletivo. Alegra-me em especial que você – leio isso nas entrelinhas de sua carta – tenha compreendido e abone o cuidado com que abordei essas questões e o fato de que eu tenha até agora postergado a questão decisiva que lhes diz respeito. É indubitável o extraordinário alcance dessas questões. Assim como elas têm de ser reforçadas contra legítimas objeções do marxismo, tampouco poderão ser renegadas na discussão sobre o novo, que significa o efetivo abandono da visão idealista da história com sua perspectiva harmonizante, também e particularmente, para a historiografia marxista. Nesse contexto incorporei em minhas notas seu excelente comentário[332] sobre a manifestação do passado recente como aniquilação catastrófica.

A propósito, uma fotocópia dessas notas está sendo providenciada, por sugestão aliás do próprio Pollock, que me pôs à disposição a quantia necessária para tanto. Seria de fato um pesadelo ter de viajar com essa pilha de manuscritos.

A perspectiva de enriquecê-los oportunamente com as suas reflexões sobre Maupassant, a julgar por suas poucas alusões, *muito* significaria para mim. O que você cita sobre a cidade como área de caça é excelente. Entre todos os pontos de sua carta, nenhum me surpreendeu tanto quanto a alusão à atitude que você adota na questão da "mediação" entre sociedade e psicologia. Nisso estamos de fato – e sem que antes eu tivesse consciência dessa formulação – do mesmo lado, embora não seja a bem dizer a situação ideal que Fromm e Reich estejam do outro. Vou me dedicar a Freud em breve. A propósito, você se lembra se há algum estudo psicanalítico dele próprio ou da escola dele sobre o despertar?

---

332 Ver nota 320, carta n.33.

Uma vez traçada até o fim a periferia mais ampla de meus estudos – e já diviso nisso um termo –, vou me aproximar do centro em círculos concêntricos, e então, depois de Freud, será a vez de Baudelaire.

Enquanto isso, estou ansioso para receber um dia mais notícias sobre sua destruição da "intuição das essências". Não saudaria o próprio Husserl tal destruição, agora que pôde se dar conta do que seu instrumento é capaz de se tornar nas mãos de um Heidegger?

Agora que a minha situação está assegurada por mais algumas semanas, é muito difícil para mim voltar-me nessa altura para Else H. Se a situação com você, e a triste causa desta, não se modificarem em nada até o fim do mês, com certeza vou ter de me decidir a tanto. Mas antes disso recebo por certo notícias suas. Sei quanto você sempre foi próximo de sua tia. Aceite por favor meus sinceros votos de que ela convalesça, os quais peço que estenda à sua mãe em relação a ela própria.

Cordialmente

Walter Benjamin

10 de junho de 1935
Paris XIV
28 place Denfert-Rochereau

PS Estas linhas foram escritas em Pentecostes, e eu estava prestes a enviá-las quando sua última carta chegou. Mal era preciso o que já escrevi para expressar todo o peso que ela possui para mim. Se seus passos nesse sentido – mesmo se apenas um deles – tiverem sucesso, serei capaz de respirar livre como não faço há anos. Que de minha parte farei tudo o que puder para que isso aconteça, não é necessário dizê-lo. Não vou – não posso – desprezar nada. De fato, a própria maneira como você introduziu o projeto ainda não oficial da "história das ideias" empresta certo encanto desafiador a algo do contrário despido de todo atrativo para mim, como você sabe.

Aguardo a qualquer momento as cópias do *exposé* vindas de Genebra, uma das quais estaria à disposição de E. H. assim que requisitada. Originalmente, minha intenção era expandir um pouco o *exposé* com o qual você está familiarizado antes de enviá-lo a Genebra. Mas no fim resolvi não fazê-lo para evitar mais atrasos, de modo que a versão que vou enviar a Horkheimer nos próximos dias, tão logo receba as cópias de Genebra, corresponde quase exatamente àquela que você conhece. No entanto me seria de grande valor se você pudesse me dar algumas dicas sobre a carta anexa[333] que remeterei a ele, já que é desejável que eu escreva aquilo que corresponda ao tom de seu relato. Como as cópias de Genebra ainda não chegaram, talvez isso lhe dê o tempo necessário para fazê-lo, embora eu tenha plena consciência de que isso o distrairia de seu próprio trabalho, que obviamente está num estágio crucial nesse momento. E gostaria também de agradecê-lo pela expressão de sua amizade contida em seus últimos relatos.

Comecei a explorar agora o primeiro volume do *Capital* e, a fim de vagar tanto pelas alturas alpinas quanto pelas planícies humildes, comecei a folhear a história da cultura algo desleixada de Friedell.[334]

Meu endereço para telegramas é: 28 place Denfert-Rochereau, telefone: Danton 9073.

Outra vez meus mais sinceros votos para seu bem-estar e para seu trabalho!

---

333 A carta de Benjamin a Horkheimer de 10.07.1935 (cf. Benjamin, *Briefe*, loc. cit., p.666ss).

334 Benjamin consultou para o trabalho das *Passagens* o terceiro dos quatro volumes da *História cultural da modernidade* [Kulturgeschichte der Moderne] de Egon Friedell (1878-1938) (cf. GS V [2], p.1295).

36. Benjamin a Wiesengrund-Adorno Paris, 19.06.1935

Caro sr. Wiesengrund,

Respondo-lhe na imediata volta do correio para acusar o recebimento de suas linhas de Frankfurt[335] e comunicar-lhe sobretudo meus sinceros pêsames quanto ao ensejo muito infeliz de sua repentina viagem. Sei como é próxima sua relação com a enferma, e eu já expressara meus mais sinceros votos para a convalescença dela na carta que lhe enviei a Oxford.

No tocante a essa detalhada carta, gostaria apenas de repetir brevemente os assuntos mais importantes ali mencionados, uma vez que você talvez não a terá em mãos tão em breve. Seu próprio postal de Frankfurt toca num deles. Não lhe posso dizer quanto *tenho* de me empenhar, apesar de tudo, para atiçar em mim a esperança que seu postal parece refrear. Preciso lhe dizer em particular que estou pronto a qualquer demonstração para promover a assistência de Else H.? Naturalmente, um *exposé* sempre estará à disposição para esse propósito. Mal me atrevo a insinuar – você está cansado de saber – quão facilmente uma tal esperança poderia se revelar a última.

Também lhe escrevi sobre o envio do *exposé* a Horkheimer. As cópias de Genebra ainda não chegaram, e nada tenho que possa enviar a ele. De mais a mais, essas cópias estão longe de constituir uma "segunda versão", como eu planejara a princípio, e pouco diferem das que você já conhece. Fui obrigado a admitir que qualquer revisão detalhada, tal como planejado, só faria por adiar o envio do manuscrito para Genebra. Mas então eu dava como

335 Não subsistiu o comunicado em que Adorno supostamente terá informado a Benjamin que sua tia Agathe sofrera um segundo ataque cardíaco em 11 de junho e ele fora chamado antes do tempo para casa.

certo que Pollock lá receberia o material em pessoa. A notícia do súbito regresso dele aos Estados Unidos foi para mim um golpe dos mais pungentes, porque tal circunstância frustrou o encontro que teríamos em junho para discutir as coisas com base no *exposé*.

Você mesmo é quem mais há de saber como me impressionou a leitura dos versos de Heine[336] por mim desconhecidos e muito eloquentes que você me enviou. De outro modo você não os teria me escrito, e sem sua ajuda talvez eu não teria reparado neles jamais.

Minha carta também continha a expectativa favorável referente à "história das ideias", cujo projeto você me participou com tanta ousadia e enigma. Um lance como esse, que pudesse me libertar dos grilhões por uns meses, com toda certeza seria bem-vindo.

Quais são seus planos para as férias? Não temos nenhuma perspectiva de um encontro? Você me alcançará aqui até cerca de fim de julho e, dependendo de como andarem as coisas para o meu lado, talvez até mais tarde.

Suponho que você não descansará dos seus trabalhos mesmo nas férias. As alusões feitas em sua última carta sobre sua crítica da intuição fenomenológica despertaram-me grande interesse.

Escreva-me logo em detalhes.

Cordiais recomendações,

Walter Benjamin

19 de junho de 1935
Paris XIV
28 place Denfert-Rochereau
Hôtel Floridor

---

336 Provavelmente os versos do poema "Jehuda bem Halevy 4" do terceiro livro do *Romanzero*, que Benjamin incorporou às "Notas e materiais" do trabalho das *Passagens* (cf. GS V [1], p.99).

37. Benjamin a Wiesengrund-Adorno
Paris, 5.7.1935

Caro sr. Wiesengrund,

É com grande pesar que recebo suas notícias.[337]

Sei quanto isso o terá afetado e faço alguma ideia do que terá significado encontrar em seus próximos e no ambiente familiar tão grande compreensão e tão incondicional fé.

Tempos houve em que você soube estender essa fé a mim e a meu trabalho, aproximando-me assim de tal modo da finada que sinto sua perda como se fosse minha.

Peço-lhe que comunique o sentimento dessas linhas a seus pais e os saúde hoje com particular afeto.

Walter Benjamin

5 de julho de 1935
Paris XIV

38. Wiesengrund-Adorno a Benjamin
[Frankfurt a.M., 12.7.1935][338]

Caro sr. Benjamin,

Muito obrigado por suas afáveis palavras, também em nome dos meus. No momento, ainda estou sem nenhuma iniciativa e capacidade de trabalho. Daí a contínua hesitação em responder à carta das *Passagens* – mais uma vez peço-lhe que me perdoe. Meu compromisso com seu trabalho não diminuiu em nada.

Na sexta viajo com Felizitas e minha mãe para passar três semanas na Floresta Negra (endereço: Hotel Bären, Hornberg i.

---

337 O comunicado da morte de Agathe Calvelli-Adorno a 26 de junho de 1935 não subsistiu.

338 Datado de acordo com o postal de agradecimento selado.

Schwarzwald, Schwarzwaldbahn). Espero então finalmente me debruçar na carta que estou lhe devendo.

Fico particularmente feliz em saber da iniciativa de Else.[339] Também nisso – como em tantas coisas, e certamente as mais relevantes em minha vida – se faz sentir a impressão de minha finada tia. Não imagino consolo maior que esse.

Sinceras lembranças,

Teddie Wiesengrund

39. Wiesengrund-Adorno e Gretel Karplus a Benjamin Hornberg, 02-04 e 05.08.1935

Hornberg im Schwarzwald
Hotel Bären
2 de agosto de 1935 – 4 de agosto de 1935

Caro sr. Benjamin,

Permita-me hoje finalmente dizer algo sobre seu *exposé*,[340] que estudei com todo o cuidado e discuti mais uma vez com Felizitas, a qual está de pleno acordo com as visões aqui expressas. Parece-me compatível com a importância da matéria – que, como você sabe, julgo das mais elevadas – se falo com toda a sinceridade e procedo sem preâmbulos àquelas questões centrais que me é dado crer sejam igualmente cruciais para nós dois, mas não sem antecipar à discussão crítica que, embora seu método de trabalho não possa

339 Não foi possível identificar qual iniciativa fosse, uma vez que Adorno foi provavelmente informado do assunto em Frankfurt por Else Herzberger em pessoa.

340 A versão do esboço manuseada por Adorno encontra-se reproduzida em GS V [2], p.1237-49; a paginação do exemplar ao qual Adorno se refere é ali reproduzida em colchetes.

transmitir uma impressão adequada de um esboço ou "linha de argumentação", o exposé me parece repleto das mais relevantes concepções, das quais eu gostaria de sublinhar apenas a magnífica passagem sobre o viver como deixar traços, os comentários decisivos sobre o colecionador, a libertação das coisas da maldição da utilidade e a interpretação dialética de Haussmann. O esboço do capítulo sobre Baudelaire como interpretação do poeta e a introdução da categoria da *nouveauté* na página 20 também me parecem plenamente convincentes.

Você já terá adivinhado o que mal poderia esperar que assim não fosse: que ainda me ocupam os complexos designados sob as rubricas "história primeva do século XIX", "imagem dialética", "configuração do mito e modernidade". Se me abstenho aqui de distinguir entre questões "materiais" e "epistemológicas", é porque isso corresponde, se não à disposição externa do *exposé*, pelo menos a seu núcleo filosófico, cujo movimento pretende eliminar uma tal antítese, como nos dois esboços tradicionais mais recentes da dialética. Permita-me tomar como ponto de partida o mote da página 3, "chaque époque rêve la suivante" [cada época sonha a seguinte], que me parece uma importante chave para o problema, na medida em que todos aqueles temas da teoria da imagem dialética que a meu ver são fundamentalmente passíveis de crítica se cristalizam em torno dessa frase, dessa frase *adialética*, cuja eliminação poderia levar ao esclarecimento da própria teoria. Isso porque ela implica três coisas: a concepção da imagem dialética como conteúdo de alguma consciência, ainda que coletiva; sua relação direta – eu diria quase histórico-evolutiva – com o futuro como utopia; a concepção de "época" como o tema próprio e autossuficiente desse conteúdo de consciência. Parece-me extremamente relevante que com essa concepção da imagem dialética, que pode ser descrita como imanente, não apenas se ponha em xeque o poder original do conceito, teológico que era, introduzindo-se uma simplificação que afeta não tanto sua nuança subjetiva como sua própria verdade última, mas também se frustre com isso aquele mesmo movimento social dentro da contradição, em benefício do qual você próprio sacrificara a teologia.

Se você desloca a imagem dialética para o interior da consciência como "sonho", não somente priva de mágica o conceito, domesticando-o, mas também o despe precisamente daquele crucial poder objetivo que o legitimaria em termos materialistas. O caráter fetichista da mercadoria não é um fato da consciência; é antes dialético no seu eminente sentido de que produz consciência. Mas se assim é, nem consciência nem inconsciência são capazes de retratá-lo simplesmente como sonho, senão que respondem a ele com desejo e medo em iguais medidas. Mas é precisamente esse poder dialético do fetiche que se perde no realismo-retrato (*sit venia verbo*) de sua presente versão da imagem dialética. Para voltar à linguagem do glorioso primeiro esboço das *Passagens*:[341] se a imagem dialética nada mais é senão o modo pelo qual o caráter fetichista é percebido na consciência coletiva, então a concepção sansimonista do mundo das mercadorias bem pode revelar-se como utopia, mas não o contrário, ou seja, a imagem dialética do século XIX revelar-se como *inferno*. Mas somente essa última seria capaz de pôr a imagem da "época de ouro" em perspectiva adequada, e é justamente esse duplo sentido que se poderia mostrar concludente para uma interpretação de Offenbach: a saber, aquele acerca do mundo subterrâneo e da Arcádia – ambos são categorias explícitas em Offenbach e cabem ser seguidos nos detalhes de sua instrumentação. Assim, o abandono

341 Segundo comunicação verbal de Rolf Tiedemann, Adorno tinha em mente aqui certos fragmentos que Benjamin lhe lera em 1929; esses são os textos conhecidos como "Passagens de Paris II" [Pariser Passagen II] (cf. GS V [2], p.1044-59).

da categoria do inferno em seu esboço, e em particular o da genial passagem sobre o jogador[342] – para a qual a passagem sobre a especulação e os jogos de azar[343] não é substituto –, parecem-me não só uma perda de brilho, mas também de pertinência dialética. Ora, sou a última pessoa a ignorar a relevância da imanência da consciência para o século XIX. Mas o conceito de imagem dialética não pode simplesmente ser derivado dele; antes, a imanência da própria consciência, como *intérieur*, é a imagem dialética para o século XIX como alienação. Aqui também tenho de abandonar a aposta que faz o segundo capítulo do meu *Kierkegaard*[344] nesse novo jogo. Não cabe assim que a imagem dialética seja deslocada para a consciência como sonho; antes, cabe que o sonho seja rejeitado por meio da construção dialética e que a própria imanência da consciência seja entendida como uma constelação da realidade – como a fase astronômica, na qual o inferno peregrina pela humanidade. Somente o mapa celeste de uma tal peregrinação seria capaz, a meu ver, de franquear uma visão da história como história primeva. Permita-me tentar formular a mesma objeção do ponto de vista diametralmente oposto. De acordo com sua concepção imanente da imagem dialética (com a qual, para empregar um termo positivo, eu contrastaria seu conceito anterior de *modelo*), você constrói a relação entre o mais velho e o mais novo, a qual já era central no primeiro esboço, em termos de uma referência utópica à "sociedade sem classes".[345] O arcaico torna-se com isso uma adição complementar ao novo, em vez de ser ele próprio "o mais novo", e portanto é desdialetizado. Ao mesmo tempo, porém, e de modo igualmente adialético, a imagem da ausência de classes remonta ao mito, na medida em

342 Cf. GS V [2], p.1056ss.
343 Cf. ibid., p.1247.
344 Cf. GS 2, p.38-69; sobre o "*intérieur*", cf. ibid., p.61-69.
345 Cf. GS V [2], p.1239.

que é conjurada simplesmente a partir da *arkhéi*, em vez de tornar-se propriamente transparente como fantamasgoria do inferno. Assim, a categoria na qual o arcaico se funde ao moderno me parece bem menos uma época de ouro do que uma catástrofe. Notei certa vez que o passado recente[346] sempre se apresenta como se destruído por catástrofes. *Hic et nunc*, diria eu: mas isso como história primeva. E nesse ponto percebo estar de acordo com a passagem mais audaz de seu livro sobre o drama barroco.

Se o desencanto da imagem dialética como "sonho" só faz psicologizá-la, então ela cai inevitavelmente sob o encanto da psicologia burguesa. Pois quem é o sujeito desse sonho? No século XIX, com certeza ninguém mais senão o indivíduo; mas em cujos sonhos não se podem ler em retratos imediatos nem o caráter fetichista nem seus monumentos. Daí então ser invocada a consciência coletiva, mas receio que na presente versão esse conceito não se distinga do de Jung. Ele está aberto a críticas de ambos os lados: da perspectiva do processo social porque hipostasia imagens arcaicas, ao passo que as imagens dialéticas são geradas pelo caráter-mercadoria, não em algum ego coletivo arcaico, mas em meio a indivíduos burgueses alienados; e da perspectiva da psicologia porque, como diz Horkheimer, um ego de massas[347] só existe propriamente em terremotos e grandes catástrofes, ao passo que a mais-valia objetiva prevalece nos indivíduos e contra os indivíduos. A consciência coletiva só foi inventada para desviar a atenção da verdadeira objetividade e seu correlato, a subjetividade alienada. Cabe-nos polarizar e dissolver dialeticamente essa "consciência"

---

346 Ver nota 320, carta n.33.

347 Cf. Max Horkheimer, "Geschichte und Psychologie" [História e psicologia]. *Zeitschrift für Sozialforschung*, v.1, n.1-2, 1932, p.136 (agora em Horkheimer, *Gesammelte Schriften*, v.3. Frankfurt a.M., 1988, p.48-69 (a passagem está na p.60).

em termos de sociedade e indivíduo, e não galvanizá-la como correlato imagético do caráter-mercadoria. Que num tal coletivo sonhador não haja espaço para diferenças de classe é aviso claro e suficiente nesse sentido.

Finalmente, a categoria mítico-arcaica da "época de ouro" – e isso me parece socialmente decisivo – teve consequências fatídicas até mesmo para a própria categoria mercadoria. Se é encoberta à época de ouro sua determinante "ambiguidade" (um conceito, aliás, que carece ele próprio de urgente elucidação teórica e não deve de modo algum ser deixado sem exame), ou seja, sua relação com o inferno, então a mercadoria como substância da época torna-se inferno pura e simplesmente e é negada de modo tal que efetivamente faz aparecer como verdade a imediatilidade do estado primitivo. Assim, o desencanto da imagem dialética conduz diretamente ao pensar puramente mítico, e aqui Klages surge como um perigo, tal como Jung o fora antes. Mas em nenhum lugar seu esboço contém mais remédios do que nesse em particular. Aqui seria a localização central para a lição do colecionador, aquele que liberta os objetos da maldição da utilidade; aqui também seria o lugar, se bem o compreendo, para Haussmann, cuja consciência de classe, precisamente pela consumação do caráter-mercadoria numa autoconsciência hegeliana, inaugura a explosão da fantasmagoria. Entender a mercadoria como imagem dialética significa precisamente entendê-la também como motivo de seu declínio e "superação" [*Aufhebung*], em vez de simples regressão ao mais antigo. Mercadoria, de um lado, é o alienado em contato com a qual o valor de uso perece, mas, do outro, é o sobrevivente, o alheio que subsiste a seu caráter imediato. Em face das mercadorias, não imediatas para os homens, temos a promessa da imortalidade, e o fetiche é – para desenvolver a relação que você foi feliz em estabelecer com o livro sobre o barroco – uma infiel imagem derradeira para o século XIX, tal qual sua mera caveira. Nesse ponto me parece residir o decisivo caráter epistemológico de Kafka, em particular no Odradek[348] como uma mercadoria que sobreviveu sem propósito: nessa narrativa o surrealismo talvez tenha encontrado o seu termo, como o drama barroco em *Hamlet*. Dentro da sociedade, porém, isso significa que o simples conceito de valor de uso está longe de ser suficiente para uma crítica do caráter-mercadoria; antes, apenas nos leva de volta a um estágio anterior à divisão do trabalho. Essa sempre foi a minha verdadeira ressalva contra Berta,[349] e por isso sempre me foram suspeitos seu "coletivo" bem como seu mais imediato conceito de função, ou seja, como "regressão" eles próprios. Talvez você conclua desse pensamento, cujo conteúdo essencial se refere com exatidão às categorias que no *exposé* possam corresponder às de Berta, que minha oposição a elas é mais que uma tentativa isolada de resgatar a arte autônoma ou algo do tipo, mas antes reporta-se com máxima consequência aos temas de nossa amizade filosófica, que me parecem fundamentais. Se me fosse dado resumir em um único lance ousado o arco de minha crítica, ele se ateria – e como poderia deixar de ser? – aos extremos. Uma restauração da teologia, ou melhor, uma radicalização da dialética no núcleo incandescente da teologia significaria ao mesmo tempo um aguçamento extremo dos temas sociodialéticos e mesmo econômicos. Isso haveria de se dar sobretudo historicamente. O caráter mercadoria *específico* do século XIX, vale dizer, a produção industrial de mercadorias, precisaria ser elaborado com muito mais clareza em seu material; afinal, caráter-mercadoria e alienação existiram desde os primórdios do capitalismo, isto é,

---

348 Cf. a narrativa de Kafka mencionada na carta n.27 (ver nota 235).

349 Pseudônimo de Brecht, cujo nome, tal como o de Georg Lukács, era melhor ser silenciado em carta escrita na Alemanha e enviada a um destinatário no exterior.

desde a era da manufatura, que é também a do barroco, enquanto a "unidade" da era moderna reside desde então precisamente no caráter-mercadoria. Mas apenas uma definição precisa da forma-mercadoria industrial como forma histórica, claramente distinta da mais antiga, poderia fornecer a "história primeva" e a ontologia do século XIX; todas as referências à forma-mercadoria "como tal" emprestam a essa história primeva certo caráter metafórico, que nesse caso não pode ser tolerado. Quero supor que os melhores resultados interpretativos seriam alcançados aqui se você seguisse seu próprio procedimento, a cega elaboração do material, sem hesitações. Se minha crítica, ao contrário, parece mover-se numa certa esfera de abstração teórica, essa é de fato uma carência, mas sei que você não a considerará uma carência de "visão de mundo", pondo assim de lado as minhas reservas.

Contudo, permita-me ainda alguns comentários avulsos de natureza mais concreta, que obviamente só terão algum significado diante desse pano de fundo teórico. Como título gostaria de sugerir *Paris, capital do século XIX*; não "a capital" – a menos, digo, se você não ressuscitar o título *Passagens* junto com o inferno. A divisão em capítulos de acordo com pessoas não me parece de todo acertada; sugere uma tentativa um tanto quanto forçada de sistematização que me deixa um pouco incomodado. Antes você não tinha capítulos segundo materiais como "pelúcia", "poeira" e assim por diante? E a relação entre Fourier e as passagens também não é lá muito satisfatória. Como arranjo apropriado aqui eu imaginaria uma constelação de variados materiais e mercadorias urbanos, algo que nas partes seguintes poderia ser decifrado simultaneamente em termos da imagem dialética e de sua teoria.

No tocante ao mote da página 1, a palavra "*portique*" fornece muito bem o tema da "antiguidade"; talvez caiba aqui, em conexão com a ideia do novo como o mais antigo, discorrer sobre uma morfologia elementar do Império (tal como a melancolia no livro sobre o barroco). Na página 2, de todo modo, a concepção do Estado no Império como um fim em si mesmo deve ser revelada de forma explícita como mera ideologia, como seus comentários seguintes fazem supor ter sido seu pensamento. Permanece aqui sem nenhum esclarecimento o conceito de construção, que, como alienação do material e domínio do material, já é eminentemente dialético e cabe, a meu ver, ser exposto às claras como tal (com nítidas fronteiras em relação ao conceito de construção corrente; talvez o termo "engenheiro", muito característico do século XIX, propicie um ponto de partida!). A propósito, o conceito de inconsciente coletivo que surge aqui e ao qual já fiz referência não está inteiramente claro em sua introdução e exposição. Quanto à página 3, eu perguntaria se o ferro fundido é realmente o primeiro material de construção artificial (tijolos!); em geral, não me sinto bem à vontade com a noção de "primeiro" usada aqui e ali no texto. Talvez pudesse ser formulado complementarmente aqui: cada época sonha ter sido destruída por catástrofes. Página 4: a expressão "o novo se entrelaça com o antigo" é para mim altamente suspeita, no sentido de minha crítica da imagem dialética como regressão. Não há verdadeira reversão ao antigo, mas antes o mais novo, como ilusão e fantasmagoria, é ele próprio o antigo. Aqui talvez eu possa recordá-lo, sem impertinência, algumas formulações minhas, inclusive sobre ambiguidade, na seção sobre o *intérieur* do meu *Kierkegaard*. E aqui as suplemento: imagens dialéticas, como modelos, não são produtos históricos, mas antes constelações objetivas nas quais a condição da sociedade é ela própria representada. Assim, nenhum "feito" ideológico ou social pode ser imputado à imagem dialética. Minha objeção ao relato simplesmente negativo da reificação – a crítica da presença de Klages no esboço – funda-se principalmente na passagem sobre a máquina na página 4. A supervalorização da tecnologia mecânica e da máquina como tal sempre foi característica das teorias burguesas do passado: as relações de produção são dessa maneira encobertas pela referência abstrata aos meios de produção. Da página 6 faz parte o conceito hegeliano de segunda natureza,[350] de muita relevância desde que retomado por Georg. O *Diable à Paris* bem poderia ser o guia do inferno. Sobre a página 7, duvido muito que o operário tenha aparecido "pela última vez" no cenário etc. fora de sua classe. A ideia de uma história primeva do folhetim, da qual há tanta coisa em seu "Kraus", é muito fascinante; esse também seria o lugar para Heine. Ocorre-me ainda uma velha expressão jornalística nesse sentido: "estilo chavão" [*Schablonstil*], cuja origem bem valeria examinar. O termo "sentimento de vida" [*Lebensgefühl*], tal como usado na história cultural ou das ideias, é muito suspeito para mim. Sua aceitação acrítica da primeira aparição da técnica parece-me relacionada à supervalorização do arcaico como tal. Tomei nota desta formulação: mito não é o anseio sem classes pela verdadeira sociedade, mas o caráter objetivo da própria mercadoria alienada. Página 9: sua concepção da história da pintura no século XIX como uma fuga da fotografia (da qual aliás a música como fuga do "banal" é uma exata correspondência) é grandiosa mas também adialética, ou seja, a cota das forças produtivas não incorporadas à forma-mercadoria no cabedal de pinturas não pode ser apreendida concretamente desse modo, mas apenas por meio da presença negativa de seus traços (Manet é provavelmente o *locus* preciso dessa dialética).Tudo isso parece estar ligado à tendência mitologizante e arcaizante do *exposé*. Passado que é, o cabedal de pinturas torna-se em certa medida imagens histórico-filosóficas

350 Cf. Georg Lukács, *Geschichte und Klassenbewusstsein* [História e consciência de classes]. Berlim, 1923.

fixas, despidas de sua cota de força produtiva. Sob o olhar adialeticamente mítico da Medusa, o lado subjetivo da dialética se petrifica. A época de ouro da página 10 é talvez a verdadeira transição para o inferno. Não consigo compreender a relação entre as exposições mundiais e o operariado, o que me soa como conjectura e só pode ser afirmado com a máxima cautela. Na página 11 cabe naturalmente ampla definição e teoria da fantasmagoria. Para mim a página 12 foi como uma profecia bíblica. Felizitas e eu nos lembramos da enorme impressão que nos causou a citação de Saturno;[351] a citação não resistiu à reflexão mais sóbria. O anel de Saturno não deveria se tornar um balcão de ferro fundido; este é que deveria encarnar o anel de Saturno, e aqui fico feliz em não lhe objetar algo de abstrato, mas confrontá-lo com seu êxito: o incomparável capítulo sobre a lua em sua *Infância*,[352] cujo conteúdo filosófico teria aqui seu lugar cativo. Foi nesse ponto que me lembrei de algo que você me disse certa vez a respeito do trabalho das *Passagens*: que ele só poderia ser arrebatado ao reino da loucura.[353] Que ele tenha evitado esse reino em vez de subjugá-lo, revela-se pela interpretação da citação de Saturno, que dele recuou. Eis as minhas verdadeiras objeções: Siegfried[354] poderia deliciar-se aqui, e é por isso que devo falar com tamanha brutalidade, dada a enorme seriedade do assunto. Como foi talvez sua intenção, o conceito de fetiche da mercadoria deve ser documentado com as passagens apropriadas de quem o descobriu. O conceito de orgânico, que

351 Provavelmente em 1929 em Königstein, quando Benjamin leu o texto "O anel de Saturno, ou algo sobre a construção de ferro" [Der Saturnring oder etwas vom Eisenbau] (cf. GS V [2], p.1060-63).

352 Cf. GS IV [1], p.300-02, e VII [1], p.426-28.

353 Cf. a formulação de Benjamin em GS V [2], p.1010 e GS V [1], p.570ss.

354 Ou seja, Siegfried Kracauer.

também aparece na página 12 e sugere uma antropologia estática, provavelmente também não se sustenta, exceto talvez no sentido de que meramente existiu como tal antes do fetiche, sendo portanto ele próprio histórico, tal como, digamos, a "paisagem". O tema dialético da mercadoria do Odradek provavelmente integra a página 13. Aqui o movimento operário aparece outra vez com um quê de *deus ex machina*. Na verdade, a exemplo de várias outras formulações análogas, o estilo concentrado do *exposé* talvez seja o culpado aqui – eis uma reserva que cabe fazer a muitas das minhas reservas. Com respeito à passagem sobre a moda, que me parece de extrema importância mas em sua construção deve provavelmente ser isolada do conceito de orgânico e relacionada com o vivente – ou seja, não com alguma "natureza" superior –, ocorreu-me o conceito de "*changeant*", do tecido furta-cor que parece ter tido grande significado expressivo para o século XIX e por hipótese estava vinculado a certos processos industriais. Talvez um dia você desenvolva essa ideia; a sra. Hessel,[355] cujas reportagens sobre moda na *Frankfurter Zeitung* sempre costumávamos ler com tanto interesse, saberá certamente informá-lo. A passagem na qual apontei minha particular reserva sobre o uso demasiadamente abstrato da categoria mercadoria está na página 14: tenho minhas dúvidas se essa categoria apareceu "pela primeira vez" como tal no século XIX (a propósito, a mesma objeção vale também para o *intérieur* e a sociologia da interioridade no meu *Kierkegaard*, e toda crítica que faço a seu *exposé* estende-se também a meu estudo anterior). Creio que a categoria mercadoria poderia tornar-se muito mais concreta no contato com as categorias especificamente modernas do comércio

355 Helen Hessel, mulher de Franz Hessel, era uma conhecida de Benjamin em Paris, onde ela trabalhava como correspondente da *Frankfurter Zeitung*.

internacional e do imperialismo. Por exemplo: a passagem como bazar, e talvez as lojas de antiguidade como mercados do comércio internacional do transitório. O significado da distância cada vez menor – talvez isso toque no problema da sujeição de camadas sem rumo e no da conquista imperial. Essas são meras sugestões; é claro que você pode trazer à luz provas incomparavelmente mais conclusivas a partir do material que coletou e determinar assim a forma específica do mundo das coisas do século XIX (talvez o flagrando pelas costas, a partir de seus refugos, restos, escombros). A passagem sobre o "escritório" provavelmente também se ressente da falta de rigor histórico. A meu ver o escritório aparece menos como o exato inverso do *intérieur* do que como uma relíquia de formas de aposentos mais antigas, possivelmente barrocas (pense nos globos, nos mapas de parede, nas balaustradas e em outras formas de material). Acerca da teoria da *art nouveau* na página 15: se concordo com você em que ela significou um abalo decisivo do interior, só me é dado rejeitar a ideia de que ela "mobiliza todas as forças da interioridade". Talvez ela as busque resgatar e realizar por intermédio de uma "externalização" (a teoria do simbolismo em particular se encaixaria aqui, mas sobretudo os interiores de Mallarmé, que têm justamente o significado oposto aos de Kierkegaard). A *art nouveau* substituiu a interioridade pelo sexo. E dele se lançou mão exatamente porque apenas no sexo o indivíduo privado encontra a si mesmo não como interior, mas como corpóreo. Isso é válido para toda a *art nouveau*, de Ibsen a Maeterlinck e D'Annunzio. As origens de Strauss e da *art nouveau* estão em Wagner, e não na música de câmara de Brahms. O concreto me parece pouco característico da *art nouveau*, cabendo antes no notável vácuo ao redor de 1910. De resto, tomo como provável que a verdadeira *art nouveau* coincida com a grande crise econômica por volta de 1900; o concreto é fruto da conjuntura do pré-guerra. Página 16: permita-me chamar-lhe a atenção para a notável interpretação de *Solness, o construtor* nos escritos póstumos de Wedekind.[356] Não tenho notícia de nenhuma literatura psicanalítica sobre o despertar, mas vou pesquisar a respeito. Entretanto, não seria essa psicanálise interpretadora de sonhos, essa psicanálise que desperta, que se aparta expressa e polemicamente do hipnotismo (tal como documentado nas conferências de Freud),[357] ela própria parte da *art nouveau*, com a qual coincide no tempo? Essa é quem sabe uma questão de primeira ordem, talvez de grande projeção. Como correção à minha crítica fundamental, gostaria de acrescentar o seguinte: se rejeito o uso da consciência coletiva, com isso obviamente não é para deixar de lado o "indivíduo burguês" como o verdadeiro *substrato*. Cabe tornar transparente o interior como função social e revelar como ilusão o seu caráter autárquico. Mas como ilusão não perante uma consciência coletiva hipostasiada, e sim perante o próprio processo social real. O "indivíduo" é aqui um instrumento dialético de transição que não deve ser desmitificado; antes, só pode ser superado. Outra vez gostaria de acentuar com a maior ênfase o trecho sobre a "libertação das coisas do grilhão da utilidade" como um ponto crítico genial para o resgate dialético da mercadoria. Na página 17, eu ficaria satisfeito se a teoria do colecionador e do interior como uma espécie de invólucro fosse elaborada da maneira mais detalhada possível. Já na página 18, gostaria de lhe chamar a atenção para "A noite" de Maupassant,[358] que me parece o fecho de abóbada dialético para o "Homem da multidão" de Poe. Consi-

356 Cf. Franz Wedekind, "Schriftsteller Ibsen und 'Baumeister Solness'" [O escritor Ibsen e Solness, o mestre construtor]. In: *Gesammelte Werke*, v.9. Munique, 1921, p.340-58.

357 Referência às *Conferências introdutórias à psicanálise* [Vorlesungen zur Einführung in die Psychoanalyse] de 1916/17.

358 Ver nota 317, carta n.33.

dero magnífica a passagem sobre a multidão como véu. A página 19 é o lugar para a crítica da imagem dialética. Sem dúvida, você sabe melhor do que eu que a teoria, tal como exposta aqui, não faz jus às enormes demandas da matéria. Só gostaria de dizer que não é a ambiguidade a tradução da dialética em imagem, mas o "traço" dessa imagem que primeiro há de ser plenamente dialetizado pela teoria. Quero lembrar que há uma frase útil a respeito no capítulo sobre a interioridade do meu *Kierkegaard*. Sobre a página 20, talvez à estrofe final do grande "Femmes damnées" das *Pièces condamnées*. O conceito de falsa consciência, a meu ver, requer o mais cauteloso dos usos e certamente não deve mais ser utilizado sem referência à sua origem hegeliana. Esnobe, originalmente, não é um conceito estético, mas social; quem lhe deu curso foi Thackeray. Entre esnobe e dândi cabe fazer a mais clara distinção; a história do esnobe deve ser investigada, e Proust lhe fornece o mais esplêndido material nesse sentido. A tese na página 21 sobre a *l'art pour l'art* e a obra de arte total [*Gesamtkunstwerk*] parece-me insustentável nessa forma. Obra de arte total e esteticismo, em suas exatas acepções, são tentativas diametralmente opostas de escapar do caráter mercadoria: assim, a relação de Baudelaire com Wagner é tão dialética como a companhia de uma prostituta. Não fiquei nada satisfeito com a teoria da especulação na página 22. De um lado, falta a teoria dos jogos de azar,[359] que no esboço das *Passagens* sobressaía com tamanho brilho; e, do outro, falta a efetiva teoria econômica do especulador. Especulação é a expressão negativa da irracionalidade da razão capitalista. Talvez também fosse possível captar essa passagem por meio da "extrapolação dos extremos". Uma teoria explícita da perspectiva seria aconselhável na página 23; creio que na

359 Cf. GS V [2], p.1247.

passagem original[360] você tivesse algo a esse respeito. O estereoscópio, inventado entre 1810 e 1820, é relevante nesse contexto. A bela concepção dialética do capítulo sobre Haussmann talvez pudesse ser elaborada com mais precisão do que o faz o *exposé*, no qual ela tem de ser interpretada de antemão.

Mais uma vez peço-lhe que me desculpe a ranhetice dessas glosas; mas creio que lhe devo ao menos alguns exemplos específicos de minhas principais críticas. Quanto ao livro, vou me dirigir ao meu amigo Wind no Instituto Warburg de Londres,[361] e espero poder lhe arrumá-lo *in natura*. O *exposé* segue em anexo. Finalmente, peço-lhe perdão pelo fato de, exceção das exceções, ter feito uma cópia desta carta para Felizitas e para mim. Espero que isso se justifique pelo seu conteúdo substantivo, e quero crer que ela ajudará também a facilitar discussões futuras. Eu simplesmente pedira a Siegfried[362] que transmitisse minhas desculpas pela demora em responder a seu *exposé* por carta, sem dizer o mínimo que fosse sobre as origens e muito menos sobre seu conteúdo. Aliás, ele ainda não respondeu a uma longa carta minha, o que me magoou bastante na minha atual situação.[363] Perdão eu peço ainda pela aparência dessa carta. Ela foi escrita numa máquina com graves defeitos, e um rascunho a mão seria impraticável em razão de seu tamanho.

Felizitas e eu estamos descansando tão bem quanto nos permitem essas paisagens de montanha. Não tenho feito trabalho

---

360 Cf. GS V [2], p.1949ss.

361 No pós-escrito de sua carta de 29.07.1935 a Gretel Karplus, Benjamin escrevera: "Será que você poderia perguntar a Teddie se ele poderá dar uma passada de olhos (ou se já deu) no escrito de Noack intitulado 'Arco do Triunfo' [Triumphbogen] (*Studien der Bibliothek Warburg*)?" (GS V [2], p.1127; sobre o ensaio de Noack, ver nota 428, carta n.53).

362 Em sua carta (inédita) a Siegfried Kracauer de 5 de julho.

363 Isto é, após a morte de sua tia.

algum, salvo esboçar o plano de uma possível edição de meus ensaios sobre música[364] em forma de livro. Ainda é incerto se isso dará em alguma coisa.

Com sincera amizade,

Teddie Wiesengrund

Caro Detlef,

Muitíssimo obrigado pelo Baba.[365] Por hoje apenas muitas lembranças e os melhores votos de descanso para suas férias! Responderei em breve, mas no momento ainda estou imersa nas *Passagens*. Cordialmente como sempre,

Felicitas (o certo é com c ou com z?)

5 de agosto de 1935

Caro sr. Benjamin, a tentativa de reconciliar seu momento do "sonho" – como elemento subjetivo na imagem dialética – com a concepção dessa última conduziu-me a certas formulações que também lhe comunico aqui como o mais longe que consegui avançar.

Na medida em que o valor de uso das coisas perece, as coisas alienadas são tornadas ocas e passam a adquirir sentidos cifrados. A subjetividade apropria-se deles infundindo-lhes intenções de desejo e ansiedade. Pelo fato de fazerem as vezes de intenções subjetivas, as coisas defuntas se apresentam como imperecíveis e eternas. Imagens dialéticas são constelações entre coisas alienadas e sentidos insuflados, detendo-se num instante de indiferença entre

364 Ver nota 210, carta n.25.

365 No envelope da carta de Benjamin a Gretel Karplus de 29.07.1935 (ainda inédita) vê-se um elefante dirigindo um carro aberto, com a capota erguida pela sua tromba. Benjamin escrevera embaixo: "O elefante, a propósito, vem de um dos melhores livros infantis dos últimos tempos e chama-se Baba".

morte e sentido. Enquanto as coisas são despertadas na ilusão para o que há de mais novo, a morte transforma os sentidos no que há de mais antigo.

40. Benjamin a Gretel Karplus e Wiesengrund-Adorno [Paris, 16.08.1935]

Cara Felizitas,

Creio estar agindo certo se lhe confio às mãos estas poucas linhas.

Se, ao contrário de minha expectativa, vocês dois já não estiverem aí juntos quando elas chegarem, você certamente as fará alcançar Wiesengrund.

Elas não contêm resposta detalhada à farta e memorável carta de vocês dois do dia 4. Isso será reservado para correspondência posterior – e com certeza não em uma única carta, mas numa série delas em seu devido tempo –, uma correspondência que em suas muitas correntes e regatos finalmente afluirá um dia, e espero que não muito distante, ao leito do presente comum, quando nos encontraremos então em pessoa.

Não, não dou aqui uma resposta detalhada, mas, se assim quiser, um acusar o recebimento da carta. Se bem que isso não queira dizer que foram tão somente as mãos que a receberam. E nem apenas a cabeça. Na verdade, o que quero assegurar a vocês dois, antes de tocar no que quer que seja, é o prazer que me dá ver nossa amizade ratificada e tantas conversas amigáveis renovadas por essa carta de vocês.

O extraordinário dessa carta, e algo para mim extremamente significativo e frutífero, apesar de toda a precisão e rigor de suas objeções, é o fato de que ela põe o assunto em geral na mais íntima relação com a história prévia das nossas ideias sobre a matéria; cada uma das suas reflexões – ou sua quase totalidade – vai diretamente ao centro produtivo do tema versado, e praticamente nenhuma deixa de fazê-lo. Seja qual for a forma como suas reflexões continuem a afetar meu pensamento, e por pouco que eu saiba sobre o rumo que isso irá tomar, pelo menos duas coisas me parecem certas: primeiro, que sua carta só servirá para favorecer o trabalho, e, segundo, que só fará por confirmar e fortalecer a nossa amizade.

Por mim, isso seria tudo que eu diria por hoje. Pois tudo o mais nos conduziria facilmente a temas ainda pouco claros e difíceis de definir. Mas como não quero que estas linhas pareçam parcas demais, permita-me arriscar algumas glosas, bem provisórias e bem poucas – embora com isso também não deixe de me expor.

Vocês hão de desculpar que elas sejam de caráter mais confessional que francamente substantivo.

E assim digo logo de saída: se a carta de vocês se refere com tanta ênfase ao "primeiro" esboço das *Passagens*, garanto que desse "primeiro" esboço nada foi abandonado e nenhuma palavra negligenciada. E a peça que vocês tinham sob os olhos não é, se assim posso dizer, o "segundo" esboço, mas um esboço *diferente*. Esses dois esboços têm uma relação polar entre si. Representam eles a tese e a antítese do trabalho. Portanto, esse segundo é para mim tudo menos uma conclusão. A necessidade dele reside em que as percepções contidas no primeiro esboço não podem ser articuladas imediatamente – salvo talvez de um modo ilicitamente "poético". Daí o subtítulo, há muito abandonado, do primeiro esboço: "Uma feeria dialética".

Agora tenho nas mãos as duas pontas do arco – mas ainda me falta a força para retesá-lo. E essa força só virá ao termo de longo treinamento, do qual o trabalho direto com o material é um dos elementos, entre outros. Minha infeliz situação implica também que esses outros elementos tiveram de recuar em favor do primeiro nesse segundo período de trabalho no projeto. Sou consciente disso. E o caráter dilatório de meu método reflete essa consciência. Não quero que nenhum erro dê margem a influir no cálculo.

Quais são esses outros elementos de "treinamento"? Os construtivos. Se Wiesengrund tem suas reservas quanto ao modo de divisão dos capítulos, ele acertou na mosca. A essa divisão ainda falta o momento construtivo. Está em aberto por enquanto se isso há de ser buscado na direção que ele sugere. Mas uma coisa é certa: o momento construtivo significa para esse livro o que, para a alquimia, significa a pedra filosofal. A única coisa que de fato se pode dizer por ora é que ele terá de articular a oposição em que o livro se encontra com relação à pesquisa histórica prévia e tradicional numa maneira nova, lapidar e bem simples. Como? Eis a questão.

Depois dessas observações vocês não precisarão defender-se da suspeita de que minha resistência a certas outras objeções suas está ligada a algo como teimosia. Nesse assunto, não saberia de outro vício de que eu mais estivesse distante. E deixo de lado, para consideração posterior, muitos pontos em que estou de acordo. (E raramente eu mais estaria do que no tocante às reflexões de Wiesengrund sobre o tema da "época de ouro".) Não, o que estou pensando no momento é na passagem em sua carta sobre Saturno. Eu certamente não nego que "o balcão de ferro fundido" tenha "de tornar-se um dos anéis de Saturno". Mas esclareço o seguinte: que essa transformação não é de forma alguma uma tarefa que caiba a uma análise única – e muito menos ao respectivo desenho de Grandville –, mas sim ao livro como um todo. Formas como aquelas que me fornecem a *Infância em Berlim* não podem pleitear voz em parte alguma desse livro, no mínimo grau que seja: uma função importante do segundo esboço é precisamente consolidar em mim essa noção. A história primeva do século XIX, refletida na criança brincando na soleira, revela uma face bem diversa do que naqueles sinais inscritos no mapa da história.

Esses comentários de todo preliminares limitam-se a certas questões gerais. Sem explorá-las em toda a sua extensão, eles deixam de lado tudo o que se refere a detalhes. Voltarei a muitos deles em ocasião posterior. Mas permitam-me concluir, de novo sob pena de fazê-lo na forma de confissão, apontando uma problemática que me parece decisiva. Se levanto esse ponto é porque quero chamar a atenção para duas coisas: primeiro, como a descrição de Wiesengrund da imagem dialética em termos de uma "constelação" me parece pertinente, e, depois, como certos elementos que apontei nessa constelação parecem também indispensáveis, quais sejam, as figuras oníricas. A imagem dialética não copia simplesmente o sonho – jamais foi minha intenção afirmar isso. Mas me parece claro que ela contém as instâncias, as irrupções da vigília, e que é precisamente a partir desses *loci* que é criada sua figura, como a de uma constelação a partir dos pontos luminosos. Aqui também, portanto, um arco precisa ser retesado, e uma dialética forjada: aquela entre imagem e vigília.

[Detlef]

41. Benjamin a Wiesengrund-Adorno Paris, 27.12.1935

Caro sr. Wiesengrund,

Antes de lhe transmitir uma mensagem de Max,[366] que foi o primeiro motivo destas linhas, permita-me expressar-lhe meus

366 Max Horkheimer achava-se desde meados de dezembro em Paris e obviamente pedira a Benjamin que escrevesse a Adorno, o qual então se encontrava em casa para as férias de Natal.

pêsames pela notícia, que me chegou ontem, da morte de Alban Berg.[367]

Você sabe como a obra dele era a única sob cujo signo nossas conversas sobre música, uma área aliás bem remota da minha, alcançavam a mesma intensidade que aquelas sobre outros temas, e há de lembrar ainda a conversa que tivemos depois da apresentação do *Wozzeck*.[368]

Max lhe pede que não deixe em hipótese alguma o continente sem primeiro informá-lo por telégrafo onde poderá ser contatado antes da travessia. Para ele é de extrema importância lhe falar enquanto ainda estiver no continente, seja na Holanda, seja em Paris. (Você pode imaginar como eu ficaria contente e como seria importante para mim se fosse em Paris.)

E ele quer que você transmita tal informação a mim porque ele próprio me manterá informado do paradeiro dele e sobretudo

367 Berg, professor e amigo de Adorno, falecera a 24 de dezembro de 1935.

368 Adorno e Benjamin haviam assistido juntos à apresentação da ópera *Wozzeck* em 22 de dezembro de 1925, em Berlim, a primeira após a estreia em 15 de dezembro. Adorno dá alguma impressão da conversa com Benjamin em sua carta inédita a Berg de 27.12.1925: "Dessa vez a grande cena da taberna ficou bem clara: não sei se isso deveu-se a Kleiber ou a mim, mas de fato vejo agora o centro de toda a obra nessa parte central; trata-se de um lance genial e inaudito, e por isso tão bem-sucedido, captar e assimilar aqui a dimensão elementar difusa subjacente: o cantar desafinado como tema construtivo é uma descoberta metafisicamente profunda e ultrapassa a mais íntima intenção de Mahler. Faltam-me palavras, senão essas grandiosas, para expressá-lo, e Benjamin, que talvez lhe soe como uma testemunha menos suspeita – aliás, ele sabia muito melhor que todos os músicos em que consistia sua obra –, sentiu o mesmo. E não será por acaso, assim, que tal cena esteja precisamente onde está: é uma cesura na acepção de Hölderlin, capaz de fazer com que o 'inefável' irrompa na própria música".

da extensão da estada dele na Holanda, que começa no fim de semana.

Claro, Max sabe como eu gostaria que nós três nos encontrássemos aqui em Paris para uma conversa.

Cordiais lembranças para você e Felizitas,

WB

27 de dezembro de 1935
Paris XIV
23 rue Bénard

42. Wiesengrund-Adorno a Benjamin [Frankfurt am Main,] 29.12.1935

29 de dezembro de 1935

Caro sr. Benjamin,

Permita-me agradecer-lhe de todo o coração pelas suas linhas, as primeiras que me chegaram a respeito da morte do meu amigo Alban Berg, e dizer-lhe quanto justamente isso, como penhor, tocou-me. Esse último golpe é mais que eu possa suportar, mesmo após as experiências do ano passado, e tudo o que posso oferecer hoje são fragmentos, como o próprio Berg escreveu-me em um exemplar autografado[369] num contexto semelhante.

Daí esta resposta muito breve. Viajo na terça (dia 31) para visitar Gretel em Berlim, onde ficarei até o dia 6. Depois retorno a Frankfurt. Estava planejando ficar por lá até o dia 10, no máximo 11, e então seguiria para Londres sem mais demora (meu endereço: Albemarle Court Hotel, W2, Leinster Gardens; tel. Paddington

369 Cf. o relato de Adorno em GS 18, p.491; o *exemplar autografado* dos *Três fragmentos de* Wozzeck [Drei Bruchstücke aus *Wozzeck*] desapareceu.

7228; o endereço do hotel para telegramas: Apporter London). Tenho de estar em Oxford até o dia 17.

Max, eu esperava encontrá-lo em Londres. Mas como quero marcar um encontro tanto quanto ele, não vou impor dificuldades, e disponho-me com prazer a nos encontrarmos onde ele sugerir. Tanto faz para mim estar em Londres ou onde mais entre os dias 11 e 17, e se absolutamente necessário poderia me encontrar com Max *antes*, seja em Londres, seja em Paris, a contar, digamos, do dia 9, e eventualmente também viajar com ele para a Inglaterra. Só que ficaria muito grato em receber uma resposta o mais rápido possível, e de preferência enquanto eu ainda estivesse em Berlim. Um encontro em Bruxelas também seria uma possibilidade.[370]

Tudo o que tenho a dizer a respeito é: quanto a Londres, tenho um convite; para a França e a Holanda ou Bélgica só posso ir se Max arranjar que me convidem, já que a assistência que recebo daqui é pouca, e ninguém mais me convida. Mas suponho que Max saiba disso e porá à disposição os respectivos fundos. Talvez você lhe possa fazer notar isso de modo a me poupar; não me agrada em nada depender dessas coisas, mas dadas as leis agora em vigor não há outra escolha, e tenho certeza de que ele compreenderá a situação.

Aceite de antemão meus sinceros agradecimentos por isso. Não preciso lhe dizer como me faria feliz revê-lo em breve. A propósito, não há perspectiva de você fazer uma viagem à Inglaterra?

Seu velho e fiel amigo,

Teddie Wiesengrund

---

370 O encontro de Adorno com Horkheimer ocorreu em Amsterdã em meados de janeiro de 1936, quando o acordo referente ao ensaio de Adorno sobre o jazz deu início a uma colaboração mais próxima na *Zeitschrift für Sozialforschung*.

43. Benjamin a Wiesengrund-Adorno [Paris,] 03.01.1936

Caro sr. Wiesengrund,

Muito obrigado por sua carta de 29 de dezembro.

Dados os atuais planos de Max, não serei capaz de cumprir todos os desejos que vínhamos acalentando para sua viagem de volta. Infelizmente, os arranjos dele significam que nós três não nos encontraremos em Paris, como era nossa expectativa.

Parece antes que ele insistirá no encontro originalmente planejado para Londres, a menos que de lá o chame para ir à Holanda. Como no momento ele ainda não tem plena certeza dos próprios compromissos, pede que você lhe envie imediatamente um telegrama caso não encontre uma mensagem à sua espera no Albemarle Court Hotel. O endereço dele será então: Amsterdam Carlton-Hotel.

Creio que Max terá meu ensaio consigo quando encontrar com você, e me alegra que ele seja publicado – mesmo em francês – pela revista.[371] Queira por gentileza perguntar-lhe sobre o manuscrito, e escreva-me a respeito. Seja como for, mantenha-me prontamente informado das notícias em Londres.

Quanto aos arranjos para um encontro fora da Inglaterra, informei Max a respeito do modo que você sugeriu.

---

371 Referência à primeira versão de "A obra de arte na era de sua reprodutibilidade técnica" [Das Kunstwerk im Zeitalter seiner technischen Reproduzierbarkeit] (cf. GS I [2], p.431-508). A tradução francesa de Pierre Klossowski apareceu na revista do Instituto sob o título "– L'œuvre d'art à l'époque de sa reproduction mécanisée" (*Zeitschrift für Sozialforschung*, v.5, n.1, 1936, p.40-66); agora em GS I [2], p.709-39.

Diga a Felizitas que ela pode esperar a qualquer momento notícias minhas.

E sinceras lembranças a você,

WB

3 de janeiro de 1936

44. Wiesengrund-Adorno a Benjamin Londres, 29.01.1936

Londres, 29 de janeiro de 1936

Caro sr. Benjamin, escrevo-lhe esse postal de um café extremamente escuro, escondido numa passagem no coração da City londrina, cercado de sujeitos jogando dominó – um lugar que eu adoraria mostrar a você e a ninguém mais. E parece-me ser o local adequado para entrar novamente em contato com você. Estou de volta a Oxford, imerso em trabalho. A conclusão do meu livro agora é iminente. Espero ultimar as análises no mais tardar em quatro semanas; e creio poder dedicar o verão ao remate da versão literária final. Espero que o trabalho resgate objetivamente um pouco daquilo que ele que significou para mim. Também estou trabalhando na minha contribuição à monografia sobre Berg,[372] a qual fui incapaz de declinar. Tive de repassar boa parte das análises

---

372 Cf. Willi Reich (org.), *Alban Berg. Mit Bergs eigenen Schriften und Beiträgen von Theodor Wiesengrund-Adorno und Ernst Krenek* [Alban Berg. Com escritos próprios de Berg e contribuições de Adorno e Krenek]. Viena/Leipzig/Zurique, 1937. Adorno ficou responsável pela análise da sonata para piano, op. 1; das quatro canções, op. 2; das sete primeiras canções; do quarteto de cordas, op. 3; das quatro peças para clarinete e piano, op. 6; da suíte lírica para quarteto de cordas; e do concerto-ária "Der Wein". Essas análises foram incorporadas mais tarde (1968) à monografia do próprio Adorno sobre Berg (cf. GS 13, p.321-494).

musicais – um trabalho e tanto para as horas noturnas. Isso, afora o café, talvez ajude a desculpar o fato desse postal. Ele tem ainda um pedido: será que você poderia me pôr à disposição o mais rápido possível uma cópia do seu trabalho sobre a reprodução técnica? O pedido é tanto mais urgente quanto os trechos que Max me mostrou[373] despertaram em mim reservas (sobretudo quanto à formulação), as quais só posso explorar ou dissipar após o exame do todo. Eu ficaria bastante grato por isso. Max já lhe terá mencionado que há uma chance de que eu vá a Paris em março.[374] Ninguém ficaria mais feliz com isso do que o seu devotado amigo

Teddie W.

45. Benjamin a Wiesengrund-Adorno Paris, 07.02.1936

Caro Herr Wiesengrund,

Desde o início eu naturalmente estava ansioso para lhe enviar meu novo trabalho. Quando o concluí – pela primeira vez, por assim dizer – você estava em Frankfurt. Então o passei a Max, na esperança de que o encontro de vocês lhe desse tempo suficiente para lê-lo na íntegra. Quando soube por Max que tal não havia sido o caso, minhas duas cópias já estavam prontas.

Mas agora você provavelmente receberá em poucos dias não somente o original, mas também a tradução, que a pedido de Max foi realizada por Pierre Klossowski.[375] Esperamos que ela esteja em boas mãos; ele não apenas possui todas as condições do lado linguístico, mas também contribui com importantes pressupostos científicos para a tarefa.

373 Durante o encontro deles em Amsterdã.

374 Adorno não viajou a Paris.

375 Escritor, pintor e tradutor, nascido em 1905.

Fico feliz em poder relatar-lhe que minhas discussões com Max sobre esse trabalho foram das mais frutíferas e transcorreram na mais cordial atmosfera. E de fato algumas das questões que você levantara nos foram muito importantes. Os resultados de nossas conversas, nas quais, creio, você irá reconhecer aqui e ali um dedo seu, encontraram expressão – se bem que não hajam conduzido a reformulações no texto (salvo poucas exceções) – numa série de notas que por assim dizer representam a intersecção com a base político-filosófica das ideias construídas no texto.

Mas, além desse trabalho em particular, posso dizer que desta vez as conversas e arranjos com Max[376] consumaram o fim a que por tanto tempo aspiraram meus mais urgentes desejos e sua ativa amizade. Após as últimas palavras trocadas aqui no Hotel Lutétia durante a sua breve visita,[377] mal preciso lhe dizer o que significa para mim ser finalmente capaz de trabalhar sem os mais brutais cuidados da existência. E como você também está cada vez mais envolvido com o trabalho do Instituto, só posso imaginar (sem otimismo leviano, espero) que daí virão coisas boas, no que diz respeito tanto às nossas perspectivas teóricas quanto à nossa posição prática.

Em primeiro lugar, até onde posso ver, parece-me que a preparação de uma tradução francesa dos ensaios de Max,[378] que estou

376 Max Horkheimer confirmara sua intenção de ajudar a melhorar a situação financeira de Benjamin. Em sua carta (inédita) a Horkheimer de 26.01.1936 do mesmo ano Adorno escrevera: "Falamos em mil francos – é indelicado se lhe recordo a soma? Como por enquanto ele está incapacitado de ganhar algo além disso, com menos será impossível ele viver em Paris, ainda que com a mais drástica economia".

377 Adorno chegara a Paris na noite de 11 de dezembro de 1935 e, após breve estada, seguira para Frankfurt.

378 A planejada tradução francesa de uma seleção dos ensaios de Horkheimer na *Zeitschrift für Sozialforschung*, que teria por título "Essais

prestes a negociar com Groethuysen,[379] será um ensejo externo apropriado para o nosso próximo encontro. Gostaria muito se você reservasse algum tempo para visitar Paris. Bem difícil seria que eu o deixasse partir sem antes lhe mostrar algo da viva documentação de meu livro encontrada, por exemplo, no Cabinet des Estampes.[380]

Espero que você leia nas entrelinhas a gratidão que nossa presente situação impede de expressar-lhe pessoalmente.

Com sincera amizade,

Walter Benjamin

7 fevereiro 1936
Paris XIV
23 rue Bénard

46. Benjamin a Wiesengrund-Adorno Paris, 27.02.1936

Dr. Walter Benjamin

Paris, 27 de fevereiro de 1936
23, Rue Bénard

Caro sr. Wiesengrund,

Eu pensara poder lhe enviar antes meu trabalho[381] com essa carta em apenso. Mas me foi impossível arrumar um exemplar em

de philosophie matérialiste", frustrou-se em última instância pela atitude dilatória da editora Gallimard.

379 Bernhard Groethuysen (1880-1946), filósofo, aluno de Wilhelm Dilthey, professor em Berlim de 1931 a 1933, viveu a seguir em Paris e atuou, entre outras coisas, como consultor da editora Gallimard.

380 Sobre o trabalho de Benjamin no Cabinet des Estampes da Bibliothèque Nationale, cf. GS V [2], p.1323ss.

381 Benjamin enviou a Adorno uma cópia datilografada da segunda versão de "A obra de arte na era de sua reprodutibilidade técnica" (cf. GS VII [1], p.350-84].

alemão antes que a tradução francesa estivesse pronta. Queira por favor desculpar-me se a cópia que lhe encaminho agora carrega traços do trabalho de tradução.

Aliás, se esse trabalho de tradução estivesse definitivamente concluído em todos os aspectos, você receberia os textos alemão e francês simultaneamente. No pé em que as coisas estão, porém, embora a peça já esteja no prelo, tenho ainda de aguardar mais um pouco para repassá-lo mais uma vez com o tradutor.

Dadas essas circunstâncias, também tive de adiar os meus agradecimentos pelo envio de seus ensaios comemorativos[382] por ocasião da morte da Alban Berg. Se eu não tivesse ficado no encalço do meu tradutor nessas duas últimas semanas, durante o dia inteiro e boa parte da noite, você teria recebido antes notícias minhas sobre essas extraordinárias peças. Você sabe que a segunda delas me é mais acessível em razão do tema mais familiar. Ela foi assim a que mais me ocupou o tempo, e de fato me parece de extrema beleza. Há várias passagens esparsas que me falam de muito perto.

Logo no início, por exemplo, na descrição do traço "pétreo e delicado" que corresponde tão maravilhosamente à máscara mortuária;[383] e depois esta frase verdadeiramente espantosa, que me calou tão fundo: "Ele bateu a concorrência da negatividade do

382 Cf. os dois ensaios de Adorno publicados sob o pseudônimo Hektor Rottweiler: "Zur Lulu- Symphonie" [Sobre a sinfonia Lulu] e "Erinnerungen an den Lebenden" [Em memória dos vivos]. 23 – *Einer Wiener Musikzeitschrift*, n.24/25, 01.02.1936, p.5-11 e p.19-29 (o primeiro agora em GS 13, p.472-77). Adorno compôs uma segunda versão de seus escritos em memória de Berg – "Im Gedächtnis an Alban Berg" – em outubro de 1955 (cf. GS 18, p.487-512), que por sua vez foram revistos para sua monografia sobre Berg de 1968 (cf. GS 13, p.335-67).

383 A máscara mortuária de Berg foi reproduzida no número citado da revista 23.

mundo com a desesperança de sua fantasia" – uma perspectiva que me trouxe vivamente à memória o primeiro encontro com a música do *Wozzeck*. Quanto a outros de seus comentários, permita-me a ousadia de imaginar que, ao escrevê-los, você possa ter pensado vagamente em mim, sobretudo, claro, na alusão à "amizade do canibal".[384] Também deliciou-me muitíssimo o contexto em que você cita a frase de Berg sobre o acorde dos metais.[385]

Espero não precisar aguardar muito tempo por sua próxima carta. Breve que ele seja, esperarei com impaciência. As duas semanas de trabalho intensivo com meu tradutor me proporcionaram alguma distância em relação ao texto alemão, algo que geralmente só consigo depois de algum tempo. Digo isso não para dissociar-me dele, de modo algum, mas antes porque só a partir dessa distância descobri nele *um* elemento ao qual ficaria muito grato se você, leitor, prestasse a devida honra: refiro-me à urbanidade canibalística,[386] certa circunspeção e cautela na destruição, coisa que, espero, trai algo do amor pelas coisas – a você também mais caras – que ela põe a descoberto.

Aguardo a coletânea dos ensaios de Max, cuja tradução me foi incumbida. Uma vez organizado esse trabalho, suponho que, aí sim, nos veremos aqui. Em breve, é o que creio e espero.

Sinceras recomendações,

Walter Benjamin

384 Cf. "Erinnerungen an den Lebenden", loc. cit. (nota 382), p.204.

385 "– Isso mesmo, disse ele com uma ferocidade que sepultava toda a gentileza joanina qual uma avalanche, a pessoa precisa é ouvir um dia qual o verdadeiro som de um acorde de metais de oito tons diferentes; como se ele estivesse certo de que nenhum público seria capaz de sobreviver a esses acordes" (ibid., p.26).

386 Cf. a caracterização de Benjamin do satirista em "Karl Kraus" (GS II [1], p.355).

47. Wiesengrund-Adorno a Benjamin
Londres, 18.03.1936

Londres, 18 de março de 1936

Caro sr. Benjamin,

Se me preparo hoje para lhe comunicar alguns apontamentos a respeito do seu extraordinário trabalho, certamente não é na intenção de oferecer uma crítica ou mesmo uma resposta apropriada. A frutífera pressão de trabalho sob a qual me encontro – o alentado livro sobre lógica, a conclusão de minha parte na monografia sobre Berg, que agora está pronta salvo duas análises musicais, e o estudo sobre o jazz[387] – torna inútil todo impulso desse tipo. E isso vale tanto mais para uma peça em face da qual tenho plena consciência da insuficiência da comunicação escrita, pois não há uma única frase que eu não gostaria de discutir com você em pormenores. Mantenho acesa a esperança de que isso de fato será possível muito em breve, mas por outro lado não gostaria de aguardar tanto tempo para lhe dar alguma resposta, por inadequada que seja.

Permita que eu me circunscreva assim a um tema fundamental. Expresso meu passional interesse e estou de pleno acordo no tocante àquele aspecto em sua obra que me parece o cumprimento de suas intenções originais – a construção dialética da relação entre mito e história – no domínio da dialética materialista: a autodissolução dialética do mito, que é visada aqui como desencantamento da arte. Você sabe que a questão da "liquidação da arte" está há muitos anos por trás dos meus ensaios estéticos e que a ênfase

387 "Über Jazz", de Adorno – elaborado a partir de um esboço escrito a instâncias de Horkheimer como base de um "estudo sobre o jazz" –, apareceu sob o pseudônimo Hektor Rottweiler na *Zeitschrift für Sozialforschung* (v.5, n.2, 1936, p.235-57); agora em GS 17, p.74-100.

com que defendo o primado da tecnologia, sobretudo na música, deve ser entendida estritamente nesse sentido e no sentido de sua segunda peça sobre técnica.[388] Não me admira que tenhamos aqui uma base comum; não me admira, visto que seu livro sobre o barroco traçou a distinção entre alegoria e símbolo ("aurático", em sua nova terminologia), e a *Rua de mão única*, entre obra de arte e documentação mágica. É uma admirável confirmação – e espero que não soe imodesto demais se eu disser: para nós dois – que em um ensaio para o volume em homenagem a Schönberg[389] publicado há dois anos, e do qual você não tem notícia, eu tenha avançado certas proposições sobre tecnologia e dialética e sobre a relação cambiante com a técnica,[390] que estão em plena consonância com as suas.

E uma tal consonância é também o que constitui para mim o critério das diferenças que sou obrigado a constatar, com o único objetivo de servir àquela nossa "linha geral" que agora se esboça com tanta clareza. Ao fazê-lo, talvez eu possa começar seguindo nosso antigo método de crítica imanente. Em seus escritos anteriores, de que o presente ensaio me parece ser a continuação, você distinguiu o conceito de obra de arte como estrutura tanto do símbolo da teologia como do tabu mágico. Mas agora me causa certa inquietação, e nisso enxergo um resquício sublimado de certos temas brechtianos, que você tenha transferido a esmo o conceito de aura mágica à "obra de arte autônoma" e atribuído categoricamente a esta uma função contrarrevolucionária. Não preciso lhe certificar de que tenho plena consciência do elemento

388 Cf. GS VII [1], p.359ss.

389 Cf. Adorno, "Der Dialektische Komponist" [O compositor dialético]. In: *Arnold Schönberg zum 60.* Geburtstag, 13 September 1934. Viena, 1934, p.18-23 (agora em GS 17, p.198-203).

390 Cf. GS 17, p.202ss.

mágico presente na obra de arte burguesa (quando mais não seja porque sempre procuro revelar a filosofia burguesa do idealismo, que está associada ao conceito de autonomia estética, como mítica em pleno sentido). Parece-me porém que o cerne da obra de arte autônoma não integra a dimensão mítica – perdoe-me o linguajar tópico –, mas antes é intrinsecamente dialético, ou seja, em seu interior mesclam-se o mágico e o signo da liberdade. Se bem me lembro, creio que você disse certa vez algo muito semelhante sobre Mallarmé, e não posso expressar mais claramente meu sentimento acerca de todo o trabalho senão lhe dizendo quanto eu gostaria de ver um estudo sobre Mallarmé precisamente como contraponto a esse ensaio, um estudo que, em minha opinião, você ainda nos deve como uma de suas mais importantes contribuições. Por mais dialético que seja seu trabalho, no caso da própria obra de arte autônoma tal não ocorre; ele ignora a experiência fundamental, e a cada dia mais evidente em minha própria experiência musical, de que justamente a coerência mais extrema na busca da lei tecnológica da arte autônoma a adultera e, em vez de torná-la um tabu ou fetiche, aproxima-a do estado de liberdade, de algo que pode ser conscientemente produzido e feito. Não conheço programa materialista melhor do que aquela frase de Mallarmé[391] na qual ele define a poesia não como inspirada, mas como feita de palavras; e os maiores expoentes da reação, como Valéry e Borchardt (o último com o trabalho sobre a *villa*,[392] que, apesar de um comen-

391 A resposta de Mallarmé ao suspiro de Edgar Degas: "Que ofício!... perdi a manhã inteira sobre um bendito soneto, sem avançar um centímetro... E no entanto não são as ideias que me faltam... Estou cheio delas... Demais até...", tal como relatado por Paul Valéry em "Degas danse dessin": "Mas Degas, não é com ideias que se faz versos... *É com palavras*" (Paul Valéry, *Oeuvres*, tomo 2. Paris, 1960, p.1208).

392 Cf. *Rudolf Borchardts Schriften, Prosa 1*. Berlim, 1920, p.1-54; o comentário indizível sobre os trabalhadores acha-se a partir da página 32.

tário indizível contra os trabalhadores, bem caberia ser adotado *in extenso* em termos materialistas), também encerram esse poder explosivo em suas células mais íntimas. Ninguém estará mais de acordo com você do que eu quando defende o cinema *kitsch* contra o de "*niveau*"; mas a *l'art pour l'art* necessitaria o mesmo tanto de defesa, e a frente unida que hoje existe contra ela e estende-se, até onde sei, de Brecht ao Movimento Jovem [Jugendbewegung], é por si mesma estímulo suficiente para tal. Você fala de jogo e aparência[393] como elementos da arte; mas nada me diz por que o jogo deva ser dialético, e tampouco a aparência – a aparência que você resgatou na figura de Ottilie,[394] que então melhor não passa que Mignon e Helena. E aqui, por certo, num instante o debate se torna político. Pois se você dialetiza (com todo o direito) a tecnização e a alienação sem fazer o mesmo com o mundo da subjetividade objetificada, em termos políticos isso não significa outra coisa senão atribuir diretamente ao proletariado (como sujeito do cinema) um feito que, segundo Lênin, só pode ser alcançado pela teoria dos intelectuais como sujeitos dialéticos, que por sua vez pertencem à esfera da obra de arte por você remetida ao inferno. Entenda bem: não quero assegurar a autonomia da obra de arte como prerrogativa, e concordo com você em que o elemento aurático da obra de arte está em declínio; e não somente, diga-se de passagem, pela reprodutibilidade técnica, mas antes de tudo pelo cumprimento de suas próprias leis formais "autônomas" (esse é o tema de uma teoria da reprodução musical[395] que eu e Kolisch vimos planejando há anos). Mas a autonomia da obra de arte – a

393 GS VII [1], p.359.

394 Adorno refere-se ao ensaio de Benjamin "*As afinidades eletivas* de Goethe", loc. cit. (carta 17, nota 118), esp. p.194-201.

395 Em março de 1935, Adorno e Rudolf Kolisch tinham resolvido realizar um projeto que já acalentavam havia alguns anos e escrever

sua forma material, portanto – não é idêntica ao elemento mágico que ela encerra: tal como a reificação do cinema não é simples questão de perda, assim também a da grande obra de arte não o é; e seria um gesto burguês reacionário negar a reificação do cinema em nome do ego, e confinaria com anarquismo revogar a reificação da grande obra de arte no espírito do apelo imediato ao valor de uso. *Les extrèmes me touchent*, tanto quanto a você: mas somente se a dialética do mais baixo for equivalente à do mais alto, e não se esse último for abandonado à própria ruína. Ambos carregam os estigmas do capitalismo, ambos contêm elementos de mudança (jamais, claro, como meio-termo entre Schönberg e o filme norte-americano); ambos são as metades dilaceradas da liberdade integral, que no entanto não é igual à soma das duas: seria romântico sacrificar uma à outra, seja com aquele romantismo burguês que procura conservar a personalidade e mistificações que tais, seja com aquele romantismo anárquico que deposita fé cega no poder espontâneo do proletariado no curso do processo histórico – do proletariado, que é ele próprio um produto da burguesia. Em certa medida, sou obrigado a acusar seu trabalho desse segundo romantismo. Você afugentou a arte de cada um dos recantos de seu tabu – mas é como se você temesse uma súbita irrupção de barbárie como resultado (e quem mais do que eu poderia partilhar esse medo com você?) e se resguardasse elevando o objeto temido a uma espécie de tabu inverso. A risada de uma plateia de cinema – discuti isso com Max, e ele certamente terá relatado isso a você – é tudo menos salutar e revolucionária, mas repleta do pior sadismo burguês; a destreza dos jovens jornaleiros na discussão sobre esportes me é altamente suspeita; e, a despeito de sua assombrosa sedução, sua teoria da

a quatro mãos uma "Teoria da reprodução musical" (cf. *Briefwechsel Adorno/Krenek*, loc. cit., p.72 ss), mas o plano jamais se concretizou.

distração[396] não me convence de maneira alguma – quando mais não seja pela simples razão de que, em uma sociedade comunista, o trabalho seria organizado de tal modo que as pessoas não ficariam mais tão cansadas ou tão bestificadas a ponto de precisarem de distração. Por outro lado, alguns dos conceitos da práxis capitalista, como o de "teste",[397] parecem ter-se congelado quase ontologicamente e fazem as vezes de tabu – ao passo que, se algo possui um caráter aurático, esse algo é o filme no grau mais alto e obviamente mais suspeito. E para apontar mais outra miudeza: a ideia de que o reacionário vire vanguardista por conhecer a fundo os filmes de Chaplin parece-me pura romantização; isso porque não conto como vanguarda o favorito de Kracauer, mesmo após *Tempos modernos* (o porquê ficará claro em meu ensaio sobre o jazz), nem acredito que os valiosos elementos dessa obra sejam minimamente notados. Basta ter ouvido a risada do público nesse filme para saber do que se trata. Sua investida contra Werfel[398] causou-me grande prazer; mas se em vez dele tomarmos Mickey Mouse, então as coisas já ficam bem mais complicadas, e surge a questão seriíssima de saber se a reprodução de cada pessoa constitui de fato aquele *a piori* dos filmes, como você pretende, ou se não pertence antes justamente àquele "realismo ingênuo" sobre cujo caráter burguês nos pusemos tão plenamente de acordo em Paris. Afinal, não é só por acaso se a arte moderna, que você contrapõe como aurática à arte técnica, é de qualidade imanente tão duvidosa quanto a de Vlaminck[399] e Rilke. Contra arte desse tipo é fácil a esfera inferior marcar um tento; mas se mencionássemos em vez disso os nomes,

---

396 Cf. GS VII [1], p.380ss.
397 Cf. ibid., p.364ss.
398 Cf. ibid., p.363.
399 Benjamin não menciona o pintor francês Maurice Vlaminck (1876-1958) em nenhuma das versões subsistentes do ensaio.

digamos, de Kafka e Schönberg, o problema já mudaria de figura. A música de Schönberg com certeza *não* é aurática.

O que eu postularia, portanto, é *mais* dialética. De um lado, uma penetração dialética da obra de arte "autônoma", que transcende rumo à obra planejada em virtude de sua própria tecnologia; do outro, uma dialetização ainda mais forte da arte utilitária em sua negatividade, um aspecto que decerto você não ignora, mas que é descrito com categorias relativamente abstratas, tais como "capital cinematográfico",[400] sem remontá-lo à origem última, como irracionalidade imanente. Quando passei um dia nos ateliês de Neubabelsberg dois anos atrás, o que mais me impressionou foi quão *pouco* de montagem e todas as técnicas avançadas que você ressalta é efetivamente utilizado; antes, a realidade sempre é *construída* com apego infantil ao mimético e depois "fotografada". Você subestima a tecnicidade da arte autônoma e superestima a da dependente; em suma, essa seria talvez minha principal objeção. Mas que ela seja entendida como uma dialética entre os extremos, que você rasga em dois. A meu ver, isso nada mais significa senão a total liquidação dos temas brechtianos, que no seu trabalho já foram submetidos a considerável transformação – acima de tudo a liquidação de todo apelo à imediatidade de efeitos estéticos combinados, seja como forem produzidos, e à consciência real de proletários reais, que não têm absolutamente nenhuma vantagem sobre os burgueses a não ser o interesse na revolução, e carregam de resto todos os traços de mutilação típicos do caráter burguês. Isso prescreve nossa função com bastante clareza – que não tenho em mente uma concepção ativista do "intelectual", isso lhe garanto. Mas isso também não pode significar que só possamos escapar de velhos tabus caindo em outros – em "testes", por assim dizer. O objetivo da revolução é a

400 Cf. ibid., p.356ss (nota 2), 370 e 372.

eliminação da angústia. Daí por que não precisamos nos angustiar por ela, e daí também por que não precisamos ontologizar a nossa angústia. Não se trata de idealismo burguês se, com conhecimento de causa e sem inibições intelectuais, mantemos nossa solidariedade com o proletariado, em vez de fazer da própria necessidade virtude do proletariado, como sempre somos tentados a fazer, proletariado esse que sofre da mesma necessidade e precisa de nós para o conhecimento tanto quanto nós precisamos do proletariado para que possa ser feita a revolução. Estou convencido de que o curso posterior do debate estético por você tão magnificamente inaugurado depende essencialmente da avaliação justa da relação entre intelectuais e proletariado.

Queira desculpar a pressa desses apontamentos. Tudo isso só poderia ser seriamente elaborado em detalhes, nos quais reside o bom – e afinal nada mágico – Deus; é só o tempo exíguo que me leva a utilizar categorias de grande amplitude, que com você aprendi evitar. Para ao menos lhe indicar as passagens às quais faço referência, deixei minhas espontâneas notas a lápis[401] no manuscrito, embora algumas possam ser espontâneas demais para permitir verdadeira comunicação. Isso também lhe peço que me perdoe, tal como o caráter esquemático dessa carta.

Viajo domingo para a Alemanha. É possível que lá eu consiga terminar o trabalho sobre o jazz, para que não encontrei tempo em Londres. Nesse caso, eu o enviarei para você desacompanhado de carta, e lhe peço que o envie a Max assim que acabar a leitura (ao todo não devem ser mais que 25 páginas impressas). Tudo isso ainda é incerto, pois ainda não sei se encontrarei tempo nem, em especial, se a própria natureza do estudo me permitirá enviá-lo da Alemanha sem correr grande risco. Max provavelmente já lhe

401 A cópia datilografada anotada por Adorno desapareceu.

terá dito que o conceito de excêntrico[402] constitui o tema central da peça. Eu ficaria muito feliz se ela aparecesse ao mesmo tempo que a sua. Embora de temática modesta, nos pontos decisivos ela converge com a sua e tentará, claro, expressar positivamente algo do que hoje formulei negativamente. Trata-se de um veredicto cabal sobre o jazz, sobretudo na medida em que aponta seus elementos "progressistas" (ilusão de montagem, trabalho coletivo, primado da reprodução sobre a produção) como fachadas de algo na verdade totalmente reacionário. Creio que consegui realmente decifrar o jazz e definir sua função social. Max ficou bem impressionado com o ensaio, e imagino que você também ficará. Digo isso porque em geral tenho a sensação de que a nossa divergência teórica não é de fato uma divergência entre nós, e minha tarefa é manter firme seu braço até que o sol brechtiano haja finalmente mergulhado outra vez em águas exóticas. E espero que apenas à luz disso você compreenda meus comentários.

Não posso concluir porém sem lhe dizer que suas poucas frases sobre a desintegração do proletariado como "massa"[403] por intermédio da revolução são as mais profundas e poderosas da teoria política com que deparei desde que li "Estado e revolução".[404]

Seu velho amigo,

Teddie Wiesengrund

Gostaria ainda de expressar minha particular concordância com sua teoria do dadaísmo. Ela quadra tão perfeitamente com o trabalho quanto as passagens sobre o "cultismo" e os "horrores" no livro sobre o barroco![405]

---

402 Cf. GS VII [1], p.377ss e GS 17, p.97-99.
403 Cf. GS VII [1], p.370ss (nota 12).
404 O ensaio de Lênin de 1917.
405 Cf. GS I [1], p.230

48. Benjamin a Wiesengrund-Adorno [Paris, posterior a 18.03.1936]

Caro Herr Wiesengrund,

Muitíssimo obrigado por sua longa e instrutiva carta do dia 18. Ela abriu uma série de perspectivas cuja investigação conjunta convida tanto à conversa quanto se revela avessa a uma troca epistolar de ideias.

Assim, só gostaria de lhe expressar uma coisa por enquanto:

O pedido para que pondere seriamente a possibilidade de passar por Paris em sua viagem de regresso.[406] Tomo nosso encontro a essa altura como mais desejável e mais frutífero do que nunca. Além disso, ele me daria agora enorme prazer por razões de fundo pessoal.

Mesmo se tivéssemos apenas dois dias à nossa disposição, isso seria capaz de beneficiar meses de trabalho.

Escreva-me a respeito! E, a título de conclusão, aceite mais uma vez meus mais provisórios agradecimentos pelas suas linhas.

Cordialmente,

WB

49. Wiesengrund-Adorno a Benjamin Oxford, 28.05.1936

Merton College
Oxford
28 de maio de 1936

Caro sr. Benjamin,

Já faz um bom tempo desde que nos falamos pela última vez. Minha cota nesse silêncio deve-se única e exclusivamente ao enor-

406 Adorno não passou por Paris a caminho da Alemanha.

me fardo de trabalho que continua a me oprimir. Eu estaria muito interessado em ouvir sua resposta a minha carta acerca do trabalho sobre o cinema. Enquanto isso tenho outro trabalho para discussão, meu ensaio sobre o jazz, cuja relação com o seu é evidente – tão próxima, de fato, que me cabe insistir que a concepção toda do meu trabalho, e em especial a passagem sobre o excêntrico[407] e a crítica do suposto trabalho coletivo no jazz,[408] remonta a época anterior ao conhecimento de sua obra. Nesse ínterim, você terá tomado conhecimento do resumo[409] e cumprido seu papel na versão francesa deste: pelo que lhe agradeço gentilmente. Mas me seria de muito proveito que você tivesse em mãos o próprio texto assim que possível, uma vez que o resumo obviamente dá pouca ideia do conteúdo. No momento ele está no prelo em Paris, quem sabe até já se ache impresso. Faça, por favor, referência a mim e peça que o editor lhe envie uma prova, ou, caso isso seja impraticável, a cópia datilografada.

Pouquíssimo há a comunicar sobre minha vida rotineira; sobre a espiritual, muito. Concluí minha contribuição à monografia sobre Berg, oito análises musicais, enquanto ainda na Alemanha; um manuscrito de cerca de sessenta páginas impressas. Embora grande parte seja de natureza estritamente técnica, ou talvez por causa disso, deposito bastante peso nesse ensaio; ele contém uma série de coisas que me são importantes, e creio que também lhe falará de perto. Em 8-14 dias ele irá para a prensa; asseguro que receberá seja as provas, seja uma cópia em carbono. Enquanto isso, porém, preciso guardar a cópia que possuo. Há também um ensaio

---

407 Cf. GS 17, p.97-99.

408 Cf. ibid., p.87ss.

409 Resumos em inglês e francês eram incluídos nos artigos alemães publicados na *Zeitschrift für Sozialforschung*.

sobre Mahler[410] para a revista 23, que você receberá tão logo seja publicado – provavelmente em poucos dias.

Apesar disso tudo minha principal obra[411] não sofreu nenhum revés. Faz já um mês que ela não me sai das mãos: as análises estão prontas. O material foi organizado e esquematizado em traços toscos. Passo a compor a seguir uma grande e pormenorizada versão intermediária entre o esquema prévio e o texto definitivo. Mas espero haver concluído tudo isso ainda no verão. Com certeza não custará pouco esforço, fazer de notas desmesuradamente tumefactas um livro razoável. Presidem o todo a ideia da interpretação da lógica como expressão social e, em contraponto a isso, a da formulação precisa de uma lógica dialética a partir da crítica de uma lógica burguesa avançada. Há também muito sobre *art nouveau*, ficção, neorromantismo filosófico – e também sobre filosofia da linguagem e a liquidação do idealismo que ela implica. No centro está a análise da intuição categórica[412] como uma aporia hipostasiada do idealismo.

Fiquei bem feliz de encontrar na Introdução do livro sobre o drama barroco algumas frases contra a intuição categórica, com as quais concordo plenamente. No curso do meu argumento poderei também incluir a doutrina da verdade e intenção[413] que ali você desenvolveu, em especial no contexto de uma crítica da concepção husserliana da linguagem como intenção. Mas não quero aqui aborrecê-lo com alusões que, fora do contexto concreto, não fornecem imagem alguma.

---

410 Cf. Adorno, "Marginalien zu Mahler" [Marginalia sobre Mahler]. 23 – *Einer Wiener Musikzeitschrift*, n.26/27, 18.05.1936, p.13-9 (agora em GS 18, p.235-40).

411 Ou seja, o livro de Adorno sobre Husserl.

412 Cf. GS I [1], p.215ss.

413 Cf. ibid., p.215-18.

Em minha última carta a Max[414] sugeri a ideia de um ensaio fundamental sobre Baudelaire e a teoria social do neorromantismo[415] – um ensaio no qual, como já havia sugerido em minha última carta, Mallarmé também poderia ser incluído. Claro que sugeri você para a tarefa – sobretudo porque, como calculo, isso cairia como uma luva no contexto das *Passagens*, e talvez pudesse mesmo representar algo para publicação em separado (precisamente o capítulo sobre Baudelaire).[416] Eu também teria muito prazer, se isso conviesse às intenções de Max e às suas, em dar minha contribuição ao trabalho – sem, claro, prejudicar suas pretensões, mais antigas e melhores, sobre Baudelaire. Ficaria muito grato em saber como a ideia lhe soa em princípio. Aproveito a ocasião para lhe dizer que minha monografia sobre Berg contém um capítulo sobre Baudelaire (sobre "Le vin", para ser mais exato), cuja tese é de que toda poesia neorromântica,[417] de Baudelaire a George e Borchardt, pode ser entendida única e exclusivamente a partir da ideia de tradução.

Também gostaria de saber como andam as coisas com respeito aos ensaios sobre materialismo. Disso e do projeto Baudelaire depende quando irei a Paris. Se não for em final de junho, teremos de aguardar até o outono. Segundo todas as probabilidades, terei de abrir mão de férias para concluir à força meus "Prolegômenos".

Ontem recebi a revista do Instituto: gostaria de ler a versão francesa do seu texto com todo o cuidado antes de expressar uma opinião. À primeira vista a tradução causa uma ótima impressão.

---

414 A carta (inédita) de Adorno a Horkheimer de 26.05.1936.

415 O projeto jamais foi levado a efeito.

416 O capítulo em questão discute o concerto-ária *Der Wein de Berg*, uma encenação de três poemas de Baudelaire do ciclo "Le vin"; para a versão de 1937 da interpretação de Adorno, cf. GS 13, p.509-14.

417 Cf. GS 13, p.511ss.

Queira por gentileza responder-me em breve e informe-me, em particular, o estado em que se encontram suas *Passagens*. Ontem fui assistir ao filme de Reinhardt sobre o *Sonho de uma noite de verão*[418] – um pesadelo, que fornece prova *e contrario* para sua teoria e especialmente para o trecho sobre Werfel.[419] Com certeza uma prova bem dialética: pois a ambição do filme de chegar ao aurático leva inevitavelmente à destruição da própria aura. Análogo, digamos, ao Manet cinematográfico apresentado em *Anna Karenina*.[420] É preciso ter nervos de aço para suportar esse tipo de liquidação.

Cordiais lembranças de seu velho amigo,

Teddie Wiesengrund

50. Wiesengrund-Adorno a Benjamin Oxford, 02.06.1936

2 de junho de 1936
Merton College
Oxford

Caro sr. Benjamin,

Recebi uma carta de Else Herzberger, que está de volta a Paris (Hotel San Regis, 12 rue Jean Goujon, Champs Elysées). A carta me deixou extremamente desconcertado. Ela escreve sobre como as coisas vão mal com você, e pergunta se eu não poderia fazer algo para ajudá-lo.

---

418 Filme de Max Reinhardt baseado na peça de Shakespeare, realizado em 1935.

419 Em "A obra de arte na era de sua reprodutibilidade técnica" (cf. GS VII [1], p.363).

420 Referência ao filme dirigido em 1935 por Clarence Brown, baseado no romance de Tolstói e com Greta Garbo no papel principal.

Minha esperança era que esses arranjos, embora modestos, fossem seguros o bastante para preservá-lo de agruras. Foi em torno disso que girou meu ajuste com Max, e pensei que você fosse o primeiro a confirmá-lo. Depois da carta de Else, meus piores receios são de que algo tenha saído errado, e peço-lhe assim que me ponha a par da situação imediatamente, para que eu possa intervir de pronto a seu favor, caso necessário. Else claramente tem a impressão de que eu o larguei na mão – o que me deixa bastante constrangido. É óbvio que continuo a defender seus interesses junto ao Instituto, como sempre fiz até hoje.

Em cordial solidariedade,

Teddie Wiesengrund

51. Benjamin a Wiesengrund-Adorno Paris, 04.06.1936

Caro sr. Wiesengrund,

Esta resposta à sua carta do dia 28 de maio, pela qual muito lhe agradeço, não há nada de definitivo. Você verá que os problemas mais importantes em termos substantivos são tratados comparativamente da forma mais breve. Isso por várias razões. Em primeiro lugar está a perspectiva que você me acenou de um encontro no fim do mês. Suponho que um contato formal sobre os ensaios de Max não esteja acertado até lá. Mas creio que seria oportuno, não obstante, já dar início às providências acerca do volume, e nesse sentido escrevi hoje a Nova York. Peço-lhe encarecidamente que venha nesse período, caso lhe seja possível, sobretudo porque, se eu puder, deixarei a cidade por uns dias em julho.

Isso me leva à sua carta de 2 de junho. Lamento enormemente que sequer o menor dos mal-entendidos sobre nossa amizade e sua própria relação com Else H. possa ter surgido. Isso pode ser remediado fácil e rapidamente, e espero que você me absolva de toda a responsabilidade no assunto.

Uma vez erguida a pressão que por tanto tempo pesou sobre mim por causa de minha situação financeira, ocorreu algo nada fora do comum nesses casos: em estado de distensão, meus nervos cederam. Senti esgotadas todas as minhas reservas. Senti também as consequências trazidas por uma temporada de mais de um ano ininterrupto em Paris nessas condições. Vi que precisava fazer algo para restabelecer minha economia espiritual.

Quando falei com Max sobre o problema, disse-lhe que os custos de viagem não estavam compreendidos na assistência mínima por mim solicitada e por ele aprovada. E, de fato, nem sonho em custear uma viagem com recursos próprios. Por outro lado, eu relutava – e reluto ainda hoje – em fazer um novo pedido logo após tal concessão, tão importante que ela foi para mim.

Assim foi que pensei em Else H. e discuti o assunto com Arnold Levy. Ele me disse que para ele seria fácil levantar a questão com sua tia. Isso ele deve ter feito nesse meio-tempo – embora eu não tivesse conhecimento da presença de Else H. aqui –, mas talvez de forma não muito apropriada. Isso porque não era minha intenção nem meu objetivo causar em Arnold Levy a impressão de que minha situação era a mesma que no ano passado. Disse-lhe, ao contrário, que uma mudança perceptível ocorrera. Receio que ele tenha julgado por bem pintar as coisas em cores um tanto pitorescas para Else H.

Lamento ainda não ter sido capaz de me encontrar com Else H. Espero fazê-lo no futuro mais próximo, embora eu próprio não esteja em posição de tomar a iniciativa para tanto. É o que espero, para expor a ela a imagem íntegra, sem distorções, da sua e da minha amizade. Espero além disso restabelecer minha paz de espírito, que obviamente pagaria muito caro por qualquer embaraço que envolvesse nossa relação pessoal. Mas preciso lhe reafirmar que me atenho à solidariedade de que você me deu provas tão profundas, sobretudo nos últimos tempos?

Minha esperança era poder incluir hoje uma pequena contribuição na forma de paralipômenos ao trabalho sobre o cinema.[421] Mas deles ainda não possuo nenhuma cópia. Aliás, eles integraram provavelmente o grande contexto dos nossos trabalhos mais recentes, mas não quero entrar no assunto sem antes ter lido seu ensaio sobre o jazz, cujo resumo despertou-me grandes expectativas. É pena que o escritório parisiense não disponha no momento nem do manuscrito nem das provas. No início da semana que vem, contudo, o texto deverá estar à minha disposição.

Até lá terei de adiar um exame mais detido de sua longa carta acerca do trabalho sobre a teoria da arte, e de preferência adiá-lo um pouco mais – isto é, até nosso encontro (assim espero) iminente. Seja como for, não consigo mais imaginar meus próprios apontamentos sem referência a essa carta. Suas posições me são claras mesmo quando entram em confronto com as minhas. Todos os detalhes terão de ser referidos com extrema cautela. Foi-me absolutamente esclarecedora sua alusão a Mallarmé, em cuja obra, de fato, cabe tornar presente (se tanto) sobretudo um aspecto da arte livre de ritual e puramente dialético.

Muito obrigado pelo seu ensaio sobre Schönberg,[422] que com razão você situa nesse mesmo contexto. E não é somente seu exame da técnica musical de Schönberg que me é importante; pessoal-

421 Cf. GS i [3], p.1044-51.

422 Ver carta n.47 e a respectiva nota.

mente impressionou-me ainda mais a assombrosa caracterização da sequência das composições de Schönberg, e dá muito o que pensar sua observação[423] de que, de germe, nenhuma delas se desabrochou em florescência. Não vejo a hora de receber as análises sobre Berg e o texto sobre Mahler.

Interessam-me extremamente, como você pode imaginar, suas sugestões sobre um estudo conjunto sobre Baudelaire. O que o nome de Mallarmé significa nesse contexto me é evidente, mas já não vejo com tanta clareza qual o papel da "teoria social do neorromantismo". Sei que não é fácil desenvolver em carta o nexo pertinente, mas lhe peço que o faça, no caso de nosso encontro gorar mais uma vez e frustrar nossas expectativas.

Aliás, aguardo um primeiro lance de olhos na sua crítica da fenomenologia. A crítica social da lógica é uma empresa totalmente nova e fascinante. Escrevi recentemente um trabalho sobre Nikolái Leskov[424] que, sem pretender o mais remoto alcance dos meus trabalhos sobre teoria da arte, revela alguns paralelos com a tese do "declínio da aura", na medida em que a arte do narrar chega a seu termo.

Por fim, aceite como sempre minhas cordiais lembranças,

Walter Benjamin

4 de junho de 1936
Paris XIV
23 rue Bénard

---

423 Cf. GS 17, p.199.

424 Cf. Benjamin,"Der Erzähler. Betrachtungen zum Werk Nikolai Lesskows" [O narrador. Considerações sobre a obra de Nikolái Leskov]. *Orient und Occident*, n.3, 1936, p.16-33 (agora em GS II [2], p.438-65).

52. Wiesengrund-Adorno a Benjamin Oxford, 16.06.1936

16 de junho de 1936
Merton College
Oxford

Caro sr. Benjamin,

Acabei de receber um telegrama de Max pedindo-me que saiba de você se acha apropriado eu ir agora a Paris por motivo da tradução dos ensaios sobre o materialismo.

Mal preciso lhe dizer como eu gostaria de ir. Mas creio que só poderei justificar os custos de uma tal viagem ao Instituto se toda a questão da tradução estiver tão adiantada que minha presença promova concreta e imediatamente a publicação do livro de Max na edição francesa.

Daí eu lhe pedir encarecidamente que me informe tão logo possível em que pé estão as coisas e me expresse de imediato sua opinião sobre a justificação objetiva da viagem.

Minha ideia era chegar em meados da semana que vem; talvez você possa arranjar um hotel ou alguma outra acomodação não muito cara. Não sei se o Lutétia[425] outra vez faria parte das alternativas.

Recebi uma segunda carta, bastante sucinta, de Else, na qual ela me solicita de maneira algo peremptória ajudá-lo – e a Kracauer – financeiramente. E ela conclui: "Quem dá rápido dá em dobro".

A situação é bastante grotesca. Por mais penoso que seja para mim, tenho de lhe pedir que endireite as coisas do seu lado e diga a ela que eu – e Felizitas – não estamos a bem dizer carentes de exortações dela nesse assunto. Parece-me mais acertado você

425 O Hotel Lutétia, no qual Horkheimer costumava hospedar-se em Paris, estava mais para um estabelecimento de luxo.

se encarregar disso do que eu escrever. Se lhe parecer favorável, queira por favor falar a respeito com o dito Levy-Ginsberg:[426] sobretudo para encontrar uma forma de sufocar o eros pedagógico de Else sem prejudicar com isso seus arranjos financeiros para as férias!

Espero portanto sua resposta mais pronta com respeito a Paris.

Cordialmente como sempre,

Teddie Wiesengrund

53. Benjamin a Wiesengrund-Adorno Paris, 20.06.1936

Dr. Walter Benjamin

Paris, 20 de junho de 36
23, Rue Bénard

Caro sr. Wiesengrund,

Fiquei triste e perplexo de que Else H. lhe tenha escrito uma segunda vez. O fato de ela mencionar agora o nome de Kracauer ao lado do meu me faz supor que as cartas dela eram motivadas por interesses outros que os de me ajudar. Tanto pior para mim, que tenho de me servir desses interesses.

Por muito que eu deva a ela, não posso permitir que ela ou quem mais perturbe sua amizade por mim e a minha por você. Espero mostrar diplomacia suficiente para expressar isso a ela de uma forma amável na próxima oportunidade que se apresente. Quando recebi sua carta, a primeira coisa que me veio à cabeça foi enviar a Else H. uma separata de meu trabalho, para dar a ela a deixa de que me contatasse. O fato de que nisso eu não tenha tido êxito (apesar

426 Ou seja, Arnold Levy.

de chamá-la duas vezes) confirma o meu receio de que forneci a ela um pretexto nesse caso. Nessas circunstâncias, dificilmente se pode esperar assistência da parte dela para minhas férias.

Pedi a Levy-Ginsberg que arranjasse na primeira oportunidade um encontro entre mim e ela.

Não nego que nessas circunstâncias sua chegada aqui seria duplamente importante para mim. Mas devemos naturalmente manter separadas essas duas questões.

Ontem tive uma longa conversa com Groethuysen, na qual a situação ficou consideravelmente esclarecida. Antes que a tradução seja iniciada, temos de discutir uma série de questões relacionadas com a preparação do volume para o público francês. Esse trabalho – sequência dos ensaios; divisão em capítulos; os vários títulos; a questão do prefácio – será empreendido em linhas gerais no começo de julho. Mas só podemos proceder à tradução do volume quando tais preparativos estiverem definitivamente firmados.

Precisamente do ponto de vista de Max, como imagino, sua participação nesses preparativos será mais importante do que nas questões de detalhe da tradução, que de todo modo só amadurecem meses mais tarde. Creio portanto que seria plenamente justificável, desejável mesmo, do ponto de vista de Max, se você chegasse a Paris nos primeiros dias de julho. (Não seria muito oportuno se você planejasse sua viagem[427] para antes disso, pois do contrário os trabalhos podem ainda não estar suficientemente avançados.)

Não leve a mal se concluo estas linhas, que lhe devem chegar às mãos o mais rápido possível, com esse assunto extremamente importante. Só me deixe acrescentar que finalmente devo receber seu ensaio sobre o jazz por intermédio do escritório parisiense amanhã.

427 Adorno só viajou a Paris em outubro.

Minha esperança de um encontro iminente entre nós é, assim creio portanto, plenamente justificada.
Cordialmente como sempre, Walter Benjamin

PS Se você vier, será que poderia me trazer "O Arco do Triunfo"[428] de Noack para me emprestar?

E no mínimo tão importante para mim quanto esse seria o trabalho sobre o desenvolvimento da perspectiva na história da arte de Panofsky.[429] Do título exato infelizmente não me lembro.

54. Benjamin a Wiesengrund-Adorno Paris, 30.06.1936

Walter Benjamin

Paris, 30 de junho de 1936
23, Rue Bénard

Caro sr. Wiesengrund,

Não tive notícias suas em resposta a minha última carta, e espero com tanto mais certeza vê-lo aqui no final desta semana ou no início da próxima.

O estágio dos trabalhos nos ensaios de Max justifica plenamente sua vinda. Nesse momento estou prestes a discutir com Groethuysen a preparação do volume. Serão levantadas certas questões cuja solução, de acordo com o desejo de Max, muito se beneficiaria de sua assistência, se de algum modo possível.

428 Cf. Ferdinand Noack, "– Triumph und Triumphbogen" [Triunfo e Arco do Triunfo]. *Vorträge der Bibliothek Warburg*, 1925/26. Leipzig/Berlim, 1928, p.149ss.

429 Cf. Erwin Panofsky, Die Perspektive als "symbolische Form" [A perspectiva como "forma simbólica]. *Vorträge der Bibliothek Warburg*, 1924/25. Leipzig/Berlim, 1927, p.258-330.

A preparação do livro deve estar estabelecida em linhas gerais antes que a tradução do livro seja empreendida. Creio também que sua participação é mais importante no tocante à primeira que à segunda – sem falar no fato de que as questões de detalhe que surgem no curso da tradução só se tornarão candentes lá pelo outono.

Li seu ensaio sobre o jazz nas provas. Será que o surpreendo se lhe disser que me delicio enormemente com uma comunicação tão profunda e espontânea de nossos pensamentos? Uma comunicação que você não precisava assegurar que existisse antes de deitar os olhos em meu trabalho sobre o cinema. Sua forma de abordar a questão possui aquela força persuasiva e originalidade que nasce apenas do exercício da perfeita liberdade no processo criativo – uma liberdade cuja prática em ambos os nossos casos serve de prova material da concordância profunda de nossos pontos de vista.

Na expectativa de nosso encontro iminente, não quero aqui discutir nenhum detalhe particular de seu trabalho. Todavia, não quero deixar passar em brancas nuvens, nem sequer em pretas, como a sua interpretação da síncope no jazz[430] ajudou-me a esclarecer o complexo do "efeito de choque" no filme. Em geral, parece-me que nossas respectivas investigações, tal como dois holofotes direcionados de direções opostas sobre o mesmo objeto, revelam o contorno e a dimensão da arte contemporânea de maneira mais inteiramente original e muito mais significativa do que tudo o que foi ensaiado até hoje.

Tudo o mais – e olhe que é bastante – só em conversa, pessoalmente.

Falei com Else H. Coisa de uma semana atrás, fora de Paris, numa situação favorável a uma conversa aprofundada. Falei-lhe em termos amáveis, mas creio que muito enfáticos, sobre nosso

430 Cf. GS 17, p.74ss.

relacionamento e *acima de tudo* sobre sua relação comigo. Tenho a impressão de que as minhas palavras calaram fundo nela; seja como for, impedi toda intervenção posterior em nossos assuntos. Tillich esteve aqui; falei-lhe brevemente. Estou razoavelmente curioso em comparar minhas impressões dele com as suas.

Queira por favor responder-me assim que possível. Até a vista! Cordialmente,

[Walter Benjamin]

55. Wiesengrund-Adorno a Benjamin Berlim, 06.09.1936

Berlim-Halensee
Westfälische Straße 27
Casa dos Karplus
6 de setembro de 1936

Caro sr. Benjamin,

Sinto-me um tanto culpado pelo meu largo silêncio e como desculpa posso alegar apenas que sua carta sobre o ensaio de Rottweiler sobre o jazz, que eu naturalmente estou morrendo de curiosidade de ler, não me chegou às mãos. Nesse meio-tempo acumularam-se tanto material para discussão mútua, e mais, tanto material para trabalho, que parece uma tarefa inglória empreender algo por carta. Hoje, portanto, permita-me simplesmente expiar minha culpa por deixar de lhe escrever com a menção de uma viagem a Paris.[431] Há a possibilidade de eu estar em Paris no início de outubro, mais precisamente entre os dias 4 e 8 ou 9; mais que isso será inviável, pois preciso irrevogavelmente aceitar o convite

431 Adorno permaneceu em Paris de 4 a 10 de outubro.

de Oxford para o dia 11. Eu ficaria bastante grato em saber se esse período lhe é de alguma conveniência; estava pensando em chegar na noite do dia 4. Essa visita, é claro, está condicionada ao fato de eu receber um convite formal. Max me disse que, em princípio, o Instituto estaria disposto a cobrir os custos de viagem; é imprescindível que isso fique claro porque, no que diz respeito à França, não posso em hipótese alguma confiar na transferência de fundos disponíveis, e em alguns casos é necessário apresentar tal convite com protocolo oficial tanto no consulado francês quanto no controle de passaportes. Será que você cuidaria do que fosse necessário da forma que parecesse mais adequada a você e a Max? Se tudo der certo e você conseguir estar em Paris na época combinada,[432] nada mais será obstáculo a nosso encontro.

No entanto, não quero esperar até esse encontro para lhe participar algumas observações a respeito do seu trabalho sobre o narrador.[433] Em primeiro lugar, só posso expressar a mais plena concordância com a sua perspectiva histórico-filosófica de que o narrar não é mais possível. Esse é um pensamento que me é familiar, e para muito além das sugestões da *Teoria do romance*[434] nesse sentido, algo que me era evidente havia anos, antes mesmo de poder analisá-lo teoricamente. Lembro muito bem quando, cerca de doze ou treze anos atrás, meu amigo Reinhold Zickel recitava-me seus contos,[435] nos quais os nomes próprios eram precedidos do artigo definido ("... disse *a* Suna" etc.); objetei a esse uso familiar

432 Benjamin encontrava-se na Dinamarca com Brecht até início de setembro e depois seguiu para San Remo.

433 Em início de julho Benjamin enviara a Gretel Karplus um exemplar do seu ensaio – provavelmente uma cópia em carbono da cópia datilografada –, que ela então passou a Adorno em Frankfurt.

434 Cf. Georg Lukács, *Die Theorie des Romans*. Berlim, 1920.

435 Sobre Reinhold Zieckel (1885-1953), cf. GS 20 [2], p.756-67; cf. Reinhold Zieckel, *Das Lirileirapodagrü oder Die neun Geschichten vom Echo*.

do artigo justamente porque recorre ficticiamente ao gesto de imediatidade do narrador, o que já na época me parecia impossível; e tenho consciência de que, pela mesma razão, nutri por muito tempo certa resistência aos supostos grandes narradores da estirpe de Keller e Storm, para não falar de Fontane. E quando li ainda recentemente a primeira frase do *Caminho solitário* de Schnitzler:[436] "Hoje Georg von Wergenthin estava sentado à mesa sozinho", o mesmo choque tomou conta de mim: com que direito se escreve sobre alguém como se se pudesse falar desse alguém ou mesmo se soubesse quem ele é? (Ou muito me engano ou a primeira frase de *As afinidades eletivas*, com sua hesitante introdução dos nomes dos personagens, que você próprio interpretou,[437] tem como origem a consciência da impossibilidade do narrar, captada pelo infalível tato histórico-filosófico de Goethe.)

Contudo, não posso seguir sua tendência de reduzir o gesto de imediaticidade (se por ora me for dado reter esse meu termo irresponsável, sem ter seu texto em mãos) não tanto à imediaticidade no sentido hegeliano, histórico-filosófico, mas ao gesto na acepção somática da palavra. E essa diferença de perspectiva conduziu-me como poucas outras coisas ao cerne de nossa discussão. Todos os pontos nos quais, apesar da nossa mais fundamental e concreta concordância em outros assuntos, difiro de você podem ser resumidos e caracterizados sob a rubrica *materialismo antropológico*, de que não sou um dos sequazes. É como se para você o corpo humano representasse a medida de concretude. Mas ele é uma "invariante" do tipo que, a meu ver, distorce o decisivamente concreto (a imagem

Ein phnatastisches Karussell. Frankfurt a.M., 1925. Adorno tinha em mente o conto "Sunna oder Das Lirileirapodagrü".

436 O romance *Weg ins Freie* de Arthur Schnitzler foi publicado em 1908.

437 Cf. o parágrafo sobre os nomes em "*As afinidades eletivas* de Goethe" (GS I [1], p.134ss).

dialética, precisamente, e não a arcaica). É por essa razão que sempre me incomoda o uso que você faz de palavras como "gesto" e outras análogas (sem que eu queira evitar a palavra como tal: tudo é questão do acento que a constitui); e, se não me engano, certo *exagero* de dialética, no sentido de uma aceitação pronta demais da reificação como um "teste" behaviorista para o corpo, é somente a imagem invertida da ontologia não dialética do corpo que emerge nesse trabalho (ou seja, trata-se da mesma objeção que fiz ao trabalho sobre a arte na era da reprodução técnica). Creio que nossas discussões seriam frutíferas (com relação à sua *ultima philosophia*, as *Passagens*) se me fosse possível lhe fazer ver a unidade intrínseca desses dois temas críticos. E não há nada que eu mais espere de um encontro nosso.

Muito pouco há a relatar de notícias empíricas. Abandonei completamente, com Gretel, a ideia de férias e passei dois meses em Berlim envolvido exclusivamente com o trabalho. Da versão básica do texto, cerca de metade encontra-se pronta. A primeira parte apresenta um plano desenvolvido; a segunda já toca no texto propriamente dito. Além disso, empreendi um estudo renovado e muito frutífero de Hegel. *C'est tout*. Temos levado uma vida de quase inimaginável reclusão e não vemos vivalma. Em questão de saúde, Gretel anda muito bem, embora padeça dos mais tolos contratempos profissionais. Mas minha esperança é de que o mote suprimido do último livro de Max[438] valha também para esse caso: *Tudo isso será varrido*.

Em cordial solidariedade, como sempre,

Teddie Wiesengrund

---

438 O desejo original de Horkheimer era epigrafar com o mote de André Gide ("*Tout cela sera balayé*") seu ensaio "Egoísmo e movimento libertário" [Egoismus und Freiheitsbewegung] (*Zeitschrift für Sozialforschung*, v.5, n.2, 1936, p.161-231); agora em Horkheimer, *Gesammelte Schriften*, loc. cit., v.4, p.9-88.

Percebo que a minha afirmação de *unidade intrínseca* daqueles dois temas é expressa aqui nesta carta de modo totalmente generalizado e insuficiente. Essa identidade talvez possa ser mais bem apreendida em relação à autonomia estética. Tal como você parece ter simplesmente passado por cima dessa última no trabalho sobre a reprodução (e *nisso* é não dialético), do mesmo modo a exclusão dela no ensaio sobre o narrador me parece "gestual" demais. Johann Peter Hebel e a obra de arte como distração: esta é concebida como tal porque aquela foi positivamente definida como invariável segundo a medida do corpo. Mas a *autonomia* ligada à reificação merece tanto tratamento dialético quanto os traços behavioristas que lhe são inerentes!

Gretel lhe manda lembranças; ela adoraria – e nisso eu também me incluo – saber mais detalhes sobre Borchardt.[439]

56. Benjamin a Wiesengrund-Adorno San Remo, 27.09.1936

Caro sr. Wiesengrund,

Muito obrigado por sua carta de 24 de setembro.[440]

Respondo-lhe na imediata volta do correio para que não haja mais incerteza sobre nosso encontro. Ele me parece importante demais para divisar a hipótese de outro adiamento. Ajustei portanto

---

439 Em sua carta (inédita) a Benjamin de 14.07.1936, Gretel Karplus perguntara: "Em sua penúltima carta você escreve que com Karl Kraus morreu a última pessoa [...] que poderia influenciá-lo. Creio que nunca discutimos isso antes, mas você não se esqueceu de Rudolf Borchardt ao fazer tal afirmação? Acredito [...] que há fortes relações entre vocês dois, e ele é uma das poucas pessoas que eu gostaria muito conhecer".

440 A carta não subsistiu.

com Stefan,[441] com o aval de minha mulher, que ele virá nos visitar no Natal, e não agora. Isso me possibilita estar em Paris no dia 4 de outubro. Chegarei às 22h50 na Gare de Lyon.

Mesmo no caso de você chegar lá algumas horas antes, não há necessidade de me apanhar na estação. A menos que não tenha nada melhor para fazer. Mas suponho que preferirá descansar da exaustiva viagem num hotel agradável.

Como, segundo desejo expresso e arranjos de Max, você será meu hóspede enquanto estiver em Paris – e sou particularmente grato a Max por me facilitar recebê-lo –, peço-lhe que se hospede no Hotel Littré, na rue Littré, e mencione meu nome quando der entrada. Não irão lhe cobrar mais que 25 francos por um quarto bastante confortável (a menos que a desvalorização já dê sinais de vida). Não se preocupe com a questão do preço: conheço bem o pessoal de lá e falarei com eles se necessário.

Assim que eu chegar, seguirei para o Hotel Littré – que não fica muito longe da rue Bénard – onde chegarei por volta das 23h15 ou 23h30.

A última carta que recebi de Etiemble[442] nos dá particular ensejo para nos agarrarmos a nosso encontro. Ela contém a notícia completamente inesperada de que ele está de mudança – e o mais rápido possível – para Beauvais. Ora, tal cidade não é muito distante de Paris, mas a meu ver essa circunstância será um obstáculo ao trabalho comum, do qual gostaria de discutir alguns pontos com a sua assistência. E mais: isso exclui a possibilidade de um

441 O filho de Benjamin Stefan (1918-72), que cursou o colégio em Viena de início de 1936 a 1938.

442 O escritor e historiador da literatura René Etiemble (1909-2002), que estudara direito e línguas orientais na École Normale Supérieure de Paris, era um dos possíveis tradutores dos ensaios de Max Horkheimer.

encontro em Oxford. Você pode imaginar como do contrário eu contemplaria com prazer essa ideia, apesar de certas hesitações de caráter técnico.

Seja como for, permita-me ater-me por hoje a esses breves arranjos. Estou muito ansioso para revê-lo e concluo esta folha com minhas velhas lembranças a você e a Felizitas.

Walter Benjamin

San Remo
Villa Verde
27 de setembro de 1936

57. Wiesengrund-Adorno a Benjamin Oxford, 15.10.1936

15 de outubro de 1936
Merton College
Oxford

Caro Walter,[443]

Agora que uma travessia tranquila e três dias adoráveis se interpõem entre a semana passada em Paris e minha vida aqui em Oxford, gostaria mais uma vez de agradecer-lhe de todo o coração por tudo o que essa semana trouxe consigo. O leque de perspectivas que ela abriu é o equivalente exato do calor humano no qual ela transcorreu. Sei que devo ambos a você.

Seus pedidos não foram esquecidos. O "Mahler"[444] foi encomendado; meu companheiro de viagem[445] de domingo (que, aliás,

443 Com a visita de Adorno a Paris, ele e Benjamin começaram a tratar-se pelos prenomes.

444 Ver nota 410, carta n.49.

445 Nada se sabe a respeito da sua identidade.

é uma figura interessante: adido da delegação neozelandesa da Sociedade das Nações; leitor aqui da Oxford University Press; marxista) pesquisará Worth[446] para você; quanto a Noack, ainda hoje vou escrever uma carta;[447] só lhe peço que tenha um pouco mais de paciência quanto ao *Kierkegaard*.[448] O poema apócrifo de Hölderlin,[449] você deverá recebê-lo nesse meio-tempo.

---

446 Em 1858 o inglês Charles Frederick Worth (1825-95) abrira uma casa de moda em Paris, que ditou a moda local pelos trinta anos seguintes.

447 A carta (inédita) de Adorno a Edgar Wind data de 29.10.1936.

448 Benjamin provavelmente pedira a Adorno em Paris um exemplar do seu livro sobre Kierkegaard.

449 Adorno o citou em 1950 em seu "Posfácio" anônimo à *Infância em Berlim por volta de 1900* (cf. Adorno, *Über Walter Benjamin*, loc. cit., p.74-76): "A explosão do desespero põe a descoberto de forma reconfortante o país feérico de que trata um poema apócrifo atribuído a Hölderlin. Soa tal qual a escrita de Benjamin, e ele criou particular afeto por ele: 'Mit Rosen umweben / Der Sterblichen Leben / Die gütigen Feen; / Sie wandeln und walten / In tausend Gestalten / Bald hässlich, bald schön. // Da wo sie gebieten, / Lacht alles, mit Blüten / Und Grün emailliert; // Ihr Schloss von Topasen / Ist herrlich mit Vasen / Von Demant geziert. // Von Ceylons Gedüfte / Sind ewig die Lüfte / Der Gärten durchweht / Die Gänge, statt Sandes, / Nach Weise des Landes / Mit Perlen besät. // Seit Salomo nahte / Dem luftigen Staate / Kein Aeronaut. / Dies hat mir, nach Schriften / In Mumiengrüften, / Ein Sylphe vertraut' [Com rosas elas tecem / Nossa vida mortal / As bondosas fadas; / Elas vagam e reinam / Em miríades de formas, / Ora belas, ora vis. // Lá onde regem, / Tudo são risos / esmaltados de verde e flor; / Sua cidadela de topázio / Resplandece com vasos de diamante. // Aromas do Ceilão / Bafejam eternamente / Os ares dos jardins. / As sendas são salpicadas, / Em vez de areia, com pérolas, / Segundo o costume da terra. // Desde Salomão, / Nenhum aeronauta / Nunca se aproximou desse mundo vaporoso. / Foi assim que me confiou / Uma sílfide / À força de escritos em tumbas de múmias]" (p.75ss.). Sobre essa peça, que é na verdade uma "versão abreviada" do poema "País feérico" [Fe-

Tenho lido Valéry[450] com grande enleio e também com muita angústia. O nexo entre guerra e poesia absoluta é de fato concludente. Sobretudo, claro, em seu ensaio sobre o progresso.[451] Mas apesar – ou talvez por causa – disso, que grande figura!

A propósito, já lhe caiu nas mãos um livro de um tal sr. Kaufmann,[452] que trata em especial de Mallarmé, Valéry e do último Rilke? Ele anda de boca em boca aqui. Mas a sensação é o novo livro de Huxley,[453] *Sem olhos em Gaza*, no qual ele adere aberta e impetuosamente às tendências surrealistas.

Estou novamente às voltas com meu trabalho. A par disso, busco também na medida do possível levar a bom termo meus apontamentos musicais.[454]

Finalmente, será que posso incomodá-lo com um pedido? Você sabe que a minha mãe é córsica, e portanto de origem francesa. Ela de fato foi cidadã francesa até se casar, e Agathe, que jamais se casou, morreu como francesa. Meu avô foi oficial militar; largou

---

enland] de Friedrich Matthisson, cf. Hölderlin, *Sämtliche Werke*, v.2. Stuttgart, 1951, p.984.

450 Benjamin presenteara Adorno em Paris com o livro *Pièces sur l'art* de Paul Valéry, que aparecera em 1936 em sua terceira edição. Na letra de Benjamin, vem escrito na página de rosto: "Em lembrança eterna das jornadas de Paris em outubro de 1936".

451 Cf. Paul Valéry, "Propos sur le progrès". In: ibid., p.215-27.

452 Cf. Fritz Kaufmann, *Sprache als Schöpfung. Zur absoluten Kunst im Hinblick auf Rilke* [Linguagem como criação. Sobre a arte absoluta com referência a Rilke]. Stuttgart, 1934.

453 O romance *Eyeless in Gaza* de Aldous Huxley (1894-1963) apareceu em 1936.

454 Supostamente a série de aforismos intitulada "Ensemble" (ver nota 581, carta n.83) e a peça "Por que música dodecafônica?" [Warum Zwölftonmusik?] (publicada pela primeira vez em GS 18, p.114-17), escrita no contexto de um ensaio conjunto que Adorno planejava escrever com Krenek sobre a música dodecafônica.

relativamente cedo o serviço, é verdade, mas em 1870 chefiou um regimento e foi gravemente ferido (em Lille). Tudo isso pode ser provado, se necessário. O que eu gostaria de saber é isto: se minhas origens podem me proporcionar, como um professor universitário exilado pelos nazistas, uma naturalização mais rápida ou talvez mesmo imediata na França; e mais, se aos 33 anos eu estaria sujeito à convocação para o serviço militar.

Essa questão é tanto mais relevante para mim quanto certo quadro tomou forma na Alemanha[455] – e peço-lhe que guarde o mais *estrito* segredo nesse particular, até mesmo com Gretel –, o que torna muito duvidoso sequer que eu possa retornar outra vez à Alemanha. A Repartição de Divisas investigou meus meios de subsistência na Inglaterra, e como só agora, e não antes, revelei a quantia da assistência que venho recebendo do Council, cometi formalmente uma ofensa (eu tinha boas razões para só agora dar a conhecer tal informação). Eles já me asseguraram que não tratarão o caso como uma ofensa, contanto que eu desembolse como multa uma quantia bastante considerável, mas não insuportável. Meu pai vem conduzindo as negociações em meu nome; não corro sério perigo, mas a situação continua incômoda. Sobretudo porque tenho de requerer um novo passaporte em janeiro.

---

455 Adorno, que custeou sua temporada na Inglaterra com parte da renda familiar que seu pai lá possuía, recebeu *pro forma* uma bolsa do Academic Assistance Council para poder comprovar à Repartição de Divisas alemã, se necessário, como era capaz de se manter no exterior. A omissão de Adorno em declarar essa bolsa, que só foi divulgada às autoridades alemãs pelo seu advogado no outono de 1936, ensejou uma multa de 1.500 marcos alemães. O pai de Adorno, no entanto, logrou por intermédio de negociações reduzir o montante da pena a 150 marcos e remediar as dificuldades.

Sob essas condições virtualmente alteradas, a questão da naturalização francesa tornou-se para mim de grande atualidade. Eu lhe seria portanto muito grato se você encaminhasse a questão sem mencionar em hipótese alguma meu nome. Brill[456] me parece a pessoa certa para tanto. Primeiro, ele é um jurista; depois, encontraria aqui a oportunidade de se fazer ao mesmo tempo útil e importante; e finalmente, claro, trata-se de uma questão plena de consequências práticas para o Instituto. Se você julgar adequado, pode mencionar meu nome a *ele* – e somente a ele! Agradeço-lhe muitíssimo de antemão.

Escrevi de imediato a Max[457] na segunda-feira em *considerável* detalhe. Também fiz menção a Kracauer,[458] e segui a sua própria formulação. Espero que meus comentários sobre ele lhe sejam úteis. Não foi fácil formular a coisa.

Espero notícias suas em breve; inclusive a respeito do assunto da tradução. Vou pelo menos aconselhar Goldbeck,[459] em termos amigáveis, a deixar que você dê uma olhada em mais material. E

---

456 Hans Klaus Brill era o secretário do escritório parisiense do Instituto de Pesquisa Social.

457 Cf. o excerto da carta de 12.10.1936 em GS VII [2], p.864ss.

458 Durante sua temporada em Paris, Adorno discutira com Kracauer, entre outras coisas, a ideia de que este escrevesse um ensaio para a *Zeitschrift für Sozialforschung*; em dezembro, por conseguinte, Kracauer redigiu um *exposé* intitulado "Masse und Propaganda" (cf. *Siegfried Kracauer 1889 bis 1966*. Marbach a.N., 1989, p.85-90. O extenso trabalho que daí surgiu passou a ostentar o título "A propaganda totalitária na Alemanha e na Itália" [Die Totalitäre Propaganda Deutschlands und Italiens].

459 O maestro e crítico musical holandês Fred Goldbeck (nascido em 1902-81), amigo de juventude de Adorno, foi para Paris em 1925, onde lecionou regência na École Normale de Musique de 1936 a 1939. Adorno sugerira seu nome como possível tradutor para os ensaios de Horkheimer.

as *Passagens*, foram finalmente retomadas ou postas de lado em benefício do velho Fuchs?[460]

Com amizade,

Teddie

58. Wiesengrund-Adorno a Benjamin
Oxford, 18.10.1936

18 de outubro de 1936

Caro Walter, posso lhe enviar anexa uma pequena peça inédita? – um ensaio sobre Ravel[461] (não aquele que você já conhece) que compus três anos atrás, ou seja, antes de a doença manifestar-se e em total ignorância das condições envolvidas. Qualquer ideia de publicação está agora fora de cogitação. A única pessoa que possui uma cópia da peça, fora você, é Goldbeck, mas, como deve ser, numa versão muito pior. Eu mesmo não possuo mais cópia; trata-se assim de sua propriedade naquele sentido de unicidade que,

---

460 Adorno refere-se ao ensaio sobre Eduard Fuchs que Benjamin planejava escrever para a *Zeitschrift für Sozialforschung*.

461 O ensaio de Ravel com que Benjamin já estava familiarizado era aquele publicado na revista *Anbruch* em 1930 (cf. GS 17, p.60-65). A caracterização do que é descrito aqui como *um ensaio sobre Ravel*, cujo manuscrito em posse de Benjamin não subsistiu, revela alguns traços comuns com o texto da *peça sobre Ravel* a que se faz menção na carta n.17; e assim também a referência à enfermidade de Ravel de 1933, que Adorno parece interpretar como de origem sifilítica, com o tema da peça "Música erótica" [Erotische Musik] (GS 18, p.273); a conclusão aqui – "Mas sua virtude mais profunda é a fidelidade à imagem": corresponde também, ao menos em parte, à citação de Benjamin na carta n.60 – "e aquelas palavras sobre a fidelidade à imagem 'mesmo quando, cansada, ela cai de nossas mãos'". As diferenças entre os dois textos – falta a passagem sobre Stravinsky na cópia datilografada subsistente (ver carta n.60) – seriam explicadas então pela existência de duas versões.

segundo a sua teoria da reprodução, desapareceu definitivamente. Entretanto, peço-lhe que preserve o manuscrito: como pequeno sinal de minha grata lembrança daquelas jornadas em Paris, mas também como adeus àquela esfera na qual a nenhum de nós dois será permitido vagar por um bom tempo.

Em amizade,

Teddie

Krenek escreveu um longo ensaio sobre Kraus,[462] que faz constante e enfática referência a você; é uma espécie de pastiche do meu necrológio de Berg.[463]

59. Benjamin a Wiesengrund-Adorno Paris, 19.10.1936

Paris, 19 de outubro de 1936

Caro Teddie,

Muito obrigado pela sua carta. O que mais me deliciou nela foi o eco das nossas jornadas em Paris por ela propiciado. Foram dias que levaram a pleno remate coisas preparadas havia muito. Para mim isso assumiu tanto mais peso na medida em que a confirmação mútua que um encontrou nas ideias do outro seguiu-se a uma separação que parecia pôr em dúvida, não digo já a nossa amizade, mas a sintonia recíproca de nossas ideias.

---

462 Cf. Ernst Krenek, "Ansprache bei der Trauerfeier für Karl Kraus im Wiener Konzerthaus" [Discurso por ocasião das cerimônias fúnebres para Karl Kraus na Wiener Konzerthaus, 1936]. In: *Zur Sprache gebracht*. Munique, 1958, p.224-28; "Erinnerung an Karl Kraus" [Homenagem a Karl Kraus]. 23 – *Einer Wiener Musikzeitschrift*, n.28/30, 10.11.1936, p.1-16.

463 Ver nota 382, carta n.46.

Que nos encontremos em breve, então!

No desagradável incidente que você menciona em sua carta, vejo esta única vantagem: que ele se traduza na sua posterior mudança para Paris. Seja qual for a situação precisa da documentação, tanto a sua quanto a de seus pais, até onde sei um mínimo de três anos de residência na França é condição indispensável à naturalização. Mesmo assim vou contatar Brill para esclarecer essa questão e as demais que você levanta. Recebendo notícias dele, ponho você a par de tudo.

Em geral, o processo de naturalização tramita agora com muito mais fluidez que antes. Mas com uma mudança de governo, essa prática pode alterar-se sob certas hipóteses. Quanto mais rápido se der entrada ao requerimento, melhor.

Klossowski produziu uma amostra substancial de tradução que me parece perfeitamente satisfatória em termos de conteúdo, e que Aron[464] diz impecável do ponto de vista linguístico. Em ambos os aspectos, a amostra dele certamente é preferível à de Goldbeck. Desse último também não tive mais notícias desde então.

Depois de traçar a Horkheimer um quadro detalhado a respeito da tradução (como tínhamos combinado) no dia 13 de outubro, recomendei-lhe Klossowski como tradutor numa carta do dia 17. O próprio Klossowski entrou em contato com ele simultaneamente.

Agradeço-lhe de coração a bondade com que você respondeu a todos os meus desejos e perguntas. E agora acrescento mais outro – um desejo. Da próxima vez que escrever a Krenek,[465] será que poderia chamar-lhe a atenção para a minha *Infância em Berlim*

---

464 Raymond Aron (1905-83), sociólogo francês e cientista político, foi professor da École Normale Supérieure e representante francês do Instituto de Pesquisa Social.

465 A carta de Adorno a Krenek não subsistiu; apara a resposta de Krenek, cf. Briefwechsel Adorno/Krenek, loc. cit., p.121-23.

por volta de 1900? No momento o manuscrito está com o dr. Franz Glück,[466] Viena III, Landstrasser Hauptstrasse 140.

Recebi de Felizitas o poema dos silfos,[467] cuja relação comigo você estimou com tanto acerto. Contei a ela em pormenores sobre nossa semana.

Kracauer eu ainda não revi desde nosso encontro conjunto.

É quanto basta por hoje, com os meus melhores votos pelo progresso de seu trabalho e com minhas cordiais lembranças,

Walter

60. Benjamin a Wiesengrund-Adorno Paris, 26.10.1936

Caro Teddie,

Sua fantasia sobre Ravel é extraordinariamente bela, e entendo muito bem o espírito no qual você a ofertou a mim. Muito obrigado.

A passagem em que você evoca o contraste com Stravinski é especialmente admirável. E aquelas palavras sobre a fidelidade à imagem "mesmo quando, cansada, ela cai de nossas mãos" lembrou-me uma notável passagem de uma das cartas de Seume – uma passagem que você logo encontrará na minha coletânea de cartas.[468]

---

466 Nascido em 1899, irmão de Gustav Glück, Franz Glück, foi diretor dos Museus Históricos da Cidade de Viena. Em 1930, ele enviara a Benjamin, provavelmente seguindo o conselho de seu irmão, que era conhecido deste, sua seleção dos escritos de Adolf Loos; eles chegaram a se conhecer pessoalmente em janeiro de 1931. Glück vinha tentando encontrar uma editora para a *Infância em Berlim por volta de 1900*, mas sem nenhum sucesso.

467 Benjamin refere-se ao poema apócrifo de Hölderlin mencionado na carta n.57 (ver nota 449).

468 Cf. Detlef Holz [pseudônimo de Benjamin], *Deutsche Menschen. Eine Folge von Briefen* [Homens alemães. Uma antologia de cartas]. Lucerna, 1936 (agora em GS IV [1], p.149-231); sobre a carta de Johann Gottfried Seume, cf. p.169ss.

Nesse meio-tempo, você terá recebido de Brill a informação que solicitara. (Achei conveniente mencionar seu nome para ilustrar a urgência do negócio.) Você pensou em algo mais nesse sentido?

Não posso me esquecer de lhe fazer outra pergunta: você já ouviu falar de um pintor inglês chamado Martin,[469] que pintou cidades "como elas penteiam seus cabelos de colunata sobre os ombros"? Achei essa referência num autor há muito esquecido do Segundo Império (Nettement).[470]

E o ensaio de Krenek sobre Kraus, já apareceu impresso? Naturalmente, eu não me importaria menos em lê-lo mesmo que esse não fosse o caso.

Etiemble escreveu-me mais uma vez, prometendo-me partes do manuscrito. Nada chegou até agora.

Por hoje, meus melhores votos,

Walter

26 de outubro de 1936
Paris XIV
23 rue Bénard

61. Benjamin a Wiesengrund-Adorno Paris, 05.11.1936

Paris, 5 de novembro de 1936

Caro Teddie,

Apresso-me em enviar-lhe estas linhas imediatamente antes de partir.

469 Provavelmente John Martin (1789-1854). A fonte precisa da citação de Benjamin ainda não foi identificada.

470 Alfred Nettement (1805-69), historiador e historiador da literatura francesa, fundou em 1848 a revista *L'Opinion Publique* e, entre 1849 e 1852, foi deputado legitimista; sobre as obras de Nettement que Benjamin leu para seu *Trabalho das passagens*, cf. GS V [2], p.1312.

Com relação ao comportamento de meu filho, começa infelizmente a tomar forma aquele quadro que só lhe revelei na forma de um vago receio. Talvez eu devesse escrever, não seu comportamento, mas sua condição.

Seja como for, ele não é mais capaz de responder pelos próprios atos. Um contato mais próximo é absolutamente necessário, já que foi interrompido de todo há mais de um mês.

Minha mulher deve impostos vencidos na Alemanha; até onde sei, a Áustria é o único Estado que colabora com a Alemanha em questões tributárias. Minha mulher, portanto, não pode ir para Viena.

Pesa-me afastar-me do meu trabalho; outras dificuldades da viagem minha mulher tem me ajudado a suportar. Não sei dizer durante quanto tempo essa temporada irá me manter longe de Paris.

Os problemas desconhecidos que me aguardam em Viena só são agravados com a circunstância de o lugar me ser totalmente desconhecido. Lá não tenho nenhum contato. Eu lhe seria assim muito grato se você pudesse eventualmente me franquear algumas portas enviando um bilhete a Kreneck ou a quem mais lhe parecer apropriado. Sob certas hipóteses, talvez possa ser importante para mim ser devidamente recomendado às autoridades responsáveis.

Meu endereço em Viena é: c/o Dr. Franz Glück, Viena III, Landstrasser-Hauptstrasse 140. Queira por favor escrever-me para lá e envie-me o endereço de Kreneck.

Pelo mesmo correio você receberá o livro que, espero, irá deliciá-lo.

Cordialmente,

Walter

62. Wiesengrund-Adorno a Benjamin Oxford, 07.11.1936

Oxford, 7 de novembro de 1936

Caro Walter,

Sua carta me deixou bastante apreensivo, por menos que ela pudesse me surpreender depois do que você me contou em Paris. Espero que não tome como uma transgressão de minha parte se lhe trago à memória duas coisas. Em primeiro lugar, mesmo se o caso de Stefan envolver mais que uma neurose, isso não é motivo de desespero. Enfermidades psicóticas desse tipo frequentemente se manifestam em gente da idade dele – foi de fato isso que emprestou nome à doença – para então desaparecer sem sequelas. Então, suponho obviamente que consultará primeiro um psicanalista com Stefan, e não um psiquiatra. Mas gostaria de acrescentar com veemência mais este outro conselho: que ele também seja escrupulosamente examinado em seu estado físico, e em particular por um especialista em pesquisa hormonal, secreções internas etc. Isso porque também é frequente que certas delongas no desenvolvimento sexual possam conduzir a consequências análogas à psicose, e conheço até mesmo um caso em que uma intervenção cirúrgica foi de radical ajuda. O aspecto físico do tratamento não é portanto para ser negligenciado em favor do aspecto psicológico.

O livro *Homens alemães* [Deutsche Menschen] me propiciou de fato grande prazer; li-o assim que recebi, noite adentro, da primeira à última frase. A expressão de melancolia que ressuma do livro me parece admiravelmente próxima à da *Infância em Berlim*, que aliás deve ter coincidido no tempo com a seleção e introdução das cartas. Se aquela reproduzia imagens de uma vida de que a própria classe se oculta sem que já revele a outra, então o olhar que recai nas cartas reproduz, por assim dizer, o mesmo processo de ocultação, mas agora do prisma objetivo, de que a *Infância* era o testemunho subjetivo. Pode-se dizer que aqui o declínio da burguesia é representado pelo declínio da arte epistolar: nas cartas de Keller e Overbeck a classe já se acha de fato oculta, e o gesto com que ela se desvia – com que ela se desvia da carta como forma de comunicação – é o gesto de sua própria renúncia. Se lhe disser que a carta de Collenbusch, com o gigantesco pós-escrito, e a carta de Goethe a Seebeck, com o magnífico comentário, foram aquelas que mais me entusiasmaram na primeira leitura, isso o surpreenderá tão pouco quanto eu próprio poderia me surpreender de que você tenha imediatamente identificado na minha pequena peça sobre Ravel a frase mesma por motivo da qual lhe ofereci o ensaio. Quanto ao comentário de Goethe, só uma coisa: você conhece minhas glosas inéditas sobre o último Beethoven,[471] escritas três anos atrás (que agora serão finalmente publicadas em Praga)? É espantoso o quanto elas coincidem com certas proposições sobre a mescla entre concreto e abstrato em seu comentário. Creio que Krenek possui um exemplar (o trabalho, que me fala de muito perto, sofreu contudo profundas alterações em razão de uma conversa com Kolisch): ele certamente o mostrará a você.

Permita-me com isso passar à questão de Viena. A cidade, que com mais direito posso chamar de meu segundo lar do que Kracauer pode chamar Paris de seu, tornou-se muito alheia e sombria para mim depois da morte de Berg, e será tanto mais para você depois da morte de Kraus. Meus dois amigos mais próximos, Kolisch[472]

471 "O estilo tardio de Beethoven" (loc. cit., carta n.17, nota 124).

472 O músico Rudolf Kolisch (1896-1978) fazia parte do círculo de Schönberg, cujas composições ele costumava tocar como violinista e regente do Quarteto Kolisch; Adorno travara amizade com ele desde os dias de estudo com Alban Berg em Viena.

e Steuermann,[473] estão ambos nos Estados Unidos. Assim, o contato com Ernst Krenek parece o mais frutífero e, em termos absolutos, de longe o mais estimulante. O endereço: Viena III (Hietzing), Mühlbachergasse 6. Telefone a ele assim que chegar; ele o receberá com todas as honras e com certeza lhe será de extrema ajuda em todos os aspectos. Contate também o dr. Willi Reich,[474] antigo secretário e amigo de Berg, editor da revista 23, com quem estamos publicando a monografia sobre Berg, sob os auspícios dele. Ele é uma pessoa enternecedora e está familiarizado com seu nome: basta lhe dar um telefonema. Ele é uma espécie de porto e escala e poderá introduzi-lo a toda sorte de pessoas. A Helene Berg, digamos, com quem é imprescindível você travar conhecimento; em Werfel e Alma Mahler você depositará menos importância. O endereço dele: Viena I, Hohenstaufengasse 10. Por meio dele ou de Krenek você pode certamente entrar em contato com Soma Morgenstern,[475] cujo endereço atual não tenho, mas na companhia de quem o *genius loci* exige que você passe uma noite no café. E há também, naturalmente, Freud. Por menos que se possa esperar resultados de uma conversa com ele, valeria muito a pena ver o ancião na idade mais avançada que destruiu a imagem do pai.

---

473 Sobre o compositor e pianista Eduard Steuermann (1892-1964), com quem Adorno estudara piano em 1925, cf. o ensaio de Adorno "O legado de Steuermann" [Nach Steuermanns Tod] (GS 17, p.311-17).

474 O vienense Willi Reich (1898-1980) também foi aluno de Berg e trabalhou como crítico e autor musical entre 1924 e 1937, ano em que emigrou para a Suíça; a partir de 1967, lecionou história da música na Escola Técnica de Zurique.

475 Adorno conhecera Soma Morgenstern (1890-1976) durante sua temporada em Viena em 1925; Morgenstern trabalhou mais tarde como correspondente em Viena do suplemento cultural da *Frankfurter Zeitung*; em 1938 emigrou para a França, e em 1941 para Nova York.

Eu próprio não tenho relação direta com ele, mas Max poderá lhe franquear as portas, ou talvez, melhor ainda, Landauer,[476] a quem basta escrever uma palavra fazendo menção a mim e a Max. Dr. Karl Landauer, Amsterdam, Breughelstrasse 10. De resto, claro, Gretel, próxima – pobre dela! – de tantos médicos vienenses, certamente poderá lhe dar conselhos melhores do que eu acerca de uma cidade de que me alienei tão terrivelmente com a morte de Berg. Ocorre-me também a muito encantadora Marie-Luise Motesiczky.[477] Mas talvez seja de se considerar para o exame de Stefan um dos sobrinhos de Gretel, que dizem ser um excelente médico. Também não perca a oportunidade de discutir sem rodeios com Krenek a possibilidade de uma publicação da *Infância* pela Reichner, e o mesmo com Willi Reich. Tomo como bom presságio que a sua coletânea de cartas tenha aparecido justamente agora: creio que é sua primeira publicação em livro desde *Rua de mão única*. Eu daria uma cópia a Krenek (sem ck!), que estaria à altura para apreciá-la. Krenek e Reich certamente lhe facilitarão acesso também ao manuscrito ou às primeiras provas do livro sobre Berg.

Desejo-lhe de coração tudo de bom. Você recebeu o Noack?[478] Ninguém terá sido quanto a isso mais inoportuno do que eu junto ao Instituto Warburg. Espero igualmente que o ensaio sobre Mahler esteja em suas mãos. De posse da carta de Max, escrevi

---

476 O psicanalista Karl Landauer (1887-1945) trabalhou em Frankfurt entre 1919 e 1933; desde 1927 colaborava com Horkheimer; em 1933 emigrou para a Holanda, passando pela Suécia, e em 1943 foi deportado para o campo de concentração Westerbork, mais tarde conhecido como Bergen-Belsen, onde morreu em janeiro de 1945.

477 Pintora vienense nascida em 1906, que, após completar seus estudos em Haia, Paris e Viena, estudou também com Max Beckmann em 1927-28.

478 O livro com o ensaio de Noack "Triunfo e Arco do Triunfo" (loc. cit.) foi enviado a Benjamin do Instituto Warburg a 5 de novembro.

uma carta bastante positiva a Kracauer, que ainda não se dignou a responder.

Seu fiel amigo,

Teddie

Só me permita dizer ainda como concordo plenamente com o que você escreve sobre os limites do humanismo – quase sobre humanismo e pobreza. Essa é a verdadeira decifração da casa de Goethe em Weimar, e sobretudo do quarto em que ele morreu. E que arte: expressá-lo justamente a pretexto de uma carta do irmão de Kant!

63. Wiesengrund-Adorno a Benjamin Oxford, 28.11.1936

Oxford, 47
Banbury Road
28 de novembro de 1936

Caro Walter,

Há semanas sem notícias suas,[479] estou seriamente preocupado. Logo após receber sua carta, escrevi-lhe em detalhes a seu endereço em Viena[480] e entrei simultaneamente em contato com Krenek e o dr. Reich para inteirá-los do fato.[481] Não apenas não recebi notícia sua, mas eles também (inclusive Gretel, até onde sei) estão sem novas de sua parte. Não imagino outra explicação a não ser que as coisas com Stefan evoluíram de tal modo que lhe falta qualquer vontade de comunicação. Minha própria inclinação para escrever cartas é por demais sujeita a contratempos para que eu careça de qualquer

479 Ver a carta seguinte.
480 Provavelmente a carta n.62.
481 Para a carta de Adorno a Krenek, ver respectiva nota da carta n.59.

compreensão a respeito. No entanto, peço-lhe cordialmente que me dê sinal de vida, nem que seja apenas por meio de um postal.

Meu pedido tem também outra razão. Perguntei a Horkheimer se o Instituto gostaria que eu fosse a Paris na segunda semana de dezembro, e acabo de receber uma resposta afirmativa por telegrama – contanto que você esteja em Paris nesse período, ou seja, de cerca de 8 a 15. De notícias suas dependem, portanto, todos os meus arranjos de data.[482] Haverá muito o que fazer. Max se disse de acordo em retomar o ensaio sobre egoísmo e movimento libertário, e gostaria de vê-lo traduzido primeiro; a questão dos honorários de Klossowski terá de ser tratada, mas sobretudo teremos de assumir a seção de resenhas da revista.[483] Também gostaria de estabelecer com você o *modus procedendi* em relação a meu longo ensaio sobre Mannheim,[484] que provavelmente receberá os toques finais na Alemanha e que gostaria então de enviar a você. Além disso, há vários assuntos filosóficos que clamam mais do que nunca por discussão conjunta. O significado daquela última semana em Paris foi grande demais para mim para renunciar impunemente a tal oportunidade.

Meu trabalho avança bem. Estou imerso no projeto do sétimo capítulo e acabo de esboçar uma tentativa de reformulação do problema da ideologia. O *événement* mais importante da semana passada

---

482 Adorno passou alguns dias em Paris a contar de 9 de dezembro.

483 Por iniciativa de Horkheimer, Adorno e Benjamin planejavam reorganizar a seção de resenhas da revista do Instituto de Pesquisa Social. Como resultado, Benjamin enviou a Horkheimer em 17 de dezembro as "Propostas para a seção de resenhas da *Zeitschrift für Sozialforschung*" [Vorschläge für den Besprechungsteil der *Zeitschrift für Sozialforschung*] (cf. GS III, p.601ss.), que redigira em colaboração com Adorno (cf. p.707ss.).

484 Cf. Adorno, "Nova sociologia livre de valores", loc. cit. (carta n.23, nota 183).

foi uma visita de Alfred Sohn-Rethel,[485] que primeiro me escrevera uma carta extremamente estimulante sobre seu projeto e depois veio discuti-lo comigo em detalhes. De um ângulo bem diverso, ele chega a conclusões notavelmente semelhantes às de meus esforços presentes. Considero altamente relevante essa discussão conjunta com ele para o tema em questão.

Kracauer parece voltar lentamente, muito lentamente, à razão. Schoen, que também me fez uma visita, comporta-se admiravelmente em todos os aspectos. Pena que seus poderes intelectuais não tenham maior alcance.

Tentei pôr no papel os resultados de nossas conversas acerca do meu ensaio sobre o jazz.

Para que seja ótima a probabilidade de esta carta lhe chegar às mãos, redigi duas cópias que envio simultaneamente, uma a seu endereço em Paris, outra a seu endereço em Viena. Queira por favor responder a meu endereço privado, 47 Banbury Road, e não ao College, onde as coisas de vez em quando atrasam.

Cordialmente, como sempre,

Teddie

O Noack com certeza deve ter chegado há muito em suas mãos.

64. Benjamin a Wiesengrund-Adorno San Remo, 2.12.1936

Caro Teddie,

Você com certeza estará se perguntando há tempos por que não acusei o recebimento nem lhe agradeci por sua carta de 7 de

485 Ele visitou Adorno em Oxford a 22 de novembro. A carta extremamente estimulante sobre seu projeto data de 4-12.11.1936 (cf. Briefwechsel Adorno/Sohn-Rethel. Munique, 1991, p.13ss).

novembro. Era para você recebê-lo antes, este agradecimento pela preocupação e pelas considerações tão ponderadas que ela contém – mas ouça por que ele se fez esperar tanto.

No que se refere à marcha externa das coisas, tudo transcorreu ao contrário do esperado. Adianto-lhe que isso não se aplica à concatenação interna dos elementos. Infelizmente, a viagem provou ser tão necessária quanto eu temia, se bem que a condição de Stefan não seja tão má quanto me sugeriam as piores incertezas. Meu contato com ele não está perdido. Mas há inegáveis distúrbios de vontade. Sou suficientemente versado em psiquiatria para constatar que um diagnóstico médico é urgentemente necessário, mas não para prejulgar o resultado. Seja como for, somam-se ao distúrbio de vontade outros sintomas que precisam ser esclarecidos – para não falar dos sintomas grafológicos.

Escrevo-lhe de San Remo; não fui a Viena. Minha mulher queria pôr em pratos limpos algumas dificuldades pessoais com Stefan e pressionou-me por um encontro na Itália. Mas agora era Stefan quem não se deixava persuadir. Seguiram-se duas semanas das mais extenuantes e difíceis para mim, até que eu finalmente consegui encontrar Stefan, primeiro sozinho, em Veneza. Esse encontro, no que se refere a meu contato pessoal com ele, transcorreu bastante bem. Trouxe então Stefan para encontrar minha mulher em San Remo, e ele permanecerá ali até o Natal. Por volta dessa época, retorno novamente para passar alguns dias. (No fim da semana regresso a Paris.)

Uma grande dificuldade é a questão da consulta médica. Bernfeld[486] fixou residência em Menton, mas no momento está ausente.

486 Siegfried Bernfeld (1892-1953), psicólogo e pedagogo austríaco, membro e mentor do Movimento Jovem (*Jugendbewegung*) e conhecido de Benjamin dessa época; trabalhava no Instituto Psicanalítico de Berlim desde 1925, e emigrou para os Estados Unidos em 1937.

Se não conseguirmos entrar em contato com ele, minha mulher será obrigada a optar pela consulta de um médico suíço.

Como você pode imaginar, não fui capaz de trabalhar muito. De outro lado, li um livro volumoso de Dickens,[487] a primeira coisa que leio dele desde *Loja de curiosidades*, de que tomei conhecimento na Alemanha depois de estudar seu belo ensaio a respeito. Um livro com significativas constelações e algumas figuras maravilhosas – embora de composição discutível, sobretudo no final.

Krenek enviou-me seu necrológio de Kraus, no qual me impressionou a grande lealdade com que ele relata sua relação pessoal com ele. Lerei sua carta no mesmo número[488] nos próximos dias, seguida pelo ensaio sobre Schönberg[489] quando regressar. Estou ansioso sobretudo pela peça sobre Beethoven, que espero poder aguardar para breve.

Isso me leva às palavras muito belas que você escreve sobre meu livro de cartas. A história da carta como forma, que nelas você me revelou, é uma visão profunda. E isso não vale menos – mal preciso lhe dizer – para a relação por você estabelecida com a *Infância em Berlim*. (Eu teria adorado promover-lhe a causa em Viena; e sua carta em geral me faz quase lamentar que não tenha podido ir a Viena. Enviarei meu livro a Krenek.) Você também estava certo sobre o período de gestação do livro; somente o prefácio é de data recente.

Por fim, muito obrigado pelo Noack. Estudá-lo foi o caminho no qual pude resgatar mesmo que fragmentos desse tempo para o trabalho das *Passagens*.

---

487 Provavelmente o romance *Grandes esperanças* (1861), que consta da "Lista de escritos lidos" (cf. GS VII [1], p.472).

488 Cf. Hektor Rottweiler [pseudônimo de Adorno], "Musikpädagogische Musik (Brief an Ernst Krenek)" [Música pedagógico-musical (carta a Ernst Krenek)]. *23 – Einer Wiener Musikzeitschrift*, n.28/30, 10.11.1936, p.29-37 (agora em GS 18, p.805-12).

489 Cf. Adorno, "O compositor dialético", loc. cit. (carta n.47, nota 389).

Permita-me concluir agora com as velhas e cordiais lembranças.

Walter

2 de dezembro de 1936
San Remo
Villa Verde

65. Benjamin a Wiesengrund-Adorno Paris, 29.01.1937

Caro Teddie,

Ontem você foi para mim causa de grande prazer. Um dia lhe conto de viva voz a história do papel que as *Ligações perigosas*[490] desempenharam para mim Basta dizer, em suma, que até hoje eu não tinha lido o livro. Seu presente me abre uma via inesperada – mas que eu certamente poderei trilhar – a Laclos. Muito obrigado!

Li *Les mariés*[491] em San Remo; com grande prazer – prazer que aponta porém para pontos nebulosos de reflexão. Ainda não cheguei a uma conclusão clara a respeito.

Quanto a meu filho, a situação infelizmente é sombria. Não creio que possa contar com a conclusão de seus estudos colegiais. Sua permanência em Viena é impossível; sua permanência em San Remo, não menos. Mas igualmente contra Paris pesam boas razões. No momento me é impossível enxergar as coisas com clareza.

Que fardo para mim. O clima terrível não melhora minha disponibilidade. É aconselhável em tais períodos entregar-se ao trabalho.

---

490 Adorno obviamente enviara a Benjamin o romance de Choderlos de Laclos, de 1872.

491 Trata-se provavelmente do balé de Cocteau *Les mariés de la Tour Eiffel*, de 1921.

Dei início ao texto sobre Fuchs. Mas creio que levarei mais três semanas para concluí-lo.

Antes disso, você estará quite com seu Mannheim, que estou muito ansioso para ler.

Meu desejo de vê-lo no mais tardar em março prende-se agora a outro, o de ouvir a história de Berlim a que você alude.[492]

Fico feliz que tudo tenha corrido bem com você lá.

Agradeço-lhe pela remessa do banco.[493]

Finalmente, a resposta da carta de Max[494] às nossas propostas: "Obrigado pelas sugestões referentes à seção de resenhas. Discutiremos toda essa questão em minúcias, e espero que no mais tardar no início de 1938 a revista apresente a forma que todos nós lhe queremos dar".

Por hoje é só.

Seu velho amigo,

Walter

29 de janeiro de 1937
Paris XIV
23 rue Bénard

66. Wiesengrund-Adorno a Benjamin Oxford, 17.02.1937

Oxford, 17 de fevereiro de 1937

Caro Walter, muito obrigado pelas suas palavras e meus melhores votos para a conclusão da caça à Raposa [Fuchs] – em anexo

492 A carta que acompanhava o presente de Adorno não subsistiu.

493 Nada se sabe a respeito.

494 A carta (inédita) de Horkheimer a Benjamin de 30.12.1936 é uma resposta às "Propostas para a seção de resenhas da *Zeitschrift für Sozialforschung*" de Benjamin e Adorno (ver nota 483, carta n.63).

você recebe também a minha pequena presa, o excelentíssimo Mannheim,[495] que infelizmente não é capaz sequer de fornecer a única desculpa possível – ilustrações pornográficas – para os seus livros. Tenho de pedir-lhe indulgência pelo exemplar sem correções: infelizmente, só pude inscrever as consideráveis correções substantivas e estilísticas no exemplar já destinado a Nova York; fazê-lo neste teria custado horas de trabalho. Mas ainda assim, imagino, você saberá divisar alguma coisa por trás disso, mesmo nesse estado mais cru, e me perdoará a falta de elegância no presente caso.

Quanto ao mais, ainda não sei se o trabalho sequer virá à luz: Max bem que acusou o recebimento por telegrama, mas desde então não se pronunciou a respeito, e estou um pouco receoso pelo destino do ensaio,[496] que eu adoraria ver impresso (a reação de Mannheim[497] ao manuscrito só confirmou, e muito, minhas ideias). Será que você poderia, sem muito incômodo, saber de Brill se os manuscritos para o número ora em preparação foram recebidos e, em caso afirmativo, se o meu se encontra entre eles (e sem muito alarde, pois Max já me prometeu uma carta, que decerto só deverei ter em mãos na semana que vem)? E já que fiz uma solicitação, faço outra: pedir a Brill que me envie um exemplar da revista com o "Egoísmo e movimento libertário" ou uma separata

495 Adorno faz aqui um trocadilho com o sobrenome de Eduard Fuchs, que em alemão também significa "raposa"; a cópia datilografada do ensaio sobre Karl Mannheim que Adorno enviou a Benjamin não subsistiu.

496 O ensaio não apareceu na *Zeitschrift für Sozialforschung*.

497 A 8 de fevereiro, este escrevera uma carta (inédita) sobre o ensaio, na qual, fugindo à discussão de divergências substantivas, censurava Adorno por ressaltar involuntariamente apenas os aspectos negativos do seu método.

desse trabalho, em meu nome, para a dra. Marianne Marschak,[498] Oxford-Headington, 17 Stephen Road. Muitíssimo obrigado de antemão.

Se preferir, pode passar o ensaio sobre Mannheim para Kracauer – por várias razões eu gostaria muito que ele lesse, mas sob a condição de que o leia de imediato (dentro de limites razoáveis, é claro, mas sem alegar que se acha sobrecarregado por um volume colossal de trabalhos urgentes) e o devolva a seguir. Trata-se da única cópia em meu poder.

Estou extremamente ansioso para ler o "Fuchs"; também espero receber em breve o artigo de Alfred Sohn.[499] Meu principal trabalho avança a passos largos; começo a me sentir, porém, um tanto exausto. Desejo-lhe tudo de bom, sobretudo no que se refere a Stefan. Creio que verei Bernfeld nessas próximas semanas; se você quiser que eu participe algo a ele, basta me dizer.

Cordialmente, como sempre,

Teddie

67. Benjamin a Wiesengrund-Adorno Paris, 01.03.1937

Caro Teddie,

A simples circunstância do meu silêncio de vários dias, você a terá interpretado – tenho certeza disso – da maneira mais plausível. Depois que atingiu seu estágio crítico, a redação do trabalho sobre Fuchs não tolera a meu redor nenhum outro objeto.

---

498 Marianne Berta Kamnitzer (nascida em 1901) casara-se em 1927 com o economista Jacob Marschak e emigrara com ele para a Inglaterra em 1933.

499 O assim chamado "Pariser Exposé" de Alfred Sohn-Rethel só ficou pronto no final de abril (ver nota 529, carta n.73).

E se agora, após a conclusão, eu não tivesse outra coisa a agradecer a esse trabalho, restaria ainda assim a atmosfera particularmente pura na qual pude iniciar a leitura do seu trabalho sobre Mannheim. Só agora, pela primeira vez, pude me dar conta plenamente de como era profunda a analogia de nossas tarefas, e mais, da posição em que elas nos situavam. Havia, em primeiro lugar, análises químicas a serem efetuadas na "repulsiva mixórdia", como diria Kant, de rançosos pratos de ideias dos quais Deus e o mundo haviam comido. Tudo dessa cozinha imunda tinha de ser sujeito a análise laboratorial. E, em segundo lugar, havia a civilidade para com o próprio e duvidoso chefe de cozinha, algo a que nós, você um tanto menos, eu infelizmente à larga, tínhamos de nos aplicar. Creio que podemos testificar reciprocamente uma compostura digna de honra, que nem sempre foi fácil manter.

E vejo que nos ativemos ao mesmo artifício: avançar as nossas ideias mais íntimas discretamente, mas sem concessões. Pelo menos na sua obra descubro algumas proposições de grande projeção, das quais eu não diria o bastante se expressasse a minha concordância com elas. Antes, nelas descubro *meam rem* manejada com extraordinária intimidade, o que revela para mim aspectos de todo originais nessa matéria. Escolho duas frases particularmente importantes, com as quais me alegrei como que com um presente, se assim posso dizer: uma, a constatação (p.16) de que o primado do ser social sobre a consciência possui essencialmente significado metodológico; outra, a referência[500] do exemplo (p.19) do domínio do método dialético. Ideias como essas são música para o pensamento, das quais tiro um profundo prazer.

Você sabe que tudo o que impõe a Mannheim não é mais – é muito menos – do que ele merece. (Imagino a edição inglesa do seu

500 Cf., respectivamente, GS 20 [1], p.34 e p.38ss.

livro como *livre de chevet* de MacDonald.) Maravilhosa é a passagem sobre o caçador (o de Mannheim deve ser o do *Struwwelpeter*).[501] De resto, sua resenha desperta muito mais desdém por esse livro do que expressa abertamente, e isso comprova que você solucionou o problema estilístico.

Você nota que falo *en connaissance de cause*. E de fato não posso negar que, às voltas com Fuchs, desdém foi o sentimento que foi crescendo em mim à medida exata que aumentava minha familiaridade com a obra dele. Espero que em meu trabalho isso não seja mais perceptível do que o correspondente no seu. Aliás, há pontos de contato em passagens um tanto inesperadas – como o fato de ambos citarmos Wedekind;[502] é como se a pessoa saísse à porta de uma espelunca para respirar fundo um pouco de ar puro.

A imagem da espelunca foi outras vezes fonte de consolo em meu trabalho. Eu a comparo à tarefa de um homem que, num lugar de má fama, dá de cara com a figura decadente de um velho e triste conhecido afetado de apoplexia e de quem ouve a última vontade de ser enterrado, o infeliz, em um cemitério de montanha. O traslado do corpo não é brinquedo; só esperamos que o cortejo fúnebre aprecie a vista que se descortina do topo da montanha. Pensamentos assim ocorreram-me muitas vezes *katà phréna kaì katà thumón*[503] enquanto escrevia.

O trabalho segue pelo mesmo correio para você. Quanto à condição do manuscrito, vale mais ou menos o que você disse do seu. Vou passar este a Kracauer, da forma sugerida, da próxima vez que o vir. Os manuscritos do próximo número da revista ainda não

501 Cf. ibid., p.39; *Struwwelpeter*: tradicional livro de histórias infantis de Heinrich Hoffmann.

502 Cf. ibid., p.23, e, no ensaio de Benjamin sobre Fuchs, GS II [2], p.496.

503 Grego antigo: "no coração e na mente".

chegaram à rue d'Ulm.[504] Espero que nesse meio-tempo você tenha recebido notícias favoráveis de Max. Por outro lado, não escondo que veria com bons olhos uma demora na publicação se desse modo seu trabalho e o meu pudessem aparecer no mesmo número.

Enquanto isso, compilei uma bibliografia dos escritos de Jung. (Não foi nada fácil; as coisas mais importantes se encontram muito espalhadas.) Quanto mais penso na sugestão,[505] mais tomo gosto por ela. Escrevi a Max nesse sentido.[506]

Sohn-Rethel desapareceu na bruma. Vamos esperar que ressurja da névoa com tanto mais brilho.

Conheci Jean Wahl,[507] professor de filosofia da Sorbonne. Da próxima vez que você vier,[508] não podemos perder a oportunidade de marcar um encontro, não digo crucial, mas agradável. Quando será isso?

Com essa pergunta, que tem sua ressonância em tudo aquilo que precede, despeço-me.

Cordialmente,

Walter

1º de março de 1937
Paris XIV
23 rue Bénard

---

504 Endereço da École Normale Supérieure, onde o escritório parisiense do Instituto tinha sua sede.

505 Adorno sugerira a Benjamin escrever um ensaio sobre Jung.

506 Cf. GS VII [2], p.866.

507 O filósofo francês Jean Wahl (1888-1974) lecionava desde 1936 na Sorbonne; durante a ocupação alemã foi demitido do cargo como judeu e preso por criticar a colaboração francesa; solto, deixou a França e foi para os Estados Unidos.

508 Adorno passou alguns dias em Paris a partir de 18 de março.

PS "Egoísmo e movimento libertário" foi enviado à sra. Marschak. Uma coisa que eu adoraria saber: qual foi, precisamente, a reação de Mannheim a seu ensaio?

68. Benjamin a Wiesengrund-Adorno [Paris,] 16.03.1937

16 de março de 1937

Caro Teddie,

Você deve ter aguardado com impaciência o manuscrito de S.-R [Sohn-Rethel].[509] E devo lhe confessar que sou algo responsável pelo atraso.

Das conversas que S.-R. e eu tivemos sobre o assunto, *espero* que tenham sido proveitosas para o ensaio dele, mas sei de todo modo que retardaram a marcha das coisas. Por mais longe que eu esteja de me sentir competente quanto à extensão toda da investigação por ele desenvolvida, cheguei a uma ideia muito mais clara de seu particular alcance. E isso confirma suas próprias expectativas otimistas.

Não se trata nestas linhas, aliás, de lhe dar a mais remota ideia das questões sobre as quais giraram nossa conversa – talvez melhor diga debate; isso só mesmo de viva-voz. Por enquanto, circunscrevo-me a lhe pedir conselho sobre o *modus procedendi* para fazer esse ensaio chegar às mãos de M.H. [Max Horkheimer]. Esse *modus procedendi*, como sabemos, de crucial importância; em primeiro lugar, por causa da natureza delicada do conteúdo em questão, e, segundo, por causa da natureza delicada da situação do próprio S.-R. (Quanto à última, soube dele que a permissão de residência

509 Em abril, Sohn-Rethel recebeu do Instituto de Pesquisa Social mil francos por seu "Exposé", e em maio, por iniciativa de Adorno, a mesma quantia.

para sua mulher e sua filha na Suíça expira no final de maio e que isso lhe causa sérias preocupações.)

Indo direto ao assunto, porém, confio-lhe que só deposito esperança na aceitação do trabalho se ela for acompanhado de um empenho entusiástico – um empenho em primeiro lugar do próprio autor, em segundo lugar seu, e em terceiro, na área de minha competência, meu.

Você decidirá após a leitura do manuscrito se estou sendo talvez cauteloso demais. Os elementos para tanto você já possui; em particular, possui muito mais noção do que eu das posições lógicas e epistemológicas de M. que são relevantes nesse caso. Não disfarço que, de minha parte, a dedução teórica da razão "como tal" e da lógica "como tal" empreendida no ensaio me parece problemática, por mais justificada que seja a intenção subjacente.

Meu debate com S.-R. revelou outros complexos problemáticos. Complexos desse tipo sempre surgirão numa empreitada de tal alcance. É justamente isso que me faz duvidar se a decisão sobre o prosseguimento desse trabalho (sobretudo porque questões de pura sobrevivência lhe parecem estar vinculadas) deve ser tomada num contexto em que falte o referido empenho entusiástico. O trabalho precisará tanto mais dele quanto versa sobre áreas de competência tão diversas: sobretudo a competência econômica de P. [Friedrich Pollock].

Minha sugestão é esta: que você tente obter auxílio financeiro para S.-R. durante os poucos meses que podem anteceder a viagem de M. à Europa, um auxílio provisório, que de modo algum venha prejudicar a ulterior ratificação da sua pesquisa. Por mais ousada que pareça uma tal tentativa, considero-a muito mais promissora que submeter o manuscrito de S.-R. a um exame a que o autor não poderia estar presente para defender sua causa. Torno a sublinhar que o problema não me parece estar tanto no modo como S.-R. trata o problema, mas na magnitude do próprio tema.

Envio esta carta, que S.-R. teve a gentileza de datilografar para mim, para Oxford na esperança de que o alcance lá. É mesmo questão fechada que você viaja para Frankfurt sem passar por Paris? Você sabe quanto eu lamentaria o fato. Esta carta lhe dá prova abundante disso.

Aguardo muito ansioso para saber o que você acha do "Eduard Fuchs".

Para concluir, um pedido: será que pode me emprestar as *Pièces sur l'art* de Valéry para minha próxima resenha?[510] Tenho trabalhado sem tréguas, como você certamente terá notado.

As velhas lembranças cordiais, às quais se juntam as de S.-R.,

Walter

69. Gretel Karplus e Wiesengrund-Adorno a Benjamin Würzburg, 31.03.1937

Würzburg, 31 de março de 1937

Caro Walter,

Um postal como prova de que chegamos bem e como lembranças de uma viagem pelas cidades francônias que nos deve levar pelo menos até Bamberg e Nuremberg. Estou feliz com o sucesso do seu trabalho: que o destinatário dele[511] também sinta o mesmo.

---

510 Cf. *Zeitschrift für Sozialforschung*, v.6, n.3, 1937, p.711-15 (agora em GS III, p.511-17). A resenha em questão não trata do livro de Valéry mencionado na carta.

511 Horkheimer expressara a Adorno e Benjamin uma resposta extremamente positiva acerca do ensaio sobre Eduard Fuchs; durante a visita

Como eu gostaria de acompanhá-lo uma segunda vez escada acima daquela casa suburbana! Aceite como compensação a vista dessa outra, mais urbana,[512] do seu cordial amigo,

Teddie

Caro Detlef,

Obrigado pela sua carta de Páscoa, que receberá a resposta apropriada quando eu chegar a Berlim. Por hoje, somente todo o amor da tua Felicitas

70. Benjamin a Wiesengrund-Adorno [Paris,] 13.04.1937

Caro Teddie,

Estas poucas linhas são só para atender um pedido que Friedrich acaba de me fazer. (Ainda não o vi durante sua presente temporada; ele me telefonou.)

Friedrich[513] deseja que eu lhe comunique, para que não paire sombra de mal-entendido sobre essa notícia, que ele não poderá vir via Londres. O tempo dele urge; uma doença adiou a data de sua vinda. Ainda está em aberto quando ele deixará Paris; provavelmente já no fim da semana.

Ele me pede para lhe dizer que, da parte dele, nada há que seja de extrema urgência. E por muito que agradasse a ele encontrar-se com você – também isso competia a mim dizer-lhe expressamente –, não gostaria de interromper suas férias por causa dele.

---

sua visita a Paris entre os dias 18 e cerca de 22 de março, Adorno e Benjamin visitaram Fuchs em seu apartamento.

512 O postal exibia uma reprodução da Haus zum Falken [Casa do Falcão] em Würzburg.

513 Ou seja, Friedrich Pollock.

O que o motivou a esse desejo é a certeza de vê-lo em breve com todo o vagar.

De minha parte, agradeço a você e a Felizitas pelas lembranças francônias. Embora há tão pouco nos tenhamos visto, o que haveria para discutir entre nós já seria muito. Quanto mais nos virmos, mais necessários nos parecerão nossos encontros.

A estada de Kolisch infelizmente terminará já nessa sexta-feira. Ele não pôde marcar um encontro comigo antes da sexta. De fato, só agora acabo de receber um telefonema dele. Ninguém lamentará tanto quanto eu assistir àquele que será o último concerto dele.[514] Depois do concerto eu o verei – mas receio muito que o circunde uma auréola intensa, o que não corresponde exatamente aos desejos dele, talvez, nem aos meus, certamente. Ele acredita porém apresentar-se outra vez aqui muito em breve.

Meus melhores votos para você e Felizitas,

Walter

13 de abril de 1937

71.Wiesengrund-Adorno a Benjamin Frankfurt am Main, 15.04.1937

Frankfurt

15 de abril de 1937

Caro Walter,

Muito obrigado por suas notícias. Meu propósito original era chegar a Paris no sábado, e um postal de Brill não me fez pensar duas vezes. Mas depois de receber sua carta, parece que minha visita colidiria com o cronograma de Fritz. Somente isso – e não minhas

514 Nada se sabe a respeito.

férias, por exemplo, que agora considero findas – motivou-me a abandonar meu propósito. Peço-lhe assim que cumprimente Fritz nos termos mais cordiais; que lhe diga quanto lamento que um encontro não lhe convenha nesse instante; e que expresse minha esperança de que lhe possa falar muito em breve. Mas acima de tudo importa-me que ele saiba que ainda estou à inteira disposição dele, a despeito da mudança de planos, e que minha ausência tem sua razão única e exclusivamente por consideração a ele. Espero, de resto, que ele esteja restabelecido.

Assim, permaneço aqui até o início, talvez mesmo até meados da semana que vem. Pena que o seu encontro com Kolisch seja tão fugaz; mas talvez se possa tirar dele – e do concerto – mais do que se espera. Queira por favor lhe transmitir as minhas mais cordiais lembranças.

Sinto-me revigorado e, espero, em forma para retornar a meu trabalho. Até lá continuo estudando *Lulu*,[515] lendo Huxley[516] e as *Ligações perigosas*. Gretel, a quem essas duas semanas de descanso também fizeram muito bem, está de volta a casa.

Hoje tenho de ir ao dentista – o que me recorda seus problemas dentários. Não vou deixar de falar com Fritz a respeito.

Você soube alguma coisa de Friedel?[517]

Não preciso lhe dizer como estou triste por não ir a Paris. Mas sem convite oficial é impossível, e *rebus sic stantibus* isso não é algo sujeito à pressão.

Cordialmente, como sempre,

Teddie

515 Referência à partitura para piano da ópera de Berg.

516 Não se pôde precisar, mas talvez se tratasse de *Sem olhos em Gaza*, que Adorno menciona na carta n.57.

517 Ou seja, Siegfried Kracauer.

72. Wiesengrund-Adorno a Benjamin Oxford, 20.04.1937

Oxford, 20 de abril de 1937

Caro Walter,

Como meu amigo Opie[518] chegou de Frankfurt na sexta e não queria seguir viagem depois de domingo, só cheguei aqui ontem à noite, após dois dias de viagem de automóvel extremamente agradáveis em todos os sentidos; mas agora estou prestes a ir a Londres por uns dias, onde tenho alguns assuntos da máxima relevância[519] para tratar. Seria muito incômodo se eu lhe pedisse que enviasse todos os pertences que deixei em Paris a meu endereço em Londres o mais rápido possível, por carta registrada e entrega expressa? Preciso sobretudo da minha agenda de endereços com *muita* urgência. Eis de novo meu endereço em Londres:

Albermale Court Hotel
18 Leinster Gardens

W.2

Só lhe peço que envie o *registration book* inglês verde-claro, que lhe transmiti em especial custódia, para meu endereço em Oxford, 47 Banbury Road, por carta registrada, mas não entrega expressa, como havíamos combinado antes. De antemão, muito obrigado por todo o seu esforço.

Na Alemanha, tudo correu de novo tão suavemente como se pode imaginar. Não precisei abrir a bagagem para inspeção nem na ida nem na volta.

---

518 O economista Redvers Opie (nascido em 1900) foi tesoureiro do Magdalen College em Oxford.

519 Adorno queria tratar do visto temporário de visitante para a viagem americana planejada para junho, bem como de um visto de permanência para a França.

Chegando aqui, encontrei duas cartas de Max, e fiquei particularmente feliz em ver como ele ficou impressionado com seu "Fuchs". Não vou desperdiçar a oportunidade. Quanto ao "Jung", ele expressa algumas reservas; prefere ter logo em mãos o capítulo sobre Baudelaire. Mas por todas as razões possíveis – as que tangem ao Instituto e sobretudo no interesse do próprio trabalho das *Passagens* – não quero desistir dessa ideia com um dar de ombros. Torno a escrever a ele a respeito e, claro, mantenho você a par dos fatos.

Kracauer recebeu de Max algumas linhas que dificilmente lhe possibilitarão mais apelar, no que se refere a mim, ao *plein pouvoir* supostamente conferido por Max. Gostaria de saber de Alfred Sohn. O *exposé*, como é natural, ainda não chegou.

A data da minha viagem americana agora foi fixada para meados de junho; mas creio de todo modo poder chegar a Paris antes disso; talvez na companhia de Gretel.[520] Ela virá me visitar aqui antes disso. Nossas lacônicas duas semanas de descanso lhe fizeram muito bem. Há muito o que contar sobre essas semanas – por exemplo, sobre a nossa visita às instalações do congresso do Partido Nazista em Nuremberg.

Eu lhe pediria ainda que agradeça a Brillo[521] por suas notícias e lhe diga que arranjos coletivos me mantiveram afastado de Paris; e que peço a ele para enviar as provas da revista, principalmente o ensaio de Marcuse,[522] aqui para Oxford.

Meus melhores votos a você e a seu trabalho. O meu sofreu alguns rearranjos: escrevo agora primeiro a versão inglesa da dis-

520 Adorno visitou Paris no início de junho sem Gretel.

521 Ou seja, Klaus Brill.

522 Cf. Herbert Marcuse, "Sobre o caráter afirmativo da cultura" [Über den affirmativen Charakter der Kultur]. *Zeitschrift für Sozialforschung*, v.6, n.1, 1937, p.54-92.

sertação para o meu livro.[523] Em alemão provavelmente só a versão definitiva do capítulo final – ou seu equivalente –, que pretendemos publicar na revista[524] sob o título "Crítica da subjetividade transcendental" (se possível já no terceiro número deste ano).

A decepção de Max com a grande maioria dos intelectuais, inclusive dos chamados simpatizantes, é tão grande e a postura dele diante de seus objetos é tão positiva que realmente não duvido mais que, em futuro próximo, mesmo as consequências externas disso se farão presentes. Mal preciso dizer que farei de tudo para contribuir para tanto.

Cordiais lembranças de seu velho amigo,

Teddie

73. Benjamin a Wiesengrund-Adorno Paris, 23.04.1937

Caro Teddie,

Senti grande satisfação com tudo o que sua carta continha e com a perspectiva que ela parece acenar – acima de tudo um encontro a três, com Felizitas; no mínimo, a sua própria vinda (isso eu deduzi das notícias de Pollock). E é também sempre um prazer saber que seus dias na Alemanha transcorreram sem aflições. Se acontecer de você passar pela mesma região, há razões terminantes para fazer uma visita a Lemgo[525] na Vestfália.

---

523 Adorno na verdade não compôs essa versão, que deveria intitular-se "The Principle of Intentionality and Categorial Intuition – Husserl's Phenomenology".

524 A versão em ensaio do capítulo final, que foi revisada várias vezes e concluída somente em 1938, não apareceu na *Zeitschrift für Sozialforschung*; para a versão de 1938, cf. "Zur Philosophie Husserls" [Sobre a filosofia de Husserl] (GS 20 [1], p.46-118).

525 O significado dessa frase permanece obscuro.

O que eu tanto queria parece tomar corpo: que a sua crítica de Mannheim e meu trabalho sobre Fuchs gozem dos privilégios de vizinhança. Fiquei, é claro, muito feliz com o elogio incondicional feito por Max a respeito do trabalho. E Fuchs escreveu-me uma carta amistosa.

O próprio Pollock encontrou ensejo para discutir com ele a minha situação. A pedido dele, pus no papel um orçamento modesto e preciso[526] que lhe dá a saber que incorro no *deficit* de 400 francos mensais – no essencial (mas não de forma exclusiva) como resultado da alta de preços. A princípio, ele concordou com uma ajuda de mil francos, pagos de uma só vez. Ainda aguardo decisão posterior.

A conversa com Pollock teve como assunto principal meu próximo trabalho. As resistências ao tema que tínhamos em vista são obviamente consideráveis. Tenho a impressão de que, no momento, estão em curso algumas discussões espinhosas entre Max e Fromm a respeito de toda uma série de problemas que também envolvem Pollock. Das três propostas que minha última carta[527]

526 Benjamin propusera como mínimo mensal a soma de 1.390 francos.

527 Benjamin escrevera a Horkheimer em 28 de março: "Resumindo: creio que o plano definitivo e cogente do livro [ou seja, do trabalho *das Passagens*], já que os estudos preliminares materiais estão completos, exceto uma ou duas áreas restritas, deveria emergir de duas investigações metodológicas fundamentais. Uma diria respeito, de um lado, à crítica da história pragmática e, do outro, à crítica da história cultural, tal como ela se apresenta ao materialista; a outra diria respeito ao significado da psicanálise para o sujeito da historiografia materialista. Se você hesitar em que eu trate desse segundo tema sem antes ter a oportunidade de discuti-lo comigo em pessoa, resta a sugestão de que eu componha o primeiro tema a que aludi – o confronto entre a historiografia burguesa e a materialista – como prefácio ao livro. Contra o que tenho certas reservas é empreender um capítulo específico do livro antes que o plano geral desse último

continha, a resposta de Max, que chegou há poucos dias, aceita a terceira: escrever primeiro o capítulo sobre Baudelaire. Claro que o seu projeto me era de longe o mais apropriado, claro também que o mais urgente do ponto de vista do trabalho. Digamos, por outro lado, que os motivos essenciais do livro estão de tal forma imbricados que os temas individuais não se apresentam como alternativas estritas.

Max ficou tão entusiasmado com o "Jochmann"[528] quanto queríamos. Ele me incumbiu de escrever uma introdução ao ensaio. Enquanto isso, descobri mais informação interessante sobre o autor.

Por breve que tenha sido meu encontro com Kolisch – foi no camarim durante o intervalo –, cordial parece ter sido a estrela que o guiou. Estou muito ansioso para revê-lo, o que não há de demorar tanto assim.

Sohn-Rethel concluiu o manuscrito.[529] Ainda não pude lhe pôr os olhos. Esperemos pelo melhor!

---

esteja inteiramente determinado. Se enfim você não puder aprovar plenamente esse procedimento alternativo, eu lhe sugeriria escrever, investindo *in media res*, o capítulo sobre Baudelaire antes do resto" (GS V [2], p.1158).

528 O ensaio de Carl Gustav Jochmann "Retrocessos da poesia" [Rückschritte der Poesie], do qual Benjamin enviara a Horkheimer uma cópia resumida em 28 de março.

529 Benjamin refere-se ao "Paris Exposé", publicado em 1971 sob o título "A liquidação crítica do apriorismo. Um estudo dialético (com anotações à margem de Walter Benjamin" [Zur kritischen Liquidierung des Apriorismus. Eine materialistische Untersuchung (mit Randbemerkungen von Walter Benjamin)] (agora em Alfred Sohn-Rethel, *Geistige und körperliche Arbeit. Zur Epistemologie der abendländischen Geschichte* [Trabalho intelectual e braçal. Sobre a epistemologia da história ocidental]. Weinheim, 1989, p.153-220).

Li *Processo sem juiz* [Prozess ohne Richter] de Brentano[530] – uma peça muito bem escrita, mas infelizmente confusa que ela só. No momento, para grande proveito e benefício das *Passagens*, estou estudando o Dickens de Chesterton:[531] uma obra extraordinária, uma irresistível música de bom-senso.

Desejemo-nos um ao outro boa sorte em nossos trabalhos.

Cordialmente,

Walter

23 de abril de 1937
Paris XIV
23 rue Bénard

74. Wiesengrund-Adorno a Benjamin Oxford, 25.04.1937

Oxford, 25 de abril de 1937

Caro Walter,

Muito obrigado pela sua carta e pelo material enviado para Londres e para cá. Mas quanto a esse último, e já para liquidar os assuntos práticos, eu não lhe dera também meu exemplar pessoal do ensaio sobre o jazz (em separata)? Esse exemplar em específico me é de particular valor, porque contém uma parte dos acréscimos[532] que quero enfim reunir. Muito obrigado de antemão.

530 O romance de Bernard Brentano (1901-64) acabara de aparecer.
531 Cf. Gilbert Keith Chesterton, *Charles Dickens*. Paris, 1927.
532 Referência aos "Acréscimos oxfordianos" [Oxforder Nachträge] ao ensaio "Sobre o jazz", que Adorno incluiu no volume *Moments musicaux* (1964) (cf. GS 17, p.100-08).

Nesse meio-tempo escrevi em detalhes a Max,[533] incentivando também a melhoria por princípio de sua situação financeira. Fritz parece já ter dado alguns passos nesse sentido. Vamos ver se meu incentivo terá sucesso. Mais uma vez me aprofundei nas razões por que prefiro ver a peça sobre Jung levada a bom termo antes que seja abordada qualquer questão acerca do próprio complexo das *Passagens*. Max me comunicará sua opinião a respeito, de todo modo. A propósito, no que se refere a Fromm, ele escreve que partilha de minhas objeções ao último trabalho dele[534] (que eu relatara de Paris). Enquanto isso, li também o ensaio sobre cultura de Marcuse. Achei-o bem medíocre; coisas de segunda mão, tomadas de empréstimo a Max, atulhadas de ninharia cultural weimariana; obra de um professor de liceu convertido, embora muito zeloso. E claro, dada a dimensão do objeto, absolutamente equivocada. Se ele tivesse ao menos se circunscrito à crítica do *conceito* ideológico de cultura... Em vez disso ele insere *conteúdos* de cultura, que no entanto são tudo e nada. Em especial aquelas coisas infames sobre arte; sobre seu efeito transfigurador etc. Com jovens como esse, a pessoa tem a impressão de que eles não mais tiveram experiências estéticas desde que se decepcionaram com o professor de alemão no primário. E assim, claro, fica muito mais fácil para eles liquidar a arte do que para nós. O que você acha do trabalho? Não me será exatamente fácil dizer a Max minha opinião sem que eu seja incluído no rol dos criticastros e ranhetas – sobretudo quando ele conhece a visão que tenho do trabalho de Löwenthal[535] e minhas

533 A carta data de 23.04.1937; para a passagem sobre Benjamin, cf. GS VII [2], p.867ss.

534 Cf. Erich Fromm, "Zum Gefühl der Ohnmacht" [Sobre a sensação de impotência]. *Zeitschrift für Sozialforschung*, v.6, n.1, 1937, p.95-117.

535 Cf. Leo Löwenthal, "Knut Hamsun. Zur Vorgeschichte der autoritären Ideologie" [Knut Hamsun. Sobre a pré-história da ideologia autoritária]. *Zeitschrift für Sozialforschung*, v.6, n.2, 1937, p.295-343

ressalvas a Fromm, e mal precisa conhecer a minha postura diante de Neurath e Lazarsfeld.[536] No entanto, será difícil contornar a situação. Sequazes como Löwenthal e agora infelizmente também Marcuse são um verdadeiro perigo. Mas como é difícil nos defender precisamente desses que nos imitam; isso eu sei muito bem da experiência com Sternberger e Haselberg.[537] E contudo você tem razão ao endossar sempre, em silêncio, esse fomento – mais razão do que eu estaria propenso a admitir ainda um ano atrás.

Estou extremamente ansioso para ver o trabalho de Sohn-Rethel; presumo que você o verá antes que eu. Se a resposta de Max for negativa[538] – o que não obstante é concebível, embora a exuberância do talento de Alfred, se pensarmos na média dos jovens, lhe garanta uma entrevista –, eu estaria disposto a tentar algo diverso em favor de Alfred, mas, por favor, ainda não mencione nada a respeito.

Torno portanto a meu trabalho amanhã. Primeiro vou selecionar as partes apropriadas para a versão inglesa e organizar o material. Ao mesmo tempo que faço isso, quero dar início à redação do último capítulo na forma de ensaio sob o título "Crítica da subjetividade

(agora em Leo Löwenthal, Schriften, v.2: *Das bürgerliche Bewusstsein in der Literatur* [A consciência burguesa na literatura]. Frankfurt a.M., 1981, p.245-97).

536 Cf. Otto Neurath, "Inventory of the Standard of Living", e Paul Lazarsfeld, "Some Remarks on the Typological Procedures in Social Research". *Zeitschrift für Sozialforschung*, v.6, n.1, 1937, p.140-50 e p.119-38.

537 Peter von Haselberg (1908-1994) estudara com Adorno entre 1931 e 1933.

538 Para a carta crítica de Horkheimer datada de 24.05.1937, cf. *Briefwechsel Adorno/Sohn-Rethel*, loc. cit., p.61ss. Adorno encorajou em seguida Walter Adams, secretário-geral do Academic Assistance Council, a conceder uma bolsa a Sohn-Rethel (ver nota 580, carta n.83).

transcendental". Além disso, terei de dar uma mordida na maçã de casca sempre vermelha, mas azeda, da crítica do livro de Ernst.[539]

Se você e Fuchs chegarem a ponto de uma discussão, ofereço esta divisa: "autocrítica leninista". Creio que isso baste para mantê--lo a distância – ou para tomar distância dele. A carta de Fuchs, como eu adoraria vê-la!

De Gretel só ouço coisas boas. Londres não me concedeu apenas um visto americano de visitante, mas também – o que muito me satisfaz em vista do ritmo de nossos encontros – um visto de permanência francês por dois anos. Com certeza farei uso dele já em junho.

Krenek acaba de publicar um livro[540] que faz referência a mim no mais cordial dos termos e contém excelente material na parte sobre os aspectos tecnológicos da música. Por outro lado, sinto--me menos à vontade com as ideias estéticas expressadas, e tanto menos na medida em que ele se apropria de alguns de nossos temas à sua própria maneira.

Permita-me encerrar com esta discreta prece a Deus: que Ele nos valha contra os nossos amigos. Quanto aos inimigos, fio-me no momento no "*hood*".[541]

Cordialmente,

Teddie

---

539 Adorno não escreveu a planejada resenha de *Herança do nosso tempo* (loc. cit., carta n.24, nota 195).

540 Cf. Ernst Krenek, *Über neue Musik* [Sobre a nova música]. Viena, 1937; para a resenha de Adorno sobre o livro, cf. *Zeitschrift für Sozialforschung*, v.7, n.3, 1938, p.294-6 (agora em GS 19, p.366-68).

541 A referência ao termo em inglês na acepção de "hábito de monge" pode ser uma alusão ao Comité Secret de l'Action Révolutionnaire, uma organização clandestina francesa de extrema-direita existente desde 1932, autodenominada "Cagoule" (equivalente francês de "*hood*"); seus membros – os "*cagoulards*" – perpetraram ataques contra os representantes das esquerdas. A organização foi esmagada em 1937 pelo governo Léon Blum (ver carta n.94 e a respectiva nota).

75. Benjamin a Wiesengrund-Adorno
Paris, 01.05.1937

Caro Teddie,

Antes de mais nada, meus parabéns pelo visto de dois anos. Então vamos nos ver antes de sua viagem aos Estados Unidos! E Felizitas finalmente fará sua aparição!

A propósito, gostaria de iniciar estas linhas com um pedido de desculpa e um agradecimento. Desculpe-me por não ter enviado o exemplar pessoal do trabalho sobre o jazz, que lhe despacho imediatamente pelo mesmo correio, por carta registrada. E obrigado pelas palavras que você escreveu a Max em meu favor. Desde a volta de Pollock, não tive notícias de Nova York; e nada de novidades também sobre aquelas outras questões futuras, que ele me prometera considerar com todo o carinho.

Pollock já me dera a entender que Max tinha certas reservas com respeito à sugestão de eu escrever meu próximo trabalho sobre Jung e Klages, e que as razões para tanto se prendiam a debates internos do próprio círculo de Nova York; nesse meio-tempo, uma carta de Max[542] confirmou o fato. Eu explicara ao próprio Max as razões[543] que me levavam a aplaudir tão irrestritamente a sua proposta, e expressara também minha prontidão, se ele tomasse como oportuno, em empreender de imediato o "Baudelaire".

Encontrei material novo para minha Introdução ao ensaio de Jochmann.

Calculo que o manuscrito de Sohn-Rethel terá chegado a você pouco antes destas linhas. Ele não pôde reservar um exemplar para

542 A carta de Benjamin a Horkheimer data de 13.04.1937 (para um excerto, cf. GS I [3], p.1067).

543 Na carta a Horkheimer de 28.02.1937 (para um excerto, cf. GS VII [2], p.866).

mim, portanto ainda não lhe pus os olhos. Mas o que não me falta é material para ler, em primeiro lugar o livro de Kracauer.[544] Ainda não estou nem na metade, mas por enquanto não vejo motivo de retirar nada do que lhe relatei sobre minha primeira impressão.

Só corri a vista pelo ensaio de Marcuse. Preciso lhe dizer que meu prejuízo há muito coincide com o seu, antes que meu juízo presumivelmente o faça?

Para concluir, meus melhores votos para seu texto inglês e as minhas ternas lembranças,

Walter

1º de maio de 1937
Paris XIV
23 rue Bénard

76. Wiesengrund-Adorno a Benjamin Oxford, 04.05.1937

4 de maio de 1937
Merton College
Oxford

Caro Walter,

Estas linhas são só para lhe agradecer pela carta e pelo exemplar manuscrito, e ao mesmo tempo para dar expressão ao mais penoso dos embaraços em que me vi posto pelo envio do "Offenbach". Minhas piores expectativas foram superadas em muito. Só a feliz

544 Cf. Siegfried Kracauer, *Jacques Offenbach und das Paris seiner Zeit* [Jacques Offenbach e a Paris de seu tempo]. Amsterdã, 1937; para a resenha de Adorno, cf. *Zeitschrift für Sozialforschung*, v.6, n.3, 1937, p.697ss (agora em GS 19, p.363-65).

circunstância de não ter o exemplar aqui em mãos é que me impede de citar-lhe algumas de uma série de frases dignas de Mannheim, que fazem o leitor corar com tanto mais pudor quanto menos parecem fazer corar o próprio autor. As poucas passagens que tratam de música contêm erros crassos. E a disposição do todo, anunciada no prefácio idiótico e presunçoso como uma "biografia da sociedade", é igualmente digna de detalhar. As considerações sociais não passam de conversa de comadres, cuja tolice e trivialidade têm seu único equivalente naquele pestanejo bem pequeno-burguês com que, meio admirado, meio invejoso, ele esguelha os olhos para a *society* e mesmo o *demi-monde* – a que Kracauer, aliás, pespega o artigo feminino. Não, se Kracauer realmente se identifica com esse livro, ele definitivamente riscou o próprio nome da lista de autores a serem tomados a sério; e pondero seriamente se não devo romper relações com ele. Pois prolongá-las seria tão ou mais ofensivo quanto: significaria não poder responder à altura a nada do que ele realiza. Seja como for, algo tem de ser feito. Esbocei uma carta, que acabou amassada no lixo; considero agora uma ação conjunta entre mim, você e Ernst, que possa talvez influenciá-lo. Ou será melhor aguardar até minha chegada a Paris? Mas isso tornará as coisas muito difíceis para mim, dada a dependência do Instituto em que se acha Kracauer. Fico arrepiado só de pensar na impressão que a obra causará em Max. Ela é de fato tão perfeitamente medíocre que será fácil tornar-se um sucesso de vendas nas livrarias, e isso nos aliviaria de todo o remorso. Enquanto isso, peço-lhe conselho urgente a respeito.

Cordialmente, como sempre,

Teddie

77. Benjamin a Wiesengrund-Adorno
Paris, 09.05.1937

Caro Teddie,

Há dias que me entregava à vã esperança de encontrar ocasião de ditar esta carta, que breve não poderá ser. Ora, acabei sendo obrigado a me decidir pelo manuscrito. Com efeito, eu teria desejado que você recebesse algo mais manejável que um manuscrito.

Quando as suas linhas sobre o "Offenbach" chegaram, não havia nem uma hora que eu confiara a Sohn-Rethel, o primeiro a quem falei, a impressão que me deixara a leitura da obra. Antes que lhe fale dessa impressão em detalhes, dou-lhe a conhecer a impressão geral fazendo eco ao acento preponderante de sua carta na questão de como vamos nos haver com essa impressão.

Soubesse eu uma resposta a essa questão, esta carta seria bem menor. Se me estendo em detalhes é para lhe dar a entender que minha perplexidade surge de uma situação que deve ser análoga àquela que inspirou sua carta endereçada a mim. Para resumir, pelo menos no que tange ao problema central, não posso senão replicar a sua pergunta com outra pergunta. Você indaga: o que fazer? E eu: é preciso fazer alguma coisa?

Se minha relação com Kracauer fosse uma relação isolada, calafetada, não hesitaria em responder a essa pergunta – à minha própria – com um redondo não. A razão para tanto é simples, e aqui minhas considerações substantivas sobre o livro cedem lugar a considerações psicológicas minhas sobre o autor: nesse livro, Kracauer renunciou a si mesmo. Ele compôs um texto que poucos anos atrás não teria encontrado crítico mais inclemente senão ele próprio. Com dez anos de atraso, ele engrossou o exército dos biógrafos que um dia lutaram sob a bandeira do santo Ludwig e tinham seus campeões em Marcuse, E. A. Rheinhardt e

Frischauer.[545] A situação é clara. Se coubesse a mim, e a mim somente, dar a ele uma resposta, não me seria dado ignorar obviamente uma circunstância complementar: foi em época de extremo apuro que Kracauer julgou necessário encontrar acesso ao mercado de tal modo. Ninguém poderia desejar mais sinceramente do que eu que certo cinismo da parte dele – para não falar de humor – tivesse tornado tal espetáculo mais palatável, não só para ele, mas também para seus amigos. Infelizmente, uma atitude assim não seria nem ao menos de esperar da parte dele.

Tudo isso me levaria – supondo ainda que o assunto fosse exclusivamente entre mim e ele – a aceitar em silêncio a sua interdição condicional e, sem abrir mão dele, aguardar o desenvolvimento das coisas.

Infelizmente, a suposição que faço aqui não procede. Minha relação com Kracauer não se dá no vazio – e não só do ponto de vista pessoal, mas também com respeito a temas substantivos: a posição abandonada por Kracauer não era só dele, mas comum a todos nós. Esse é o ponto importante. E considerando a coisa mais de perto, percebo pela primeira vez com clareza o que possibilitou a Kracauer – mais, o que o forçou – a excluir o trabalho dele de nossas conversas de forma tão cabal ao longo dos anos em que preparava esse livro.

Mas passo agora a considerações de ordem material, a que naturalmente só posso aqui aludir. O exemplo está dado: sabe-se que não é possível dizer algo de essencial sobre a obra de Offenbach, objetiva ou teoricamente, abstraindo da música. Em termos sub-

545 Referência a Emil Ludwig (1881-1948), Ludwig Marcuse (1894-1971), Emil Alphons Rheinhardt (1889-1945) e Paul Frischauer (1898-1977), que escreveram diversas biografias de personalidades históricas.

jetivos e práticos, como Karl Kraus mostrou, isso é bem possível. Karl Kraus respondeu a seu modo à opereta de Offenbach:[546] ele estava pronto, estava entusiasticamente decidido a comprometer-se com ela. Kracauer quer salvar a donzela caída. Sua empreitada demonstra, contra a sua própria vontade, que a "salvação" da opereta de Offenbach é impossível sem a respectiva análise musical.

Frustrada a salvação, ela reaparece em forma distorcida, como apologia. E vejo o aspecto propriamente fatal do livro em seu caráter apologético. Que é flagrante sobretudo nos trechos referentes à origem judaica de Offenbach. Para Kracauer, o traço judaico permanece radicado nas origens. Ele nem sequer sonha em reconhecê-lo na própria obra. Mas não consigo enxergar na teoria da opereta, tal como ele a repete com fatigante insistência e sem a menor variação musical, nada mais do que uma apologia. O conceito de êxtase, a que cabe dar suporte a essa teoria, nada mais é, tal como aparece aqui, que uma *bonbonnière* emporcalhada.

A isso acresce que não é fácil encontrar uma época em que toda tentativa de apologia seja mais vã do que a nossa. Tudo o que chega à *evidência* no Segundo Império é repulsivo e tacanho. Claro que Kracauer farejou isso. Mas como ele se devota somente à evidência, não é poupado da canalhice por contato. Eis o preço que é levado a pagar pela apologia. Muito do que se pode extrair das fontes aparece no próprio texto como sórdido e mesquinho, e quase nenhuma das inúmeras anedotas causa impacto quando reproduzida.

Creio, portanto, que em juízo não divergimos sobre o livro. Em particular, desagradam-me as numerosas ofensas contra o alemão. Talvez nem sempre elas sejam involuntárias, e mal posso imaginar que um escritor como Kracauer pusesse no papel uma expressão,

546 Cf. a passagem no ensaio de Benjamin "Karl Kraus" (GS II [1], p.356ss).

digamos, como "danado de bom" se não fosse de propósito. Suspeito que se dê vazão aqui ao ressentimento de um emigrante à custa da língua alemã, e nisso se perde toda a graça.

Bloch menciona o livro só de passagem em sua última carta;[547] escreve-me que gostaria de saber o que você diz acerca dos comentários de Kracauer sobre *Os contos de Hoffmann*; o juízo dele, isso ele guarda para si. (Aliás, julgo o relato das últimas semanas de vida de Offenbach como uma das poucas boas passagens do livro.)

E agora em conclusão, apesar de tudo, retomo a pergunta: é preciso fazer alguma coisa? Não sei se podemos sequer contemplar a possibilidade de tomar uma decisão antes de nos falarmos. Eu, de minha parte, diria simplesmente *en attendant* que nada deve ser julgado em definitivo.

Já tem ideia mais precisa da data de sua chegada?[548] Estenda o máximo que puder sua temporada. Discutiremos, entre muitas outras coisas, a questão da editora para os ensaios de Max, já que a tradução ficará pronta nesses dias.

Escreva-me duas palavras sobre Berlioz. Ele aparece no "Offenbach"; há tempos que venho querendo saber de quem realmente se trata.

Cordialmente,

Walter

9 de maio de 1937
Paris XIV
23 rue Bénard

547 A carta data de 26.04.1937 (cf. Ernst Bloch, Briefe, v.2, loc. cit., p.667ss).

548 Adorno esteve em Paris a partir de 2 de junho, antes de seguir viagem para Nova York.

78. Wiesengrund-Adorno a Benjamin Oxford, 12.05.1937

Oxford, 47
Banbury Road
12 de maio de 1937

Caro Walter,

Uma carta de Max,[549] que recebi nesses últimos dias, trata de alguns assuntos que são do seu interesse.

Primeiro, sobre os *Essais de philosophie matérialiste*. Max presume que se trata ainda de trabalhar na tradução de Klossowski (nesse meio-tempo ela já terá sido concluída). Ele pergunta se você ou Klossowski, ou ambos juntos, prepararam uma lista de passagens em que apareçam repetições desnecessárias ou coisas que sejam particularmente obscuras para o leitor francês; se fosse o caso, caberia também suprir algumas referências sobre autores e livros menos conhecidos na França. Por fim, há a questão do prefácio. Max gostaria muito que fosse de um francês; tenho sérias reservas a respeito, sobretudo porque não conheço nenhum apropriado (Wahl??); e creio que, no fim, ele próprio terá de escrevê-lo. Ele lhe pede que discuta todos esses pontos comigo em junho em Paris, e então resolvo com ele os problemas pendentes em Nova York. Talvez você tenha a bondade de tomar nota do que lhe pareça importante, e considere talvez elaborar aquela lista de passagens.

Cito-lhe textualmente outro trecho da carta: "Acabo de receber uma carta de Benjamin, dizendo que ele está de pleno acordo com o tema de Baudelaire. Se você preferir ignorar minha sugestão e retornar ao tema das imagens, não tenho nada a objetar. Só lhe agradeceria, nesse caso, que eu recebesse o mais breve possível um

549 A carta (inédita) de Horkheimer a Adorno de 04.05.1937.

esboço conciso com as ideias básicas em questão. Deixo a vocês dois a palavra final sobre que passo tomar a seguir, mas registro minha preferência, salvo melhor juízo, pelo Baudelaire".

Em resposta, expus a ele mais uma vez minhas razões a favor do tema da imagem arcaica e disse-lhe que discutirei o assunto com você em detalhes; não saberia dizer se a decisão ainda pode ser adiada até que eu esteja em Nova York, já que não sei em que pé está seu trabalho no momento. Não quero apressá-lo, mas você sabe por que prefiro o tema da imagem arcaica, e creio que, depois dessas palavras, Max não trará grandes dificuldades. Tanto maior seria a obrigação, naturalmente, de tornar esse trabalho um importante *achievement* metodológico. Mas se você ainda quiser se ater à nossa ideia original e ao mesmo tempo for da opinião de que esse trabalho não fica nada a dever, em termos substantivos, ao capítulo sobre Baudelaire, então eu lhe pediria que fizesse chegar a Max o mais breve possível aquele pequeno esboço, mas que de resto me informe em detalhes sobre as objeções dele, as quais ainda não conheço.

Meus arranjos de viagem estão agora mais ou menos certos. Gretel chegará aqui[550] em menos de duas semanas, a convite de Opie. Passamos então uns dias em Londres e chegamos finalmente – ao que tudo indica por volta de 2 de junho – a Paris.

Não viajo para a Alemanha, mas diretamente para Nova York, no dia 9, a bordo do *Normandie*. Lá permaneço duas semanas; retorno com o Normandie em 30 de junho; e talvez mais um ou dois dias em Paris, antes de seguir para a Alemanha.

A Kracauer escrevo agora uma carta[551] de bons princípios e absolutamente franca sobre a atrocidade dele. Mas gostaria de aguardar

550 A planejada visita de Gretel em maio não ocorreu; ela deixou a Alemanha três meses mais tarde e chegou em 20 de agosto a Londres.

551 Adorno escreveu a Kracauer no dia seguinte, 13.05.1937. Essa carta (a que também se faz menção na carta n.79) ainda é inédita, mas é citada repetidas vezes na literatura secundária (por exemplo, em

sua própria atitude a respeito – sobretudo no que tange à questão de uma ação conjunta com Ernst Bloch. Seja como for, com toda a discrição que se faz necessária com uma tal indiscrição, vou lhe enviar uma cópia da minha carta. Também escrevi a Max em termos claros sobre o trabalho de Marcuse.

A Sohn-Rethel, escrevo ainda esta tarde.[552]

Até muito breve, então. Cordialmente, como sempre,

Teddie

79. Wiesengrund-Adorno a Benjamin Oxford, 13.05.1937

Oxford, 13 de maio de 1937

Caro Walter,

Eis a cópia da minha carta a Kracauer. Ela já se encontrava em estado de esboço quando a sua chegou. Estamos, pois, de pleno acordo. Não fui capaz de guardar silêncio por mais tempo; isso não descarta, porém, uma ação conjunta. Mas acredito que algo deva ser feito por consideração ao próprio Kracauer. Aceitar o livro em silêncio ou por cortesia seria o mesmo que o abandonar. Naturalmente, peço-lhe que trate com discrição minha carta a K., e sobretudo que não diga a Ernst que tem conhecimento dela; do contrário ele a mencionaria cedo ou tarde sem nenhum tato. E queira por favor enviá-la de volta no seu devido tempo. O interessante é que você também nutre a suspeita de uma vingança contra a linguagem. Tive muitas vezes a mesma impressão.

Ingrid Belke e Irina Renz, Siegfried Kracauer 1889-1966 (Marbacher Magazin 47/1988), p.91.

552 Essa carta de Adorno se extraviou (cf. *Briefwechsel Adorno/Sohn-Rethel*, loc. cit., p.59).

Responder sua pergunta sobre Berlioz não é tarefa nada fácil. Eu próprio não faço uma ideia clara da figura. Notável ela certamente é. Um músico que, do ponto de vista técnico, alcançou algo decisivo: a descoberta da cor musical como um valor em si mesmo. Antes dele, as cores musicais eram em maior ou menor medida registros da composição: com ele passam elas ao centro. Ele descobriu os instrumentos como *valeurs*, equivalentes aos pictóricos; criou aquele tipo de orquestra de que Wagner, Liszt e Strauss se valem diretamente; inaugurou a instrumentação como disciplina.[553] Mas tudo isso acompanhado de uma peculiar incapacidade na própria arte da composição, que sempre confina com o diletantismo e muitas vezes o extrapola. Suas maneiras musicais são as piores do mundo: todo o barulho e brilho espúrio do wagnerismo nele converge, e há também um fundo de trivialidade que é surpreendente e permaneceu característico de toda uma escola até Strauss. Quanto à forma musical, ele introduziu o princípio do *imprévu*: da surpresa, do novo como *nouveauté* no sentido das *Passagens*, a que está sempre disposto a sacrificar a lógica da construção (o termo é dele). Toda a sua música oscila de contínuo entre os polos do banal e do surpreendente: foi ele o primeiro a pôr em voga o conceito da sensação artística, provavelmente antes do que a literatura (a *Sinfonia fantástica*,[554] se não me engano, apareceu antes ou logo após a morte de Beethoven). Ele é o único representante do "excêntrico" na música; há relações com Poe (não com Baudelaire; ele não tem nada de parnasiano). O estranho é que, apesar da banalidade, apesar da proximidade a orquestras de balneário, apesar dos saltos que a sua música faz soar como se estivesse a ponto de se desintegrar no instante mesmo da produção, cada compasso seu traz o selo de sua autoria. Muita

553 Cf. Hector Berlioz, *Grand traité d'instrumentation et d'orchestration modernes*. Paris, 1843.

554 De Berlioz, de 1830.

coisa, como o movimento lento da *Fantástica*, é notável e bela. Não conheço suas obras tardias, mas provavelmente elas mereçam um estudo mais detido. Aliás, ele escreveu uma autobiografia que vale muito a pena ler.[555] Historicamente falando, marcou época como nenhum outro, num certo sentido mais que o próprio Wagner; e no entanto mal restou uma obra integral sua. Talvez essas notas irresponsáveis o instiguem um pouco a explorar a obra dele.

Cordialmente, como sempre,

Teddie

Ernst Bloch pode ficar sabendo sem problema algum que repudio cabalmente o "Offenbach". No livro *The Nightside of Paris*, de Edmund B. D'Auvergne (Londres, sem data; provavelmente por volta de 1910), o autor faz notar à p.56 que esta inscrição encimava a porta do *antigo* Chat Noir (rue Victor-Massé): *Passant, sois moderne!* Talvez você possa usá-la para seus objetivos.

80. Benjamin a Wiesengrund-Adorno [Paris,] 17.05.1937

Caro Teddie,

Tenho suas cartas dos dias 12 e 13 na minha frente. O que primeiro e de mais importante deduzo delas é a expectativa de sua chegada nos primeiros dias de junho. As datas que você menciona sugerem que reservou cerca de oito dias para Paris. Já hoje lhe peço, e espero que a tempo, que não deixe esse tempo ser encurtado de modo algum por arranjos posteriores, sejam eles quais forem. Esses dias, estou certo disso, vamos senti-los como muito curtos de todo modo.

---

555 As *Mémoires*, concluídas por Berlioz (1803-69) em 1864 e publicadas postumamente, em 1870.

A tradução de Klossowski estará pronta quando você chegar; vou cuidar da lista, não se preocupe.

Vamos acertar de vez o tema do meu próximo trabalho quando você estiver aqui. A questão é complexa demais para elucidar por carta. Hoje quero apenas lhe assegurar – algo, aliás, evidente – que o embate da imagem dialética com a imagem arcaica circunscreve, como antes, uma das tarefas filosóficas decisivas das *Passagens*. Mas isso implica também que expressar as teses a respeito não pode ser matéria de um pequeno e improvisado *exposé*. Ao contrário, não posso formular essas teses antes de um exame crítico circunstanciado dos teóricos da imagem arcaica. Mas os escritos deles – esta é uma circunstância de que só tomei conhecimento há pouco – não se encontram na Bibliothèque Nationale. Instruções de Max me levaram a adiar essas questões bibliográficas. Não vejo certamente essas dificuldades, nem da forma mais remota, como decisivas. Elas apenas transformam uma decisão *terminante* no sentido positivo numa questão de várias semanas.

Nesse particular, temos de discutir juntos em que medida o trabalho sobre Baudelaire pode promover, por sua vez, os interesses metodológicos decisivos do trabalho das *Passagens*. Se me fosse dado expressar toda a questão em uma fórmula, antecipando nossa discussão, tal fórmula seria: em virtude de uma economia de trabalho no longo prazo, tomo o trabalho sobre a imagem arcaica como de primeira necessidade. No interesse de aprontar um manuscrito apto para publicação em futuro mais ou menos previsível, mais aconselhável é o trabalho sobre Baudelaire, que obviamente possuirá também o seu peso.

Agora uma palavra sobre as coisas que você me enviou. Acabei de receber os "Acréscimos".[556] Por isso só li alguns poucos deles,

556 Ver nota 532, carta n.74.

e interrompi a leitura, porque lê-los às pressas me privaria de um grande prazer. Mas vi o bastante para ter a certeza de que com esses "Acréscimos" você logrou uma plasticidade da mais alta ordem. O gesto do seu pensar não é o gesto canhestro que "arranca a máscara" ao interlocutor, mas antes o gesto do olhar furtivo, que desmascara. Excelente é a sua descrição da imagem arcaica do "judeu entre espinhos",[557] e não menos o apagar das luzes ao final de um Debussy.[558] Sua observação de que "o sujeito do jazz transita do salão para a marcha"[559] me parece resumir com brilhantismo a sintomática política do jazz: se se substituir o sujeito do jazz pelo *bouquitier*, ele se comporta segundo a mesma fórmula, na medida em que enfia no corpo um uniforme da SA. A profunda compreensão com que você abre os braços a "Puppchen"[560] já me edificara em Paris, como você há de se lembrar. E assim por diante: ainda falaremos sobre o assunto. Muito obrigado por suas notas sobre Berlioz! Vou ver se consigo um dia desses a autobiografia dele. Sua referência à antiga inscrição do Chat Noir já encontrou registro nos meus papéis.[561] *Merci!*

Por fim, quero partilhar mais que a minha concordância com seu juízo sobre o "Offenbach", tal como você o formulou: quero partilhar a minha simpatia pelo modo com que faz chegar esse juízo a Kracauer. É obvio que eu nunca teria tentado algo do gênero. Vejo que a você isso foi possível, e assim a minha própria posição em relação a Kracauer ficou mais definida e defensável do que eu

557 Referência à fábula "Der Jude im Dorn", recolhida pelos Irmãos Grimm; a frase do terceiro dos "Acréscimos oxfordianos", mais tarde riscada do manuscrito, dizia: "O modelo mitológico do jazz seria o 'judeu entre espinhos', [...] obrigado a dançar até cair morto".

558 Cf. GS 17, p.101.

559 Cf. ibid., p.102.

560 Cf. ibid., p.103ss., onde Adorno disseca essa canção popular alemã.

561 Cf. GS V [2], p.687.

poderia esperar (sem que jamais ele saiba que tenho conhecimento de sua carta). No entanto, é preciso que ele saiba, é bom que ele saiba que conheço seu juízo. Ainda não o vi desde a leitura do livro, mas conto com um encontro na semana que vem. Uns dias mais e nós também iremos nos ver.

Até breve e cordialmente,

Walter

17 de maio de 1937

81. Benjamin a Wiesengrund-Adorno Paris, 15.06.1937

Caro Teddie,

Escrevo-lhe esta um dia após sua chegada a Nova York. Quero imaginar que você guarde boas lembranças da travessia. E espero que os dias passados em Nova York desde então tenham se seguido amenos.

Quando esta carta lhe chegar às mãos, você já terá falado com Max a meu respeito. E o conteúdo da carta que acompanha esta[562] já será portanto do seu conhecimento.

A princípio ela me parece dizer o seguinte: Max e Pollock estão de acordo em que 1.500 francos são insuficientes como auxílio mínimo para quem está diante da tarefa que o Instituto está disposto – para sorte minha – a atribuir-me. O reconhecimento implícito desse fato econômico óbvio sugere quanto me seria grata uma ajuda suplementar.

Além do mais, não quero perder de vista que proceder à regularização da minha situação financeira com base no franco francês talvez só possa me parecer desejável no momento com sérias reservas. Desde que você deixou Paris, surgiu notável incerteza sobre

562 Essa carta de Friedrich Pollock a Benjamin extraviou-se.

o desenvolvimento do franco francês. Ainda que ele permaneça estável, parece que os preços por sua vez não poderão permanecer.

Você se lembra, caro Teddie, do que lhe disse no *hall* do Littré: você não precisa demonstrar sua solidariedade por mim. Que ambos saibamos disso, e que um saiba que o outro sabe disso, é o que mais importa, agora que é patente o peso todo particular que cabe às suas palavras em meus assuntos.

A carta de Pollock, escrita antes que você pudesse falar desse modo a meu favor, confere-me certo espaço de manobra, e talvez por isso mesmo empreste às suas palavras uma chance de maior ressonância.

Permita-me concluir com essa esperança, na qual incorporo os meus mais cordiais votos por você.

Walter

15 de junho de 1937
Paris XIV
23 rue Bénard

82. Wiesengrund-Adorno a Benjamin
Nova York, 17.06.1937

Barbizon Plaza Hotel
101 West 58th Street ... Central Park South ... New York
17 de junho de 1937

Caro Walter,

Estas linhas só para lhe dizer que as coisas vão bem para o seu lado. Ainda não posso lhe dar nenhuma informação definitiva, mas a marcha das coisas parece precisamente aquela que eu esperava. Sobretudo no tocante à hierarquia dos três colaboradores[563] em

563 Referência a Benjamin, Kracauer e Sohn-Rethel; ver também a carta seguinte.

questão. Quanto aos outros dois a esperança é pouca; tanto mais positiva a atmosfera para você.

Satisfatórias também andam as coisas para o meu lado. Permaneço – aqui entre nós! – mais um ou dois anos na Europa para lá assumir a direção dos negócios do Instituto. Esse arranjo acabará servindo a nós todos.

A viagem foi agradável, e tanto mais a minha estada. Que está sendo, é verdade, muito cansativa. Um exagero de trabalho, daí a brevidade.

Retorno dia 30 com o *Normandie*. Dificilmente regresso à Alemanha.[564]

Cordialmente,

Teddie

83. Wiesengrund-Adorno a Benjamin A bordo do *Normandie*, 02.07.1937

French Line
A bordo, 2 julho, 1937
"Normandie"

Caro Walter,

Permita-me hoje lhe dar notícias em poucas palavras nessa minha viagem de regresso.

Primeiro os assuntos econômicos. Há firme intenção de fazer tudo o que for possível no seu caso. Mas prevalece ao mesmo tempo uma tendência *geral* de enxugar um orçamento de fato enormemente sobrecarregado. Após o último pagamento especial de dois mil francos franceses, foi impossível portanto que eu convencesse Pollock a aumentar imediatamente sua remuneração à quantia por

564 Adorno somente retornaria à Alemanha em 1949.

mim desejada,[565] embora Horkheimer visse a proposta com bons olhos e os demais igualmente a apoiassem (inclusive Löwenthal, que, como quero salientar, tem sido extremamente fiel em todas as questões que tocam a você e a mim). Nem se trata de má vontade da parte de Pollock, mas simplesmente dos cuidados de um administrador – cuidados que eu próprio também tive de experimentar. Mas acredito que posso lhe prometer – *entre nós* e sem autorização, embora com *as mais fortes* razões – que a partir de 1º de janeiro será adotada uma medida[566] que corresponderá em parte – se não inteiramente! – às minhas intenções. Em particular, consegui convencer o Instituto de que o sistema de pagamentos "de parcela única", pelo qual Pollock tem certa queda orçamentária, não é de todo aconselhável em longo prazo: não confere a você aquele sentimento de segurança de que seu trabalho necessita, e aquilo que o Instituto consegue poupar desse modo não é decisivo para a política futura. Assim é que a aparência das coisas é muito boa; a questão agora é não deixar a peteca cair nesses próximos meses. Talvez possamos até cativar Else H. Forjei um acordo secreto com Max.

A par do plano de uma medida definitiva há certas exigências referentes ao Instituto. Primeiro, o interesse pelo "Baudelaire" foi tão maior que pelo "Jung e Klages" que no *seu* interesse achei melhor não insistir. Se o Baudelaire pudesse ser posto logo no papel de forma convincente, isso seria de grande vantagem em todos os sentidos. E há também a seção de resenhas da revista. Só poderei empreender a remodelação fundamental das resenhas francesas em

565 Adorno parece ter considerado 120 dólares como o mínimo necessário, como se deduz da carta n.92, na qual Benjamin descreve a contribuição de 80 dólares, recebida por ele como subsídio mensal a partir de novembro de 1937, como "cerca de três quartos daquilo que você originalmente tinha em vista para mim".

566 Na verdade, a nova medida entrou em vigência já em novembro de 1937 (cf. a carta n.92 e a respectiva nota).

Paris, carente que sou – e como – da sua ajuda (*discrição!!!*); nossas diretrizes[567] foram em princípio aceitas. Mais importante no momento é a sua *própria* colaboração mais intensa na seção de resenhas. Seria a princípio desejável, e muito, se você escrevesse *mais* resenhas – mesmo sem levar em conta prazos para publicação; a você caberia máxima liberdade na escolha do material, seja alemão ou francês. Mas também seria bom se você – e a mesma exigência vale para mim – pudesse preparar uma ou duas resenhas "exemplares", de tamanho um pouco maior, para cada número (algo como a resenha agora publicada de Max sobre Jaspers),[568] com a intenção última de elevar qualitativamente as resenhas publicadas em *alemão* ao padrão da seção de ensaios *alemães*. Isso é de particular importância. Ademais, gostaria de lhe pedir que ficasse de olho em possíveis colaboradores franceses altamente qualificados. É claro que não se pode deixar de fora Aron, que aliás começa a ser um problema; mas não se pode abandonar tudo somente a ele. Mencionei Caillois e Bataille[569] (?); Klossowski cabe ser lembrado por um ensaio há muito prometido, "De Sade a Fourier"[570] (a menos que Max se

567 Cf. GS III, p.601ss.

568 Cf. Max Horkheimer, "Bemerkungen zu Jaspers' 'Nietzsche'" [Considerações sobre o Nietzsche de Jaspers]. *Zeitschrift für Sozialforschung*, v.6, 1937, p.407-14 (agora em Horkheimer, Gesammelte Schriften, loc. cit., v.4, p.226-35).

569 Roger Caillois (1913-78), graduado pela École Normale Superieur, fundou em 1937, junto com George Bataille e Michel Leiris, o Collège de Sociologie, em cujos eventos Benjamin tomou parte ocasionalmente como ouvinte; George Bataille (1897-1962) escondeu uma parte dos papéis de Benjamin depois que este fugiu de Paris em maio de 1940, sobretudo as "Notas e materiais" para o trabalho das *Passagens*, na Bibliothèque Nationale, seu local de trabalho.

570 Nenhum trabalho de Klossowski apareceu na *Zeitschrift für Sozialforschung*; ele só viria a publicar um ensaio intitulado "Sade e Fourier" em 1974.

decida a escrever seu grande ensaio sobre Sade).[571] Conheci ainda Etiemble, que me causou *ótima* impressão (sobretudo do ponto de vista político), como também a Max: não poderíamos mobilizá-lo também, Groethuysen à parte? Queira por favor ponderar esses assuntos, sem pôr muita coisa em prática antes que eu chegue a Paris, no final de julho.

Com isso chego à parte egoísta desta epístola. Vou representar o Instituto, em caráter altamente oficial, no congresso dos positivistas lógicos[572] e no grande congresso de filosofia[573] que se seguirá – e terei ainda de redigir atas circunstanciadas. Seria um grande alívio para mim se você pudesse comparecer e, assim também pensa Max,

571 Horkheimer não chegou a escrever esse ensaio; cf., porém, o capítulo "Juliette, ou Iluminismo e moral" [Juliette oder Aufklärung und Moral] da *Dialética do Esclarecimento*.

572 A Conferência do Congresso Internacional para a Unidade da Ciência ocorreu em Paris de 29 a 31 de julho. Adorno informou Horkheimer das discussões que ele e Benjamin travaram com participantes do congresso num relatório composto com Benjamin.

573 O IX Congresso Internacional de Filosofia ocorreu sob o signo de Descartes, cujo *Discurso sobre o método* aparecera trezentos anos antes. A introdução do relatório composto por Benjamin e Adorno para Horkheimer revela algo da atmosfera: "O Congrès Descartes é uma evento de massas. O número de participantes dizem montar a oitocentos (somados participantes ativos e passivos). Mais de 280 palestras serão proferidas: uma para cada palestrante. A organização das palestras é tal que, pela manhã, uma média de três palestras de caráter mais representativo são apresentadas em sessão plenária; pela tarde, cerca de oito ou nove palestras são apresentados simultaneamente dentro das várias seções especializadas. Nessas circunstâncias, é impossível relatar o conteúdo das palestras; algo aliás supérfluo, pois todas as contribuições já se achavam impressas à disposição dos participantes antes de serem simplesmente lidas em voz alta (o que contribuiu em boa parte para certo sentimento de desmoralização. [...] De forma igualmente vazia transcorreram as discussões, nas quais a confusão babilônica de línguas e a confraternização geral surgiam como elementos mutuamente complementares)". (inédito; os escritos póstumos de Adorno contêm uma cópia datilografada.)

me emprestasse sua ajuda. Será pedir muito? Não sei ainda as datas exatas; você pode descobri-las por meio de Brillo. Muitíssimo obrigado. Acho que Felizitas também estará presente.

A publicação do "Fuchs" será adiada outra vez, mas por uma razão contra a qual é difícil objetar algo. É que F. está envolvido em negociações decisivas referentes à compra de sua coleção, e não queremos prejudicá-la (ideia de Pollock). Mesmo assim, seria bom se você lhe escrevesse uma ou duas linhas nesse sentido. Em San Remo, onde espero que esteja, você se encontra bem longe da alça de mira.

"Arte de massas no capitalismo monopolista":[574] posso organizar a coisa contanto que não envolva um aumento *substancial* dos custos – ou do trabalho adicional por parte do reduzido pessoal do Instituto. Você portanto só poderá tomar a cargo, digamos, o romance policial, se este não interferir nas *Passagens* ou no "Baudelaire"; Max *dificilmente* será capaz de escrever sobre cinema etc. Hoje lhe peço algumas sugestões para os seguintes temas:

Romance policial
Novo realismo
Artes decorativas
Rádio
Jornais ilustrados (internacionais)
Filme em sentido estrito

---

574 Sob esse título Adorno planejava publicar uma coletânea de vários autores que incluiria "A obra de arte na era de sua reprodutibilidade técnica", "Sobre o jazz" e uma série de outros ensaios sobre a crítica da indústria cultural ainda a serem comissionados. Adorno já instigara Kracauer a escrever um ensaio mais extenso sobre a arquitetura em janeiro de 1937. Horkheimer prometera escrever a introdução. Em virtude da deterioração do quadro financeiro do Instituto, o projeto não seguiu adiante.

Os únicos potenciais colaboradores no momento são Bloch e Giedion:[575] de Kracauer não quero me aproximar antes que esteja concluída sua peça sobre propaganda.[576] Seria uma questão precisa de comissionar *ensaios*, não de oferecer subsídios; os projetos teriam de ser submetidos a mim primeiro; pagamento só depois do envio do manuscrito pronto para a impressão. Haveria também a possibilidade de publicar os ensaios na revista e em forma de livro. Está fora de cogitação Schoen participar aqui ou em *qualquer outra coisa* que diga respeito ao Instituto (discrição, sobretudo com relação a ele). Considero o êxito desse projeto matéria *urgente*.

Minhas coisas correm satisfatoriamente. Vou estar de fato incumbido dos assuntos do Instituto na Europa nos próximos dois anos; mas para não ferir nenhuma suscetibilidade o melhor será que isso *não* venha a público e não suscite questões de categoria. Vou morar em Londres, mas irei a Paris e Genebra com frequência muito maior. Como disse, eu próprio fui atingido pelas medidas de contenção de gastos, mas espero me arranjar com Gretel. Após dois anos, provavelmente seguirei para Nova York. Sobre a cidade há pouco o que dizer: sua interpretação do "A primeira vez não conta"[577] lá provou ser inteiramente correta. A atmosfera do Instituto é *extremamente* agradável. A verdadeira dificuldade para nós (para Max e especialmente para mim) é apenas o revisionismo inspirado em Fromm, com sua tendência para a criação de facções. Max escreveu um ensaio muito importante sobre a posição

575 Siegfried Giedion (1888-1968), historiador da arte suíço, primeiro secretário do Congresso Internacional de Arquitetura Moderna (CIAM) de 1928, professor da Universidade de Harvard desde 1938.

576 Ver nota 458, carta n.57.

577 A "imagem do pensamento" [*Denkbild*] assim intitulada, publicada pela primeira vez em 1934 e agora em GS IV [1], p.433ss.

da Teoria,[578] pela primeira vez com a frente de combate voltada para o Leste; a peça de Löwenthal sobre Hamsun[579] é um decisivo progresso; a aparição do meu "Mannheim" está novamente sob questão em virtude de reservas que eu mesmo levantei.

Pude conseguir uma pequena ajuda para Sohn-Rethel.[580] Para Kracauer está aberta a colaboração na revista: todo vínculo *mais firme* ou mais dilatado está excluído. O "Offenbach" causou também lá seus estragos.

Você me alcança mais facilmente no Albemarle Court Hotel, 18 Leinster Gardens, Londres W. 2, onde permanecerei ao menos por uns dias. Eu adoraria ouvir notícias suas em breve. Espero que esteja se recuperando bem.[581] Para mim a única possibilidade de restabelecer minhas forças para o trabalho é uma viagem marítima realmente serena. Queria por favor dar minhas lembranças a Dora Sophie.

Cordialmente – e até muito em breve,

Teddie

Kolisch chegou a Nova York pontualmente. Você faria a bondade de enviar a Max o meu "Ensemble",[582] com o pedido de que o devolva?

---

578 Cf. Max Horkheimer, "Traditionelle und kritische theorie" [Teoria tradicional e teoria crítica]. *Zeitschrift für Sozialforschung*, v.6, n.2, 1937, p.245-92 (agora em Horkheimer, *Gesammelte Schriften*, loc. cit., v.4 , p.162-216).

579 Ver nota 535, carta n.74.

580 O Instituto de Pesquisa Social contribuía com a soma de 60 libras para a bolsa que o Academic Assistance Council concedera a Sohn-Rethel (cf. Briefwechsel Adorno/Sohn-Rethel, loc. cit., p.65).

581 Benjamin estava de férias em San Remo.

582 Cf. Hektor Rottweiler [pseudônimo de Adorno], "Ensemble". 23 – *Eine Wiener Musikzeitschrift*, n.31/33, 15.09.1937, p.15-21 (agora

84. Benjamin a Wiesengrund-Adorno San Remo, 10.07.1937

Caro Teddie,

Começo dizendo como estou feliz de que você permaneça na Europa por enquanto. Esperemos que Felizitas também não ache a coisa toda muito difícil. Estou absolutamente convencido – como você sabe – de que esse arranjo é da mais alta serventia do ponto de vista objetivo. A ponte rumo à Europa não será portanto derrubada, mas fortificada!

Posso assim congratular a mim mesmo por essa decisão. Estou certo de que as próprias fundações epistemológicas das *Passagens* podem ser assentadas nos próximos dois anos. Você sabe quanto conto com as nossas continuadas discussões a respeito.

Algumas sombras pairavam sobre seu relato. Destas não farão parte, é o que espero, os pagamentos que lhe são devidos, e Felizitas, imagino, será capaz de encarar o futuro com você sem sobressaltos. Uma sombra, em contraponto, é o adiamento do ensaio sobre Jung em proveito da peça sobre Baudelaire. O plano de tanto peso para nós dois, lançar logo mão dos fundamentos epistemológicos das *Passagens*, fica assim adiado em sua realização. Sua notícia me chegou em meio a um estudo intensivo, e de modo algum infrutífero, de Jung. Quando você me visitar em Paris, poderá folhear sobretudo os instrutivos volumes dos *Eranos-Jahrbücher*, a publicação do órgão do círculo de Jung. Sobre o "Baudelaire", falamos depois.

Se a parte financeira do seu relato revela sombras, isso não me surpreende. Você saberá disso das poucas linhas com que lhe enviei a carta de Pollock. Mas concentro-me nas três partes mais claras de sua carta. A primeira concerne ao arranjo futuro da questão

---

em GS 16, p.275-80 e GS 18, p.39ss). A edição original traz uma dedicatória a Benjamin: "para Detlef Holz".

monetária. Só posso esperar com toda a força da minha esperança que tudo esteja resolvido até o ano-novo. Não acredito que eu possa confiar na presente situação por muito mais tempo; como resultado da enorme alta de preços e da desvalorização do franco, minha posição financeira, tendo em vista apenas o montante fixo,[583] ficou muito mais fraca nesses últimos meses do que nove meses atrás. E nisso os pagamentos em parcela única com certeza me ajudaram a recuperar o equilíbrio – mas pouco mais do que isso. E vejo também como uma circunstância propícia que, adiando o estabelecimento de uma quantia fixa, se abra a possibilidade de desvinculá-la do franco francês, caso sua estabilidade não tenha sido recuperada até então. Em terceiro e último lugar, confesso-lhe que deposito minhas esperanças para os meses de inverno em sua "conspiração". De fato, sem uma ajuda fraternal *à la* Camorra as coisas vão ficar impossíveis!

Nada me daria mais prazer – e com isso chego à perspectiva que você abre à minha colaboração na seção de resenhas – do que poder me ocupar de livros específicos de modo mais detalhado. Antes, Löwenthal me dera a entender que isso era indesejável; por outro lado, como você sabe, essa é para mim a forma que mais me convém. Como primeiro teste nesse sentido, sugiro resenhar "A língua francesa na era da revolução" de Brunot.[584] O novo número, se não me engano, traz a minha resenha da antologia de Fourier por Maublanc,[585] que já se aproxima do limite máximo para tais notas.

583 O subsídio mensal no montante de 1.500 francos.

584 Cf. Ferdinand Brunot, *Histoire de la langue française des origines à 1900*, v.9, parte 2. Paris, 1937; para a resenha de Benjamin, cf. *Zeitschrift für Sozialforschung*, v.8, n.1/2, 1939, p.290-92 (agora em GS III, p.561-64).

585 Cf. Felix Armand e René Maublanc, Fourier, 2 v. Paris, 1937; para a resenha de Benjamin, cf. *Zeitschrift für Sozialforschung*, v.6, n.3, 1937, p.699ss (agora em GS III, p.509-11).

Resolveremos em dois tempos as questões levantadas aqui quando nos encontrarmos. Mais difícil é a questão dos colaboradores franceses. Aqui estamos às voltas, de um lado, com uma *intelligentsia* de esquerda ortodoxa manietada pelos episódios russos e, do outro, com as simpatias fascistas muitas vezes inconscientes daqueles dotados de espírito mais livre.

Problemas semelhantes surgem também fora da França. Basta pensar em Giedion, que você mencionou como um dos possíveis colaboradores para "Arte de massas na era do capitalismo monopolista". Giedion, como demonstra seu livro *Arte de massa na era do capitalismo de monopólio*, é de fato um talento. Mas só poderá ser sondado como colaborador se especularmos mais a fundo sobre as suas opiniões atuais. Não será nada fácil organizar o livro. Para o tema "jornais ilustrados", Grete de Francesco possui toda uma experiência técnica e profissional. Vamos aguardar seu último livro,[586] *O charlatão*, para ver como ela se sai da tarefa.

Você escreve que lhe causou boa impressão a conversa com Etiemble. Não foi outra a impressão que tive ao conversar com ele. Sua independência política também me é conhecida, felizmente. Não vejo por que ele não possa contribuir para a seção de resenhas. Minha experiência com jovens franceses como ele, todavia, convence-me da importância de manter sempre certa reserva. Sobre o problema de Aron você certamente me porá a par quando nos virmos.

Chego assim a nosso reencontro iminente. Espero que não interfira nos seus compromissos se dessa vez nosso encontro não coincidir exatamente com sua chegada a Paris. Stefan fará sua

586 A escritora e jornalista austríaca Grete de Francesco era colaboradora da *Frankfurter Zeitung*; seu livro *O poder do charlatão* [Die Macht des Charlatans] apareceu na Basileia em 1937.

última prova de verão em 26 de julho, e assim só chegará aqui no dia 28. É de extrema importância que eu passe pelo menos alguns dias com ele. Quanto a nós, espero que dessa vez tenhamos no mínimo uma semana juntos em Paris. Klossowski procurará saber de Brill a data do congresso.

No que se refere ao "Fuchs", estou infelizmente um tanto pessimista. As "negociações decisivas" a que você se refere já duram vários anos; e nada faz supor que serão concluídas antes do fim do próprio Terceiro Reich. Como se sabe, faz parte da tática dessas pessoas não tomar uma decisão definitiva. Não estou certo se a resolução de Pollock de adiar meu ensaio partiu de Fuchs ou dele próprio. Até que eu descubra isso, não me sentiria à vontade escrevendo a Fuchs; se o último for realmente o caso, não gostaria nem sequer de escrever-lhe. Se o fizesse, seria apenas mensageiro de más novas. Não é nenhum consolo ver que por enquanto, ao que parece, nossos dois ensaios não serão publicados lado a lado, em vez de aparecerem juntos.

Você visitou Leyda[587] em Nova York? Suponho que mal tenha tido tempo para tanto.

Será que Max leu a "Introdução a Jochmann"?[588] Só poderei enviar a ele seu "Ensemble" quando eu chegar a Paris.

---

587 Em 1936, o cineasta e crítico norte-americano Jay Leyda (1910-88) tornara-se curador assistente do recém-criado Departamento Cinematográfico do Museu de Arte Moderna de Nova York; em dezembro daquele ano se informara no Instituto de Pesquisa Social sobre "A obra de arte na era de sua reprodutibilidade técnica" e anunciara seu projeto de traduzir o ensaio para o inglês (cf. GS I [3], p.1029ss). Em 17 de maio de 1937 Benjamin escreveu a Leyda e lhe ofereceu as versões alemã e francesa do ensaio como base para sua tradução. O plano não foi levado adiante.

588 Sobre a posição de Horkheimer acerca da "Einletung zum Jochmann", cf. GS II [3], p.1395.

Minha ex-mulher retribui afetuosamente suas lembranças. Aceite meu cordial aperto de mão e seja bem-vindo à Europa,

Walter

10 de julho de 1937
San Remo
Villa Verde

85. Benjamin a Wiesengrund-Adorno [San Remo, cerca de meados de julho de 1937]

Caro Teddie,

Talvez lhe tenha chegado às mãos recentemente um telegrama meu incompreensível.[589] Foi enviado em seu nome ao endereço do Instituto em Paris com o pedido de que você me contatasse em San Remo.

A razão do telegrama era um comunicado de Brill, que me participou no dia 13 que o congresso[590] estava ocorrendo naquela mesma semana. Daí eu supor que você estivesse em Paris e lhe remeter o telegrama.

A propósito, recebi a notícia de Brill com consternação tanto maior quanto eu falara com Herman Reichenbach[591] em Paris antes de partir e soubera dele que o congresso estava marcado para o fim do mês.

Nesses últimos dias chegou uma carta de Stefan que nos dá a entender que ele só poderá chegar em 4 de agosto. Isso elimina minha esperança de vê-lo antes de regressar a Paris. De outro lado,

---

589 O telegrama não subsistiu.

590 O "congresso dos positivistas lógicos" mencionado na carta n.83.

591 O musicólogo Herman Reichenbach (1898-1958), irmão do filósofo Hans Reichenbach (1891-1953), participou do citado congresso ao lado de Rudolf Carnap e Otto Neurath.

porém, realmente não posso perder a oportunidade de falar com ele. Nada mais me resta a não ser retornar para cá depois do congresso. A dupla viagem naturalmente pesa na balança. Por outro lado, teremos agora à disposição todo o tempo que quisermos para discutir os assuntos parisienses. Chego em Paris no mais tardar no dia 28 e espero então já ter notícias suas. Se não conseguir pegá-lo na estação, com certeza nos vemos no Littré. Queira por favor me escrever, o mais rápido possível, para a rue Bénard dizendo-me o horário exato de sua chegada e seu endereço, caso não se hospede no Littré. Aliás, não seria má ideia reservar um quarto, uma vez que há uma série de congressos ocorrendo em Paris no momento.

Até breve,

Walter

86. Benjamin a Wiesengrund-Adorno San Remo, 28.08.1937

Caro Teddie,

Acabo de saber por intermédio de Brill que Max estará em Paris entre 31 de agosto e 6 de setembro. Retorno para lá dentro de uma semana. A possibilidade de visitá-lo em Genebra é algo que eu só consideraria se nossa reunião em Paris, pela qual anseio, não se concretizar.

Nesse meio-tempo, o projeto com que eu contava[592] para os próximos e inquietantes meses de inverno não deu em nada. A mulher de Scholem[593] adoeceu gravemente em seu país natal – a Polônia – e ele está prestes a ir visitá-la. Estou realmente perplexo.

592 Uma visita a Gerschom Scholem na Palestina.

593 A segunda mulher de Scholem, Fania, parente distante de Sigmund Freud.

A primeira coisa a que me dediquei após minha chegada foi seu "Berg".[594] É fácil para mim expressar a experiência marcante que foi lê-lo; você tornou evidente minha suspeita de que a impressão esmagadora com que o *Wozzeck* me cativara naquela noite em Berlim[595] fora o sinal de um envolvimento do qual eu mal tinha consciência, embora possa ser especificado nos mais íntimos detalhes.

Entre os temas recorrentes dos seus estudos, aquele sobre a relação de Berg com a tradição seduziu-me de modo todo especial, em particular quando você o relaciona à sua interpretação de Mahler. Eis a concepção básica: o modo como o trabalho técnico quase indescritível do aluno de Schönberg pacifica a tradição do século XIX em nome do mestre e faz soar seu último lamento é tão convincente para mim quanto o fora a própria música de Berg, a que entretanto me faltava todo o acesso mais imediato.

Formulo a questão tão bem quanto posso; mas imagino que, por mais canhestro que seja, o pouco que disse pode expressar mais do que uma plena concordância que não trairia nada daquela peculiar precipitação com que costumo atravessar aqueles campos nos quais me é vedado demorar-me. Mas você, você penetra o labirinto da obra em seu âmago, desembaraçando o fio da meada da vida alheia que lhe coube como legado. Já as contribuições de Reich[596] são simplesmente os becos sem saída de que nenhum labirinto prescinde.

Mas não quero dizer nem mesmo esse adeus provisório a seu trabalho sem lhe narrar a clareza com que reconheci temas centrais que me movem em sua glosa ao *Wozzeck*,[597] na p.48. Na próxima oportunidade, gostaria de lhe falar sobretudo acerca dessa passa-

---

594 *A* contribuição de Adorno à monografia sobre Berg (cf. nota 372, carta n.44).

595 Ver nota 368, carta n.41.

596 Na monografia sobre Berg, Willi Reich escreveu sobre *Wozzeck*, *Lulu* e o concerto para violino.

597 Cf. GS 13, p.409.

gem e daquela referente à ruptura no tempo. Então você irá me esclarecer o conceito de "transição mínima", que eu estaria mais propenso a tomar emprestado à doutrina da composição (?). A propósito, sua interpretação da "ária do vinho" de Berg[598] garante por si só que teremos ainda muito o que conversar sobre esse livro, que considero – através de uma cortina de vidro – um dos mais belos que você já escreveu.

Junto com o exemplar do "Berg" você recebe, a pedido de Grete de Francesco, as provas do livro dela sobre o charlatão. Simpatizei com a própria raridade do tema, com o cuidado aliado à sutileza com que ela abordou esse material. Em outros aspectos, infelizmente, ele decepciona. Do começo ao fim ele se vê preso ao infeliz propósito de apresentar o charlatão como espiritualmente afim dos governantes atuais, e pensa que criticando um, fustiga o outro. O raciocínio por trás disso é politicamente nulo e vazio, e só faz impedir o acesso do relato aos aspectos mais fundamentais e interessantes da figura. Ou muito me engano ou os próprios editores que encomendaram a obra pouco se importariam com uma abordagem do tema que revelasse certos elementos positivos no fenômeno do charlatão. Ao contrário, o que dá base ao livro é uma espécie de opacidade moralizante contra a qual já não poderiam mais investir cores locais de fundo histórico – mesmo que este passasse a ser sua intenção. A inadequação de todo o tratamento é mais palpável no capítulo sobre os autômatos. Se Ernst Bloch jamais tivesse escrito seu "Nobre par",[599] teríamos com certeza notícia mais perspicaz sobre o charlatão. Não preciso dizer que o livro em nada diminuiu a minha simpatia por Grete de Francesco. Mas me parece discutível se podemos contar com ela nos projetos mais difíceis.

598 Cf. nota 416, carta n.49.

599 Cf. o livro de Ernst Bloch *O princípio esperança* [Das Prinzip Hoffnung], que seria publicado entre 1954 e 1959 e no qual várias páginas são dedicadas ao "Hohes Paar".

Quanto a Stefan, há uma decisão iminente a ser tomada que me causa certa ansiedade – a de saber se ele deve prestar os exames finais do colégio. Não está claro para mim se as grandes dificuldades envolvidas são fruto de sua fixação em atividades "práticas" ou da falta de aplicação e concentração. De um modo ou outro, a questão está em aberto. Pequena que seja a vantagem imediata de prestar os exames, grandes podem ser os prejuízos, se ele não puder dar prova de sua qualificação mais tarde. A saúde de Stefan, e assim também o estado de seus nervos, parece ter melhorado consideravelmente.

Felizitas, tenho certeza, já está com você. Espero que todos nós possamos nos encontrar em Paris antes do casamento.[600] Queira estender a ela minhas mais cordiais lembranças.

Walter

21 de agosto de 1937
San Remo
Villa Verde

87. Theodor e Gretel Wiesengrund-Adorno a Benjamin Londres, 13.09.1937

21, Palace Court
Hyde Park W.2
Bayswater 3738
13 de setembro de 1937

Caro Walter,

Seu silêncio paira sobre nós como uma nuvem negra de tempestade, e esta tira de papel não tem outra pretensão a não ser a

600 O casamento de Adorno e Gretel Karplus ocorreu em Oxford a 8 de setembro, e teve Max Horkheimer e Redvers Opie como testemunhas (ver também a carta seguinte).

de para-raios. Tomo a liberdade de esperar que a impossibilidade metafórica de neutralizar raios com papel não corresponda à impossibilidade real de dissipar sua ira.

Ira para a qual vejo duas razões. Uma, que eu tenha demorado tanto para lhe responder à carta sobre o livro de Berg. Esse silêncio não expressa falta de simpatia pelo que você disse nem gratidão pelo fato de que o tenha dito. Os fatores desse pecado dependem inteiramente dos fatores da outra razão: nosso casamento e tudo aquilo que lhe estava e ainda está ligado – até nos mudarmos para o novo apartamento, lá por meados de outubro. Por hoje, permita-me dizer apenas que o conceito de transição mínima não pertence propriamente a mim – e tampouco à musicologia disciplinar. Foi Wagner que definiu a música como a "arte da transição", e não há dúvida de que aqueles mesmos traços do procedimento berguiano remontam a ele. Com a ressalva, é claro, da redução infinitesimal da transição: esta lhe é específica.

Só lhe peço ainda um pouco de paciência até receber um exemplar próprio. Qualquer dia desses, assim espero, sairá o livro na Alemanha, e será um grande alívio se eu puder adquirir os exemplares para amigos na Alemanha. Aliás, nem a cópia que lhe emprestei nem as provas do livro da Francesco chegaram às minhas mãos. Provavelmente por causa da mudança de endereço. Vou ver o que descubro a respeito, e lhe pediria que fizesse o mesmo.

O casamento foi celebrado no dia 8, em total privacidade: em Oxford, onde meu amigo Opie nos convidou para um almoço no Magdalen College. Além dele, da mãe de Gretel e de meus pais, estavam presentes apenas Max e Maidon; ninguém mais sabia a respeito, e não poderíamos lhe pôr a par do fato sem produzir mais suscetibilidades do que justificava a ocasião, à qual de fato não atribuímos mais importância do que a mera legitimação formal. Peço-lhe de todo o coração que considere o assunto tal como ele é realmente e sem mágoas: do contrário você estaria sendo injusto conosco. Nós dois pertencemos a você; também deixamos Max sem nenhuma dúvida a respeito, e creio que podemos incluí-lo no mesmo sentimento.

Agora você terá oportunidade de falar com ele quanto quiser. Quanto à questão de Baudelaire ou Jung, ele explicou que prefere agora ter primeiro o Baudelaire; mas estou convencido de que, se você lhe desenvolver um pouco os aspectos do Jung e a sua relevância metodológica para as *Passagens*, é bem possível que esse seja seu próximo ensaio. Meu "Mannheim" virará com certeza uma glosa à maneira do "Jaspers"; a propósito, Gretel opôs-se com veemência à publicação na forma atual. O "Husserl",[601] infelizmente Max ainda não o leu. Eu mesmo nesse meio-tempo escrevi somente umas poucas críticas,[602] entre elas uma alentada para a coletânea em homenagem a Cassirer; e obviamente muitas anotações para o "Wagner".[603]

É bem possível, embora longe de ser uma certeza, que eu vá a Paris nesses próximos dez dias, e com a intenção expressa de uma conversa conjunta com você e Max.[604] Se dará certo ou não, depen-

601 O ensaio em questão fora concluído no final de julho (ver nota 523, carta n.72).

602 A do livro de Krenek (ver nota 540, carta n.74), a do livro de Kracauer sobre Offenbach (ver nota 544, carta n.75) e aquela incluída em Raymond Klibansky e H. J. Paton (orgs.), *Philosophy and History. Essays presented to Ernst Cassirer*. Londres, 1936 – depois em *Zeitschrift für Sozialforschung*, v.6, n.3, 1937, p.657-61; agora em GS 20 [1], p.221-28.

603 Durante sua temporada em Londres, Horkheimer e Adorno haviam ajustado que este escreveria um trabalho sobre Wagner; cf. Adorno, Ensaio sobre Wagner [Versuch über Wagner] (GS 13, p.7-148), do qual alguns capítulos apareceram na revista do Instituto de Pesquisa Social sob o título "Fragmentos sobre Wagner" [Fragmente über Wagner] (*Zeitschrift für Sozialforschung*, v.8, n.1-2, 1939-40, p.1-48.

604 A viagem de Adorno ao continente não se realizou.

de exclusivamente dele e de quanto tempo tem à disposição. Não preciso lhe dizer como eu ficaria feliz se isso vingasse.

Já falei com ele a respeito de *mlle.* Monnier;[605] por favor, não se esqueça de discutir isso com ele. Quanto à questão da compra de livros, há certa dificuldade pelo fato de talvez já termos os livros comprados. A princípio, Max lhe porá à disposição mil francos franceses para a compra de tais livros; estes devem integrar-se à biblioteca do Instituto, e Max acha que o melhor seria se as compras se circunscrevessem ao máximo ao âmbito das *Passagens*. Se a soma em questão esgotar-se, veremos o que fazer.

Quanto às provas da revista, Max sugere o seguinte procedimento a fim de simplificar as coisas: remetem-se todas as provas a mim como o responsável aqui na Europa. Envio então a você tudo o que achar importante, e você então me faz saber seus comentários, que eu remeto com os meus a Nova York. Isso poupa o tempo de colacionar material – e o poupa também de certas coisas como, por exemplo, ler os ensaios em inglês de Neurath e Lazarsfeld...[606] Creio que você esteja de acordo com essa nossa solução. Ela garantirá que não haja mais atrasos como no caso do "Hamsun".[607] Max abandonou o plano de lhe enviar Leo[608] para vê-lo em Paris. Talvez você fale com ele a respeito. Imagino, porém, que não cometo nenhuma indiscrição se lhe digo hoje que as razões do abandono não têm nada a ver com você ou comigo.

---

605 A conselho de Benjamin, Horkheimer queria estabelecer uma relação mais próxima entre a escritora e livreira Adrienne Monnier e o Instituto de Pesquisa Social, em especial para compensar a ausência da *Zeitschrift* em Paris e a carência de colaboradores franceses qualificados.

606 Ver nota 536, carta n.74.

607 Ver nota 535, carta n.74.

608 Ou seja, Leo Löwenthal.

Conversei também longamente com ele sobre nosso procurador. Max está por dentro da situação, mas tem boas razões, assim me parece, para conservar seus serviços. Talvez ele possa fazer alguma coisa para facilitar um pouco as comunicações. E explica: certa vez Brill adotou o tom "observo que..." com ele e Pollock, do mesmo modo que faz agora com você e comigo; mas de outro lado, diz, Brill expressa a opinião mais entusiástica sobre seu trabalho em cada carta que escreve. Max acha que, no fundo, ele está tomado por uma excessiva compulsão de desvelo, que ele compensa com birra. Creio que o melhor seria que você mesmo discutisse a questão toda com Max de forma tão aberta como eu fiz. Aliás, parece-me que o assunto logo perderá o aguilhão, se sua situação externa for mesmo como imaginamos que é.

Nossa esperança era sair em férias por umas semanas. Mas isso está fora de cogitação em razão dos problemas estúpidos que tivemos com acomodação e tudo o que isso implica – e em vez de congelar em Devonshire, vamos congelar aqui, para o que já não falta oportunidade. No momento sinto-me como o proverbial asno entre dois feixes de feno: o trabalho é tanto que não sei por onde começar. Uma das primeiras coisas que planejei fazer é o estudo sistemático do *Capital*. Além de produzir minha dissertação inglesa,[609] a versão ampliada do "Husserl" e o livro sobre Wagner, há também o plano de um ensaio sobre determinismo.[610] Max decidiu, felizmente, escrever ele próprio, e não Fromm, o livro sobre o caráter burguês.[611]

Um pequeno pedido como conclusão: será que você poderia lhe dizer uma palavra amistosa sobre o "Husserl"? Nunca o destino de um trabalho me falou de tão perto como dessa vez.

---

609 Ver nota 523, carta n.72.

610 Adorno não o escreveu.

611 O livro não foi escrito.

Por hoje basta – e espero que *à bientôt*, com as *Passagens* por companhia, junto a um Armagnac, numa taverna bem calma.

Seu amigo de sempre,

Teddie

Caro Detlef,

O rébus é sua categoria, e não minha. Sou incapaz de matar a charada que seu silêncio me impõe, e enquanto isso ele se mostra para mim tão ambíguo quanto a interpretação alegórica segundo sua teoria. Você não quer me dar uma mãozinha nesses meus tropeços pelas suas imagens? Eu ficaria muito grato por isso e por ouvir notícias suas em geral. Com todo o amor,

Felicitas

88. Wiesengrund-Adorno a Benjamin
Londres, 22.09.1937

21, Palace Court
Londres W 2
22 de setembro de 1937

Caro Walter,

Suas linhas[612] nos deixaram muito felizes; seu silêncio nos inquietara, e estamos tanto mais gratos em saber que ele não encerrava nenhum significado negativo. Nesse meio-tempo, e com um singular atraso postal – os selos haviam sido arrancados –, chegaram o "Berg" e as provas da "Francesco", e por ambos lhe agradeço muitíssimo. O Berg, é verdade, não pode ser anunciado nem discutido na Alemanha, mas vendido pode; espero assim muito em breve ter aqui uns exemplares à disposição, e evidentemente vou reservar o primeiro para você. Do livro da Francesco li cerca de um terço. Sem

612 Não subsistiram.

ignorar a diligência e o esmero do trabalho, sem dúvida partilho com você a opinião de que a autora mal pode entrar em consideração para nosso planejado livro. Sobretudo em razão de uma ingenuidade histórico-filosófica que muitas e muitas vezes reduz o charlatão ao universalmente humano. É precisamente por isso que essa rede de analogias de tessitura grosseira é tão impotente com relação a Hitler.

Escrevi em detalhes a Dudow;[613] talvez ele lhe tenha dado a carta. Enviei-a, junto com o ensaio de Dudow, a Max, e dele recebi hoje a notícia de que os despachou a ambos para Nova York. Talvez ainda seja possível um encontro em Paris. Também no caso de Dudow estou bastante pessimista quanto ao livro que planejamos, mas me abstive de qualquer decisão na carta.

De lá para cá, lemos com grande cuidado *O louva-a-deus* de Caillois.[614] Causou-me impressão positiva – positiva porque, embora menospreze a psicanálise com uma leviandade digna, aliás, de Prinzhorn,[615] Caillois não dissolve os mitos na imanência da consciência, não os rebaixa à força de "simbolismo", mas está empenhado em captar sua realidade. Claro, isso é um materialismo que ele partilha com Jung, e certamente com Klages. E infelizmente mais do que isso. Ou seja, a fé anti-histórica e de fato cripto-fascista

---

613 O diretor búlgaro-alemão Slatan Dudow (1903-63) trabalhara em teatro e cinema desde 1922 em Berlim, entre outros com Brecht; em 1933 emigrou para Paris.

614 Cf. Roger Caillois, *La mante religieuse. Recherches sur la nature et la signification du mythe*. Paris, 1937; para a resenha de Adorno, cf. *Zeitschrift für Sozialforschung*, v.7, n.3, 1938, p.410ss (agora em GS 20 [1], p.229ss).

615 Adorno tem em mente aquelas passagens no livro de Hanz Prinzhorn, *Caracterologia contemporânea* [Charakterkunde der Gegenwart] (Berlim, 1931), sobre o qual ele escrevera em 1933 numa resenha desse livro e vários outros para a *Zeitschrift für Sozialforschung*: "Superficial, por vezes com distorções grosseiras (de Freud, cuja teoria caracterológica não é nem sequer citada seriamente, mas apenas difamada)" (cf. GS 20 [1], p.217).

na natureza, hostil a toda análise social, que no fim conduz a uma espécie de comunidade [*Volksgemeinschaft*] centrada na biologia e na imaginação. Por certo caberia também, no nosso sentido, romper a reificação tanto da esfera biológica, aqui, como da histórico-social, acolá. Mas receio que o próprio Caillois, sem se dar conta disso, perpetue tal reificação com certa ingenuidade, na medida em que, embora introduza a dinâmica histórica na biologia, deixa de introduzir essa última na dinâmica histórica. E eu chegaria a ponto de perguntar se, num mundo em que o homem como *zôon politikón* está realmente alienado do biológico, a própria separação das esferas não tem o seu sentido dialético ou se, antes, sua liquidação prematura não implica uma perspectiva harmonizante do mundo. Numa palavra, a coisa toda é cósmica demais para mim, e se de fato há uma diferença mínima entre o louva-a-deus comedor de cabeças e o próprio homem, enquanto a imaginação em toda a sua profundidade pertence ao cosmos, então só posso responder a Caillois com o velho *Vive la petite différence* de outro francês igualmente esclarecido. Mas a parte aparentemente mais original da concepção, definir a própria relação entre a imaginação humana e a praxe zoológica, revela-se ao olhar mais detido uma reedição com ares chiques de uma das piores teorias de Freud, a da sublimação – e a isso deveria prender-se a frase sobre o ridículo a que se expõe a psicanálise. Como sói acontecer, uma vez afastada a rotina intelectual, surge uma banalidade que transforma toda a discussão *interpares* numa questão de cordialidade entre gente que fala línguas diferentes. Se de outro lado me coubesse travar com ele polêmica política, não lhe reprovaria, como talvez lhe fosse adequado, a metafísica natural, mas sim o ultrapassado materialismo vulgar transvestido de erudição. Como vê, só posso reforçar seu ponderado juízo de que o homem pertence à outra parte com essa *rudesse* que me é própria.

Qual a minha atitude, a propósito, com relação a certos temas avançados por Caillois, inclusive a dialética do tabu, isso você pode inferir de seis páginas e meia datilografadas de um manuscrito sobre a filosofia da música – intitulado "Segunda serenata"[616] – que enviei hoje a Max com o pedido de que o pusesse também à sua disposição. Não quero acrescentar mais nada sobre o texto, a não ser a confissão de que o sobrecarreguei bastante. Espero que já tenha em mãos a versão impressa do "Ensemble". O "Wagner" começa a tomar forma depois de ampla coleta de dados e conversas com Max, e será centrado nos conceitos de progresso e reação (aliás, se não me engano, a parte final da minha segunda serenata contém também certas coisas que serão de interesse para sua teoria do progresso).

E hoje um pedido: tenho a vaga e por isso tanto mais confiável impressão de que há resistências a meu "Husserl"[617] em Nova York da parte de Löwenthal; Max ainda não o leu. Será que lhe posso pedir, de coração, sem mencionar tais resistências, que seja um porta-voz entusiástico do ensaio e que contribua tanto que puder para sua disseminação? Você estaria me prestando um inestimável favor: nunca a sorte de um trabalho me falou tão de perto quanto desta vez, e isso em parte também porque não gostaria de vê-lo submetido a procedimentos que me são inofensivos no caso do "Mannheim". Este eu vou agora abreviar e rescrever com todo o cuidado.

A meu pedido junta-se outro, de Gretel. Ela só leu sua teoria da reprodução em francês e com justiça é da opinião de que a pessoa precisa conhecer um texto seu no original. Você seria capaz de providenciar um para ela? Isso seria muito gentil e amável de sua parte.

Hoje recebemos, pela primeira vez depois de longo intervalo, uma extensa carta de Ernst Bloch.[618] Ela contém notícias de peso:

---

616 A peça "Zweite Nachtmusik" permaneceu inédita durante a vida de Adorno; foi publicada pela primeira vez em GS 18, p.45-53; para a passagem sobre a dialética do tabu, cf. p.48ss.

617 Ver carta n.90.

618 Para a carta enviada de Praga datada de 18.09.1937, cf. Bloch, Briefe, v.2, loc. cit., p.438ss.

uma criança chamada Johann Robert[619] e dois manuscritos de livros, um de 900, outro de 700 páginas; aquele intitulado "Teoria e práxis da matéria", este "Iluminismo e mistério vermelho".[620] Parece que se achou também uma editora para eles, e ao que tudo indica Malik planeja organizar uma edição completa. De resto, a carta é singularmente gentil.

Quando, ou se, eu vou a Paris[621] ainda é uma questão em aberto. Há duas possibilidades no momento: ou que nos próximos oito dias Max me convide para passar dois dias, ou que eu apareça na segunda semana de outubro, data em que Krenek também estará lá. Seja como for, esperemos que seja em breve e com relativa paz para nós. Paz que vez por outra me tem sido perturbada ao pensar no trabalho de Kracauer.[622] Suponho que agora serei obrigado a tomar uma decisão enérgica a respeito.

Por hoje basta. Eu ficaria grato com prontas e mais detalhadas notícias suas. Duas coisas me são [particularmente] importantes: quais são seus planos para o resto do ano e [como] andam seu Baudelaire e as *Passagens*. Você [falou] com Max sobre os [assuntos] externos?

Tudo [de bom] para nós dois.

Seu amigo de sempre,

[Teddie][623]

---

619 Jan Robert Bloch, filho de Ernst Bloch, nascera a 10 de setembro de 1937.

620 "Teoria-prática da matéria" [Theorie–Praxis der Materie] (título posterior: *O problema do materialismo, sua história e substância* [Das Materialismusproblem, seine Geschichte und Substanz]) e "Iluminismo e mistério vermelho" [Aufklärung und rotes Geheimnis", que, segundo o editor da correspondência de Bloch, não pôde ser identificado (cf. ibid., p.439, nota 10).

621 Adorno só viajou para Paris no outono de 1937.

622 O ensaio "Massa e propaganda" (ver nota 458, carta n.57).

623 Segue-se um pós-escrito cuja legibilidade ficou prejudicada (como nos trechos finais da carta), mas em que se pode identificar uma

89. Benjamin a Theodor e Gretel Wiesengrund-Adorno Paris, 23.9.1937

Caro Teddie,

Quando chegou sua carta de 13 de setembro, pela qual muito agradeço, já se encontrava havia alguns dias em meu bolso uma carta endereçada a você,[624] embora eu não tenha sido capaz de decidir enviá-la.

Ao regressar a Paris, atingiu-me um golpe extremamente penoso nas atuais circunstâncias. Em decorrência de um arranjo desleal mas de todo irreversível, eu perdera meu apartamento na rue Bénard para um inquilino mais aceitável, que só fez uma proposta impossível de ser coberta porque, de posse ele próprio de uma ordem de extradição, dava particular valor a uma habitação clandestina.

Pior momento não poderia haver para que isso ocorresse, quando o preço dos hotéis, o das espeluncas inclusive, subiu cinquenta por cento ou mais em decorrência da Exposição.[625] Um alojamento remotamente decente estava tão além das minhas posses que tive de me decidir a aceitar piamente uma indenização no montante de umas centenas de francos do novo locatário para encontrar coragem de procurar um quarto condigno. O que era fácil de prever logo ocorreu: não pude recobrar os meus 600 francos. As tentativas frustradas de fazê-lo e as constantes visitas a saguões de hotel, que às vezes mais pareciam súplicas, preencheram todo o meu tempo.

Você compreenderá que me tenha sido difícil decidir pelo envio de uma carta nessas circunstâncias. E por fim, poucos dias atrás, chegou uma oferta de Else Herzberger sugerindo que eu poderia

---

referência às atas dos congressos em Paris compostas a quatro mãos por Benjamin e Adorno (ver notas 572 e 573 à carta n.83).

624 A carta não subsistiu.

625 A Exposição Universal de Paris, que fora inaugurada no final de julho.

morar no quarto da criada dela durante sua viagem aos Estados Unidos. (O quarto não fica na verdade no apartamento de Else H., mas no pátio, em separado.) Assim que a moradora atual tiver saído, meu endereço será Boulogne (Seine), 1 rue du Château.

Somente ontem tive a oportunidade de discutir tudo isso com Max. Como era premente meu desejo, como era firme minha intenção de não recorrer, de minha parte, a nenhuma iniciativa no campo econômico – disso você sabe melhor do que ninguém. Mas essa última e inesperada circunstância não me deixou escolha.

Minha intenção agora, como disse a Max, é precaver-me tão rápido quanto possa, embora nos horizontes mais modestos, de tais usurpações e alugar um conjugado isolado ou um apartamento de um dormitório. Vou precisar também arranjar a mobília. Max demonstrou a mais plena compreensão pela minha situação e me prometeu que tomará as medidas necessárias assim que estiver de volta. E agora confiou-me também que – independentemente da desvalorização do franco – já consideravam reformular os arranjos em vigor até o fim do ano. Se eles fracassarem antes disso, terei demonstrado previdência suficiente para atravessar esse setembro extremamente difícil sem que precise pedir a Max nenhum auxílio imediato.

Uma das consequências imediatas da presente situação é que só poderei dedicar parte muito modesta das próximas semanas a meu trabalho. Vou me entregar à busca de um apartamento, e a tarefa não será nada fácil. Ficam aqui meus melhores votos a você e a Felizitas pelo novo apartamento para o qual se mudaram. E com isso chego à sua última carta. Você sabe agora que não foi suscetibilidade minha, mas sim uma fatalidade, que ocasionou meu silêncio. E assunto encerrado!

Sou-lhe extremamente grato por você ter discutido em detalhes meus assuntos com Max em Londres. Em Paris só pudemos passar uma tarde juntos, e justamente porque ela transcorreu de forma tão feliz, sob uma renovada homogeneidade de nossos ânimos, não vieram à tona todas as questões técnicas que nos cabia discutir. Já de sua carta posso deduzir a decisão sobre o fundo para a compra de livros para as *Passagens*, e felicito-me por isso. Quanto a Adrienne Monnier, tentarei o que for possível para propiciar um encontro entre ela e Max nestes próximos dias. De todo modo, a questão toda virou a nosso favor. Além disso, a sugestão de que eu receba de suas mãos as provas da revista é das mais bem-vindas.

Em minhas conversas com Max, que se estenderam noite adentro, questões como essas, como eu disse, mal foram tocadas. Isso foi de grande importância para mim, porque Max me informou pela primeira vez das notáveis armações econômicas e jurídicas responsáveis pelos fundamentos sobre os quais se ergue o Instituto. O assunto em si já é fascinante; e, de quebra, raras vezes vi Max tão bem-humorado. Primeiro estivemos num pequeno restaurante na place des Abesses, de que já tomei nota para a próxima visita de você e Felizitas. Parece infelizmente que precisamos ter ainda um pouco de paciência a respeito. Mas espero, quando chegar o momento, poder recebê-los em meu próprio apartamento.

Quanto ao "Berg", escrevi de imediato à minha ex-mulher pedindo-lhe que se informasse no correio de San Remo. Ainda não recebi resposta, mas espero que você tenha recebido o livro nesse meio-tempo.

Você me daria grande prazer com prontas notícias suas, sobretudo nestes dias. Escreva-me, por favor, à rue Nicolo – as cartas me serão encaminhadas de lá para Boulogne.

Cordialmente,

Walter

Cara Felizitas,

O pedido com que concluo a carta a Teddie estende-se expressamente a você também. Escreva logo, mas se possível em pormenores.

Agora você viu como era simples a solução do rébus. A fim de que tais episódios incômodos – dos quais espero me livrar em breve – não acarretem tais silêncios, faça de tudo para manter nossa correspondência mais viva do que era quando você esteve em Berlim. Não lhe farei esperar minhas respostas.

Todo meu amor por hoje,

Detlef

23 de setembro de 1937
Paris XVI
Villa Nicolo
3 rue Nicolo

90. Benjamin a Theodor e Gretel Wiesengrund-Adorno Boulogne sur Seine, 02.10.1937

Boulogne s. Seine
1, rue du Château, le 2.10.37

Minha cara Felizitas,

Se no futuro eu endereçar minhas cartas ora a um, ora a outro de vocês, elas serão em geral dirigidas a ambos. Como não quero me afastar do modo comum de começar uma carta, permitam-me conservar essa alternância.

A sequência irregular de minha correspondência, o próprio desvio de sua norma externa, a mudança de endereço – tudo isso lhe diz que as coisas podiam estar melhores comigo. Max sabe disso, e aguardo ainda no curso deste mês a intervenção dele.

Estou morando temporariamente, como relatei, na *chambre de bonne* [quarto de empregada] de Else H. Assim que me firmar sobre as pernas com o auxílio de Max, começo a procurar um apartamento de um dormitório.

Do jeito que correram as coisas nas últimas semanas, não esperem notícias sobre o "Baudelaire", sobre as *Passagens*. E por sorte surgiu na ordem do dia um trabalho mais premente. Max promoveu um encontro entre mim e Oprecht,[626] e aventamos um grande ensaio informativo sobre a atividade do Instituto para a revista *Medida e Valor*.[627] Não ignoramos os embaraços editoriais. Mas creio que a influência de Oprecht bastará para que nos tornemos senhores da situação.

Peço desculpas duplamente, por não poder compensá-la, dada a minha presente situação, com o envio de material antigo. O trabalho sobre a reprodução, na versão final, só existe num exemplar único; você terá de ter paciência até vir a Paris. Teddie me faz esperar que isso se dê na segunda semana de outubro. Ah, se dessa vez for verdade!

Passei com Max, como lhes relatei, uma noite bem prolongada. Vi-o outra vez na tarde do dia seguinte, quando fomos visitar *mlle*. Monnier. O que Teddie iniciou com tanta felicidade foi assim concluído da forma mais satisfatória. Se outubro os trouxer para cá, com certeza os trará também à rue de l'Odéon.[628]

Agora sobre o "Husserl". (E lhe peço, caro Teddie, que me permita mudar a forma de tratamento no meio da carta.)[629] O fato é que – isso quem me contou foi Max, sem que precisasse levá-lo a tanto com uma pergunta – resistências se fazem presentes em

626 O editor de Zurique Emil Oprecht, em cuja editora era publicada a revista do Instituto.

627 Cf. Benjamin, "Ein deutsches Institut freier Forschung" [Um instituto alemão de pesquisa independente]. *Mass und Wert*, n.5, 1937/38, p.818-22 (agora em GS III, p.518-26).

628 Endereço da livraria de Adrienne Monnier.

629 Benjamin passa do mais informal pronome pessoal de segunda pessoa (*Du*), com que se dirige a Gretel, ao mais formal pronome pessoal de terceira pessoa (*Sie*), com que habitualmente se dirige a Adorno.

Nova York contra o ensaio. Se elas partem de Löwenthal, não sei dizer; mas Max me deu uma ideia do sentido em que elas vão. O assalto geral à epistemologia idealista, a qual parece ela própria estar definitivamente liquidada na forma de fenomenologia, suscitou claramente uma resposta pelo seu próprio alcance. Max se apressou em me assegurar de modo bastante óbvio que pretende estudar a obra com máxima atenção. Seu argumento básico lhe é com certeza plenamente familiar depois de suas conversas em Nova York. A propósito, eu não daria muito peso a essas impressões passageiras, sobretudo porque você logo terá notícias autênticas de Nova York.

Não consegui tomar emprestado a Max sua "Segunda serenata". Espero poder aguardar uma separata dela em futuro próximo. E muitíssimo obrigado outra vez pelo "Ensemble".

Dudow ficou extremamente feliz com sua carta. Eu gostaria muito de tê-lo apresentado a Max. Mas o tempo era curto. A ideia de sua coleção de ensaios sobre a arte de massas não o terá impressionado menos que a mim. Se eu apenas soubesse como vamos proceder daqui em diante, se com ele ou sem ele!

Sohn-Rethel sumiu do mapa. Kracauer também dificilmente dá as caras. E como não tenho telefone, dependo em parte da iniciativa de outros.

Como Teddie sabe, partilho da crítica dele a Caillois, sobretudo no tocante à limitação da função política do seu trabalho. Mas não estou convencido de que se deva caracterizá-lo realmente como "materialismo vulgar". Sejam quais forem, aliás, os custos diplomáticos de uma conversa com ele *interpares*, sou a favor de que a ideia seja levada adiante.

Escreva-me logo como está no novo apartamento de vocês, quais são suas impressões de Londres, agora que a conhece mais de perto. E me diga se ainda vai continuar indo à Alemanha de vez em quando.

Posso aproveitar essa oportunidade para perguntar sobre os livros franceses que você tem guardado para mim?[630] Gostaria muito se os tivesse consigo aí em Londres. Será que você poderia enviá-los como pacotes registrados?

Os aspectos políticos são extremamente negros para quem se sinta em casa em Paris. Se a pessoa anda pelas ruas, encontra aqueles figurantes da Legião Americana[631] e tem a sensação de estar totalmente rodeado pelo fascismo. Espero que logo possa me isolar contra tais impressões mergulhando no material do meu trabalho.

Escreva-me sem demora. E aceite minhas cordiais recomendações,

[Walter]

91. Wiesengrund-Adorno a Benjamin [Londres,] 22.10.1937

22 de outubro de 1937

Caro Walter,

Aqui você recebe anexa a nova e definitiva versão do meu "Mannheim",[632] que agora aparecerá com algumas alterações de pequena monta. Estou muito curioso para saber se você também prefere esta, tal como Gretel e outros em Nova York, à antiga – à qual continuo a alimentar certa devoção. Se você tiver alterações

---

630 Benjamin refere-se à carta (inédita) de Gretel Karplus de 15.06.1937, na qual ela lhe comunicara: "Livros que ainda restam: *Contes Drolatiques* e *Peau de Chagrin* de Balzac; *Madame Bovary* de Flaubert; *Mélanges Bibliothèque Romantique* de Asselineau".

631 Associação de veteranos de guerra americanos fundada em Paris em 1919.

632 Adorno empreendera a revisão e resumo do ensaio, que recebeu o título "Nova sociologia livre de valores" [Neue wertfreie Soziologie] (cf. GS I, p.13-45), na segunda metade de setembro; essa versão definitiva foi composta tipograficamente após algumas alterações editoriais, mas acabou não sendo impressa.

a sugerir que lhe pareçam relevantes, a menos que requeiram uma revisão por demais abrangente, eu ficaria muito grato se as enviasse para mim junto com as provas que lhe remeti. Mas apenas no caso de que isso lhe pareça realmente necessário; não quero de modo algum lhe impor trabalho adicional por minha causa.

Espero que você receba em breve meus comentários sobre Beethoven[633] e a "Segunda serenata".

Sohn-Rethel me diz que você ainda está às voltas com a questão da moradia e que por isso está bastante deprimido. Nesse sentido, talvez lhe seja de algum valor se lhe comunico algumas observações da última carta de Max: "Entre as melhores coisas que tenho a relatar foram algumas horas com Benjamin. Ele de fato está muito mais próximo de nós do que qualquer outro. Farei de tudo o que estiver ao meu alcance para que ele saia da miséria financeira em que se encontra".[634] Essas observações têm tanto mais peso quanto o Instituto, claro, foi atingido em cheio pela queda, e todos nós temos de estar preparados para cortes, e não aumentos, no futuro.

Meus estudos preparatórios para o "Wagner" seguem a todo vapor. O "Husserl" não será publicado, ao menos não na forma atual. A principal objeção é aquela levantada por você próprio e, de forma independente, também por Gretel: partes substanciais são ininteligíveis sem um conhecimento mais detalhado dos textos de Husserl, o que de fato não pode ser exigido dos leitores da revista. Tentarei remediar esse problema, mas no momento ainda não estou plenamente certo se terei sucesso em fazê-lo.

De Ernst Bloch recebemos uma carta amistosa,[635] na qual ele promete o envio de partes substanciais de seu livro sobre materialismo, tudo expresso em linguagem, aliás, surpreendentemente

633 Cf. Adorno, "Beethovens Spätstil", loc. cit. (carta n.17, nota 124).

634 A passagem reproduzida é da carta (inédita) de Horkheimer a Adorno de 13.10.1937.

635 A carta em questão não subsistiu.

moderada. A carta contém também um ataque acerbo a Lukács, o que com certeza dá o que pensar.

Cordiais lembranças de nós dois.

Seu velho amigo,

Teddie

92. Benjamin a Wiesengrund-Adorno Boulogne sur Seine, 02.11.1937

Caro Teddie,

Seria necessária uma carta muito mais longa do que no momento estou em condições de escrever se lhe quisesse elencar todas as razões que se opuseram à sua redação. Você terá ouvido algo a respeito por meio de Sohn-Rethel.[636]

Com efeito: se ao cavalo dado (o quarto de Else Herzberger) olho os dentes, vejo-me sentado aqui, acordado desde as seis da manhã, escutando os ritmos mais inescrutáveis que oceânicos do tráfego parisiense, que estrondeia pela estreita abertura de asfalto diante da minha cama. Diante da minha cama – pois onde está a janela está também a cama. Se ergo as persianas, a própria rua é testemunha da minha lida de escritor; se as fecho, fico entregue aos extremos climáticos monstruosos que um (incontrolável) aquecimento central cria nesse outubro primaveril.

Eu poderia me felicitar se fosse somente nossa correspondência que tivesse sofrido nessas semanas. Sim, claro, fujo logo de manhã para a Bibliothèque Nationale, mas é difícil suportar o dia inteiro lá. Tenho estado muito irrequieto, o que decerto contribuiu para minha familiaridade com o mercado imobiliário. Até agora, porém, não encontrei nada. Nos últimos tempos, aquilo que procuro não está mais tão fácil de encontrar. O dúbio socialismo oitavado do

636 Este se mudara de Paris para Londres no começo de outubro.

governo Blum suscitou, a par de outras dificuldades, uma persistente estagnação da construção civil. E apartamentos, desses menores, só recentemente é que passaram a ser fornecidos.

Quando chegou a decisão de Nova York[637] – ela me garante cerca de três quartos daquilo que você originalmente tinha em vista para mim –, as misérias a que fiz menção sem dúvida recuaram para a sombra lançada por essa nova luz. Com tanto mais diligência cabia retomar o trabalho. E acabo de concluir a primeira das cartas parisienses sobre literatura[638] que prometi a Max quando ele esteve aqui. Ela não se destina a publicação. Quanto a seu conteúdo, o que mais lhe interessará será uma crítica da nova peça de Jean Cocteau, *Os cavaleiros da távola redonda*.[639] Uma coisa realmente lamentável, que me parece quase selar a *déchéance* de Cocteau. Mais a respeito pessoalmente, quando nos encontrarmos.

Talvez isso não esteja tão longe. O convite de Felicitas[640] para ir dar uma olhada em Londres me soa atraente aos ouvidos. E viria a propósito para mim se eu fosse antes de ter encontrado um apartamento aqui. Meu plano é deixar Paris assim que Else Herzberger retorne. Daqui eu iria primeiro visitar Brecht, ficaria lá para o Natal e providenciaria que meus livros fossem despachados a Paris.[641]

---

637 Ou seja, a decisão de pagar a Benjamin um pecúlio mensal em dólares em vez de francos como fora feito até então e a respectiva elevação da quantia antes de 1º de janeiro de 1938.

638 Benjamin refere-se a uma série de cartas escritas a Horkheimer a intervalos consideráveis de tempo a fim de mantê-lo e a outros colaboradores do Instituto informados sobre as novidades literárias do mercado francês; a primeira dessas cartas data de 3 de novembro de 1937.

639 Cf. Jean Cocteau, *Les chevaliers de la table ronde*. Paris, 1937.

640 Gretel Adorno o fizera em sua carta (inédita) a Benjamin de 29.09.1937.

641 Benjamin não viajou à Dinamarca para encontrar Brecht (ver a carta seguinte), mas foi a San Remo no final de dezembro; a parte da bi-

Chegaria então a Londres[642] talvez lá por janeiro. Escrevam o que acham a respeito. Não se esqueçam de que as minhas possibilidades de viagem ao estrangeiro estão garantidas somente até meados no ano que vem – data em que expira meu passaporte. De outro lado, não deixarei meu apartamento aqui – se tiver sorte de conseguir um – antes que cuide dos acertos necessários.

Esses planos estão sujeitos a ressalvas. É que não quero deixar a cidade antes de dar entrada a meu pedido de naturalização.[643] Anteontem recebi a assinatura de Valéry em apoio, a mais importante que pude arranjar até agora. Mas gostaria também de abrir algumas portas no Ministério da Justiça antes de dar os passos oficiais.

A assinatura de Valéry envolveu alguma diplomacia da minha parte. A mudança de minhas coisas da rue Bénard deu causa a dificuldades. Visitas – Brecht, Lieb, Marcel Brion[644] – contribuíram seu tanto. Em suma, as últimas semanas foram um corre-corre. Claro, Groethuysen tinha também de dar as caras em meio a esse clima. Max tornou a encarregá-lo dos assuntos[645] – mal consigo

---

blioteca de Benjamin que ele conseguiu salvar ao deixar a Alemanha estava sob a custódia de Brecht.

642 Benjamin não viajou a Londres.

643 A naturalização de Benjamin na França foi indeferida (cf. GS VI, p.775ss).

644 Brecht permaneceu em Paris durante a primeira metade de outubro para supervisionar os ensaios para a estreia de sua peça *Os fuzis da senhora Carrar* [Die Gewehre der Frau Carrar]. Fritz Lieb (1892-1970), teólogo suíço, obtivera o diploma de doutor em Bonn e lecionou ali até novembro de 1933; fixou residência em Clamart, nos arredores de Paris, entre 1934 e 1936, ano em que voltou à Basileia como professor de Dogmática e História da Teologia. Foi diretor da revista *Orient und Occident*, na qual o ensaio de Benjamin "O narrador" fora publicado em outubro de 1936. Marcel Brion (1895-1984) exerceu primeiro a advocacia antes de se dedicar a literatura, arte e música.

645 Quer dizer, com respeito à publicação dos ensaios de Horkheimer na França.

compreender por quê. Uma nova e mais refinada forma de sabotagem foi o resultado, como eu esperava. "Não se pode", assim reza agora a fórmula, "prever a exata data de publicação de um livro adotado pela NRF [*Nouvelle Revue Française*]." Creio que Alix Guillain,[646] rigorista como é, tem seu dedo nessas maquinações. Mas felizmente as negociações com Groethuysen estão oficialmente nas mãos de Aron, não nas minhas. Por outro lado, lembro-me de seu pedido para que me informe ao máximo sobre o trabalho de Kracauer[647] quando estiver com ele. Confesso – para ser direto – que não vejo Kracauer há um mês e meio. A última vez foi na presença de Max, e propus a ele um encontro. Nas duas semanas seguintes ele não tinha tempo – essa foi a resposta. O que terei feito para ele se sentir ofendido ainda é um mistério para mim. Mas tomei a coisa como desaforo. Assim é que aguardo com toda a paciência notícias dele. Transmita lembranças tanto mais cordiais a Sohn-Rethel. Espero que você tenha passado tardes agradáveis com ele. Pela filha dele soube que ele – mais feliz que eu nesse particular – já encontrou um apartamento. Que ele tenha boa sorte, e a título de inventário o "*Thurnwald*".[648] (Ele saberá com certeza o que quero dizer!)

Nesse prolongado meio-tempo, recebi três trabalhos seus. Na "Serenata" reconheço coisas extraordinariamente importantes: tanto nos comentários sobre o *expressivo* de Schönberg quanto naqueles sobre a relação entre tabu e kitsch. A esses últimos tornaremos com toda certeza quando nos falarmos. Espero o mesmo no tocante à

646 Companheira de Groethuysen, simpatizante do Partido Comunista Francês.

647 Ou seja, o manuscrito "Massa e propaganda" (ver nota 458, carta n.57).

648 Não foi possível identificar com precisão a que se referiria essa alusão.

reflexão final, cuja intenção reconheço como das mais essenciais, embora no material musical me escape em parte. O "Beethoven" me é de todo transparente e me parece também particularmente belo em sua exposição.

Na nova forma do ensaio sobre Mannheim, o essencial nada perde de sua eficácia. Se não me engano, entre as novas formulações acrescentadas estão algumas das mais penetrantes. O trecho sobre o pai de família da alta burguesia agradou-me em particular;[649] e assim também a conclusão. A favor da nova versão me cabe dizer que ela possui um caráter mais oficial e representativo do que a primeira, a que o estilo acadêmico emprestava por vezes um tom privado. A transição da anterior para a atual me parece, no entanto, inteiramente feliz no início. Permiti-me uma sugestão de omissão para esse início, e nesse sentido assinalei claramente a cópia que lhe devolvo em consideração à brevidade. Até onde vejo, ela não deturpa em nada o texto, mas mitiga, não digo a acuidade, mas a violência da investida. Duas pequenas sugestões acerca do vocabulário: na p.3, linha 15, segunda palavra, em vez de "lume" eu poria "escuridão", e na p.10, linha 8 de baixo para cima, em vez de "pacificador", "paliativo". Você notou que exemplo excelente – às vezes até o próprio dialético reconhece exemplos! – para a influência dos "distintos organizadores" dado hoje mesmo por Van Zeeland?[650]

E para concluir: quando posso esperar meu exemplar do "Alban Berg"? E gostaria também de ouvir de Felizitas uma palavra sobre

---

649 Cf. GS 20 [1], p.41ss.

650 Cf. a passagem talvez ligeiramente alterada em GS 20 [1], p.38ss e GS 10 [1], p.42. Paul van Zeeland (1893-1973), economista e político belga, foi primeiro-ministro da Bélgica de 1935 a 1937 e também ministro das Relações Exteriores entre 1935 e 1936; em outubro de 1937, renunciou em razão de denúncias de corrupção.

os volumes ilustrados franceses[651] de minha biblioteca, dos quais indaguei em setembro. Eles ainda estão em Berlim ou com vocês em Londres?

Por fim devo mencionar que Pollock me impôs a mais estrita discrição no trato com os funcionários do Instituto sobre os arranjos financeiros feitos a meu favor.[652] É óbvio que isso não inclui você e Felizitas, mas é necessário que você tenha conhecimento do fato. Aproveito a ocasião para expressar mais uma vez meu muitíssimo obrigado por tudo o que você me fez nesse particular! E as palavras de Max que você me transmitiu também muito me alegraram.

Nos últimos dias, sem grande entusiasmo, escrevi a resenha mais cordial que pude do livro de Grete de Francesco.[653] Assim que puder a remeto a você.

Não tire vingança desse meu longo silêncio agora justificado, escreva-me o mais breve possível e aceite meus melhores votos para você e para Felizitas.

Walter

2 de novembro de 1937
Boulogne (Seine)
1 rue du Château

---

651 Ver nota 630, carta n.90.

652 A partir de novembro de 1937, Benjamin passou a receber do Instituto de Pesquisa Social em Nova York um pecúlio mensal na soma de 80 dólares a fim de resguardá-lo das consequências da desvalorização do franco francês; em novembro, outros 1.500 francos franceses (a quantia mensal que lhe cabia) foram-lhe remetidos de Genebra como auxílio para a mudança de residência que ele tinha em vista.

653 Ou seja, de *O poder do charlatão* loc. cit. (carta n.84, nota 586); para a resenha de Benjamin, cf. *Zeitschrift für Sozialforschung*, v.7, n.1/2, 1938, p.296-98 (agora em GS III, p.544-46).

93. Benjamin a Theodor e Gretel Wiesengrund-Adorno Boulogne sur Seine, 17.11.1937

Caro Teddie,

Anteontem fechei um contrato de aluguel[654] que talvez me possibilite mudar-me para um apartamento já no fim do ano, ou no mais tardar até 15 de janeiro. Ficam assim alterados os meus planos: uma viagem à Dinamarca não valerá mais a pena nesse breve intervalo.

Mas as coisas não são exatamente as mesmas no que se refere à minha ida a Londres. Seja como for, preciso vagar minha atual residência no fim deste mês ou no início do mês que vem; Else H. anuncia-me seu retorno iminente. Isso seria muito mais difícil de suportar se o barulho indizível que estrondeia aqui a meu redor da manhã à noite não tivesse afetado seriamente minha capacidade de trabalho. Passei a depender totalmente da Bibliothèque Nationale, onde pude passar a vista por quase toda a literatura sobre Baudelaire de que preciso.

Quais são seus planos para dezembro? Escreva-me assim que puder.

De Kracauer, ainda nada.

O que Sohn-Rethel está fazendo?

Soube de Grete de Francesco que ela ficou muito feliz com a sua carta.[655]

---

654 Para o apartamento na rua Dombasle, o último domicílio de Benjamin antes de sua fuga de Paris.

655 A carta (inédita) de Adorno data de 10.11.1937.

Tudo de bom para você e Felizitas,

Walter

17 de novembro de 1937
Boulogne (Seine)
I rue du Château

94. Wiesengrund-Adorno a Benjamin [Londres,] 27.11.1937

27 de novembro de 1937

Caro Walter,

A demora de minha resposta tem por razão que esta não lhe pode esconder algo que eu relutava em lhe comunicar antes que atingisse o mais alto grau de probabilidade: nossa mudança para a América, contra todas as expectativas, é agora fato iminente. Firmou-se um acordo entre o Instituto e a Universidade de Princeton[656] que implica colaboração direta com Max, desonera o Instituto em termos financeiros e ao mesmo tempo nos oferece certas garantias. Você há de convir comigo que há razões bastante imperiosas e palpáveis que levaram Max a formular a proposta e eu a aceitá-la. Tenho plena consciência do que significa o abandono de minha posição na Europa – no duplo sentido da palavra. Você sabe que em meus pensamentos você está em primeiro lugar, e é somente

656 Esse acordo fora facultado por Paul Lazarsfeld, que recebera um vultoso fundo da Universidade de Princeton para uma pesquisa sobre rádio e desejava ver Adorno contratado como diretor musical. Entre o Instituto de Pesquisa Social e Lazarsfeld fora acordado que Adorno consagraria metade de seu tempo ao projeto de pesquisa e outra metade ao Instituto. O sociólogo Paul Lazarsfeld (1901-76) se mudara para os Estados Unidos em 1933 e ocupava cátedra de sociologia na Universidade de Columbia.

para assinalar a seriedade da minha motivação se acrescento que devo contar com a séria possibilidade de nunca mais rever minha mãe se partir para a América. E você pode imaginar como me sinto a respeito. O único consolo para isso está na perspectiva de poder empreender junto com Max seu trabalho, que espero decisivo, sobre o materialismo dialético[657] e nas crescentes dificuldades das condições de vida na Inglaterra, sobretudo para Gretel, que na América, assim espero, por fim se restabelecerá fisicamente.

Mas no momento tudo ainda está no ar. Não pudemos nos mudar para o apartamento e suspendemos a mudança dos móveis; estamos vivendo ainda em nossos dois quartos, o que pouco aprazível com o passar do tempo. A entrevista decisiva com o cônsul americano, cujo desfecho, aliás, está longe de ser certo, ocorrerá dia 13 de dezembro. Difícil é que nossa partida para a América[658] se dê antes do início de janeiro. Que nós nos veremos antes disso é ponto pacífico. Mas onde será, se em Londres ou Paris – isso sou totalmente incapaz de dizer no momento. Em parte isso depende também dos arranjos nova-iorquinos. Não preciso dizer assim que o avisarei tão logo a situação se aclare um pouco. De todo modo, gostaria de saber se os arranjos relativos a seus assuntos financeiros[659] chegaram a ponto de serem considerados como definitivos, e sobretudo se seu salário está cotado em dólares. Não tome como indiscrição, mas unicamente como expressão de meu cuidado, um cuidado suscitado por um trecho de sua última carta mais extensa, se lhe pergunto a exata quantia acordada. Essa pergunta vale apenas sob a condição de que não exija sacrifício psicológico de sua parte,

657 Da estreita colaboração entre Horkheimer e Adorno, que se estendeu a intensas discussões sobre ensaios de um e de outro, emergiu mais tarde a *Dialética do Esclarecimento* [Dialektik der Aufklärung].

658 Os Adorno só deixariam a Europa em fevereiro de 1938.

659 Ver carta n.92 e a respectiva nota.

e mais, de que Pollock não lhe tenha imposto um silêncio *absoluto*, tal como fez comigo. Nesse caso, eu lhe pediria que me desse as mais precisas orientações no que se refere ao tratamento posterior desses assuntos. Nas atuais circunstâncias, é questão fechada que haja uma possibilidade apenas remota para Sohn-Rethel, para Kracauer, para o livro sobre arte de massas e para todos os projetos afins. Mas com tanto mais firmeza acredito poder insistir no seu caso como efetivamente o único. Nesse sentido, penso também em como podemos levá-lo à América tão logo possível. A necessidade material de trabalharmos juntos em proximidade física (uma necessidade na qual incluo Max) determina-me a isso tanto quanto a convicção da inevitabilidade de uma guerra em prazo relativamente curto. O caso Cagoulard[660] e o franco malogro da iniciativa de Halifax[661] não passam de elos de uma corrente. Mas me parece que realmente não resta saída para a barafunda dos assuntos europeus senão a catástrofe, e quase sou tentado a vê-la como de fato uma saída ante a catástrofe em permanência. Essas considerações me parecem eclipsar até mesmo aquelas, veementes, a que você chama a atenção: relativas, digo, à defesa da mais que perdida praça-forte europeia. Nesse sentido, será de algum consolo irônico que a praça que temos a defender será perdida em toda parte e sob todas as circunstâncias. A leitura do número do *Tagebuch* em que o indizível Schwarzschild[662] denuncia a Rússia, e do número da *Weltbühne* em que um igualmente indizível sr. Georg, mas Ernst

660 Referência à dissolução da associação política secreta de extrema-direita (ver nota 541, carta n.74) pelo governo Blum.

661 Referência à visita de sondagem de Lorde Halifax à Alemanha em novembro de 1937, empreendida a pedido de Neville Chamberlain. Halifax e Hitler encontraram-se em Berchtesgaden.

662 Cf. Leopold Schwarzschild, "Die Pandorabüchse" [A caixa de Pandora]. *Das Neue Tagebuch*, v.5, n.46, 13.11.1937, p.1089-94.

Bloch[663] também, assume uma defesa da Rússia verdadeiramente digna do ataque de Schwarzschild, dá bem a ideia da aporia em que estamos enredados. Com toda a seriedade, mal posso imaginar outra relação entre a Europa e nós que não aquela do grupo de turistas de Ehrenburg[664] cambaleando entre os destroços. E com isso não quero aludir a nenhum otimismo por uma América na qual as ondas de crise claramente se amiúdam da forma mais alarmante. Essa catástrofe, arrastada por décadas a fio, é com toda a seriedade o mais perfeito pesadelo do inferno que a humanidade já produziu até hoje. E se lhe digo ainda que o meu "Wagner" avança muito bem, isso tem somente o significado daquele idílio integrado à própria catástrofe. Os estudos preparatórios estão quase concluídos. A natureza de minhas anotações é tal que a redação será realmente apenas uma questão técnica, naquele sentido que os ingleses consideram como abater o tigre quando a pessoa já se exercitou o bastante na situação. No centro da obra parece avultar cada vez mais a figura do pedinte, e talvez seja um bom presságio se lhe disser que o desejo que nutro há dez anos de escrever uma teoria para os versos "Ao portão o pedinte acorre"[665] me parece finalmente ter sido realizado. Aqui também pesou outro sonho meu, cujo relato quero lhe fazer em detalhes na próxima oportunidade.

---

663 Cf. Manfred Georg, "Der Intellektuelle in der Volksfront" [O intelectual na Frente Popular], e Ernst Bloch, "Jubiläum der Renegaten" [Jubileu dos renegados]. *Die Neue Weltbühne*, v.33, n.46, 11.11.1937, p.1449-54 e p.1437-43.

664 Cf. os romances de Ilja Ehrenburg *Die ungewöhnlichen Abenteuer des Julio Jurenito und seiner Jünger* [As incríveis aventuras de Julio Jurenito e seus discípulos] (Berlim, 1923) e *Trust D.E. Die Geschichte der Zerstörung Europas* [Trust D.E. A história da destruição da Europa] (Berlim, 1925).

665 Cf. o cap. IX, "Deus e o pedinte" [Gott und Bettler], do *Ensaio sobre Wagner* (loc. cit., esp. p.127ss).

A obra também contém, espero, a realização de um antigo desejo seu: uma teoria da instrumentação[666] na qual a interpretação dos próprios instrumentos tem voz decisiva no resultado. Em suma, creio pelo menos me permitir algum otimismo ao acreditar que essa tentativa contará com seu beneplácito. A sorte da anterior, do "Husserl", continua no escuro, mas creio que também dela, seja de que forma for, resultará algo.

Gretel não vai muito bem de saúde; ela simplesmente não se adequou, em termos somáticos, às condições de vida inglesas em geral e às condições de nossa existência improvisada em particular. O mais fácil seria levantar acampamento daqui e assentar em lugar mais acolhedor; mas justamente isso não parece possível, dadas as negociações com o consulado norte-americano, e a correspondência telegráfica com Nova York dificulta tecnicamente a viagem. Mesmo assim, ainda não abandonei inteiramente a esperança de que passemos duas semanas na Riviera,[667] e isso significaria um encontro nosso em Paris.

Sohn-Rethel está aqui; estou bastante decepcionado, já que não consigo me livrar da impressão de que ele está mesmo empenhado em descobrir quem inventou o trabalho e matá-lo, junto com o tempo, e de que está muito mais interessado em empurrar com a barriga seu trabalho a um futuro indeterminado do que concluí-lo num espaço de tempo previsível. Além do mais, o professor inglês[668] que o trouxe para cá e a quem cabe orientá-lo é, infelizmente, pelo menos tão arredio ao trabalho como o próprio Alfred. De todo modo, até agora ele não produziu absolutamente nada, e

666 Cf. ibid., cap.V, "Cores" [Farbe], p.68-81.

667 Em meados de dezembro, Adorno e Gretel passaram cerca de três semanas em San Remo, onde se encontraram com Benjamin.

668 John MacMurray, professor de lógica e epistemologia na Universidade de Londres.

no fim está mais para gente como Rix Löwenthal,[669] Haselberg e companhia do que para nós. O fato de não termos "herdeiros" condiz à perfeição com a situação catastrófica. Uma das peças mais admiráveis com que topei nesse sentido foi, aliás, um artigo do sr. Linfert[670] sobre a exposição "Arte degenerada", no qual ele faz a essa empreitada críticas ideológicas hauridas em maior ou menor medida do arsenal das nossas próprias reflexões. Minha atitude com relação a ele e a Sternberger hoje é totalmente inequívoca: considero ambos liquidados. Caso não tenha lido esse mistifório, pode deixar que o envio a você. O mais repulsivo de tudo isso é que o sujeito assume a seus próprios olhos o discurso de "oposição disfarçada". Cagoulards por toda parte.

O "Mannheim" foi composto, junto com uma vasta série de alterações que não me agradaram. Logo sugeri contrapropostas, mas ainda não sei se com sucesso.

Permita-me concluir com a esperança de que você possa em breve ocupar seu novo e pacífico *quartier* enquanto ela permaneça pacífico, ao passo que a Else, a diabólica perdulária, revertam todos os tormentos infernais da rue de Rennes e da guerra mundial. Nem sequer uma única linha ela nos escreveu durante a sua viagem a Nova York, e ao que tudo indica também não fez uma visita a Max, a meu ver porque temia que a acolhida não fosse como a que agora pode dizer que certamente será enquanto não a concretizar. Mas

---

669 Referência ao economista, cientista político e sociólogo Richard Löwenthal (1908-91).

670 Cf. Carl Linfert, "Rückblick auf 'entartete Kunst'" [Retrospectiva da "Arte degenerada"]. *Frankfurter Zeitung*, 14.11.1937. Carl Linfert (1900-81), jornalista e historiador da arte, foi correspondente e editor da *Frankfurter Zeitung* até 1943; depois da guerra dirigiu a programação noturna da NWDR [Rádio do Noroeste da Alemanha] (mais tarde WDR [Rádio do Oeste da Alemanha]).

talvez também entre em conta uma pitada de vergonha por causa do quarto da criada. Também pus meus pais a par dessa proeza da parte dela, e creio que tenha surtido o efeito desejado.

Tudo de bom de nós dois; escreva-nos em breve uma palavrinha.

Em eterna amizade,

Teddie

95. Wiesengrund-Adorno a Benjamin [Londres,] 01.12.1937

1º de dezembro de 1937

Caro Walter,

Permita-me acrescentar algumas palavras profissionais à carta de Gretel.[671] Você receberá provavelmente nos próximos dias uma carta do biógrafo de Engels, Gustav Mayer,[672] outrora professor extraordinário em Berlim. Ele tinha um contrato com Gallimard – recomendado por seu amigo Groethuysen – para uma edição francesa de seu *Engels*. Groethuysen lhe prometera encontrar um tradutor, para cuja tarefa haviam cogitado um tal de Alexandre.[673] Supérfluo dizer que nem a tradução nem a edição francesa vieram à luz. Mayer pergunta-me agora se não lhe posso ser útil na questão da tradução. E indiquei seu nome, já que você está muito mais versado nesses assuntos do que eu. Calculei que se pudesse ganhar para essa tarefa um dos nossos amigos, Klossowski ou Etiemble, contanto que nenhum deles esteja ocupado no momento com al-

671 Esta escreveu a Benjamin em carta (inédita) da mesma data: "Então o mais provável é que cheguemos à Villa Verde em San Remo na segunda metade de dezembro e que fiquemos até janeiro. [...] Não seria possível nos encontrarmos lá?".

672 Cf. Gustav Mayer, *Friedrich Engels*. Eine Biographie, v.2. Haia, 1934.

673 Nada se sabe a respeito de sua identidade.

guma tradução *urgente* para o Instituto. Se um deles for escolhido, é certo que não se poderá evitar informar nosso caro Groethuysen do fato, uma vez que o projeto da tradução e a recomendação original das duas cariátides partiu dele, e eu, enquanto a questão da publicação dos ensaios de Max não se ache positivamente decidida, quero evitar de todo a impressão de um bumerangue que se arremessa de volta na cabeça de Groethuysen. Sinto muito, mas me vejo obrigado a lhe pedir, se a carta de Mayer chegar – e obviamente só então –, que entre em contato com Groethuysen para discutir o assunto antes de responder a Mayer. Se tenho a desfaçatez de lhe pedir um novo encontro com Groethuysen, sou forçado a dar pelo menos uma breve imagem do amigo a quem ele sabotou, Mayer. Este é um homem verdadeiramente assustador, do tipo de Fuchs, mas sem as qualidades conciliadoras daquele, brotadas de impulsos agressivos que se voltam, vez por outra, contra o próprio estado das coisas, o que nunca se há de esperar de Mayer. Se lhe digo que este é amigo não só de Groethuysen, mas também do Fuchs em carne e osso, está criada a imagem da mais perfeita harmonia, e você não há de negar que carecemos de um homem assim como o diabo da cruz. De fato, nossa relação com ele é uma daquelas de necessidades fatais. Por uma série de razões, algumas das quais precedidas por longa história, ele é consumido pelo mais entranhado rancor contra o Instituto[674] e lhe causa todo o tipo de calamidade. É muito importante serená-lo, especialmente porque se a pessoa lhe oferecer o dedo ele com certeza vai querer o braço. Por isso, nada me parece mais oportuno do que se lhe arranjássemos um tradutor e o sujeitássemos exclusivamente a nós. Eis o quadro.

674 Em 1922, Gustav Mayer – segundo uma conversa com Felix Weil – entretivera a esperança de dirigir o Instituto de Pesquisa Social, do qual Carl Grünberg foi de fato o primeiro diretor.

A propósito, ele proferiu opinião bastante entusiástica acerca do seu ensaio sobre Fuchs. Mas depois de lhe impingir a vítima de Groethuysen, não quero mais aborrecê-lo à toa.

Espero que *à bientôt* em San Remo, cordialmente,

Teddie

96. Benjamin a Wiesengrund-Adorno Boulogne sur Seine, 04.12.1937

Caro Teddie,

Sua carta me trouxe – e como – uma brusca notícia.

O fato de que uma necessidade não menos brusca esteja por trás de sua resolução não a torna minimamente mais suave aos ouvidos.

Entretanto, essa resolução promete solucionar uma série de problemas. Ora, temos de nos conformar que ela suscitará outro em sua sequência.

Mas convenhamos: temos de nos ver impreterivelmente antes de você partir. E não preciso dizer que isso vale para nós três.

Acabei de escrever à minha ex-mulher e lhe transmitirei a informação assim que ela chegar, sem demora. De todo modo, assim espero, você poderá arranjar as coisas de maneira que tenhamos uns dias só para nós em Paris. Max também ficaria encantado se você lançasse um último olhar ao continente.

Como eu gostaria também de mostrar a você e a Felizitas aquelas fendas e rachaduras que serão meu *abri* muito em breve! Mas só conseguirei me mudar no dia 10 de janeiro. Daí minha eventual ausência de Paris, por um período que corresponde na verdade à própria permanência de vocês.

Em suma, creio que nos veremos em poucos dias. Portanto, só menciono o que segue para não parecer que deixo sem resposta, por breve que seja, uma passagem importante de sua carta.

Ao me participar a decisão, Pollock acrescentou: "Pedimos que observe o mais estrito sigilo a respeito da soma acordada (inclusive com relação a Genebra), pois numa época em que somos obrigados a promover cortes em todos os lados não queremos nos enredar em discussões sobre por que estamos agindo de forma diversa no seu caso". Não posso imaginar, por mais de uma razão, que Pollock estivesse pensando em você a esse respeito. E no que toca a mim: o que me imporia "dificuldades psicológicas" seria antes isto: *não* poder me expressar com toda a liberdade a meu respeito justamente com você e com Felizitas. Não posso imaginar, como já disse, que o sentido fosse esse. Permita-me por hoje citar este trecho de uma carta de Max[675] ao lado da de Pollock: "Falamos aqui com a srta. Herzberger. Talvez ela tenha se dado conta de que seus problemas financeiros não estão exatamente resolvidos com a permissão de que você usasse os aposentos da criada, e aliás nem mesmo com aquilo que no momento somos capazes de fazer por você". E acrescenta Max: "Entretanto me parece extremamente duvidoso que ela o tenha feito".

O agradecimento expresso na minha última carta já lhe devia ter revelado que o novo arranjo é um considerável alívio em comparação com o antigo. Sua carta me diz que você continuará de olhos abertos por mim. Se ainda falta uma mensagem para lhe dizer o que isso significa para mim, que Felizitas seja então minha mensageira.

Queira dizer a ela quanto eu adoraria finalmente falar outra vez com ela à vontade. A propósito, espero que a saúde dela já tenha melhorado o seu tanto antes da viagem. Será que a névoa continua tão espessa que Sohn-Rethel (se assim me permite) não consegue encontrar o caminho que leva de um de seus quartos a outro?

675 Carta (inédita) de Horkheimer a Benjamin de 05.11.1937.

Estou muito ansioso para ver seu "Wagner" e a figura do pedinte. Até mais vê-lo em futuro não tão distante!

Walter

4 de dezembro de 1937
Boulogne (Seine)
1 rue du Château

PS Gustav Mayer, graças a seu retrato alentador, receberá o melhor dos conselhos, mas até agora ainda não tive nenhuma notícia dele.

97. Wiesengrund-Adorno a Benjamin [Londres,] 01.02.1938

1º de fevereiro de 1938

Caro Walter,

Lazarsfeld, o homem que me arrumou o contrato de pesquisa sobre o rádio, enviou-me um memorando sobre o projeto e pediu minha resposta e a exibição de uma lista de "problemas" do rádio. Poupo-lhe o memorando dele e a minha resposta por carta. No entanto, aquela lista redundou num *exposé*[676] similar àquele eu produzira sobre o jazz, e já que So'n-Rätsel[677] teve o entusiasmo e a bondade de copiá-lo para mim, posso enviá-lo a você hoje e pedir-lhe que fique com a cópia. É óbvio que sua opinião sobre o assunto me interessa vivamente. Se tiver vontade de mostrar o *exposé* a Kracauer, vá em frente. Só gostaria de acrescentar ainda

676 A cópia datilografada que integra os escritos póstumos de Adorno traz o título "Questões e teses" [Fragen und Thesen].

677 Literalmente, algo como "Enigma-e-Tanto"; jogo de palavras com o nome de Sohn-Rethel.

que, por razões compreensíveis, foi somente de forma aguada que discuti aquele único problema que me fala mais de perto, o de saber o que acontece com a música que é tocada embora *ninguém* de fato ouça.[678] Nesse sentido, falo no *exposé* essencialmente apenas da música de fundo, mas não daquela que não é percebida *de todo*, e *essa* é justamente a que nos interessa. Mas não queria precipitar desnecessariamente minha internação no hospício. Assim, não tenho muita certeza do efeito causado pelo *exposé*. Entretanto, devo lhe confessar minha opinião de que música que ninguém ouve inspira desastre. É certo que ainda me falta uma fundamentação teórica, mas quero supor que a relação da música com o tempo desempenha seu papel aqui.

De resto, comunico que o primeiro capítulo do "Wagner" está pronto, e que o segundo estará pronto nos próximos dias. Poucas vezes tive tanto prazer num trabalho. A propósito, estou tentando o máximo possível livrar o texto de todo o jargão filosófico oficial.

Como não recebi de Nova York nenhum telegrama acerca de uma possível viagem a Paris, presumo que a coisa não dará em nada. Aguardo assim tanto mais ansioso a sua resposta.

Cordialmente,

Teddie

Caro Detlef, obrigado pelo seu postal[679] e o manuscrito do Frick.[680] Alfred Sohn desenvolveu uma teoria[681] sobre o rádio e o cinema como órgãos socializados de percepção, o que de certa maneira complementa as ideias de Frick; de resto, ele continua tão

678 Para o respectivo trecho no *exposé* de Adorno, cf. *Briefwechsel Adorno/Sohn-Rethel*, loc. cit., p.79.

679 Parece que o postal não subsistiu.

680 Nada se sabe a respeito.

681 Cf. *Briefwechsel Adorno/Sohn-Rethel*, loc. cit., p.73-78.

brilhante e fantástico como sempre, mas é claro que não vimos nem cheiro dos resultados do seu trabalho. Tudo de bom, como sempre,

Felicitas

98. Benjamin a Wiesengrund-Adorno Paris, 11.02.1938

Paris, 11.2.1938
10, rue Dombasle

Caro Teddie,

Muito obrigado pelas breves notícias assim como pelos longos manuscritos. O "Wagner"[682] chegou ontem cedo. O *exposé* sobre o rádio[683] já teria por si só me dado ensejo a que me pronunciasse antes, se tivesse tido sequer um único minuto livre. Mesmo hoje, embora – como você vê – eu tenha me consagrado excepcionalmente ao progresso técnico,[684] não posso estender-me da forma como gostaria.

Em resumo: o *exposé* sobre o rádio me dá toda a razão para partilhar do entusiasmo de So'n-Rätsel. Em primeiro lugar, ele está entre as coisas mais esclarecedoras que conheço de sua autoria. Além disso, nele se impõe um verdadeiro subtom de divertimento, como se você cantarolasse à surdina mas obstinadamente um "não vale ter medo".[685] Tive enorme prazer com a sua descrição da "postura" do ouvinte de rádio (tocado talvez pelo fato de eu

682 Adorno obviamente enviara a Benjamin uma cópia datilografada do primeiro capítulo do *Ensaio sobre Wagner*, que ele concluíra em 28 de janeiro.

683 As treze páginas da cópia datilografada do *exposé* de Adorno estão guardadas no espólio berlinense de Benjamin.

684 A carta foi escrita numa máquina de escrever.

685 Um dito predileto de Adorno; cf. também o aforismo com esse título em *Minima moralia* (GS 4, p.76ss).

ter finalmente encontrado o lugar que me cabe na teoria como fumante).[686] De resto, essas passagens não me encobriram aquelas outras, certamente de maior alcance, sobre a música "estática" e "transbordante".[687] O todo exibe uma bela e transparente excentricidade, e se ele o conduz às portas de um *asile d'aliénés*, você estará coberto de razão em pleitear o pavilhão adjacente ao de Paul Klee.

O nome me ocorre instantaneamente porque acaba de haver aqui uma exposição de Klee na qual se podiam ver obras muito belas de sua produção recente. A pintura a óleo com certeza cumpre agora papel maior; eu pessoalmente ainda prefiro suas aquarelas acima de tudo.

Tenho corrido um bocado de lá para cá nesses últimos dois ou três dias. Não que esteja tudo acertado com a instalação do meu aposento. Por razões óbvias, tive de encomenda os serviços de um faz-tudo – aliás, um jovem simpático, um imigrante não judeu que se dirige a meu quartinho nas horas livres para lá passá-las sem ser perturbado.

---

686 Na cópia datilografada do *exposé* de Adorno (inédito) lê-se: "O gesto do fumar opõe-se ao do escutar um concerto: ele se volta contra a aura da obra de arte, sopra-se fumaça na cara do som. O gesto do fumar é um de desviar-se do assunto ou de todo modo do seu encanto: quem fuma, sente-se. Ao mesmo tempo, porém, o fumar pode promover a concentração. Parece-me haver em geral uma profunda relação entre o fumar e o rádio. O fumante isola-se e faz-se acessível ao mesmo tempo".

687 Lê-se no *exposé*: "Se o filme, mediante uma técnica infinitesimal, transpõe as imagens sucessivas para o contínuo do movimento, então o exato oposto acontece com a música no rádio. À tela estática corresponde a fita magnética que não para de rolar. A julgar pelo seu movimento de evidência implacável, a música parece entretanto estática. Nele, ela se dissocia em 'imagens'; confrontada a cada instante com o transcurso do tempo físico real, ela perde o poder sobre este e imobiliza-se. A perda do poder sobre o tempo na ilusão estética mediante seu confronto com o *temps espace* é a fórmula técnica para a perda da 'aura', na acepção do trabalho sobre a reprodução técnica de Benjamin".

Mal ouso lhe expressar abertamente a esperança de que sua despedida da Europa[688] ainda se faça esperar; mas se assim for, vocês certamente – você e Felizitas – hão de lançar um olhar para o meu lado.

O primeiro capítulo do "Wagner" ainda não tive tempo de lê-lo, mas ao folheá-lo fiquei contente em dar com a passagem na qual você faz referência à minha teoria da aversão.[689] Você não quer consultar o ensaio de Thomas Mann sobre Wagner[690] no último número da *Medida e Valor*? Espero fazê-lo eu próprio na primeira oportunidade.

Uma carta que Max me escrevera[691] em dezembro se extraviara e só fui receber a cópia agora. Assim é que o artigo para Lion[692] está agora na ordem do dia.

Encontrei Kracauer e vou lhe passar na próxima oportunidade seu *exposé* sobre o rádio. Que, aliás, deve lhe ser duplamente, triplamente interessante, já que ele está escrevendo um livro sobre cinema (por encomenda da editora Allert de Lange).[693] Mas talvez você já saiba disso há tempos. Li sua resenha do livro dele[694] no

---

688 Os Adorno partiram para Nova York em 16 de fevereiro a bordo do *Champlain*.

689 Cf. a primeira frase da peça "Luvas" de *Rua de mão única*: "Na aversão a animais, o sentimento predominante é o medo de ser reconhecido por eles mediante o contato" (GS IV [1], p.90). Para a respectiva passagem no *Ensaio sobre Wagner*, cf. GS 13, p.22.

690 Cf. Thomas Mann, "Richard Wagner und der '*Ring der Nibelungen*'". *Mass und Wert*, n.3, 1938.

691 Carta inédita de Horkheimer a Benjamin de 17.12.1937.

692 Cf. Benjamin, "Um instituto alemão de pesquisa independente", loc. cit. (carta n.90, nota 627), escrito por sugestão de Horkheimer para a revista *Medida e Valor*, cujo redator-chefe era na época Ferdinand Lion (1883-1965).

693 O livro, que fora contratualmente acertado com Walter Landauer, diretor comercial daquela editora, não se concretizou.

694 Cf. nota 544, carta n.75.

último número da revista; o tom dela é elegíaco, ao passo que o livro nos faz ferver o sangue.

Encontrei algumas passagens particularmente interessantes para mim nas formulações de Max sobre a teoria crítica,[695] cuja conclusão é de fato muito bela.

Hoje à noite, não sem certo receio, vou buscar Scholem na estação.[696]

Antes dos dias atarefados que me aguardam, queria levar isso a bom termo. Tudo de bom a você e a Felizitas, e queira transmitir minha reverência ao mago da economia[697] em sua cidadela enevoada.

Como sempre,

Walter

99. Theodor e Gretel Adorno a Benjamin [Nova York,] 07.03.1938

Princeton University
Princeton New Jersey
School of Public and International Affairs
Office of Radio Research
203 Eno Hall
7 de março de 1938

Caro Walter,

Estas linhas são apenas para lhe dar fé, em meio ao incrível corre-corre dessas primeiras semanas – as quais preciso devotar ex-

695 Cf. Horkheimer, "Teoria tradicional e teoria crítica", loc. cit. (carta n.83, nota 578).

696 Gerschom Scholem descreve a visita em Walter Benjamin. *Geschichte einer Freundschaft* [Walter Benjamin. História de uma amizade]. Frankfurt a.M., 1975, p.255-66.

697 Referência a Alfred Sohn-Rethel (ver também o último parágrafo da carta n.96).

clusivamente ao projeto sobre o rádio –, de que fizemos boa viagem e chegamos bem, e de que nos instalamos aqui num apartamento provisório bem agradável. O projeto sobre o rádio revela-se matéria de possibilidades extraordinárias e de grande publicidade. Estou à frente de toda a seção musical e também, na prática, da direção teórica geral, já que o diretor oficial que me trouxe para cá, Lazarsfeld, está às voltas principalmente com a organização do trabalho.

Hoje gostaria de lhe pedir que me enviasse um relato bem sucinto, de duas a três páginas datilografadas, em nome dele, sobre suas tentativas de estabelecer "modelos de audição" de rádio na Alemanha.[698] Eu gostaria de incorporar o material ao arquivo e reportar-me a ele em meu memorando, e de modo algum excluo a possibilidade de que disso resultem benefícios práticos para você.

Quanto aos trabalhos para o Instituto, tudo o que posso dizer por hoje é que tive de adiar o "Wagner" por algumas semanas em virtude do excesso de trabalho no projeto sobre o rádio; que o "Montaigne" de Max,[699] bem de acordo com a nossa abordagem, ocupa-se não tanto com uma crítica de Montaigne, mas antes com a mudança de papel do ceticismo, e a meu ver sai-se extraordinariamente bem da tarefa, inclusive como ensejo para discussões políticas; que Gretel e eu temos agora em mãos o manuscrito de Kracauer, embora nenhum de nós dois espere muita coisa do trabalho. Se algo dele é de fato utilizável, ainda não sei, mas é inquestionável que, dele querendo salvar alguma coisa, tal só será possível se ele for totalmente demolido e depois montado peça por peça a partir

698 Sobre os "Hörmodelle" de Benjamin, cf. GS IV [2], p.627-720 e a nota do editor às p.1053ss. O texto "Hörmodelle" (p.628) surgiu provavelmente só no início de 1938, em resposta a esse pedido de Adorno.

699 Cf. Max Horkheimer, "Montaigne und die Funktion der Skepsis" [Montaigne e a função do ceticismo]. *Zeitschrift für Sozialforschung*, v.7, n.1/2, 1938, p.1-52 (agora em Horkheimer, *Gesammelte Schriften*, v.4, loc. cit., p.236-94).

dos menores fragmentos. Em proveito de suas tiradas sociopsicológicas, Kracauer ignorou inteiramente a grande questão da propaganda, que se apresenta palpavelmente no material por ele citado. A construção teórica é arbitrariamente improvisada; o material, em regra, de segunda mão. O meu "Mannheim" parece estar morto e enterrado, e será divulgado tão somente na forma de manuscritos datilografados e provas corrigidas; já o "Husserl"bem que poderá aparecer em alguma outra forma, mas obviamente com cortes consideráveis. Outro agravante a se levar em conta, sobre o qual eu gostaria de orientá-lo com relação a seu "Baudelaire": a revista do Instituto será reduzida às suas dimensões originais, o que exclui a publicação de trabalhos que excedam duas folhas e meia de prova.

Como nós dois esperávamos, não foi difícil nos adaptar à vida nova. Aqui é muito mais europeu, *sérieusement*, do que Londres, e a Sétima Avenida, que fica próximo de onde moramos, lembra tão brandamente o *boulevard* Montparnasse quanto Greenwich Village, onde moramos, lembra Mont St. Geneviève. Se tivéssemos você aqui conosco estaríamos tão felizes quanto se poderia ser num mundo cujos interesses são dominados metade pela política que Chamberlain adota com Hitler e metade pela justiça de Stálin. Cartas chegam a nós do modo mais rápido e mais seguro em nosso endereço privado: 45 Christopher Street, 1G, New York City, N.Y. USA. Queira por favor não se deixar desconcertar pelo cabeçalho camaleônico e escreva-nos logo, ainda que se deva contar com a chegada de Scholem e interpretar a sua temporada em Manhattan sob não sei que signo cabalístico. Com todo o amor de nós dois, seu velho

Teddie

Caro Detlef,

Não só que eu me sinta melhor aqui do que em Londres, mas estou plenamente convencida de que você também sentiria o mesmo.

Para mim, talvez a coisa mais surpreendente seja que nem tudo é tão novo e avançado quanto se poderia de fato esperar; pelo contrário, em toda parte se depara com o contraste entre o mais moderno e o surrado. Não é preciso procurar coisas surrealistas aqui, a cada passo topamos com elas. À boca da noite os arranha-céus são imponentes, mas mais tarde, quando os escritórios estão fechados e as luzes minguam, eles lembram edifícios europeus mal iluminados. E imagine só, há estrelas também, e uma lua no horizonte, e pores do sol magníficos como os do início de verão. E. [Egon Wissing] esteve aqui para passar o fim de semana; ele está uma maravilha; só quero saber até quando vai continuar levando uma vida relativamente pacata. Você nem pode imaginar como eu gostaria que você também estivesse aqui. Meu único receio é que as *Passagens* lhe agradem tanto que nunca vai querer se separar dessa arquitetura esplendorosa, e só quando tiver fechado de vez essa porta surgirá a possibilidade de outro tema lhe cativar o interesse. Queira por favor não rir muito de mim, e mande notícias o mais breve possível.

Sua velha Felizitas, no estrangeiro,

Felicitas

100. Benjamin a Theodor e Gretel Adorno Paris, 27.03.1938

27 de março 1938
10, rue Dombasle
Paris (15e)

Caro Teddie!

Fiquei contentíssimo em finalmente receber notícias suas, e boas. Nenhum de nós dois tem sido propriamente mimado nos últimos tempos por notícias boas.

Você pode imaginar como fiquei feliz de ver que pelo menos meu filho se safou a tempo da miséria austríaca. A pessoa mal se atreve a conceber o que está se passando em Viena a menos que seja absolutamente forçado a tanto.

Espero que tenha um fundo de verdade o que ouvi de Krenek: que em maior ou menor medida ele abandonou seu posto na Áustria e se acha agora na América.[700]

Scholem também está há algum tempo acolá, mas até agora não me escreveu uma única linha, de modo que não sei se ele está enfurnado em Nova York, Chicago ou onde mais. Se você tiver relações com círculos judaicos em Nova York, provavelmente conseguirá saber seu paradeiro com facilidade.

Você pode calcular também que os acontecimentos recentes me estimulam a tratar da minha naturalização[701] com todo o empenho. Como sempre nesses assuntos, a pessoa se encontra de repente diante de dificuldades com as quais não contava; no momento, estas envolvem a apresentação de uma papelada que não tem fim. De mais a mais, essas coisas consomem um tempo incalculável.

Incertas que sejam as perspectivas da empreitada, agora é o momento certo para que eu corra atrás desses assuntos – nem que seja somente para providenciar um dossiê à altura para os registros oficiais do Ministério da Justiça.

Max talvez lhe tenha dito que recebi da *Medida e Valor* as provas do artigo sobre o Instituto – um resultado que não foi nada fácil obter, dado o sabotador traiçoeiro que é Lion.

É muito positivo que seu novo trabalho abra perspectivas importantes, em consonância com seu *exposé*. De outro lado, tocou-me de perto a descrição de Felicitas sobre o lugar onde vocês estão

700 Krenek, que havia tempos se decidira pela emigração, chegou à América em 31 de agosto.

701 Ver carta n.92 e a respectiva nota.

morando. Não é de hoje essa minha vontade de ser aliciado pelas cidades, e vocês dois parecem firmes no propósito de me levar a fazê-lo.

Não faz muito tempo, recebi inesperadamente dez ou vinte volumes da parte de minha biblioteca que ficara em Berlim. Também aguardo ansioso a chegada dos livros da Dinamarca[702] em futuro próximo.

Se você, Felicitas, der de cara com meus livros franceses ao desempacotar as coisas, queira por favor enviá-los a mim tão logo possível por intermédio do Instituto.

De Praga, assim fiquei sabendo, são muitos os que estão fugindo. Não sei se seria prudente que Ernst[703] permanecesse lá. Mas talvez ele vá para Lodz!?

Entre os manuscritos que deixei para trás na Alemanha estava o dos "modelos de audição". Reconstituí de memória, até onde foi possível, a estrutura desses trabalhos. O *exposé* segue em anexo.

Escreva-me breve e *muito* detalhadamente.

Lembrança aos amigos e os meus melhores votos para vocês,

Walter

PS Menciono aqui dois títulos de livros que talvez lhe sejam de interesse no tocante ao trabalho sobre Wagner:

Walter Lange: *Richard Wagners Sippe* [A estirpe de Richard Wagner] (Leipzig, 1938), editora Beck;

Eugen Schmidt:[704] *Richard Wagner wie wir ihn heute sehen* [Richard Wagner tal como o vemos hoje] (Dresden, 1938), da Fundação Baensch.

---

702 Ou seja, a parte da biblioteca de Benjamin que ele conseguira salvar em Berlim e encontrava-se sob a custódia de Brecht; sobre o traslado dos livros, ver carta n.109.

703 Isto é, Ernst Bloch.

704 Na verdade, Schmitz.

101. Adorno a Benjamin [Nova York,] 08.04.1938

8 de abril de 38

Caro Walter, este postal[705] é *louche* o bastante para você? O que me diz de em breve estabelecermos relações de parentesco?[706] Tudo de bom do seu não tão distante Teddie.

102. Benjamin a Theodor e Gretel Adorno Paris, 16.04.1938

10, rue Dombasle
Paris XVe
16.4.1938

Caro Teddie,

Seu postal de Páscoa gastoniano chegou aqui ontem.

Sou obrigado a lhe dizer que a união a que você alude como algo conhecido, dela fiquei sabendo justamente pela sua alusão. Pois então estamos nós, você e eu, prestes a acenar um para o outro feito folhinhas de árvore genealógica; e assim como tivemos algum sucesso anteriormente em nos comunicar na língua zéfiro, também vamos nos sair bem, queira Deus, das tempestades que pairam.

O que também me agradou no assunto todo foi ver Egon flanqueado por dois ajudantes que não são tão volúveis como os de K., mas igualmente astuciosos, e dos quais se pode dizer que estão

705 Do restaurante francês Gaston à la Bonne Soupe (rua 55, cidade de Nova York), com fotografias da entrada, da sala de jantar principal e do bar e saleta de coquetel.

706 Egon Wissing, sobrinho de Benjamin, e Liselotte Karplus, irmã de Gretel Adorno, pretendiam se casar.

mais ou menos a par do que se passa no "Castelo". Faça saber a ele essa minha visão enfática, que faz as vezes de um longo rosário de felicitações.

E pensando nisso, foi em razão apenas do supramencionado novo atributo que você escreveu essa longa carta; porque em resposta a meu último escrito ainda não ouvi de você nenhum detalhe. Abro aqui exceção ao "Wagner", do qual tenho os quatro primeiros capítulos até agora. Há ali uma abundância de temas cativantes, e em parte muito importantes para mim. Antes que você possa esperar algo mais razoável de mim, preciso, naturalmente, ter o todo à minha frente e poder estudá-lo. Como você sabe, o próprio tema central me reserva algumas dificuldades nesse sentido, e infelizmente elas só se agravam pela condição da cópia que você me enviou. Ela está pálida e só se lê a custo; espero que me envie outra melhor tão logo tenha uma de sobra.

O que mais me prendeu a atenção foram os comentários sobre o "acompanhamento" na música de Wagner.[707] Altamente atraentes são também suas considerações sobre a linguagem de Wagner[708] em contraste com a "Floresta e caverna" (uma citação do Fausto que faz boa figura!) da palavra em Schubert. Mal preciso acrescentar que as conclusões sobre a alegoria no *leitmotiv*[709] foram para mim de particular importância. Não vejo a hora de poder vagar livremente pelo texto e nele buscar a mim mesmo por toda parte.

Cabe aqui uma palavra a você, querida Felizitas, para lhe desejar boa Páscoa e boas-festas; e obrigado pelas linhas de 1º de abril, que muito me alegraram. Sua disposição de transcrever o ensaio sobre a reprodução técnica é inestimável para mim. Aceito-a com enorme

707 Cf. GS 13, p.57 e 118.
708 Cf. ibid., p.56ss.
709 Cf. ibid., p.43ss.

prazer. Tão logo eu encontre tempo de rever o manuscrito, você o receberá. Ao que tudo indica, sua intervenção terá alçado uma estrela boa sobre meus opúsculos. Ontem mesmo consegui fazer que Levy-Ginsberg levasse o manuscrito da *Infância em Berlim*, e agora surge até a perspectiva de recuperar os exemplares da Rowohlt[710] que ele pilhou de você.

Não me pesa admitir que Elisabeth[711] é uma criatura extremamente notável e charmosa. Infelizmente, ela logo desapareceu no ar daqui; no ar talvez torne a aparecer.

A novidade que segue talvez se preste a lançar uma ponte entre o presente bilhete que aqui vai e a retomada de descontínua correspondência.

Dolf Sternberger acaba de publicar seu *Panorama ou visões do século XIX* (pela editora Goverts – isto é, Claassens – de Hamburgo).[712] O próprio título é a admissão de plágio tentado a minhas expensas, e aliás o único exemplo bem-sucedido que faz jus às ideias fundamentais do livro. A ideia de "passagem" foi aqui duplamente filtrada. Aquilo que pôde passar pelo crânio de Sternberger (filtro I) teve ainda de submeter-se ao crivo da Câmara Imperial dos Escritores (filtro II). Do que restou, não lhe será difícil fazer uma ideia. A propósito, a explicação programática encontrada no "Prefácio aforístico" pode ajudá-lo na tarefa: "Circunstâncias e atos, coerção e liberdade, matéria e espírito, inocência e culpa não podem ser separados uns dos outros naquele passado com cujos

---

710 Ver carta n.15.

711 Isto é, Elisabeth Wiener, amiga de Gretel Adorno, sobre a qual ela fizera indagações em sua carta (inédita) a Benjamin de 01.04.1938.

712 Cf. Dolf Sternberger, *Panorama oder Ansichten vom 19. Jahrhundert*. Hamburgo, 1938.

testemunhos imutáveis, por dispersos e incompletos que eles sejam, nos vemos defrontados. Pelo contrário, tudo isso está sempre entrelaçado [...]. Trata-se da contingência da própria história, tal como captada e preservada na escolha contingente de citações, na barafunda contingente e refratária dos traços, que no entanto se amoldam em escrita".

O aparato conceitual incrivelmente pobre de Sternberger foi surrupiado a Bloch, a você e a mim. Particularmente deslavado é o emprego do conceito de alegoria, que você encontra a cada três páginas. Duas digressões lamentáveis a respeito da comoção me dão a certeza de que ele também terá metido o dedo no meu trabalho sobre *As afinidades eletivas*.

Com um olho na Câmara Imperial dos Escritores, ele não se atreve a fazer referência a nenhum francês, as fontes cruciais nesse caso. Se você considerar que é a Bölsche, Haeckel, Scheffel, Marlitt e quejandos que ele aplica seu suposto aparato conceitual, haverá de ter uma ideia bem precisa daquilo que parece inconcebível a quem se depara com a coisa escrita, o preto no branco.

Que tal jovem, antes de elaborar essa sua obra-prima, haja escolhido como tema de sua prova de aptidão a reportagem de Munique sobre o discurso de Hitler contra a arte degenerada,[713] parece-me obedecer à mais perfeita ordem das coisas.

Imagino que você irá querer uma cópia do livro. Talvez discuta com Max se vou poder resenhá-lo – melhor dizendo: denunciá-lo.

---

713 Cf. Dolf Sternberger, "Tempel der Kunst. Adolf Hitler eröffnete das 'Haus der Deutschen Kunst'" [Templo da arte. Adolf Hitler inaugurou a Casa da Arte Alemã] e "Die festliche Stadt. Die Feiern zur Eröffnung des 'Hauses der Deutschen Kunst'" [A cidade em festa. A solenidade de inauguração da "Casa da Arte Alemã"]. *Frankfurter Zeitung*, 19.07.1938, p.1-3.

Estou agora ocupado até o pescoço com a esquematização do "Baudelaire", da qual enviei a Max um breve relato. Após tanto tempo empilhando livro sobre livro, excerto sobre excerto, agora estou pronto para compor uma série de reflexões[714] que me fornecerão o fundamento para uma estrutura inteiramente translúcida. Eu gostaria que, em rigor dialético, ela não ficasse devendo em nada ao trabalho sobre *As afinidades eletivas*.

Para concluir, um trimestre de correspondência vária.

Mas antes de mais nada, alguns pedidos. A Felizitas, que me envie o mais breve possível – de preferência segurados – os livros ilustrados franceses. A você, reitero o pedido que fiz pelo seu *Kierkegaard*. Igualmente importante para mim seria ter alguma notícia sua sobre os seus encontros com Scholem, que nesse meio-tempo talvez já tenham sido muitos. Outro dia desses falei com Jean Wahl, justo quando voltava de um encontro com Bergson. Este já vê os chineses às portas de Paris – e isso enquanto os japoneses ainda levavam a melhor na guerra. Wahl também me disse que, segundo Bergson, as estradas de ferro eram culpadas de tudo. (Outra questão é saber o que se poderá arrancar de Jean Wahl quando estiver com oitenta anos.) Grete de Francesco passou por Paris. Falei com ela só por telefone. Está assustadoramente abatida. Os pais dela caíram na armadilha austríaca junto com um considerável patrimônio.

Espero receber em breve notícias suas em grandes detalhes, e saúdo de todo o coração você, Felizitas e seu círculo,

Walter

---

714 Provavelmente os apontamentos reproduzidos em fac-símile com a respectiva transcrição em GS VII [2], p.744-63.

103. Adorno a Benjamin [Nova York,] 04.05.1938

Princeton University
Princeton New Jersey
School of Public and International Affairs
Office of Radio Research
203 Eno Hall
4 de maio de 1938

Caro Walter,

O "Wagner" está pronto e Lazarsfeld se encontra em Columbia, Ohio: assim é que finalmente passo a lhe escrever.

Primeiro sobre Scholem. Você pode não acreditar, mas a primeira vez que nos encontramos com ele foi na casa nos Tillich, com Goldstein[715] e sua nova esposa. Atmosfera não das melhores para ser introduzido no Sohar; e isso tanto menos quanto a sra. Tillich parece ter com a cabala uma relação comparável àquela de uma moçoila amedrontada com a pornografia. O antinômico Maggid mostrou-se de início extremamente reservado e via em mim claramente uma espécie de perigoso arquissedutor: tive a estranha sensação de me ver identificado a Brecht. Supérfluo dizer que de tudo isso não transpirou palavra, e que Scholem, com muita graça irreverente, sustentou a ficção de que não sabia mais nada sobre mim a não ser que um livro meu fora publicado pela editora do saudoso Siebeck.[716] Mas de algum modo consegui depois quebrar o encanto e ele mostrou certa confiança em mim, se minha impressão

715 O psiquiatra e neurologista Kurt Goldstein (1878-1965), conhecido de Adorno e Benjamin da época de Frankfurt.

716 O livro sobre Kierkegaard de Adorno aparecera em janeiro de 1933 pela editora J.C.B. Mohr (Siebeck), de Paul Siebeck.

foi correta. Passamos duas tardes juntos, como talvez suas orelhas vermelhas já lhe tenham certificado nesse meio-tempo; uma delas a sós, numa discussão que se referiu em parte à última conversa que tivemos em San Remo, sobre teologia, e em parte a meu "Husserl", que Scholem leu com grande exatidão, como uma espécie de teste de inteligência. A segunda tarde passamos na companhia de Max, e Scholem, em grande forma, nos relatou com minúcias as coisas mais surpreendentes sobre a mística das seitas de Sabbatai Zevi e Jakob Frank, algumas das quais, porém, lembravam tanto certas noções de Rosenberg sobre o nosso povo que Max se declarou seriamente preocupado com a perspectiva de que mais coisa desse tipo viesse a lume. Não me é fácil traduzir a minha impressão de Scholem. Trata-se de um caso clássico do conflito entre senso de dever e inclinação. Minha inclinação pessoal está mais fortemente em jogo quando ele se faz de porta-voz do tema teológico da sua, e talvez eu deva dizer também da minha, filosofia, e não lhe terá escapado que vários dos argumentos dele contra o abandono do tema teológico, sobretudo o de que na verdade ele tampouco é eliminado tanto pelo seu método quanto pelo meu, corresponde às minhas digressões em San Remo; isso sem falar da polêmica pedra filosofal na Dinamarca.[717] Mas meu senso de dever logo entra em ação e me obriga a admitir que sua comparação com o mata-borrão[718] e sua intenção de mobilizar anonimamente a força da experiência teológica na esfera profana parecem-me muito mais terminantemente persuasivas do que as redenções de Scholem. Assim foi que mantive as linhas gerais estabelecidas entre nós em San

717 Alusão à influência de Brecht sobre Benjamin.

718 "Meu pensamento relaciona-se com a teologia tal como o mata-borrão com a tinta. Ele é por ela embebido. Agora, a questão sendo o mata-borrão, não restaria nada do que foi escrito" (GS V [1], p.588).

Remo, vale dizer, concedi-lhe a presença desse "corpo estranho", mas afirmei a sua intrusão como necessidade. A culpa disso é em parte a forma que a teologia agora assumiu para o próprio Scholem. De um lado, essa redenção é singularmente linear e romântica: quando por exemplo ele salienta a oposição entre "substâncias" e sua gênese e acusa o marxismo de ocupar-se somente da última, mas não da própria substância, vêm-me à lembrança Kracauer ou mesmo Theodor Haecker. Mas se olharmos de perto os objetos que ele próprio apresenta – e eu pelo menos não fui capaz de separar a substância de sua mística do respectivo destino histórico tal como ele próprio o descreve –, então sua particularidade mais essencial parece ser o fato de "explodirem". Ele mesmo insiste numa espécie de fissão radioativa que nos impele da mística, e na verdade em todas as suas manifestações históricas igualmente, rumo às luzes. Parece-me da mais profunda ironia que essa própria concepção da mística por ele promovida se apresente em termos histórico-filosóficos como aquela incursão no profano que ele recrimina em nós. As narrativas dele, quando não os pensamentos, são uma justificativa escrupulosa das alterações mesmas do seu pensar com as quais ele se escandaliza. Nele, a força e a paixão espiritual são enormes, e ele sem dúvida está entre aqueles muito poucos com quem ainda vale a pena discutir questões sérias. Estranho apenas como às vezes sua força o abandona e dá livre curso ao preconceito e à despreocupada opinião banal. Isso vale também, por exemplo, para seu estilo de interpretação histórica, quando ele deriva as "explosões" do misticismo judaico de aspectos exclusivamente internos à teologia e justamente por isso rechaça com veemência os contextos sociais que, de resto, saltam inelutavelmente à vista. Um bote salva-vidas é lançado com delicada arte; mas a arte consiste principalmente em enchê-lo de água e levá-lo a pique. Eu, de minha parte, estou com você que o melhor seria o navio afundar sem sobreviventes, que, se não da tripulação, ao menos algo da carga restasse para contar a história. Não obstante, fiquei bastante fascinado, e Felicitas não menos, e criou-se até mesmo um verdadeiro contato que às vezes assume a forma de certa familiaridade, comparável àquela que despontaria num chá entre um ictiossauro e um brontossauro, ou melhor ainda, numa visita que Leviatã fizesse a Beemot. Numa palavra, somos todos de casa. Caberia acrescentar ainda que Scholem está ligado afetivamente a você num grau inimaginável, e em princípio tem na conta de inimigo todo aquele que surja por perto, seja Bloch, Brecht ou não sei mais quem. Creio que, quanto a mim, ele foi aplacado; no tocante a Max, não saberia dizê-lo. De sua parte, Max reagiu de forma bem positiva, e quero acreditar que o encontro, que aliás se deu num bar nova-iorquino, também valeu para franquear a Max uma nova perspectiva sobre certos assuntos acerca do seu passado. Entretanto, Scholem recusa-se obstinadamente a envolver-se com o Instituto e rejeitou até mesmo nosso convite para que lá proferisse uma palestra – o que provavelmente se prende ao fato de que conheceu Löwenthal e Fromm em suas fases sionistas.[719]

Aqui vai o resto do meu "Wagner"; infelizmente, não tenho cópia melhor para lhe oferecer. Meus planos para o futuro imediato ainda não estão certos. Max e eu estamos considerando um primeiro trabalho de fôlego em colaboração; duas ideias[720] foram aventadas, mas sou supersticioso demais para falar já hoje a respeito. O grande memorando acerca do trabalho sobre o rádio,[721] na verdade um pequeno livro, também ficou pronto nesse meio-

719 Nos anos 1920, eles haviam trabalhado na Casa de Doutrina Judaica [Jüdisches Lehrhaus] em Frankfurt a.M.

720 Ver a carta seguinte.

721 Provável referência às 170 páginas datilografadas (inéditas) com o título "Music in Radio".

-tempo, e decidiu-se ainda que os resultados do meu trabalho sobre a questão da música no rádio aparecerá como um volume à parte,[722] e provavelmente alentado, pela Princeton University Press, o que é bastante representativo. Nesse sentido, estou pensando a princípio num trabalho menor em alemão sobre a regressão da audição e o caráter fetichista na música,[723] como uma espécie de contrapartida ao ensaio sobre o jazz. Se me dedicarei a ele em breve é uma questão de tempo: não só resta extrair do "Wagner" um complexo apropriado para publicação em revistas (estou pensando nos capítulos cinco a sete), não só ademais a questão da publicação do "Husserl" tornou-se novamente atual com a sua morte, mas além disso coube-me a tarefa de transformar o volumoso trabalho de Kracauer sobre a propaganda[724] – 170 páginas datilografadas – num ensaio de revista de duas laudas. Você não precisa sentir inveja de mim

722 O livro planejado por Adorno sob o título "Current of Music", que incluiria seus estudos sobre o rádio, não se concretizou.

723 Cf. Adorno, "Über den Fetischcharakter in der Musik und die Regression des Hörens" [Sobre o fetichismo na música e a regressão da audição]. *Zeitschrift für Sozialforschung*, v.7, n.3, 1938, p.321-55 (agora em GS 14, p.14-50).

724 Em 5 de março de 1938 Adorno recomendara num parecer inédito (preservado numa cópia datilografada em seu espólio) que o ensaio de Kracauer, "A propaganda totalitária na Alemanha e na Itália" (cf. nota 458, carta n.57), fosse reduzido às dimensões de um artigo de revista e publicado na *Zeitschrift für Sozialforschung*: "Como as partes positivas do trabalho são entremeadas de improvisação e ingenuidade teóricas, e como além disso a obra, mesmo se cortarmos inteiramente as primeiras trinta ou quarenta páginas, excede em muito o espaço disponível na revista, eu aconselharia que ela fosse examinada em suas partes úteis, que estas fossem transcritas sob rubricas e destacadas do contexto que lhes deu Kracauer, sempre que esse contexto pareça arbitrário. De outro lado, caberia preservar os arranjos úteis de Kracauer. Desse material nasceria então um artigo de no máximo duas laudas. Eu próprio me ofereço a empreender essa tarefa". Ao verificar a versão condensada por Adorno, Kracauer não autorizou a publicação.

por causa desse encargo, e no todo o trabalho de Kracauer é tal como você o imaginará. Mas creio que haja nele bastante material útil para que seja salvo; uma opinião com a qual me vejo, porém, tão isolado que não sei se levará a um resultado positivo. Tudo isso em estrita discrição, naturalmente.

Fiquei muito contente ao saber de Pollock que as coisas vão bem com você e com o "Baudelaire", e aguardo ansioso por mais notícias. No que diz respeito a Sternberger, sugeri a aquisição do livro e nada teria a objetar a uma denúncia. Só gostaria de lhe advertir que, segundo minha última e confiável informação, a posição de Sternberger no jornal ficou insustentável, e que não sei se caberia antecipar-se ao espírito mundial nesse particular.

O que é de esperar de um Jean Wahl octogenário, disso dá informação abundante seu livro de 745 páginas sobre Kierkegaard. É obra de sólida erudição, mas indizivelmente tediosa. Nada além de interpretação, exposição e associações existenciais, com capítulos especiais sobre Kierkegaard e Jaspers e Kierkegaard e Heidegger; não há o menor esboço de uma crítica ou penetração teórica da filosofia existencial, antes somente o anseio de respaldar essa última com uma espécie de *standard work* ou livro-texto. Vou ter de resenhar a obra duas vezes:[725] numa revista norte-americana e na nossa. Será impossível que me force a grandes demonstrações de amizade. Ainda assim, eu lhe seria grato se você me informasse como acha que devemos proceder taticamente com relação a Wahl. A propósito, creio que meu Davi agradou tão pouco a ele quanto o Golias dele a mim.

---

725 Numa revista norte-americana e na nossa: cf. Jean Wahl, *Études kierkegardiennes*. Paris, 1938; para a resenha de Adorno sobre o livro, cf. *Zeitschrift für Sozialforschung*, v.8, n.1/2, 1939-40, p.232ss (agora em GS 20 [1], p.232ss). Não se tem notícia de nenhum artigo para uma revista norte-americana.

Quanto ao Museum of Modern Arts, você deve entrar em contato com Schapiro,[726] grande conhecedor dos seus escritos e em geral pessoa tão bem informada quanto imaginativa, se bem que não exatamente perspicaz, como quando tentou nos persuadir certa vez que seu ensaio sobre a reprodução técnica era compatível com o método do positivismo lógico. Digo-lhe isso só para informá-lo de que, entre a vanguarda local, os pés de barro são tão comuns quanto entre os parisienses. No entanto, os recursos materiais daqui hão de ser maiores, e a ideia de trazer você para cá mediante um *combine* entre Schapiro e o Instituto ou algo do gênero não me parece utópica. Isso é entretanto uma opinião privada; por boas razões e com sua concordância, ainda não discuti todo esse assunto com Max. Politicamente falando, Schapiro é um trotskista ativo. Seu endereço: Prof. Meyer Schapiro, 279 West 4 Street, New York, N.Y. (ele lê alemão fluentemente). Nesse sentido, gostaria ainda de ponderar que, à luz dos episódios recentes, mal se pode dizer que a sua segurança em Paris tenha aumentado. O fato de que, segundo nossa teoria, não haverá guerra não torna esta menos perigosa no caso de a teoria falhar.

Tenho visto Eisler com frequência, e certa vez tivemos uma longa conversa. Ele é extremamente amável e acessível, o que talvez se deva atribuir ao Instituto ou ao projeto sobre o rádio, e sua mais nova pose com relação a mim é a do velho e calejado político materialista que protege paternalmente o jovem e inexperiente idealista dos rigores do tempo e lhe transmite as novas percepções de que também a política tem de levar em conta as pessoas tais como elas são e tampouco os trabalhadores são uns anjos. Escutei com grande calma sua pobre defesa dos processos de Moscou e

726 Meyer Schapiro (1904-96), historiador da arte de origem lituana que viveu nos Estados Unidos desde 1907.

com violenta repulsa a piada que ele contou sobre o assassinato de Bukharin. Diz tê-lo conhecido em Moscou; mas a consciência de Bukharin então já estaria tão pesada que não foi capaz de encará-lo – a ele, Eisler – nos olhos. Não estou inventando essa história. Aliás, li com grande proveito o livro *A revolução traída* de Trotski,[727] e apesar da sua aversão a se ocupar desse assunto todo, deveria dar uma olhada na matéria.

Gretel e eu continuamos bem, e enquanto eu ditava essa carta podíamos ver da nossa janela o *Normandie* zarpar para sua viagem de volta à França.

Tudo de bom de nós dois,

Seu velho amigo,

Teddie

Queira por favor desculpar à sua Felicitas uma pergunta bastante indiscreta: Scholem é mesmo um adepto de Jakob Frank, será que acredita em tudo o que conta?

Tudo de bom,

Felizitas

104. Adorno a Benjamin [Nova York,] 08.06.1938

8 de junho de 1938

Caro Walter,

Há muito sem notícias suas, escrevo-lhe hoje para lhe dirigir um pedido: e dos mais óbvios. Que você termine o "Baudelaire" de modo a que ele chegue a tempo para ser incluído no próximo nú-

727 Cf. Leon Trotski, *La révolution trahie*. Qu'est-ce-qu'est l'U.R.S.S. et où va-t-elle? Paris, 1936.

mero, ou seja, que ele esteja aqui na primeira metade de setembro. A razão para tanto é esta: se o número sair como agora planejamos, consistirá em um ensaio de Grossmann sobre as efetivas inovações econômicas de Marx, isto é, a concepção de valor de troca e valor de uso, do seu "Baudelaire" e do meu "Husserl"[728] em versão resumida e fartamente revisada, que se esforçará antes de tudo em evitar certa proximidade míope aos textos de Husserl e em articular o argumento emancipando-o de Husserl de tal forma a expressar minha intenção crítica. Essa revisão é a última coisa que pretendo terminar antes das férias. Se os três trabalhos de fato compusessem esse número, teríamos do que nos orgulhar. Mas ainda resta uma pedra no caminho, o quesito da brevidade. Propus-me não exceder duas laudas, e uma extensão de no máximo duas laudas e meia também seria de fato o único meio de assegurar a publicação do "Baudelaire" no próximo número. *Dira necessitas.*[729] Mas mal preciso explicar por que eu lhe seria extremamente grato se você cumprisse esse meu pedido. Creio ser lícito dizer que os problemas com os quais me deparei na revisão do "Husserl" não são muito menos desumanos do que aqueles que possam acarretar a imposição de limites temporais e espaciais ao "Baudelaire".

Quanto ao mais, meus planos literários com Max começam a assumir uma configuração bem concreta. Está quase decidido que escreveremos a quatro mãos um longo ensaio sobre a nova configuração da dialética, a inacabada. Estamos ambos que não cabemos em nós com o plano, e se ele alcançar somente uma fração do sucesso que esperamos que alcance, creio que há de representar também seus próprios interesses teóricos de maneira a lhe propiciar alguma

728 Nenhum número da *Zeitschrift für Sozialforschung* com esses ensaios ganhou forma.

729 "Necessidade cruel" (cf. Horácio, Odes III, 24,6).

satisfação. Esse ensaio tende à planejada grande lógica materialista. Este se encontra entre os planos para futuras publicações, bem como um divertido livro sobre a crítica da sociologia,[730] no qual meu trabalho sobre Mannheim celebrará uma jovial ressurreição no contato com objetos ainda mais abrangentes. Tudo isso por enquanto na maior discrição. Max viaja hoje para a Costa Oeste e só volta para cá em setembro.

Nesse meio-tempo, aprontei o que imagino ser um ensaio publicável a partir do manuscrito de Kracauer, reduzindo suas 176 páginas, à força de inúmeros acréscimos e complementos, a trinta páginas datilografadas. Entre outras coisas, há agora um capítulo sobre o Führer que considero particularmente bem-sucedido, a exemplo do ensaio como um todo. De Kracauer não restou literalmente uma única frase sequer a não ser as citações de Hitler. Ele ainda não faz ideia do que o espera, e também nesse particular devo lhe pedir discrição.

Tal como Solveig quanto a Peer Gynt, aguardo sua resposta sobre meu "Wagner".

Mais uma coisa. Tive de redigir um parecer para certa organização de imigrantes sobre um trabalho intitulado "Otimismo" de certo sr. Greid,[731] que se diz marxista e não passa de um pateta. O parecer não deixou por menos. Com minha autorização, o parecer foi franqueado ao sr. Greid, que agora me escreveu uma carta das mais desaforadas.[732] Isso tudo seria perfeitamente indiferente, não se referisse a carta abertamente à relação de Greid com Brecht,

730 O livro nunca foi escrito.

731 Adorno escreveu o parecer para a Associação Americana para a Liberdade Cultural Alemã ([American Guild for German Cultural Freedom). Hermann Greid (1892-1975), ator e diretor, emigrara para a Suécia, onde também colaborou com Brecht.

732 A carta não se encontra no espólio de Adorno.

contendo ainda a afirmação de que Greid nunca ouvira de seus conhecidos uma única frase sequer sobre mim e minhas credenciais marxistas. Isso é o cúmulo, e eu lhe seria muitíssimo grato se você cuidasse para que tudo acabe bem, caso isso não lhe cause inconvenientes muito grandes. *Mille grazie.*

Tudo de bom de nós dois,

Teddie

Acabo de saber de Max que ele também lhe escreveu hoje[733] mais ou menos na mesma linha que eu. Mas escrevemos sem que um tivesse conhecimento do que o outro escrevera.

105. Benjamin a Theodor e Gretel Adorno Paris, 19.06.1938

19.6.1938
10, rue Dombasle
Paris, XVe

Caro Teddie,

Chegou a hora; sento-me para escrever a carta sobre seu "Wagner"; inicio *in media res*, supondo que lhe interesse com menos urgência saber o porquê da demora desta carta do que o que ela tem a dizer sobre o próprio assunto.

Esse assunto, estudei-o tão a fundo que nele posso me sentir um pouco à vontade. Meu desejo era que você tivesse tornado esse estudo tão fácil para *mim* quanto o será para os outros; *rebus sic stantibus*, muitas foram as vezes em que, de leve, suspirei comigo:

733 Consta do espólio de Horkheimer uma cópia da carta, datada de 07.07.1938, que traz em anexo o "*certificat de travail*" de que Benjamin necessitava para os trâmites da naturalização e que solicitara em sua carta a Horkheimer de 28.05.1938 (cf. GS VI, p.775).

as provas não são um prazer para um amante de manuscritos e a bem dizer não propiciam um estudo atento.

O próprio assunto – para ir logo ao ponto – é de grande riqueza e da mais surpreendente transparência. As condições desfavoráveis que eu, leitor tão jejuno em tal matéria, arrasto comigo para seu ensaio são uma excelente pedra de toque para julgá-lo. Não imaginava que eu, com certo pressentimento das detalhadas investigações técnicas, até mesmo com a mais clara perspectiva das outras partes, seria capaz de dominá-lo já na primeira leitura. Mal preciso expressar quanto isso testifica seu êxito como escritor.

Até onde posso ver, você nunca escreveu nada com a mesma pregnância fisionômica. Seu retrato de Wagner é absolutamente convincente, da cabeça aos pés. O modo como você captou o jogo entre postura e gesto no autor é algo digno de mestre.

Não posso tentar aqui, como fiz algumas vezes, enumerar exemplos que me pareceram particularmente felizes em termos de argúcia e formulação. (Entre os mais persuasivos cito só de passagem o nexo entre a figura de Wotan e o tema do pedinte;[734] o "socialismo alemão" nas atitudes de Wagner;[735] a radioscopia política do tema do Anel;[736] a frase sobre o rei Marcos[737] como o patriarca da Liga das Nações, que tem a plasticidade das célebres caricaturas do *Evening News*).

Quanto ao tema central, cativou-me particularmente a ênfase com que você faz valer o aspecto especificamente "amorfo"[738]

734 No cap. IX do *Ensaio sobre Wagner* (GS 13, p.127ss).
735 Cf. ibid., p.126ss.
736 Cf. ibid., p.134-42 e também p.111-14.
737 "Marcos é o patriarca da Liga das Nações" (cf. Adorno, "Fragmentos sobre Wagner", loc. cit. (carta n.87, nota 603), p.310). No *Ensaio sobre Wagner* lê-se: "Marcos é o patriarca da conciliação" (GS 13, p.137).
738 Cf. GS 13, p.38-40.

que permeia claramente a obra de Wagner. A expressão "música de acompanhamento" – será ela sua mesmo?[739] – é um achado. Igualmente esclarecedora foi para mim sua referência aos meios-tons com que os personagens de Wagner, como Wotan e Siegfried, transitam de um para o outro. Em suma, não resta dúvida para mim de que os elementos individuais da sua crítica de Wagner derivam de uma concepção global que deve sua força persuasiva à autêntica assinatura histórica da sua reflexão.

E no entanto a pergunta que começou a pairar espiritualmente sobre nós por ocasião de uma conversa de terraço em Ospedaletti,[740] você ainda não a sepultou para todo o sempre. Permita-me evocar a memória dessa pergunta com outra pergunta minha. Sempre foi parte das suas primeiras *experiências* com Wagner sentir-se perfeitamente em casa na sua *percepção* explícita da obra? Eu gostaria de imaginar uma relva e alguém que, familiar a ela desde a primeira infância à força do muito brincar, nela se achasse inesperadamente no instante em que ela se tornou palco de um duelo a pistola, ao qual ele se visse desafiado por um inimigo. Tensões próprias a tal situação me parecem persistir no "Wagner". Não seriam precisamente elas que poriam o êxito da "redenção" – em torno dela girou a mencionada conversa – em xeque? Você fez valer a um tempo com clareza e cautela os temas nos quais tal redenção poderia anunciar-se. A mais bela formulação do seu trabalho, a do nada dourado e do espere-um-instante prateado,[741] não me sai da

739 Cf. ibid., p.118. A expressão não é de Adorno.

740 Durante a temporada de Gretel e Theodor Adorno em San Remo na passagem de ano de 1937/38 (ver carta n.103). Ospedaletti Ligure fica a poucos quilômetros a oeste de San Remo.

741 A frase em questão, que figurava no capítulo X do manuscrito, foi riscada por Adorno antes da impressão dos "Fragmentos sobre Wagner": "O espere-um-instante prateado faz parte do nada dourado" (Theodor W. Adorno Archiv, Ts. 2.927).

cabeça. Não é certamente a precisão da sua decifração materialista de Wagner que priva de ressonância tais passagens. Mas elas não possuem a medida plena dessa ressonância. Por quê? Engano-me se respondo: porque elas vivem às turras com a sua concepção? A uma obra como o "Wagner" não faltam precipícios e grutas dos quais os temas relevantes possam retornar na forma de eco. Por que não retornam? E as belas passagens nas quais elas se fazem presentes (como naquela, admirável, em que você cita: "Dama Holda surgiu da montanha"),[742] por que saltam à vista tanto por seu isolamento quanto por sua beleza?

Se me decidisse por uma fórmula lapidar, diria: a concepção de fundo do "Wagner", que Deus sabe ser de tirar o chapéu, é uma concepção polêmica. Não me surpreenderia se essa fosse a única que nos conviesse e nos permitisse, tal como você faz, trabalhar a gosto. Suas enérgicas análises musicais de natureza técnica, e aliás justamente estas, também me parecem ter seu lugar dentro dessa mesma concepção. Um corpo a corpo polêmico com Wagner não exclui de forma alguma a radioscopia dos elementos progressivos em sua obra, como você mostra, sobretudo quando estes se prestam tão pouco a serem separados dos regressivos como o joio do trigo.

Mas ainda assim – e aqui, caro Teddie, permita-me surpreendê-lo de corpo e alma com o *seu* jogo índio favorito, o desenterrar da machadinha de guerra – quer me parecer que a perspectiva histórico-filosófica da redenção mostra-se incompatível com a perspectiva crítica de progressões e regressões. Ou para ser mais exato: mostra-se compatível somente em determinados contextos filosóficos, sobre os quais discutimos ocasionalmente o "progres-

742 "*Frau Holda kam aus dem Berg hervor*", passagem da cena 3 do primeiro ato da ópera *Tannhäuser*, de Wagner; Adorno a cita no cap.VI do *Ensaio sobre Wagner* (GS 13, p.88).

so" *sub vocem*. O uso indiscriminado das categorias de progressivo e regressivo, cujo direito eu seria o último a cercear nas partes centrais do seu escrito, torna a tentativa de redimir Wagner extremamente problemática (redenção esta na qual *no momento* eu seria uma vez mais o último a insistir – sobretudo depois da leitura do seu escrito, com suas análises devastadoras). Você com certeza não estará disposto a me contradizer se eu lhe disser que a redenção como tendência filosófica exige uma forma literária que – dizendo de modo canhestro (porque não sei formular melhor) – tem particular afinidade com a forma musical. A redenção é uma forma cíclica; a polêmica, progressiva. Os dez capítulos do Wagner me parecem representar antes uma progressão que um ciclo. É nesse contexto que suas investigações técnicas e de crítica social se desdobram soberanas; mas é também esse contexto que prejudica outros antigos e significativos elementos da sua teoria musical – da ópera como consolo, da música como protesto[743] –, que prende o tema da eternidade ao nexo funcional com a fantasmagoria,[744] e portanto ignora sua afinidade com aquele da felicidade.

---

743 "A verdadeira ideia da ópera, a do consolo ante o qual se abrem as portas do inferno, perdeu-se" (ibid., p.118). Na versão que Benjamin provavelmente tinha diante de si, lê-se: "A despeito de força expressiva, na execução musical lhe é próprio um elemento de frieza: o poder original da ópera, o do consolo, perdeu-se em Wagner" (Theodor W. Adorno Archiv, Ts. 2.997ss). Cf. também a conclusão do cap. X, que encerra o livro: "Mas quem lograsse arrebatar semelhante metal às vagas atordoantes da orquestra wagneriana, a ele o seu som diverso facultaria aquele consolo que ela obstinadamente recusa, apesar do arroubo e da fantasmagoria. Expressando a angústia de seres humanos desamparados, aos desamparados ela poderia significar ajuda, embora débil e distorcida, e prometer mais uma vez o que prometia o imemorial protesto da música: viver sem medo" (GS 13, p.145).

744 Cf. GS 13, p.84.

Tudo isso, como eu disse, começou a se esboçar como pergunta numa de nossas últimas conversas.[745] Também não quero dar a entender que você se sinta menos em casa naquilo que venho dizendo do que eu. Talvez tal redenção de Wagner tenha aberto espaço justamente para um de seus temas mais antigos – o da *décadence* e da citação de Trakl[746] de que você tanto gosta. O decisivo na redenção – não é mesmo? – nunca é algo progressivo; pode se parecer com o regressivo tanto quanto com o objetivo último, que Karl Kraus chama de origem.[747]

As dificuldades do "Baudelaire" são talvez diametralmente inversas. Como há tão pouco espaço para a polêmica, seja na aparência ou com maior razão no próprio assunto, aqui há tão pouco de obsoleto ou mal-afamado que a forma de redenção no contato com esse objeto poderia ela própria virar um problema. Espero ter as coisas mais claras dentro em breve.

Mas agora sobre suas cartas e meu silêncio. Tenho à minha frente a de 10 de abril (quando Felizitas me escreveu), a de 4 de maio e a de 8 de junho. Ficaria ainda mais constrangido se não pudesse supor que nesse meio-tempo, tendo escrito uma longa carta a Max e outra detalhada a Scholem,[748] você não tenha recebido

745 Aquela em San Remo, na passagem de ano de 1937/38.

746 No verão de 1936 Adorno planejara escrever um ensaio sobre a decadência para a *Zeitschrift für Sozialforschung*; nesse sentido, anotou: "Epígrafe para o trabalho sobre a decadência:
'Wie scheint doch alles Werdende so krank!' [Como todo o devir parece tão doentio!]. Georg Trakl". Trata-se da primeira estrofe da terceira parte do poema "Serena primavera" [Heiterer Frühling].

747 Cf. Karl Kraus, *Worte in Versen* I [Palavras em versos I]. Leipzig, 1916, p.69 ("Der sterbende Mensch" [O moribundo], verso 40).

748 Para um excerto da carta de Benjamin a Horkheimer de 28.05.1938, cf. GS I [3], p.1.076; para as duas cartas de Benjamin a Scholem, datadas de 12.06.1938, cf. *Briefwechsel Benjamin/Scholem*, loc. cit., p.266-75.

indiretamente notícias minhas. Nesse mesmo período, às voltas com o propósito de lhes pôr finalmente à disposição uma cópia da *Infância em Berlim*, achei-me subitamente confrontado outra vez com esse texto e passei a fazer uma minuciosa revisão. Vocês encontram vários exemplos dela no último número da *Medida e Valor*.[749]

Para dizer a verdade, esse catálogo de meus empecilhos não está completo. Durante seis semanas fui afligido por enxaquecas crônicas da pior espécie. Por fim me decidi a uma peregrinação pelos médicos; a princípio suspeitou-se de uma recidiva de malária, da qual entretanto não havia traços. Logo após ser submetido a um pormenorizado exame oftalmológico, desapareceram todos os sintomas repentinamente. Não era sem tempo: já estava me sentindo um trapo. A coisa toda obviamente pouco contribuiu para o avanço do meu trabalho; vou me esforçar com todo o empenho para recuperar na Dinamarca o tempo perdido. Viajo depois de amanhã.

As diligências necessárias para minha naturalização multiplicaram-se nos últimos tempos. Passei a Max todos os detalhes a respeito na minha última carta de 28 de maio. Tenho quase certeza em supor que ele recebeu esta carta ainda antes de viajar para a Costa Oeste. Ele terá assim sido capaz de informar a Pollock, ainda antes de partir, meu pedido de um certificado de que necessito para a naturalização.[750] Caso essa suposição seja infundada, anexo-lhe a cópia da respectiva passagem de minha carta a Max, e eu lhe pediria que a transmitisse a Pollock. Ele está plenamente informado dos meus propósitos. Aqui a marcha do processo é indizivelmente tediosa; quanto *antes* eu recebesse o certificado, melhor.

749 Cf. a última versão da obra em GS VII [1], p.385-433, e as anotações em GS VII [2], p.691-99; sete peças do livro apareceram na revista em seu número de julho/agosto (portanto o "seguinte", e não o "último"); cf. *Mass und Wert*, v.1, n.6, 1938, p.857-67; sobre essas peças, cf. também GS IV [2], p.972.

750 Ver nota 733, carta n.104.

Em resposta às remessas que vocês me fizeram dos suplementos literários,[751] envio-lhes como impresso uma peça em prosa de Claudel[752] publicada recentemente no *Figaro*. Uma bela prova da visão magnífica e da capacidade inaudita desse homem espantoso.

Acrescento ainda – isso lhes soará cômico – uma pequena dica para Nova York. Nesse momento está em exposição aqui uma retrospectiva da arte norte-americana. Graças a ela tomei conhecimento de dez a vinte quadros primitivos anônimos do período entre 1800 e 1840. Eu nunca tinha visto quadros desse tipo, os quais me teriam causado grande impressão. Aqueles que não são de propriedade de Mr. John Rockfeller Jr. vêm em sua maioria da American Folk Art Gallery. Vocês realmente não podem perder a chance de vê-los quando eles estiverem de volta. Já que estamos falando de norte-americanos: vocês conhecem Melville? Dele apareceram por aqui algumas obras de peso.

Duas palavras sobre minhas atividades literárias dos últimos tempos. Algo a respeito você com certeza terá ouvido nesse meio--tempo da boca de Scholem, e especialmente que estou às voltas com a biografia de Kafka por Brod. Aproveitei a oportunidade para compor eu mesmo algumas notas sobre Kafka,[753] as quais têm um ponto de partida diverso que o meu ensaio. Nesse sentido, retomei com grande interesse o estudo da carta de Teddie sobre Kafka de

751 Não foi possível identificar quais fossem as edições do suplemento literário da *Frankfurter Zeitung*.

752 Provavelmente, Paul Claudel, "Le poison wagnérien". *Le Figaro*, 26.03.1938 (agora em Paul Claudel, Oeuvres en prose. Paris, 1965, p.367-72).

753 Cf. Max Brod, *Franz Kafka*. Eine Biographie. Praga, 1937. Benjamin formulara sua crítica do livro de Brod em sua carta a Scholem de 12.06.1938 (cf. *Briefwechsel Benjamin/Scholem*, loc. cit., p.266-73), e tentou em vão fazer que a parte da carta referente a Brod fosse publicada como resenha na revista *Medida e Valor* (cf. GS III, p.526-29 e p.686-91).

17 de dezembro de 1934. Tão convincente a carta, tão esfarrapado o ensaio de Haselberg sobre Kafka,[754] que encontrei igualmente entre os meus papéis. Li pela primeira vez Ronsard e nele encontrei a epígrafe para o "Baudelaire".[755] Li em tradução o *Benighted* de Priestley.[756] Com base nesse livro foi rodado um dos filmes mais memoráveis, *The Old Dark House*. Se em alguma retrospectiva vocês puderem assistir ao filme, não percam essa chance.

Sua descrição, caro Teddie, da visita de Leviatã a Beemot,[757] eu a li com a devida hilaridade e a guardarei com a devida honra. Tanto pior para mim, que vou ficar devendo uma resposta à pergunta de Felizitas, se Scholem é ou não um adepto de Jakob Frank. Se disser que não, algo a que me sinto autorizado, isso não lhes será de muita ajuda. Vocês precisam considerar que conheceram um Scholem em plena turnê. Só isso – para não falar talvez de outras coisas – significa que a chance de vocês arrancarem alguma coisa dele é dez vezes maior que a minha. Aliás, espero que ainda consiga marcar com ele um novo encontro[758] em Paris; mas disso não estou certo.

Bloch ainda está em Praga; prepara-se para se mudar para a América.[759] Ele publicou na *Weltbühne* um artigo muito bonito

754 No verão de 1935 Peter von Haselberg enviara a Benjamin algumas "Notas sobre Kafka", escritas – embora não tenham sido publicadas – para a seção cultural da *Frankfurter Zeitung*.

755 O poeta francês Pierre de Ronsard (1524-85); a epígrafe para *Charles Baudelaire. Um lírico no auge do capitalismo* [Charles Baudelaire. Ein Lyriker im Zeitalter des Hochkapitalismus], o livro inacabado de Benjamin, abre a seção "J" do *Trabalho das passagens* (cf. GS V [1], p.301).

756 Esse romance de John Boynton Priestley (1894-1984) aparecera em 1927; a edição norte-americana ostentou o título *The Old Dark House*, bem como o filme de James Whale, de 1932.

757 Ver carta n.103.

758 Benjamin e Scholem não tornaram a se encontrar em Paris, já que Benjamin permaneceu com Brecht na Dinamarca até outubro.

759 Ernst Bloch chegou com sua família a Nova York em meados de julho de 1938.

sobre Brecht e outro, este horroroso, sobre as últimas palavras de Bukharin.[760] Por falar nisso, devo lhe dizer que novidades ao estilo daquela que você me transmitiu sobre Eisler e Bukharin[761] sempre são extremamente bem-vindas.

Para *mim*, a viagem de Else Herzberger pela América não fez nenhum bem. Desde então, não consegui ter com ela mais do que duas ou três conversas por telefone, cujo principal teor foram alusões a prejuízos por ela sofridos. Como vocês podem imaginar, lamento por isso, mas não vejo aqui nenhum espaço de manobra.

Acerca de seus projetos, interessa-me naturalmente muitíssimo o trabalho sobre a nova conformação da dialética. Mas presumivelmente aquele sobre a "Música no rádio"[762] terá precedência no momento?

Se eu topar com Greid, de quem você me escreve, procederei à altura. De sua carta, felizmente, não se deduz que haja uma particular probabilidade para tanto. A menos que ele se encontre na Dinamarca...

E o meu "Sternberger",[763] o melhor seria então adiá-lo até segunda ordem? Bom, por hoje já foi mais que suficiente, e encerro com as minhas mais cordiais recomendações,

Walter

---

760 Cf. Ernst Bloch, *Ein Leninist der Schaubühne* [Um leninista da ribalta]. *Die Neue Weltbühne*, n.20, 1938, p.624-27; "Bucharins Schlusswort" [As últimas palavras de Bukharin]. *Die Neue Weltbühne*, n.18, 1938, p.558-63.

761 Ver carta n.103.

762 Ver carta n.103 e as respectivas notas.

763 Benjamin obviamente interpretara o comentário de Adorno na carta n.103 como se este dissesse que a sugerida resenha do livro não era oportuna no momento. Embora a resenha tivesse sido encomendada a Benjamin, de fato só apareceu postumamente (cf. GS III, p.572-79 e p.700-02).

106. Theodor e Gretel Adorno a Benjamin Bar Harbor, Maine, 2.8.1938

A partir de 15 de agosto: Bar Harbor, Maine,
290 Riversidedrive, 13 D 2 de agosto de 1938
Nova York

Caro Walter,

Permita-me agradecer-lhe de coração a carta de 19 de junho com sua crítica do "Wagner". Desde já quero lhe pedir desculpas pela má qualidade do exemplar. Mas infelizmente só o original está legível, e como tenho inserido constantes alterações e melhoras no texto, não gostaria de me separar dele.

Quanto à sua crítica, fiquei extremamente satisfeito com o que ela contém de elogioso. Quanto ao aspecto negativo, sou obrigado a responder de forma algo lacônica pelo fato de não poder senão concordar com você. A razão, claro, será necessariamente um pouco diversa daquela que você apontou. Creio que isso se deva ao simples fato de que nunca tive aquele tipo de experiência que você e, aliás, Max igualmente sentem faltar no trabalho. Wagner não fez parte dos astros da minha infância,[764] e mesmo hoje eu não seria capaz de evocar sua aura de forma mais plena do que tentei fazê-lo em certas passagens, como aquela referente a Robert Reinick.[765] Como circunstância atenuante, gostaria em todo caso de deixar claro que não relacionei o tema da redenção de Wagner exclusivamente a seus traços progressivos, mas que acentuei sempre o enlace entre

764 Adorno só começou a estudar Wagner depois de suas aulas com Alban Berg e por iniciativa deste, como ressalta de uma carta (inédita) de Adorno a Berg de 23.11.1925: "Estou com o firme propósito de estudar a recepção de Wagner (e ninguém mais no mundo senão você poderia me ter levado a tanto!)".

765 Cf. GS 13, p.141ss.

progressivo e regressivo. Creio que se examinar de perto o último capítulo você estará disposto a me conceder isso. E talvez seja também um índice desse fato que o trabalho possua mais da forma cíclica no seu sentido do que você está disposto a admitir. Os temas do último capítulo se ajustam com precisão aos do primeiro. [À margem do parágrafo, à mão:] Por favor, queira me desculpar esse contratempo com a máquina de escrever![766] *I am so sorry*!

O destino do trabalho,[767] a propósito, ainda é incerto. De todo o modo, as dificuldades de uma versão resumida me pareceram de início tão enormes que a deixei de lado e empreendi em vez disso uma profunda revisão e resumo do meu "Husserl",[768] com a qual estou particularmente satisfeito, e quero imaginar que ela também será do seu agrado, sem dizer com isso que seja propriamente agradável. Essa nova versão com certeza estará pronta até 10 de setembro, e aguardo com igual certeza sua publicação no próximo número. Ficaria tanto mais feliz se até lá seu "Baudelaire" estivesse pronto. Aliás, o apreço por este foi uma das razões pelas quais me voltei para o "Husserl" e protelei o "Wagner". Wagner e Baudelaire num mesmo número não seria das ideias mais felizes.

Para os padrões norte-americanos, nossa localização é das mais satisfatórias: em uma ilha a meio caminho, digamos, do sul da França, Rügen e Cronberg. Egon e Lotte[769] passaram uma semana

---

766 O papel-carbono escorregara à medida que se datilografava no verso da página, de modo que o texto no verso transparecia espelhado entre algumas linhas da página da frente.

767 Cf. Adorno, "Fragmentos sobre Wagner", loc. cit. (carta n.87, nota 603), com os caps. I, VI, IX e X do *Ensaio sobre Wagner* e breves sumários dos capítulos omitidos.

768 Cf. Adorno, "Sobre a Filosofia de Husserl", loc. cit. (ver nota 524, carta n.72).

769 Em sua carta a Gretel Adorno de 20.07.1938 Benjamin perguntara se fora ou estava para ser realizado o casamento de Egon Wissing e Liselotte Karplus (cf. Benjamin, Briefe, loc. cit., p.769).

aqui, e o carro deles se mostrou tão salutar a nossas experiências topográficas quanto a presença deles a nossas experiências humanas. De resto, estou ocupado lendo novamente a *Lógica* de Hegel, uma obra verdadeiramente enorme, que hoje me fala em todas as suas partes. Você encontrará reflexo disso no "Husserl". Além disso, estou lendo a extremamente repulsiva *Introdução à composição musical* de Hindemith,[770] com a qual gostaria de ajustar contas, quer na revista do Instituto, quer na 23. E já que falamos de coisas repulsivas: Caillois publicou um ensaio na revista *Mesures*, "A aridez",[771] no qual de um lado banca o homem rigoroso e do outro se maravilha com a regulamentação do pensamento, sem que fique muito claro quem ou o que deva ser regulado. Com o que naturalmente tudo se aclara. No entanto, a primeira página do ensaio, com uma teoria da beleza aplicada à paisagem alpina, é outro sinal de um talento extraordinário. Poucas são as pessoas cujo desperdício de talento seja maior que o dele. No mesmo número, Bataille[772] se bate mais uma vez com Deus nosso Senhor. Se ao menos surtisse algum efeito...

Nós dois ficaríamos muito contentes em receber uma cópia da *Infância em Berlim*[773] no futuro próximo. Ainda não vimos o número da *Medida e Valor*, e seria muito amável da sua parte se me pudesse fazer chegar uma cópia. Espero que esteja agora perfeitamente

---

770 Cf. Paul Hindemith, *Unterweisung im Tonsatz. Theoretischer Teil*. Mainz, 1937; a resenha de Adorno sobre o livro, planejada para o número de outono de 1939 da *Zeitschrift für Sozialforschung*, não pôde aparecer, assim como o número inteiro, por causa da eclosão da guerra. Em 1968, Adorno incorporou-a como quarta seção do artigo "Ad vocem Hindemith. Eine Dokumentation" (cf. GS 17, p.229-35).

771 Cf. *Roger Caillois, "L'aridité"*. *Mesures* (Paris), n.2, 15.04.1938.

772 Cf. Georges Bataille, "L'obélisque".

773 Benjamin só a enviou aos Adorno em abril de 1940 (cf. GS IV [2], p.968).

restabelecido do seu ataque de enxaqueca. Informei imediatamente a Pollock a questão da naturalização e espero que tudo dê certo.

Os quadros norte-americanos que você mencionou, vou vê-los na companhia de Schapiro, que além do mais prometeu iniciar-me um pouco nesses assuntos. Trata-se de homem dos mais notáveis. Se eu estivesse em seu lugar, não hesitaria em estabelecer contato com ele, mesmo sem levar em conta Leyda.[774] Só foi provavelmente timidez que o impediu até agora de lhe escrever. Você pode deduzir como terá sido intensa a contenda com seus interesses a partir da pergunta que ele me fez: como sua crítica da dimensão aurática se relaciona com o caráter aurático dos seus próprios escritos? Se alguém merece um exemplar de honra do seu *Rua de mão única*, esse alguém é Schapiro. Só de passagem, menciono que ele nutre um interesse todo especial por Grandville.

Com Scholem teve início um verdadeiro contato, e a relação dele com o Instituto também ingressou num estágio mais amigável. Na última tarde que passamos juntos, ele leu para mim sua extraordinária carta sobre Kafka[775] e me falou do plano favorito dele: fazer que você escreva algo sobre Kafka. Tal plano me encheu de entusiasmo, e encantou também Löwenthal. Tenho certeza de que se poderia publicar um longo ensaio sobre Kafka na revista. A única dificuldade é que Scholem e você também, imagino, pensam num *livro*, e as publicações de livro esbarram nas conhecidas dificuldades. Hoje simplesmente lhe levanto a peteca na esperança de que você não a deixe cair. Uma crítica devastadora do livro de Brod seria extremamente bem-vinda na revista. Aliás, para evitar mal-entendidos: eu também não teria nada a objetar a uma resenha semelhante do sr. Sternberger, já que a posição dele parece mais firme do que nunca. Nesse meio-tempo, ele confeccionou uma apreciação crítica de

774 Ver nota 587, carta n.84.
775 Ver nota 753, carta n.105.

Dacqué.[776] Não bastasse isso, a *Frankfurter Zeitung* passou recentemente a grafar Baudelaire como Beaudelaire, *ne ulla virtus pereat*.

Bloch aportou. E provavelmente a bordo de um navio com oito velas. Seja como for, está ocupado em desafiar seu século de braços dados com Eisler. A menos que as preleções populares[777] desse último se tornem tão insuportáveis que ele finalmente abandone a antiga bandeira vermelha. Mas ainda assim suas chances na revista não seriam das mais promissoras. Max está tão furioso com o ensaio sobre Bukharin[778] quanto nós dois. É inevitável que pessoas do tipo de Bloch metam os pés pelas mãos quando começam a inteirar-se das coisas. De todo modo: quando Eisler me diz que Bloch está agora muito melhor, muito mais claro e não mais tão místico, meu coração continua a bater pelo índio, mesmo se dou crédito ao argumento de Scholem de que a principal fonte da mística índio-judaica é o alemão de Bubu de Montsalvat.[779]

Recomendei a Scholem o hotel Littré, e já posso ver você e ele sentados no Versailles,[780] e invejo Scholem, você e o Versailles. Faça libação de uma gota de groselha em minha memória.

Escreva em breve uma palavra,

Seu velho

Teddie

---

776 Cf. Dolf Sternberger, "Verwandlung. Edgar Dacqué zum 60. Geburtstag" [Transformação. Edgar Dacqué em seu 60º aniversário]. *Frankfurter Zeitung*, 08.07.1938, p.10.

777 Alusão à atividade de Hans Eisler como professor de composição na New School for Social Research em Nova York.

778 Ver nota 760, carta n.105.

779 Presumivelmente uma alusão a Martin Buber, composta pelo título do romance *Bubu de Montparnasse* (1906) de Charles-Louis Philippe e pela montanha de Montsalvat do *Parsifal* de Wagner.

780 Referência ao Café de Versailles, situado na rue de Rennes em frente à estação de Montparnasse.

Caro Detlef,

Estava ventando tanto no jardim, daí a carta estar tão mal datilografada, queira por favor desculpar. Ficamos aqui por mais uns dez dias, e então volto para Nova York, que provavelmente estará ainda tão quente quanto uma estufa, para tratar da decoração do nosso apartamento: três quartos no 13º andar com vista para o rio. Embora a mobília não tenha sido especialmente escolhida para o lugar – velharias trazidas de Frankfurt e Berlim, para não desperdiçar as consideráveis tarifas alfandegárias –, espero que fique agradável para nós e alguns amigos, não para grupos maiores. Ainda que não tenhamos por enquanto nenhuma garantia por parte do Instituto, conto com isso para vê-lo aqui no ano da Exposição Universal. Então vou poder lhe mostrar a cidade, ou quem sabe até levá-lo para conhecê-la de carro. (Embora Nova York apresente um grave problema para os carros: a pessoa não costuma encontrar vagas para estacionar, aos domingos tudo fica tão cheio que mal se pode andar, imposto e seguro são muito caros, e no fundo eu gosto mesmo é de carros chiques com *chauffer*.)

Lotte e E. ainda não se casaram, eles querem aguardar até que a questão profissional se esclareça. Está prestes a expirar o período de E. no Mass Memorial Hospital, e para conseguir um novo emprego ele provavelmente terá de prestar ainda um exame. Os detalhes ele próprio certamente lhe contará por carta. Fora uma breve saudação, não tive notícia deles desde que partiram de Bar Harbor no dia 20, mas de todo modo vamos passar por Boston na viagem de regresso. Quanto às minhas reservas sobre E.: para ser sincera, ela me agrada mais sob efeito da morfina; apesar de todos os seus méritos, hoje em dia não consigo suportar sua companhia por muito tempo; vamos falar melhor sobre isso algum dia, quando você tiver conhecido Lottchen e vir como ele está no momento. Tudo de bom e um beijo, como nos velhos tempos,

Felizitas

107. Theodor e Gretel Adorno a Benjamin [Bar Harbor, Maine, c. 12.08.1938, sob uma carta de Meyer Schapiro a Adorno][781]

South Londonderry, Vt.
10 de agosto de 1938

Meu caro Wiesengrund-Adorno,

Acabo de voltar de uma visita de duas semanas à cidade. Todo o mundo estava fora, mas as bibliotecas estavam sempre lotadas. Minha esperança era encontrá-lo na cidade – embora eu esteja feliz que você não tenha tido de suportar o calor e a umidade terríveis...

Tomei a liberdade de recomendá-lo ao Brooklyn Institute,[782] sem buscar saber antes se você gostaria de fazer palestras. Por uma dessas trapalhadas, a carta foi enviada primeiro para o Museu Rhode Island, porque o pessoal do Museu de Arte Moderna de Nova York confundiu seu nome com o de A. Dorner (pelo telefone! veja só o que a recepção técnica faz com o som e especialmente com as nuanças dos nomes). Recomendei também Krenek para a palestra sobre música moderna.[783] Mas como não pudemos contatá-lo nem descobrir quando ele estaria em Nova York, nem

781 As linhas escritas à mão por Theodor e Gretel Adorno estão inscritas sob a carta (em inglês) de Meyer Schapiro, datada de 10 de agosto; como a viagem de volta de Maine a Nova York ocorreu a 13 de agosto e a carta de Schapiro terá chegado não antes do dia 11, mas provavelmente no dia 12, então cabe fixar o dia 12 ou no mais tardar o dia 13 – o dia da viagem – como a data da carta.

782 Em janeiro de 1939, Adorno falou sobre os "Aspectos estéticos do rádio" no Brooklyn Institute of Arts and Sciences, num ciclo de palestras organizado por Meyer Schapiro.

783 Schapiro, a quem Adorno presenteara o livro de Krenek *Über neue Musik* [Sobre a nova música] (Viena, 1937), tentara em vão fazer

saber se ele falava inglês suficientemente bem, tivemos de desistir da ideia. Gostei muito do livro dele, exceto pela interpretação social e pelo tom patético.

Será que Bloch permanecerá em Nova York até outubro? Eu lamentaria muito se perdesse a chance de encontrá-lo. Volto para a cidade provavelmente em meados de setembro. Talvez você possa fazer uma viagem de carro pela Nova Inglaterra durante o mês que vem e dar um pulo aqui por um ou dois dias com Bloch. Sidney Hook não mora longe, e entre nossos vizinhos estão Ernst Nagel (que leciona filosofia em Columbia) e Selig Hecht[784] (o biofísico que estuda visão em cores). Li em *A Palavra* [*Das Wort*] parte da controvérsia sobre o expressionismo,[785] e embora eu concorde com Bloch em muito do que ele diz, parece-me que toda a controvérsia mascara outros assuntos, de natureza política (o que é evidente na atitude quanto a Mann e na surpreendente retratação que Lukács fez da sua antiga obra sobre a dialética).

Não conheço nenhum ensaio de Stevenson sobre a iluminação a gás.[786] Se é Robert Louis Stevenson que Benjamin tem em mente, posso remetê-lo ao doce poemeto num *Florilégio de versos para crianças*

---

que este fosse convidado para uma palestra no Brooklyn Institute (cf. Briefwechsel Adorno/Krenek, loc. cit., p.130).

784 O filósofo nova-iorquino Sidney Hook (1902-89) lecionou na Universidade de Nova York de 1927 a 1972; o filósofo de origem tcheca Ernst Nagel (1901-85) lecionou na Universidade de Columbia desde 1931; o biofísico de origem austríaca Selig Hecht (1892-1947) lecionou na Universidade de Columbia desde 1926.

785 Cf. Hans-Jürgen Schmitt (org.), *Die Expressionismusdebatte. Materialen zu einer marxistischen Realismuskonzeption* [Debatendo o expressionismo. Materiais sobre uma concepção marxista do realismo. Frankfurt a.M., 1973.

786 Em sua carta a Gretel Adorno de 20.07.1938, Benjamin pedira a ela que lhe conseguisse esse ensaio, de que ele precisava para seu ensaio sobre Baudelaire (cf. Benjamin, *Briefe*, loc. cit., p.771). Para a refe-

chamado "O acendedor de lampiões". As obras completas de RLS são bem fáceis de achar; talvez elas contenham um ensaio sobre a iluminação a gás. Você provavelmente conhece a história sobre RLS: quando estudante, açulado por ideias de aventura e mistério, ele costumava vagar de noite pelas ruas com um lampião sob o casaco... Benjamin provavelmente sabe que nos anos 1870 havia críticos que atribuíam ao impressionismo a influência da iluminação a gás! E que Baudelaire discutiu a influência da iluminação a gás sobre o gosto (ver suas *Curiosités esthétiques*).

Você por acaso conhece alemães em Nova York que estejam precisando dos serviços de um competente tradutor inglês? Tenho um amigo que durante anos fez traduções de primeira linha do alemão e do francês (ele também traduz espanhol) para Simon & Schuster e agora trabalha para a Oxford Univ. Press. Ele próprio é um hábil literato e poderia também revisar manuscritos em inglês quanto à gramática e ao estilo. Meu amigo passa agora por grande necessidade. É possível que o Instituto o empregue? Ele tem experiência em literatura social e econômica, história, biografia e romances, e também ciências naturais; mas não em trabalhos técnicos de filosofia.

Minhas melhores recomendações para vocês dois.

Cordialmente,

Meyer Schapiro

Caro Walter,

Estou lhe enviando a carta acima por causa da informação sobre o gás, mas também porque ela expressa algo sobre o remetente – Meyer Schapiro – que talvez o encoraje a escrever-lhe. Você estaria

---

rência a Stevenson em "A Paris do Segundo Império em Baudelaire" ["Das Paris des Second Empire bei Baudelaire"], cf. GS I [2], p.553.

fazendo um enorme favor a mim, que estou sempre pensando em ampliar suas chances americanas. E S. realmente está em casa em nosso clima. O endereço até meados de setembro é

Prof. M. Schapiro
South Londonderry (Vt.)
USA

Amanhã partimos para Nova York e nos mudamos para o apartamento próprio. Escrevi ainda um artigo contra Sibelius[787] e três análises de peças de salão consagradas.[788]

Tudo de bom, seu velho Teddie

Schapiro lê e fala alemão muito bem.

Nesse meio-tempo surgiu um novo manuscrito de Sohn-Rethel[789] no qual sou apresentado como Príncipe das Trevas – lisonjeiro mas inverossímil.

---

787 Publicado como resenha de Bengt von Törne, *Sibelius. A Close Up*. Londres, 1937 (*Zeitschrift für Sozialforschung*, v.7, n.3, 1938, p.460-63); Adorno incorporou-a mais tarde à sua coletânea *Impromptus* (1968) sob o título "Glosas sobre Sibelius" [Glosse über Sibelius] (agora em GS 17, p.247-52).

788 Essas análises – da *Ave Maria* de Gounod, do *Prelúdio em dó sustenido menor* de Rachmaninoff e da *Humoresque* de Dvorák – foram reunidas na cópia datilografada de Adorno sob o título "Mandado de prisão" [Steckbriefe] e mais tarde incorporadas à primeira parte das "Análises de mercadorias musicais" [Musikalischen Warenanalysen"] (cf. GS 16, p.284-88).

789 A cópia datilografada que Sohn-Rethel enviou a Adorno com sua carta de 08.07.1938 compreendia os dois primeiros capítulos de um manuscrito inédito com o título "Liquidação crítica do idealismo filosófico. Um estudo sobre o método do materialismo histórico" [Kritische Liquidierung des philosophischen Idealismus. Eine Untersuchung zur Methode des Geschichtsmaterialismus]; cf. Briefwechsel Adorno/Sohn-Rethel, loc. cit., p.87-93.

Caro Detlef,

Espero poder lhe remeter um exemplar do *Diário de um sedutor* junto com seus livros. Não estará Elisabeth Hauptmann[790] em Nova York, qual é o endereço dela? Outra coisa: Brecht conhece o *Erewhon* de Butler?[791] Nele, há coisas notáveis, como que não se deve pensar uma ideia até o fim e que será punido aquele que não tenha dinheiro. Hoje somente essas lembranças. Tudo, tudo de bom, como sempre,

Felicitas

108. Benjamin a Theodor e Gretel Adorno Skovsbostrand, 28.08.1938

Meus caros,

Em vez de verdor fresco, eis algo salpicado de preto para o novo apartamento! Orquídeas há que produzem efeito análogo. Tirei grande prazer das cartas que recebi de vocês recentemente. Agradável seria se Felizitas, que gosta tanto de subestimar o peso daquelas que me envia, em breve arriscasse escrever uma maior. Seria das poucas coisas que me levariam a interromper o trabalho!

Hoje permaneço de todo lacônico – não tirem vocês disso outra conclusão a não ser que estou avaro de minutos. A cópia dos principais trechos de uma carta a Pollock[792] que segue pelo mesmo correio lhes fala por quê. A carta é fruto da circunstância de que parece ter-se extraviado no correio uma carta bastante detalhada

790 A escritora Elisabeth Hauptmann (1897-1973), colaboradora de Brecht em muitas peças desde 1924, tornou-se mais tarde dramaturga do Berliner Ensemble e editora de Brecht.

791 O romance satírico *Erewhon* (1872), de Samuel Butler (1835-1902).

792 Para o rascunho da carta de Benjamin a Friedrich Pollock de 28.08.1938, cf. GS I [3], p.1085-87.

que eu endereçara a Max[793] no dia 3 de agosto sobre o estado atual do meu "Baudelaire".

É grande a tentação de lhes contar algo do "Baudelaire" – não tanto da segunda parte, que estou prestes a iniciar, mas da primeira e da terceira. Essas duas partes fornecem a armadura: a primeira, a exposição da alegoria em Baudelaire como problema, e a terceira, sua resolução social. É justo essa tarefa – à parte o período de pesadas enxaquecas em Paris – que me pôs tão atrasado que eu queria a todo o custo enxergar claramente a abrangência do todo em cada uma de suas partes antes de lançar uma linha no papel. Alcancei esse objetivo à força de uma extensa série de notas[794] produzidas durante os dois primeiros meses da minha temporada aqui.

O reverso da medalha é que agora essa pressão passou a pesar sobre a redação da segunda parte, e talvez eu não a tenha suspeitado em todo o seu peso; isso porque mal me atrevo a conceber toda a magnitude dessa segunda parte dentro de limites naturais!

Acresce a isso que serei obrigado a me mudar: o rebuliço da criançada torna inutilizável a casa em que estive alojado até agora. Vou trocá-la por outra, e a casa será habitada por um doente mental. Talvez Felizitas se lembre da marcada idiossincrasia que sempre entretive por essa gente! Na verdade aqui não há nenhuma possibilidade de encontrar acomodação conveniente.

Pela carta de Schapiro, meu muito obrigado! Vou escrever para ele assim que o "Baudelaire" estiver pronto. Entre gente como ele vou poder movimentar-me outra vez à vontade; de antemão, pelo menos.

---

793 A carta de Benjamin a Horkheimer de 03.08.1938 na verdade não se extraviou (cf. GS I [3], p.1082-84).

794 Referência provável aos fragmentos do *Parque central* [*Zentralpark*], ou a uma boa parte deles (cf. GS I [2], p.655-90).

Peço-lhes tanto mais que lhe transmitam meu muitíssimo obrigado. O ensaio de Stevenson em questão está de fato incluído em suas obras completas, e foi nelas que o consegui. A observação dele sobre os impressionistas me foi muito interessante, e nova.

Fiquei contente com a observação de Teddie sobre Caillois. Comparem-na com uma passagem da minha carta a Max de 28 de maio deste ano.[795] A propósito, Max queria publicar se possível esta e outras passagens[796] da carta. Minha carta extraviada contém

---

795 Na carta (inédita) de Benjamin a Horkheimer de 28.05.1938 lê-se: "O número de abril de *Mesures*, ouvi dizer, chegou-lhe às mãos diretamente. Eu, por minha vez, tomei emprestado um exemplar. O ensaio-título de Caillois confirma a que ponto são justificadas as reservas com que Wiesengrund cerca o "Louva-a-deus". Essa *dialectique de servitude volontaire* ilumina, pavorosamente, sequências de ideias retorcidas nas quais a pessoa topa com um Rastignac que tem mais a ver com o bando de Göbbels que com a Casa Nucingen. Nesse ensaio, os notáveis dotes de Caillois deparam-se com um objeto que não pode senão revelá-los na forma de insolência. É repulsivo ver como os traços de caráter historicamente condicionados do burguês atual, que você deduziu na sua antropologia desse tipo, são subsumidos, por meio de sua hipostasia metafísica, a uma *remarque* elegantemente burilada à margem da época atual. Os traços concisos desse esboço trazem todas as marcas da crueldade patológica. Esta fornece o fundamento indispensável para desvendar o 'sentido maior' inerente à práxis do capitalismo monopolista, que 'preferiria consumir os seus meios na destruição a consagrá-los ao proveito e à felicidade' (p.9). Quando Caillois diz: 'on travaille à la libération des êtres qu'on désire asservir et qu'on souhaite ne voir obéissants qu'envers soi' (p.12), não faz mais que caracterizar a práxis fascista. É triste ver uma corrente ampla e lamacenta alimentada por uma fonte tão elevada".

796 Uma seleta do relatório de Benjamin sobre literatura contida naquela carta a Horkheimer apareceu na revista do Instituto, ligeiramente adaptada pelos editores nova-iorquinos, sob o anagrama J.E. Mabinn (cf. *Zeitschrift für Sozialforschung*, v.7, n.3, 1938, p.463-66); da seleta fazia parte a resenha dos seguintes trabalhos: Roger Caillois, "L'aridité"

a declaração de minha plena concordância com a ideia. Eu lhes seria grato se vocês tivessem a bondade de lhe comunicar a respeito quando ele estiver de regresso. (Somente a passagem sobre Bataille[797] eu não gostaria de ver publicada, e lhe expus minhas razões.)

(loc. cit.); Julien Benda, *Un régulier dans le siècle*. Paris, 1937; Georges Bernanos, *Les grands cimetières sous la lune*. Paris, 1938; Gaston Fessard, *La main tendue. Le dialogue catholique-communiste est-il possible?* Paris, 1937 (cf. GS III, p.549-52 e 695ss.).

797 "Georges Bataille, que no mesmo número [da *Mesures*, em "L'obélisque"", loc. cit.] oferece uma interpretação inócua da Place de la Concorde, é um bibliotecário da Bibliothèque Nationale. [...] No dito ensaio, ele enfileirou suas *idées* fixes de forma mais ou menos cômica à maneira de uma folha com imagens ilustrando as diversas fases de uma 'história secreta da humanidade' mediante vistas da Place de la Concorde. Essa história secreta é permeada pela luta do princípio monástico, estático, dito aqui egípcio, contra o princípio anárquico, dinâmico, agora ativo, do decurso temporal destrutivo e liberador, a que Bataille faz referência ora na imagem da ruína infinita, ora na da explosão. Bataille e Caillois fundaram juntos um *collège de sociologie sacrée*, no qual aliciam abertamente os jovens para sua sociedade secreta – uma sociedade cujo segredo consiste em boa parte naquilo que seus dois fundadores têm em comum". Benjamin menciona a razão pela qual não gostaria de ver essa passagem impressa em sua carta a Horkheimer de 03.08.1938: "Sua sugestão de publicar na revista um fragmento da minha carta de 28 de maio desse ano me é [...] bem-vinda. [...] fico particularmente feliz em saber que esse tipo de relatório lhe seja útil. [Mas] quero lhe pedir que omita, se for conveniente, o segundo parágrafo, que começa com 'George Bataille' [...]. A linha de pensamento permaneceria desse modo incólume. E incólume desse modo permaneceria também minha relação com Georges Bataille, algo que eu gostaria de manter tanto pelas facilidades que por intermédio dele tenho no uso da Bibliothèque Nationale quanto também pelos meus propósitos de naturalização. O fragmento não lhe escaparia à atenção, já que a revista fica exposta na sala de leitura onde ele costuma trabalhar; e ele não é daqueles que aceitaria a coisa com serenidade".

Não me esqueci da *Infância em Berlim* nem dos poemas de Brecht.[798] Mas como isso tudo chegou tarde demais para incluir na carta, anexo uma foto da casa de Brecht vista do portão do jardim, tirada pelo filho dele.[799] Creio que vocês encontrarão para ela um lugar no qual ela não seja mais óbvia aos olhos do que as obras do original sempre foram.

Não esqueçam de modo algum de dar minhas recomendações a Bloch e aceitem minhas cordiais e elegíacas lembranças, de uma parte do mundo que parece cair aos pedaços,

Walter

28 de agosto de 1938
Skovsbostrand per
Svendborg c/o Brecht

PS Depois de refletir muito, vejo-me forçado a dizer algo mais sobre o título da segunda parte,[800] tal como sugerido no respectivo excerto da carta que acompanha esta. Ontem à noite tentei desenvolver, num cálculo preliminar, o conceito mais preciso possível da extensão total da segunda parte. Resultou que também ela já excede em muito as dimensões a que me devia circunscrever no próximo número da revista. É bem possível, portanto, que eu tenha de me

798 Em sua carta a Benjamin de 03.08.1938 (excerto em GS I [3], p.1081 ss.) Gretel Adorno pedira uma cópia dos "poemas pornográficos" de Brecht, dos quais deve ter tomado conhecimento por meio do próprio Benjamin. Para uma seleção desses poemas, até então inéditos, cf. Bertold Brecht, *Gedichte über die Liebe* [Poemas sobre o amor]. Frankfurt a.M., 1982.

799 Essa fotografia, tirada por Stefan Brecht, é reproduzida no início do segundo volume da edição alemã (1966) das cartas de Benjamin.

800 No rascunho da carta a Pollock supracitada o título dado é "O Segundo Império na poesia de Baudelaire" [Das Second Empire in der Dichtung von Baudelaire] (cf. GS I [3], p.1086).

restringir às duas seções fundamentais da segunda parte – a teoria da *flânerie* e a teoria da modernidade. Em consequência, o título do manuscrito[801] talvez se afaste daquele previsto na carta a Pollock.

Talvez interesse a Teddie saber – caso isso ainda lhe seja novidade – que Löwith reporta-se ao seu "Kierkegaard"[802] numa passagem importante do livro *A filosofia nietzschiana do eterno retorno do mesmo* [Nietzsches Philosophie der ewigen Wiederkunft des Gleichen] (Berlim, 1935).

109. Benjamin a Adorno Skovsbostrand, 04.10.1938

Caro Teddie,

Oito dias atrás eu estava dando os retoques finais na segunda parte do "Baudelaire";[803] dois dias mais tarde a situação europeia teve um *dénoument* provisório.[804] Extrema foi minha tensão nas últimas semanas pela colisão dos prazos históricos com os editoriais. Daí a demora destas linhas.

Ontem estive ocupado em organizar as várias centenas de livros que aqui se encontram a fim de embarcá-los para Paris. Mas cada vez mais tenho a sensação de que esse destino terá de ser um ponto de baldeação para eles como para mim. Até quando os ares euro-

---

801 "A Paris do Segundo Império em Baudelaire" [Das Paris des Second Empire bei Baudelaire].

802 Cf. Karl Löwith, *Nietzsches Philosophie der ewigen Wiederkunft des Gleichen* [A filosofia nietzschiana do eterno retorno do mesmo]. Berlim, 1935, p.166, nota 30.

803 O manuscrito de "A Paris do Segundo Império em Baudelaire", que contém três capítulos: "A boêmia", "O *flâneur*" e "A modernidade" (cf. GS I [2], p.511-604).

804 Alusão ao acordo de Munique de 29 de setembro de 1938 e ao início do avanço de tropas alemãs sobre a região dos Sudetos na Tchecoslováquia.

peus continuarão fisicamente respiráveis, não sei; espiritualmente, tal já não é o caso depois dos episódios das últimas semanas. Não é fácil constatá-lo, mas não há mais como contornar a situação.

Uma coisa pelo menos é agora indiscutível: que a Rússia se deixou amputar de sua extremidade europeia. Quanto à palavra de Hitler de que suas pretensões territoriais na Europa estão resolvidas e as coloniais nunca dariam ensejo a uma guerra, interpreto-a como se desse a entender que as pretensões territoriais coloniais dariam ensejo a uma guerra para Mussolini. Prevejo que Túnis, habitada por grande número, senão por uma maioria, de italianos, será o próximo objeto de "negociação".

Você pode facilmente imaginar como estive preocupado nas últimas semanas com minha mulher e com Stefan. No momento não é preciso temer o pior, como fiquei sabendo há pouco. Stefan está na Inglaterra; minha mulher tentará transferir o negócio[805] sem incorrer em prejuízos de maior monta. Para ganhar tempo, ela tratará por enquanto de uma transferência puramente formal.

Passei dez dias em Copenhague para preparar o manuscrito do "Baudelaire". Fazia um dos veranicos mais magníficos que se possa imaginar. Mas dessa vez não vi mais da cidade – pela qual tenho particular afeição – do que aquilo que havia no caminho da minha escrivaninha até o aparelho de rádio no "salão social". O outono começa agora com as mais violentas tempestades. Retorno no próximo sábado daqui a uma semana, se não ocorrer nenhum imprevisto. Tanto mais natural e menos tenso foi meu contato com Brecht no verão que passou, tanto menos despreocupado o deixo dessa vez. Isso porque tenho motivos para ver nessa comunicação, que dessa vez foi muito menos problemática que de costume, um indício do seu crescente isolamento. Não quero excluir de todo a

805 Ou seja, vender a cota que lhe cabia na pensão Villa Verde em San Remo. Dora e Stefan Benjamin fugiram de San Remo para Londres no início de 1939.

interpretação mais banal do fato – que esse isolamento diminuiu o prazer que ele costumava ter em certas artimanhas provocantes durante nossas conversas; mais autêntica, porém, é a explicação que reconhece esse crescente isolamento como resultado da fidelidade àquilo que temos em comum. Nas condições em que vive agora, ele será desafiado olhos nos olhos por esse isolamento durante todo um inverno em Svendborg.

Do seu novo "César"[806] ainda não vi quase nada, porque toda espécie de leitura resultou impossível enquanto estive envolvido com meu trabalho.

Presumo que você já terá lido a segunda parte do "Baudelaire" quando esta carta chegar. Foi uma corrida contra a guerra; e senti, apesar da sufocante ansiedade, uma sensação de triunfo no dia em que pus a salvo da derrocada mundial o "*Flâneur*" depois de quase quinze anos de gestação (a fragilidade de um manuscrito!).

Max certamente o terá informado sobre a relação do "Baudelaire" com o projeto das *Passagens*, que expliquei a ele em detalhes na minha carta em apenso.[807] O decisivo, como argumentei a ele, é que um ensaio sobre Baudelaire que não negasse sua pertinência à problemática das *Passagens* somente poderia ser escrito como parte de um *livro* sobre Baudelaire. O que você sabe sobre o livro pelas nossas conversas em San Remo[808] lhe permitirá *per contra-*

806 Sobre o romance de Brecht que permaneceu em estado de fragmento, *Os negócios do senhor Júlio César* [Die Geschäfte des Herrn Julius Caesar], Benjamin relatara o seguinte em sua carta a Gretel Adorno de 20.07.1938: "... estimo profundamente a intenção de Brecht de respeitar o isolamento de que necessito. [...] Mas foi justamente isso que me possibilitou concentrar-me a tal ponto no meu trabalho que nem mesmo li o romance dele, que ainda se encontra pela metade" (Benjamin, Briefe, loc. cit., p.770).

807 Carta de Benjamin a Horkheimer de 28.09.1938 (ibid., p.772-76).

808 Ver carta n.103.

rium fazer uma ideia bastante precisa da função da segunda parte ora concluída. Você terá notado que os temas decisivos – o novo e o sempre-igual, a moda, o eterno retorno, as estrelas, a *art nouveau* – são todos mencionados, mas nenhum deles é tratado a fundo. Demonstrar a convergência óbvia dessas ideias básicas com o projeto das *Passagens* é tarefa da terceira parte.

Do seu próprio punho tive poucas notícias desde que se mudou para o novo apartamento.[809] Espero mais pormenores seus assim que você tiver lido o "Baudelaire". Queira por favor aproveitar a ocasião para me fazer saber como anda seu projeto sobre o rádio[810] e sobretudo como ele é estruturado. Pois isso eu ainda não sei.

Muito obrigado pelo livro sobre aeronautas:[811] no momento ele repousa com os demais itens da sua remessa em caixotes prontos para embarque. Não vejo a hora de lê-lo em Paris. Queira por favor agradecer de coração a Felizitas por essa remessa. Escreverei a ela, no mais tardar, de Paris.[812] Você receberá o *Kierkegaard*,[813] pelo qual lhe agradeço, junto com o "Löwith"[814] por intermédio de *mme*. Favez.[815] Requisitei esse último porque preciso dele para a terceira parte do "Baudelaire".[816] Queira por favor enviá-lo de volta a mim quando dele tiver feito bom uso.

---

809 Desde meados de agosto, os Adorno moravam no endereço "290 Riverside Drive, 13 D, Nova York", com uma "vista magnífica para o Hudson" (carta inédita de Gretel Adorno a Benjamin de 24.08.1938), a que Benjamin alude ao final da carta.

810 Ver carta n.98 e a respectiva nota.

811 Obra até agora não identificada.

812 Cf. a carta de Benjamin a Gretel Adorno de 01.11. 1938 (Benjamin, *Briefe*, loc. cit., p.780-82).

813 Ver cartas n.57, 102 e 108.

814 O livro de Karl Löwith mencionado na carta anterior.

815 Juliane Favez, secretária do Instituto de Pesquisa Social em Genebra.

816 Referência à terceira parte do planejado livro sobre Baudelaire, que não chegou a ser escrita.

De Elisabeth Wiener,[817] de quem pergunta Felizitas, não tive notícias. Ainda mais importante para mim é que não recebi uma linha de Scholem[818] desde que ele partiu da América. Ele parece estar magoado que por não ter me encontrado em Paris. Mas para mim o trabalho vinha em primeiro lugar, e sem a estrita reclusão a que me impus, jamais teria sido capaz de levá-lo a termo. Vocês tiveram algum sinal dele?

Aguardo ansioso para ouvir o que você tem a me dizer sobre Ernst Bloch. *En attendant*, lanço de vez em quando um olhar para o mapa da cidade de Nova York que o filho de Brecht afixou na parede e passeio de um lado para o outro pela longa avenida junto ao Hudson, onde fica a casa de vocês.

Minhas mais sinceras lembranças,

Walter

4 de outubro de 1938
Skovsbostrand
per Svendborg

110. Adorno a Benjamin [Nova York,] 10.11.1938

10 de novembro de 1938

Caro Walter,
a demora desta carta instaura ameaçador processo contra mim e contra nós todos. Mas talvez esse processo já contenha um grãozinho de defesa. Pois é quase óbvio que a demora de um mês

---

817 Na sua carta (inédita) de 12.09.1938 Gretel Adorno perguntara sobre sua amiga; ver também carta n.102 e a respectiva nota.

818 A resposta de Scholem ao lembrete de Benjamin deu-se a 08.11.1938 (cf. Briefwechsel Benjamin/Scholem, loc. cit., p.281-87).

inteiro para responder a seu "Baudelaire" não pode redundar de negligência.

As razões são exclusivamente de natureza objetiva. Elas envolvem a atitude de todos nós perante o manuscrito[819] e, em vista do meu empenho na questão do trabalho das *Passagens*, posso dizer sem imodéstia: a minha em particular. Não via a hora de o "Baudelaire" chegar, e literalmente devorei-o. Estou cheio de admiração pelo fato de você ter sido capaz de concluí-lo a tempo. E é essa admiração que me torna tanto mais difícil falar daquilo que se interpôs entre as minhas apaixonadas expectativas e o próprio texto.

Sua ideia de fornecer no "Baudelaire" um modelo para as *Passagens* foi algo que eu tomei extremamente a sério, e me aproximei da cena satânica bem ao modo que Fausto se aproximou das fantasmagorias no Brocken, esperando que muito enigma tivesse enfim solução. É desculpável que eu tenha acabado por dar a mim mesmo a réplica de Mefistófeles – "muito enigma puxa mais enigma"? Você pode entender que a leitura do ensaio, em que um dos capítulos se chama "O *flâneur*" e outro "A modernidade", me causou certa decepção?

Tal decepção tem seu fundamento essencialmente no fato de que o trabalho, nas partes que me são conhecidas,[820] não representa tanto um modelo quanto um prelúdio para as *Passagens*. Temas são reunidos, mas não elaborados. Na sua carta a Max em apenso você aduziu isso como sua intenção expressa, e não seria eu a negar a disciplina ascética a que você se impôs para deixar em aberto a cada

819 O plural se refere aos membros do corpo editorial da *Zeitschrift für Sozialforschung*, sobretudo Horkheimer e Löwenthal.

820 A cópia datilografada que Adorno tinha consigo figurava como segunda parte de um planejado livro de três partes sobre Baudelaire; das partes remanescentes só restaram estudos preliminares (cf. GS VII [2], p.735-79).

passo as respostas teóricas decisivas às perguntas e deixar entrever essas mesmas perguntas apenas ao iniciado. Mas me pergunto se tal ascese se sustenta diante desse objeto e num contexto de exigências internas tão imperativas. Como leitor atento dos seus escritos, sei muito bem que não faltam precedentes para tal procedimento em sua obra. Lembro-me por exemplo dos seus ensaios sobre Proust e sobre o surrealismo[821] no *Mundo Literário*. Mas será que esse procedimento pode ser transposto para o complexo das *Passagens*? Panorama e "vestígios", *flâneur* e passagens, modernidade e sempre-igual, tudo isso sem interpretação teórica – será esse um "material" que pode aguardar paciente por interpretação sem que seja consumido em sua própria aura? Não conspira antes o conteúdo pragmático desses objetos, quando isolado, de uma forma quase demoníaca contra a possibilidade de sua própria interpretação? Durante nossas inesquecíveis conversas em Königstein,[822] você disse certa vez que cada uma das ideias das *Passagens* tinha na verdade de ser arrebatada ao domínio onde reina a loucura.[823] Desconfio se a tais ideias seja tão vantajoso emparedá-las atrás de camadas impenetráveis de material como exige sua disciplina ascética. No presente texto, as passagens são introduzidas[824] com uma referência à estreiteza dos *trottoirs*, que impediria o avanço do *flâneur* nas ruas. Parece-me que essa introdução pragmática prejudica a objetividade da fantasmagoria – na qual tanto insisti já na época de nossa correspondência de Hornberg[825] –, assim como,

821 Cf. Benjamin, "Zum Bilde Prousts" [A imagem de Proust]. *Die Literarische Welt*, 21.06, 28.06 e 05.07.1929 (agora em GS II (1), p.310-24); "O surrealismo. Os últimos instantâneos da inteligência europeia", loc. cit. (carta n.31, nota 292).

822 Ver nota 44, carta n.7.

823 Ver nota 353, carta n.39.

824 Cf. GS I [2], p.538ss.

825 Ver carta n.39.

digamos, o esboço do primeiro capítulo reduz a fantasmagoria ao comportamento da boêmia literária. Não receie que eu esteja querendo lhe sugerir que no seu trabalho a fantasmagoria sobreviva sem mediação ou que o próprio trabalho assuma um caráter fantasmagórico. Mas a liquidação somente pode ser ter êxito em sua verdadeira profundidade quando a fantasmagoria for tratada como categoria histórico-filosófica objetiva, e não como "visão" de caracteres sociais. É justamente nesse ponto que sua concepção difere de todas as abordagens sobre o século XIX. Mas o resgate do seu postulado não se deixa adiar para as calendas gregas nem pode ser "preparado" mediante uma apresentação mais inócua da matéria. Eis a minha objeção. Se na terceira parte, para retomar a antiga formulação, a história primeva do século XIX passar à história primeva no século XIX – notadamente na citação de Péguy sobre Victor Hugo[826] –, então essa é apenas outra expressão do mesmo problema.

Mas parece que minha objeção não se refere exclusivamente ao caráter questionável da "abstenção" quanto a um objeto que, pela própria ascese contra a interpretação, cai numa esfera contra a qual a ascese se dirige: a esfera onde oscilam história e magia. Pelo contrário, vejo um vínculo estreito entre as partes nas quais o próprio *a priori* do texto perde terreno e a sua relação com o materialismo dialético – e nesse ponto não falo só por mim, mas também por Max, com quem esmiucei essa questão nos mínimos detalhes. Permita-me aqui me expressar de modo tão simples e hegeliano quanto possível. Ou muito me engano ou essa dialética é falha numa coisa: em mediação. Reina soberana uma tendência de relacionar os conteúdos pragmáticos de Baudelaire diretamente aos traços contíguos da história social do seu tempo, e tanto

826 Cf. GS I [2], p.587.

quanto possível aos de natureza econômica. Penso por exemplo na passagem acerca do imposto sobre o vinho[827] (I, p.23), em certos comentários sobre as barricadas[828] ou no já citado trecho sobre as passagens (II, p.2), que me parece particularmente problemático, porque é justo aqui que permanece precária a transição de uma elementar consideração teórica sobre fisiologias para a representação "concreta" do *flâneur*.

Sou tomado da sensação de tal artificialidade sempre que a obra dá lugar a expressões metafóricas em vez das obrigatórias. Exemplo disso é sobretudo o trecho sobre a transformação da cidade em *intérieur*[829] para o *flâneur*, onde uma das concepções mais poderosas da sua obra parece ser apresentada como um mero *como se*. Há um nexo dos mais estreitos entre essas digressões materialistas – nas quais nunca se perde inteiramente o receio que se sente por um nadador de pele toda arrepiada que mergulha em água fria – e o apelo a comportamentos concretos como aquele do *flâneur*, ou mais adiante a passagem sobre a relação entre ver e ouvir na cidade, que não inteiramente por acaso utiliza uma citação de Simmel.[830] Tudo isso me é um tanto suspeito. Não receie que eu aproveito a ocasião para montar meu cavalinho de pau. Contento-me com lhe dar *en passant* um torrão de açúcar e, de resto, tento indicar o fundamento teórico da minha aversão a esse particular tipo de concretude e seus laivos behavioristas. Outra não é a razão disso senão que reputo metodologicamente infeliz dar emprego "materialista" a patentes traços individuais da esfera da superestrutura ligando-os de maneira imediata, e talvez até causal, a traços análogos da infraestrutura.

827 Cf. ibid., p.519ss.
828 Cf. ibid., p.516ss.
829 Cf. ibid., p.538ss.
830 Cf. ibid., p.539ss.

A determinação materialista de caracteres culturais só é possível se mediada pelo *processo total*.

Motivados que tenham sido os poemas do vinho baudelairianos pelo imposto sobre o vinho e pelas *barrières*, a recorrência desse tema na obra dele não pode ser definida a não ser pela tendência socioeconômica total do período, ou seja, no sentido da sua formulação do problema *sensu strictissimo*, pela análise da forma-mercadoria na época de Baudelaire. Ninguém sabe melhor do que eu as dificuldades envolvidas: o capítulo sobre a fantasmagoria de Wagner[831] sem dúvida ainda não se mostrou à altura delas. O *trabalho das Passagens*, em sua forma definitiva, não poderá eximir-se dessa obrigação. A inferência imediata do imposto sobre o vinho a "L'ame du vin" atribui aos fenômenos justamente aquele tipo de espontaneidade, tangibilidade e densidade a que eles renunciaram no capitalismo. Esse tipo de materialismo imediato – eu já ia quase dizendo esse tipo de materialismo antropológico – embute um elemento profundamente romântico, e sinto-o com tanto mais clareza quanto mais abrupto e cru é seu confronto entre o mundo baudelairiano das formas e as necessidades da vida. A "mediação" de que sinto falta e julgo encoberta pela evocação materialista-historiográfica não é outra coisa senão a própria teoria de que seu trabalho se abstém. A abstenção da teoria afeta o material empírico. De um lado, confere-lhe um caráter ilusoriamente épico, e, do outro, priva os fenômenos, experimentados que são de forma meramente subjetiva, do seu verdadeiro peso histórico-filosófico. Dito de outro modo: o tema teológico de chamar as coisas pelo nome tende a se tornar uma apresentação estupefata de meras facticidades. Se se pudesse falar em termos drásticos, poder-se-ia dizer que seu trabalho situa-se na encruzilhada de magia e positivismo. Esse lugar

831 Cf. GS 13, p.82-91.

está enfeitiçado. Só a teoria seria capaz de quebrar o encanto: a sua própria teoria especulativa, a sua boa e resoluta teoria especulativa. É no simples interesse dela que lhe chamo a atenção.

Perdoe-me se isso me traz a um assunto que me interessa de perto desde as minhas experiências com o Wagner. Trata-se do trapeiro. Defini-lo como a figura dos limites inferiores da miséria[832] simplesmente não me parece cumprir o que a palavra "trapeiro" promete quando aparece no seu texto. Nada do ignomínia, nada do saco pendente das costas, nada da voz, tal como ela ainda desprende, digamos, na *Louise* de Charpentier[833] muito da fonte de luz sombria de toda uma ópera; nada daquele rabo de cometa de crianças aos berros atrás do velho. Se me permite atrever-me mais uma vez no âmbito das *Passagens*: ao trapeiro caberia ser a chave para decifrar teoricamente a justaposição de esgoto e catacumba. Será exagero supor que essa falha prende-se ao fato de que a função capitalista do trapeiro, submeter até mesmo o refugo a valor de troca, não é articulada? Nessa altura, a ascese do trabalho assume traços que seriam dignos de Savonarola. Isso porque o reaparecimento do trapeiro na citação de Baudelaire[834] na terceira parte sugere de forma quase tangível essa questão. Como lhe deve ter custado não destrinchá-la!

Com isso creio tocar o cerne do problema. A impressão que passa todo o seu trabalho, e não só para mim com minha ortodoxia das *Passagens*, é que nele você violentou a si mesmo. Sua solidariedade com o Instituto, com a qual ninguém se alegra mais do que eu próprio, induziu-o a pagar ao marxismo tributos que não fazem jus nem a ele nem a você. Não fazem jus ao marxismo porque falta

832 Cf. GS I [2], p.520ss.

833 A ópera *Louise* de Gustave Charpertier (1860-1956), aluno de Jules Massenet, data de 1900.

834 Cf. GS I [2], p.582ss.

a mediação pelo processo social total e porque certo pendor supersticioso atribui à enumeração material um poder de iluminação reservado apenas à construção teórica, nunca à alusão pragmática. Não fazem jus à sua natureza mais própria porque você proibiu a si mesmo suas ideias mais ousadas e frutíferas sob uma espécie de censura prévia segundo categorias materialistas (que de modo algum coincidem com as marxistas), ainda que simplesmente em termos daquele postergamento. Falo não só por mim, incompetente que sou, mas igualmente por Horkheimer e pelos outros, quando digo que estamos todos convencidos de que seria de extremo benefício não somente à "sua" produção se você elaborasse suas concepções sem tais escrúpulos (a esse argumento você ergueu em San Remo contra-argumentos que levo muito em consideração), mas que também à causa do materialismo dialético e aos interesses teóricos representados pelo Instituto seria de enorme proveito se você se entregasse às suas percepções e conclusões específicas sem adulterá-las com ingredientes cuja ingestão obviamente lhe traz tamanho mal-estar que mal posso crer que faça algum bem. Em nome de Deus só existe uma única verdade, e se a sua força de pensamento se apoderar dessa única verdade, mesmo em categorias que lhe possam parecer apócrifas segundo a sua noção de materialismo, então você captará mais dessa única verdade do que se fizesse uso de uma armadura conceitual que lhe resiste sem cessar ao manejo. Afinal, há mais dessa única verdade na *Genealogia da moral* de Nietzsche do que no *ABC* de Bukharin.[835] Creio que a tese que expresso aqui está acima da suspeita de complacência e ecletismo. O trabalho sobre *As afinidades eletivas* e o livro sobre o barroco são melhor marxismo do que seu imposto sobre o vinho e a dedução

835 Ou seja, *O ABC do comunismo – explanação popular do programa do Partido Bolchevique*, de Nikolai Bukharin e Evgenii Preobrazhensky, escrito por volta de 1920.

da fantasmagoria a partir dos *behaviors* dos folhetinistas. Você pode ter fé em que estamos aqui preparados para fazer nossos os avanços mais extremos da sua teoria. Mas também é nossa fé que você fará de fato esses avanços. Gretel disse uma vez brincando[836] que você habitava as profundezas cavernosas das suas *Passagens*, e por isso se esquivava de concluir o trabalho, porque temia então ter de deixar a construção. Permita-nos exortá-lo a que nos franqueie acesso ao santuário. Creio que você não precisa se preocupar com a estabilidade da estrutura nem temer sua profanação.

Quanto ao destino do trabalho, surgiu uma situação das mais estranhas, na qual tive de me portar tal como o cantor da canção: ao som abafado dos tambores.[837] A publicação no presente número da revista está fora de questão, pois as semanas despendidas na discussão do seu trabalho causariam intoleráveis atrasos nos prazos de impressão. Surgiu então o plano de imprimir o segundo capítulo *in extenso* e parte do terceiro. Leo Löwenthal, em particular, defendeu-o energicamente. Eu próprio sou absolutamente contra. E claro que não por escrúpulos editoriais, mas em apreço a você próprio e ao "Baudelaire". O trabalho, precisamente esse trabalho, não lhe representa tal como deveria representar. Mas como tenho a firme e plena convicção que lhe será possível produzir um manuscrito sobre Baudelaire de impacto ilimitado, gostaria de lhe pedir encarecidamente que recusasse a publicação da presente versão e escrevesse aquela outra. Se esta deve ter uma nova estrutura formal ou pode ser essencialmente idêntica à pendente parte final do seu *livro* sobre Baudelaire, é algo que foge à minha conjectura. Somente você mesmo pode decidir a respeito. Quero dizer expressamente

836 Ver os comentários de Gretel Adorno na carta n.99.

837 *"Es geht bei gedämpfter Trommel Klang"*, verso da canção "O soldado" [Der Soldat] (1832) de Adelbert von Chamisso.

que se trata de um pedido da minha parte, e não de uma decisão ou recusa editorial.

Resta esclarecer ainda que lhe escrevo, e não Max, como o destinatário responsável do "Baudelaire". Ele se encontra sobrecarregado de afazeres ligados à sua mudança para Scarsdale. Quer se livrar logo de todas as incumbências administrativas para poder dedicar plenamente suas energias ao livro sobre a dialética[838] nos próximos anos. Isso significa que ele precisa "liquidar" todas as suas obrigações pendentes. Eu mesmo não o vejo há duas semanas. Pediu-me, por assim dizer como *sponsor* do "Baudelaire", que lhe escrevesse. O pedido dele correspondeu à minha própria intenção.

Das minhas coisas quero relatar-lhe em detalhes só na próxima carta. A publicação do "Husserl" foi mais uma vez adiada. Max pediu em vez disso, logo após seu retorno em meados de setembro, que eu retomasse meu projeto há muito acalentado e escrevesse o ensaio "Sobre fetichismo na música e a regressão da audição".[839] Concluí o manuscrito três dias antes que o seu chegasse. Nesse meio-tempo, ele foi ao prelo e dei instruções a Brill para que lhe enviasse as provas junto com aquelas da minha polêmica contra Sibelius. Com certeza se percebem marcas de urgência na composição; mas talvez isso não seja de todo mau. Estou particularmente ansioso para saber da sua posição sobre a teoria de que hoje o valor de troca é consumido.[840] A tensão entre essa teoria e a sua acerca da empatia do comprador com a alma da mercadoria[841] poderia ser muito frutífera. A propósito, acrescento a esperança de que o caráter muito mais inócuo do meu trabalho lhe possibilitará lê-lo com maior condescendência do que me permitiu seu texto.

---

838 Ver carta n.94 e a respectiva nota.
839 Loc. cit. (carta n.103, nota 723).
840 Cf. GS 14, p.25ss.
841 Cf. GS I [2], p.558.

Vimos Ernst Bloch algumas vezes. A impressão foi extremamente negativa. A transformação da corrupção da Frente Popular [*Volksfront*] numa estupidez diligente não pode ser atestada com mais clareza do que nele. As coisas esquentaram duas vezes, mas não houve nada sério. Seguimos adiante para vê-lo sob o *motto*: "lugar mais belo da terra, fonte dos meus ais, esta é a relva junto ao túmulo dos meus pais".[842]

Permita-me concluir com alguns epilegômenos sobre Baudelaire. Primeiro uma estrofe do segundo poema sobre Mazeppa de Hugo (o homem a quem cabe ver tudo isso é Mazeppa, amarrado ao lombo do seu cavalo):

> As seis luas de Herschel, o anel do velho Saturno
> O polo, arredondando uma aurora noturna
> Na sua face boreal.
> Ele vê tudo; e para ele teu voo, incansável,
> A cada instante altera o horizonte ideal
> Desse mundo sem limites.[843]

Pois bem: a tendência a "asserções absolutas" que você observa, citando Balzac e a descrição dos empregados em "O homem da multidão",[844] aplica-se também, o que é surpreendente, a Sade.

842 *"Der schönste Platz, den ich auf Erden hab, das ist die Rasenbank am Elterngrab"*, versos da canção "Junto ao túmulo dos meus pais" [Am Elterngrab] (1874) de Marie Eichenberg.

843 Trata-se da segunda parte do poema "Mazeppa" de Victor Hugo, que integra o volume *Les orientales*, de 1829. Adorno transcreve o texto no original em francês: *"Le six lunes d'Herschel, l'anneau du vieux Saturne,/ Le pôle, arrondissant une aurore nocturne/ Sur son front boréal./ Il voit tout; et pour lui ton vol, que rien ne lasse,/ De ce monde sans borne à chaque instant déplace/ L'horizon ideal"*.

844 Cf. GS I [2], p.541.

De um dos primeiros verdugos de Justine, um banqueiro, lê-se: "O senhor Dubourg, gordo, baixo e insolente como todos os financistas".[845] O tema da amante desconhecida aparece de forma rudimentar em Hebbel no poema "A uma desconhecida", que contém estes notáveis versos: "e embora eu não te possa dar forma ou figura, forma alguma tampouco te arrastará ao túmulo".[846] Finalmente algumas frases do *Herbstblumine* de Jean Paul,[847] que são um verdadeiro achado: "Um único sol recebeu o dia, mas mil sóis a noite, e o infinito mar azul do éter parece afundar em nossa direção num chuvisco de luz. Quantas lâmpadas de rua não cintilam ao longo de toda a Via Láctea, de alto a baixo? Estas ainda por cima também são acesas – quer seja verão ou brilhe a lua. Enquanto isso a noite enfeita-se não apenas com o manto cheio de estrelas no qual os antigos a representam e que eu chamo com mais bom gosto seu ornato *espiritual* e não seu manto ducal, mas leva ainda muito mais longe seu toalete e imita as damas de Espanha. Igual estas, que no escuro trocam os brilhantes por vaga-lumes em seus toucados, a noite também guarnece a orla inferior do seu manto, na qual estrela não brilha, mesmo com tais bichinhos, e a criançada costuma roubá-las". As frases seguintes, tiradas de uma peça totalmente diversa[848] dessa coletânea, parecem-me fazer parte do mesmo contexto: "E outras coisas do gênero; pois notei não apenas

---

845 Citação de *Justine – ou os infortúnios da virtude*, romance do Marquês de Sade publicado em 1791 ("Monsieur Dubourg, gros, court, et insolent comme tous les financiers").

846 Citação do poema "Auf eine Unbekannte", de Christian Friedrich Hebbel (1813-63): *"und kann ich Form Dir und Gestalt nicht geben, so reisst auch keine Form Dich in die Gruft"*.

847 Cf. Jean Paul, *Sämtliche Werke*, parte 2: *Jugendwerke und Vermischte Schriften*, v.3: *Vermischte Schriften* II. Munique, 1978, p.280.

848 Ibid., p.119.

que para nós, pobre gente que se arrasta no gelo, a Itália [...] era como um Éden ao luar, porque dia e noite encontramos realizados ao vivo o comum sonho adolescente de noites passadas a vaguear, a cantar, mas também fui levado a perguntar por que as pessoas simplesmente vagueavam ao léu e cantavam nas ruas de noite como rabugentos guardas-noturnos, em vez de reunirem-se em grupos de estrela vespertina e a estrela matutina e vagarem assim felizes num cordão colorido (pois a paixão estava em cada alma) pelos mais magníficos bosques frondosos e pelos mais enluarados prados floridos, e acrescentassem ainda duas frases na flauta ao prazer harmônico, ao prolongamento da noite fugaz nos dois sentidos pela alvorada e pelo pôr do sol, e de quebra os dois crepúsculos". A ideia de que a saudade que atrai para a Itália é a saudade do país onde não se precisa dormir está profundamente relacionada à imagem posterior da cidade coberta por telhado. Mas a luz que se faz igualmente presente nas duas imagens não é outra senão a do lampião a gás, que Jean Paul não conhecia.

Tout entier,

Teddie

111. Benjamin a Adorno
Paris, 09.12.1938

Paris, 9-12-38
10, rue Dombasle, XVe

Caro Teddie,
certamente não lhe terá admirado notar que a redação da minha resposta a sua carta de 10 de novembro não se deu num abrir e fechar de olhos. Se a longa espera de sua carta me impeliu para o terreno da suspeita, isso não impediu que ela me vibrasse um golpe. Acresce a isso que eu queria aguardar as provas que você me

prometeu,[849] e só vim recebê-las em 6 de dezembro. O tempo ganho desse modo me deu a oportunidade de ponderar sua crítica com tanta reflexão quanto me foi possível. Estou longe de considerá-la infrutífera, para não dizer incompreensível. Quero tentar replicá-la com respeito aos fundamentos.

Sirvo-me do fio condutor que me oferece uma frase encontrada na primeira página da sua carta: "Panorama e vestígios, *flâneur* e passagens, modernidade e sempre-igual, tudo isso *sem* interpretação teórica – será esse um material que pode aguardar paciente por interpretação sem que seja consumido em sua própria aura?" A compreensível impaciência com que você vasculhou o manuscrito à cata de um *signalement* definido desviou- o, a meu ver, da questão em alguns aspectos importantes. Em particular, você foi levado a uma visão para você decepcionante da terceira seção[850] tão logo lhe escapara que ali em *nenhuma* parte a modernidade é citada como o sempre-igual – ao contrário, esse importante conceito nem é explorado na presente parte do trabalho.

Como a citada frase oferece em certa medida um compêndio das suas objeções, eu gostaria de repassá-la palavra por palavra. Há primeiro a menção ao panorama, referido de passagem no meu texto. De fato, a concepção panorâmica não é idônea no contexto da obra de Baudelaire. Como o trecho em questão não se destina a ter nenhuma correspondência nem na primeira nem na terceira partes,[851] talvez fosse melhor riscá-lo. O segundo item da sua lista é o vestígio. Na minha carta em apenso escrevi que os fundamentos filosóficos do livro não se podem abarcar da perspectiva da

849 Aquelas do ensaio de Adorno "Sobre o fetichismo na música e a regressão da audição" (loc. cit., carta n.103, nota 723).

850 Intitulada "A modernidade".

851 Benjamin fala aqui das partes do seu planejado livro sobre Baudelaire, e não das três seções do ensaio em discussão.

segunda parte. Se um conceito como vestígio fosse receber uma interpretação concludente, então teria de ser introduzido com toda a desenvoltura no plano empírico. Isso poderia se dar de forma ainda mais convincente. De fato, a primeira coisa que fiz ao regressar foi verificar uma importante passagem de Poe para minha construção da narrativa policial a partir da obliteração ou fixação dos vestígios do indivíduo no meio da multidão da metrópole. Mas o tratamento do vestígio na segunda parte tem de permanecer então justamente nesse plano, se é para receber mais tarde uma iluminação fulminante nos contextos decisivos. Essa iluminação está prevista. O conceito de vestígio encontra sua determinação filosófica em oposição ao conceito de aura.

Segue-se na frase que estou examinando o *flâneur*. Por mais que eu saiba do interesse mais íntimo, do interesse pragmático e também pessoal que são subjacentes às suas objeções, em face dessa sua negativa o chão ameaça-me ceder debaixo dos pés. Graças a Deus há ainda um galho ao qual posso me agarrar, e ele me parece de boa madeira. É aquele com que você alude em outra passagem à tensão frutífera entre a sua teoria do consumo do valor de troca e a minha da empatia com a alma da mercadoria. Também eu julgo que se trata aqui de uma teoria no sentido mais estrito da palavra, e a digressão sobre o *flâneur* nela culmina. Esse é o lugar, e com certeza o único nessa parte, no qual a teoria sobrevém com sua *iniludível* razão. Ela irrompe como um raio isolado numa câmara artificialmente escurecida. Mas esse raio, disperso em prisma, é suficiente para dar uma ideia da natureza da luz cujo foco está na terceira parte do livro. Daí por que essa teoria do *flâneur* – sobre cuja possibilidade de aperfeiçoamento em pontos específicos volto a discutir adiante – resgata na essência o que há muitos anos tenho em mente como uma representação do *flâneur*.

Passo a seguir ao termo das passagens. Sobre ele quero alegar algo a menos do que a abissal bonomia do seu uso, tal como não lhe escapou. Por que objetá-la? Ou muito me engano ou a passagem não é de fato destinada a ingressar senão dessa forma espontânea no contexto do "Baudelaire". Ela aparece aqui como a imagem da fonte de água mineral numa caneca. Daí também por que a inestimável passagem de Jean Paul à qual você me chamou a atenção não tem espaço no "Baudelaire". Finalmente, no que diz respeito à modernidade, ela é, como o texto explicita, um termo do próprio Baudelaire. Não cabe à seção assim intitulada ultrapassar os limites do uso da palavra preestabelecidos por Baudelaire. Mas você se recordará de San Remo que estes não são de modo algum definitivos. O reconhecimento filosófico da modernidade é atribuído à terceira parte, em que é introduzido com o conceito de *art nouveau* e concluído com a dialética do novo e do sempre-igual.

Já que aludi às nossas conversas de San Remo, gostaria de avançar ao trecho no qual você faz o mesmo. Se lá recusei, em nome de interesses produtivos próprios, seguir uma trilha de pensamento esotérica e passar à ordem do dia para além dos interesses do materialismo dialético e do Instituto, havia mais em jogo que solidariedade com o Instituto ou mera fidelidade ao materialismo dialético, mas solidariedade com as experiências que nós todos partilhamos nos últimos quinze anos. Aqui também se trata dos meus interesses mais próprios; não quero negar que eles possam eventualmente tentar violentar meus interesses originais. Eis um antagonismo do qual nem em sonho eu poderia desejar ver-me desonerado. Dominá-lo constitui o problema do trabalho, e esse é um problema de construção. Creio que a especulação só ascende a seu voo necessariamente audaz com alguma perspectiva de sucesso se, em vez de vestir as asas de cera do esoterismo, buscar a fonte da sua força unicamente na construção. A construção condicionou que a segunda parte do livro consistisse essencialmente em material filológico. Trata-se menos de uma "disciplina ascética" que de uma disposição metodológica. A propósito, essa parte filológica era a única a ser antecipada de maneira independente – uma circunstância que eu tinha de levar em consideração.

Quando você fala de uma "apresentação estupefata de meras facticidades", está caracterizando a genuína atitude filológica. Esta tinha de sedimentar-se não só à força dos seus resultados, mas justamente como tal no interior da construção. E de fato cabe liquidar a indiferenciação entre magia e positivismo, como você formula com pertinência. Em outras palavras, a interpretação do autor deve ser superada à maneira hegeliana pelo materialismo dialético. A filologia é aquele exame de um texto que avança por detalhes e fixa magicamente o leitor a ele. O que Fausto leva para casa em letra redonda e a devoção de Grimm às ninharias[852] estão estreitamente relacionados. Têm em comum o elemento mágico cujo exorcismo está reservado à filosofia, e aqui à parte final. O estranhamento, assim você escreve no seu *Kierkegaard*,[853] anuncia "a mais profunda percepção da relação entre dialética, mito e imagem". Seria de supor que eu recorresse a essa passagem em meu favor. Mas quero em vez disso sugerir-lhe uma correção (tal como aliás pretendo fazer em outra oportunidade quanto à definição correlata de imagem dialética). Creio que se devesse dizer: o estranhamento é um *objeto* eminente de uma tal percepção. A aparência de facticidades fechadas, que se prende à investigação filológica e sujeita

852 Benjamin pensava provavelmente na frase de Jacob Grimm que ele cita no seu comentário sobre da carta de Grimm a Friedrich Christoph Dahlmann em Homens alemães, loc. cit. (carta n.60, nota 468): "Havia que desenterrar, interpretar e esclarecer nosso vocabulário, pois coligir sem compreender deixa vazios; uma etimologia alemã desinteressada de nada é capaz, e aquele para quem a escrita pura é ninharia também é incapaz de amar e reconhecer a grandeza que há na língua" (GS IV [1], p.217).

853 Cf. GS 2, p.80.

o pesquisador a seu feitiço, desaparece à medida que o objeto é construído de uma perspectiva histórica. As linhas de fuga dessa construção convergem em nossa própria experiência histórica. Com isso o objeto constitui-se como mônada. Na mônada ganha vida tudo aquilo que jazia em rigidez mítica na condição de texto. Parece-me portanto um juízo equivocado da matéria quando você identifica no texto uma "inferência imediata do imposto sobre o vinho a 'L'âme du vin'". Ao contrário, a junção foi legitimamente estabelecida no contexto filológico – como deve ocorrer na interpretação de um escritor antigo. Há no poema um peso específico que é assumido na sua leitura autêntica, o que até hoje não foi muito exercitado quanto a Baudelaire. Só quando esse peso nele se impõe é que a obra pode ser tocada, para não dizer sacudida, pela interpretação. Esta não se concentraria, na obra em apreço, em questões tributárias, mas antes no significado da embriaguez para Baudelaire.

Se você recordar outros trabalhos meus, verá que a crítica da atitude do filólogo é uma velha preocupação minha – e idêntica, intrinsecamente, àquela quanto ao mito. É ela que provoca a cada caso o próprio esforço filológico. É ela que insiste, para usar a linguagem do meu trabalho sobre *As afinidades eletivas*, na revelação dos valores materiais nos quais o valor de verdade é desfolhado historicamente. Entendo que esse aspecto da questão seja de menor relevo para você. Mas com isso também perdem relevo algumas interpretações importantes. Penso não somente naquelas de poemas – "A une passante" – ou de peças em prosa – "O homem da multidão" –, mas antes de tudo na explicação do conceito de modernidade, acerca da qual me importava particularmente cingir-me aos limites filológicos.

A citação de Péguy, que você reivindica como evocação da história primeva no século XIX, convinha ali – diga-se de passagem –

para preparar o reconhecimento de que a interpretação de Baudelaire não precisa reportar-se a nenhum elemento ctônico. (No *exposé* das *Passagens* eu ainda ensaiava algo do tipo.) Daí por que, a meu ver, não têm lugar nessa interpretação as catacumbas nem tampouco os esgotos. Já a ópera de Charpentier me parece prometer mais; seguirei sua sugestão assim que tiver a oportunidade. A figura do trapeiro é de proveniência infernal. Na terceira parte ela ressurgirá em contraponto à figura ctônica do pedinte em Hugo.

A chegada da sua carta, cuja espera, como você pode imaginar, preocupou-me muito com o tempo, era iminente quando meus olhos caíram um dia num capítulo de Regius. Sob a rubrica "À espera", lê-se: "A maioria das pessoas espera cada manhã por uma carta. Que a carta não chegue, ou contenha uma negativa, sucede em geral àqueles que já estão tristes".[854] Quando dei com essa passagem, estava triste o suficiente para descobrir nela um palpite e um pressentimento sobre sua carta. Se portanto em seu conteúdo – pois não falo de sua postura inalterada – havia algo que me fosse um estímulo, este é o fato de que as suas objeções, por mais que os seus amigos sejam solidários com elas, não devem ser interpretadas como uma recusa.

Permita-me acrescentar uma palavra franca. Creio que seria muito pouco propício ao "Baudelaire" se nenhuma parte do texto – fruto de um esforço que não me seria fácil comparar com meus esforços literários anteriores – encontrasse acesso à revista. Primeiro, a forma impressa permite ao autor certo distanciamento do texto, o que é de incomparável valor. E, depois, permite que o texto nesse formato possa ser aberto à discussão, a qual – por insuficientes que sejam meus parceiros locais – poderia compensar

854 Cf. Heinrich Regius [pseudônimo de Max Horkheimer], *Crepúsculo*, loc. cit. (carta n.25, nota 213), p.450.

em certa medida o isolamento em que trabalho. O ponto fulcral de uma tal publicação seria a meu ver a teoria do *flâneur*, que reputo uma parte integral do "Baudelaire". Não falo, que fique bem claro, num texto inalterado. Como centro deveria ser realçada com muito mais clareza do que no presente caso a crítica do conceito de massa, tal como a metrópole moderna a torna manifesta. Essa crítica, que preparo nos parágrafos sobre Hugo,[855] caberia instrumentá-la com testemunhos literários mais importantes. Como modelo, tenho em mente a seção sobre o "Homem da multidão".[856] A interpretação eufemista das massas – aquela fisionômica –, deveria ser ilustrada pela análise da novela de E.T.A. Hoffmann mencionada no texto.[857] Para Hugo caberia descobrir uma evidência mais pormenorizada. Decisivo é o avanço teórico nessas visões da massa; o clímax é sugerido no texto, mas não se impõe suficientemente. Ao termo de tudo está Hugo, não Baudelaire. Foi ele quem mais penetrou nas experiências que o presente reserva para as massas. Nele, o demagogo é parte integrante do seu gênio.

Como você percebe, certos pontos da sua crítica me parecem convincentes. Receio porém que uma correção *imediata* no espírito indicado acima seria muito precária. A falta de transparência teórica a que você alude com razão não é em absoluto uma consequência *necessária* do procedimento filológico adotado nessa seção. Inclino-me antes a vê-la como resultado da circunstância de que tal procedimento não se mostrou à altura do nome. Essa carência remonta em parte à temerária tentativa de escrever a segunda parte do livro antes da primeira. Só assim se pôde suscitar a aparência de que a fantasmagoria é descrita, em vez de solucionada na construção.

855 Cf. GS I [2], p.562-69.
856 Cf. ibid., p.550ss.
857 "A janela de esquina do primo" [Des Vetters Eckfenster] (1825) (cf. ibid., p.551).

As mencionadas emendas só afetarão a segunda parte se esta for ancorada em todos os aspectos ao contexto geral do livro. Minha primeira tarefa será reexaminar a construção global.

Quanto à tristeza referida acima, havia, além do já mencionado presságio, razões de sobra. Primeiro, a situação dos judeus na Alemanha, à qual nenhum de nós pode tapar os olhos. Depois, minha irmã adoeceu gravemente.[858] Aos 37 anos, nela foi detectada uma arteriosclerose hereditária. Quase é incapaz de movimento, e portanto dificilmente encontrará emprego. (No momento ela dispõe ainda de fundos modestos.) O prognóstico para alguém nessa idade quase não dá margem a esperança. Afora tudo isso, nem sempre é possível respirar os ares daqui sem opressão. É claro que estou fazendo de tudo para acelerar minha naturalização. Infelizmente, os trâmites necessários não custam apenas tempo, mas também algum dinheiro – no momento o horizonte está carregado para mim também por esse lado.

O fragmento em anexo de uma carta a Max de 17 de novembro de 1938[859] e a nota de Brill em anexo referem-se a um assunto que pode levar a pique minha naturalização. Você estimará assim

858 Sobre Dora Benjamin (1901-46), cf. *Benjamin-Katalog*, p.21ss.

859 Nesta, Benjamin associa o seu processo de naturalização francesa à resenha sobre o ensaio de Roger Callois para a *Zeitschrift für Sozialforschung*: "Como descobri alguns dias atrás por um feliz acaso, Caillois é amigo íntimo, é unha e carne com Roland de Renéville. Renéville é quem cuidou até agora do meu processo em sua condição de secretário da Repartição de Naturalizações do Ministério da Justiça; ele poderá exercer um efeito extremamente positivo – ou, no caso, negativo – sobre o processo quando este seguir [...] para o Ministério da Justiça. Sob tais circunstâncias, minha naturalização poderia ser efetivamente posta em risco se a resenha do 'Aridité' aparecesse sob meu nome. Por essa razão, peço-lhe encarecidamente que publique as resenhas de Benda e Caillois sob o nome de Hans Fellner" (GS III, p.695).

a sua importância. Posso lhe pedir que tome o assunto nas mãos e solicite a Max, sem demora, e preferivelmente por telegrama, que autorize Brill a publicar minha resenha no próximo número da revista sob o pseudônimo Hans Fellner em vez do meu nome?

Isso me leva a seu novo trabalho e assim à parte mais ensolarada desse meu escrito. A mim os temas substantivos interessam em dois aspectos – ambos já indicados por você. Primeiro, nas partes que relacionam certas características da atual percepção acústica do jazz à percepção óptica do cinema[860] tal como a descrevo. Sou incapaz de decidir *ex improviso* se a diferente distribuição de luz e sombras em nossas respectivas abordagens se deve a divergências teóricas. Talvez se trate apenas de diferenças aparentes entre duas perspectivas que na verdade, igualmente adequadas, incidem sobre objetos diversos. Não digo que percepção acústica e óptica se prestem igualmente a uma transformação revolucionária. A isso talvez se relacione o fato de que em seu ensaio a perspectiva cabal de uma audição displicente[861] não seja de todo clara, ao menos para aqueles a quem Mahler não constitui uma experiência indelevelmente esclarecida.

No meu trabalho[862] tentei articular os aspectos positivos tão claramente quanto você logrou com os negativos. Vejo, portanto, que seu trabalho é forte em pontos onde o meu era fraco. Sua análise dos tipos psicológicos produzidos pela indústria[863] e a exposição do modo como são produzidos parecem-me particularmente felizes. Se de minha parte eu tivesse dedicado mais atenção a esse aspecto da matéria, meu trabalho teria ganho maior plasticidade histórica. Para mim se torna cada vez mais evidente que

860 Cf. GS 14, p.37ss.
861 Cf. ibid., p.49.
862 Ou seja, em "A obra de arte na era de sua reprodutibilidade técnica".
863 Cf. GS 14, p.41-44.

o lançamento do filme sonoro deve ser considerado uma ação da indústria cinematográfica destinada a romper a primazia revolucionária do filme mudo, que suscitava reações difíceis de controlar e politicamente perigosas. Uma análise do filme sonoro forneceria uma crítica da arte contemporânea capaz de mediar, no sentido dialético, suas visões e as minhas.

O que mais me agradou na Conclusão do trabalho é a reserva ali expressa ao conceito de progresso.[864] Dessa feita você fundamenta essa reserva de passagem e com referência à história do termo. Gostaria muito de lhe descer às raízes e origens.[865] Mas não subestimo as dificuldades.

Finalmente, chego à sua questão de como possam relacionar-se sua visão desenvolvida nesse ensaio e a minha, exposta na seção sobre o *flâneur*. A empatia com a mercadoria apresenta-se à introspecção ou à experiência interna como empatia com a matéria inorgânica: a par de Baudelaire, Flaubert é aqui minha principal testemunha com sua *Tentation*.[866] Mas em princípio a empatia com a mercadoria deveria ser empatia com o próprio valor de troca. De fato, mal se pode imaginar o "consumo" do valor de troca como

---

864 Cf. ibid., p.50.

865 Cf. Benjamin, do trabalho das *Passagens*, arquivo "N": "Teorias epistemológicas, teoria do progresso" (GS V [1], p.570-611); cf. também a carta de Benjamin a Horkheimer de 24.01.1939: "Estou às voltas com Turgot e alguns outros teóricos para seguir a pista do conceito de progresso. Examino o esboço geral do "Baudelaire", sobre cuja revisão informei Teddie na minha última carta, do ângulo epistemológico. A questão do conceito de história e do papel que nela desempenha o progresso ganhou assim relevância. A destruição da ideia de um *continuum* da cultura, postulada no meu ensaio sobre Fuchs, deve produzir certas consequências epistemológicas, entre as quais uma das mais importantes me parece a definição dos limites que restringem o uso do conceito de progresso" (GS I [3], p.1225).

866 Referência à novela de Gustave Flaubert *A tentação de santo Antônio* (1874).

outra coisa senão a empatia com ele. Você diz: "O consumidor positivamente idolatra o dinheiro gasto no bilhete para um concerto de Toscanini".[867] Empatia com o valor de troca torna até canhões artigos de consumo mais atraentes que manteiga. Quando na linguagem popular se diz que alguém "está montado em cinco milhões de marcos", então a própria nação também sente que está montada em algumas centenas de bilhões. Sente empatia por essas centenas de bilhões. Se ponho a questão nesses termos, talvez atinja o cânon que está subjacente a esse comportamento. Penso no jogo de azar. O jogador sente empatia imediata com as somas que aposta contra a banca ou o oponente. O jogo de azar, na forma de especulação na bolsa, abriu caminho para a empatia com o valor de troca, a exemplo do que fizeram as Exposições Universais.[868] (Estas foram as escolas onde as massas, apartadas do consumo, aprenderam a empatia com o valor de troca.)

Uma questão particularmente importante eu gostaria de reservar para carta posterior, ou quem sabe mesmo para uma conversa. O que há de errado com o fato de a música e a poesia lírica tornarem-se cômicas?[869] Mal posso imaginar que se trate de um fenômeno com sinal puramente negativo. Ou: o "declínio da reconciliação sagrada"[870] tem para você um sinal positivo? Confesso que aqui estou um pouco às cegas. Talvez você encontre oportunidade de retomar essa questão.

De todo modo, peço-lhe que me remeta logo notícias suas. Queira pedir a Felizitas que me envie quando puder as *Fábulas* de Hauff,[871] que me são caras por causa das ilustrações de Sonder-

---

867 Cf. GS 14, p.24ss.
868 Cf. GS I [3], p.1173ss.
869 Cf. GS 14, p.48ss.
870 Cf. ibid., p.49.
871 Gretel Adorno escrevera em sua carta (inédita) a Benjamin de 12.09.1938: "Espero que nesse meio-tempo seus livros tenham

land. Vou escrever para ela em breve, mas gostaria também de ter notícias dela.

Cordialmente, como sempre,

Walter

112. Adorno a Benjamin [Nova York,] 01.02.1939

1º de fevereiro de 1939

Caro Walter,

Desta vez a demora da minha carta nada tem a ver com questões teóricas. Explica-se pelos recentes episódios na Alemanha.[872] Não sei se você sabe quanto meus pais foram afetados. Conseguimos, é verdade, tirar meu pai da cadeia, mas durante o pogrom ele sofreu um ferimento no seu olho já doente; seus escritórios foram depredados, e pouco tempo depois o privaram do direito de dispor de todo o seu patrimônio. Minha mãe também, com 73 anos, viu-se dois dias em prisão preventiva. Quando os dois começavam então a recuperar-se das terríveis experiências, meu pai foi acometido de uma séria pneumonia, cuja crise ele parece ter suportado, mas que o prenderá na Alemanha por semanas, talvez até meses, embora nesse meio-tempo tenhamos conseguido, com a ajuda de amigos norte-americanos, obter um visto de entrada em Cuba para meus pais.[873] Mas que vamos continuar extremamente inquietos enquanto eles se acharem naquele país hediondo, isso mal preciso dizer,

chegado bem; arrumando as estantes, encontrei ainda as fábulas de Hauff [numa edição de 1853] e *Madame Bovary*, os quais suponho também sejam seus".

872 As perseguições aos judeus, iniciadas em 9 de novembro de 1938.

873 Os pais de Adorno chegaram a Cuba na primavera de 1939.

e nem que a tentativa de ajudá-los me absorveu inteiramente por semanas a fio.

Não resta dúvida de que uma nova crise europeia é iminente, e desta vez não estou mais tão certo, como no outono, de que não terminará em guerra. Ainda assim creio que mais uma vez as chances são de que os alemães consigam tudo o que querem, mesmo que ainda não saibam exatamente o que querem. Embora eu esteja convencido mais do que nunca de que a Alemanha não é capaz de mover uma guerra, parece-me que o aspecto decisivo é que a *ruling class* inglesa não pode arriscar nada que signifique sequer uma perda de prestígio para Hitler, de medo do que possa vir depois de Hitler. A França perdeu todo senso de iniciativa – do contrário seriam inexplicáveis os episódios espanhóis.[874] Os franceses com certeza vão pagar o pato, e de certo modo se repetirá com eles a sina da Tchecoslováquia, não tendo nem sequer ficado claro se a França permanece uma esfera de influência inglesa ou se tornará uma esfera de influência alemã, dado o avanço do fascismo dentro do próprio país. Em suma, a perspectiva de paz é pouco menos inquietante que a da guerra – e nem mesmo esta, como disse, me parece tão absolutamente excluída como no outono; primeiro porque as exigências alemãs colidem agora com interesses do império britânico, dos quais não será bem possível aos próprios capitalistas abstrair, por mais que relutem, e também porque a avaliação da situação interna na Alemanha pode movê-las a uma resistência capaz de transformar de repente o blefe em algo sério.

---

874 Em janeiro de 1939, Barcelona caiu nas mãos do exército de Franco, e os partidários da república espanhola foram forçados a fugir em massa pelos Pireneus rumo à França; ao mesmo tempo, o governo francês abriu negociações com a Espanha fascista em torno do reconhecimento do regime de Franco e, em 30 de janeiro, decidiu proibir que homens aptos ao serviço militar cruzassem a fronteira.

Indico-lhe essa possibilidade apenas como meu juízo pessoal; no Instituto, continua-se a acreditar na paz a todo custo, embora Max seja da opinião de que esse preço seja toda a ordem europeia. Não quero pô-lo em pânico, mas sentiria como irresponsabilidade da minha parte não informá-lo de como vejo as coisas.

Sobre o "Baudelaire": se bem o compreendi, sua sugestão é que publiquemos com certas alterações a segunda parte do manuscrito que temos conosco (com a rubrica geral "O *flâneur*"), e isso numa forma amplamente modificada a ponto de levar em conta os interesses teóricos que apresentei. Em princípio estamos de acordo com essa sugestão, com a única ressalva de que a seção não exceda no essencial o tamanho que tem no momento. Se em algumas passagens forem necessários acréscimos, talvez se pudesse efetuar certos cortes em outros trechos que fossem difíceis de desenvolver dentro dos limites de um tal ensaio (penso particularmente na parte final).

Talvez seja conveniente que eu faça ainda uma série de comentários sobre detalhes do seu texto que indiquem que tipo de alterações tenho em mente. A primeira frase do capítulo[875] é aquela que me parece particularmente incorrer no perigo da subjetivação da fantasmagoria, e aqui com certeza seriam bastante úteis algumas frases ponderadas sobre o seu caráter histórico-filosófico. A transição das fisiologias para o hábito do *flâneur* (p.2)[876] não me parece concludente, primeiro porque o caráter metafórico do "herborizandar pelo asfalto"[877] não me parece corresponder inteiramente à pretensão de realidade que as categorias histórico-filosóficas necessariamente assumem no seu texto, e depois porque a referência

875 Cf. GS I [2], p.537.

876 Cf. ibid., p.538.

877 No original, "*Botanisierengehen*": jogo de palavras com "*Botanisieren*" ("herborizar") "*spazierengehen*" ("passear, andar") (N.T.).

de certo modo tecnológica à estreiteza do *trottoir* como justificação das passagens não me parece alcançar aquilo a que você justamente se propôs aqui. Inclino-me a supor que há como contornar aqui os interesses específicos que induziram os proprietários a unir-se para a construção das passagens. Esse desiderato, aliás, coincide exatamente com aquele de introduzir a categoria da passagem não como "comportamento" do literato que flana, mas antes objetivamente. A conclusão do parágrafo sobre as passagens (meio da p.3)[878] também incorre de perto no perigo da metáfora: a comparação espontânea não me parece aqui auxiliar a estrita identificação, mas resistir a ela. A frase que abre o parágrafo seguinte ("suspeita") não me é de todo compreensível. Não são antes as fisiologias insuspeitas *demais*? Já expressei minha reserva quanto à dedução que segue no contexto da citação de Simmel.[879] Outra vez você acaba por tornar as reações imediatas das pessoas – nesse caso o pavor ante algo visível mas inaudível – incondicionalmente responsáveis por fenômenos que só podem ser compreendidos pela mediação social. Se você acha muito geral fundamentar as fisiologias a partir da tendência diversiva da reação – o que posso entender muito bem –, então talvez elas possam lograr sua concretização no fato de os próprios seres humanos assumirem nessa fase o aspecto de objetos de exposição mercantilizados que as fisiologias assumem, e talvez isso possa ser introduzido no contexto da moda como ideia da universal visibilidade. Não posso evitar aqui a suspeita de que no tesouro do trabalho das *Passagens* se encontrem adagas lavradas com mais engenho que a citação de Simmel. Quanto à notável citação subsequente de Foucaud (p.4ss),[880] só gostaria de notar que o contexto

878 Cf. ibid., p.539.
879 Ver carta n.110; para a citação, cf. ibid., p.539ss.
880 Cf. ibid., p.540ss.

na qual é citada facilmente dá a impressão de que você simplesmente zombasse dela, ao passo que, a meu ver, seria oportuno arrancar a esse embuste seu grão de verdade, ou seja, a correta observação da antipatia do proletário pelo "repouso" e pela natureza burguesa como simples complementos da exploração. No parágrafo seguinte (p.5),[881] gostaria de dar expressão à minha idiossincrática repulsa pelo conceito de empirismo autêntico, e aqui estou certo de que concordará comigo. Basta-me imaginar o endosso de Kracauer à expressão para assegurar-me de que você o inscreverá no índex.

Quanto à parte seguinte, aproximadamente da citação de Balzac (p.5) até a página 10,[882] gostaria de lhe participar algumas reflexões que fiz movido pelo seu trabalho, pela leitura de Sade e, recentemente, pela releitura de Balzac. Mas gostaria de frisar de antemão que o problema mais profundo resultante do nexo com o tipo – ou seja, que na fantasmagoria as pessoas na verdade se *igualam* a um tipo – parece-me com certeza ter sido abordado, mas em absoluto foi resolvido. No entanto, minha bússola me diz que aqui, na descrição de Poe dos empregados inferiores por exemplo, está o verdadeiro ponto de contato entre seu presente ensaio e as intenções secretas das *Passagens*. Permita- me começar pela crítica da antítese lukacsiana[883] entre Balzac e Dom Quixote. Balzac é ele próprio um tipo quixotesco. Suas generalizações tendem a transfigurar em "sentido" a alienação do capitalismo, de forma análoga ao que faz Dom Quixote com o cartaz do barbeiro. A queda de Balzac por asserções absolutas[884] tem aqui seu fundamento. Origina-se da angústia em face da mesmice do vestuário burguês. Quando ele

881 Cf. ibid., p.541.

882 Cf. ibid., p.541-45.

883 Cf. Georg Lukács, *Die Theorie des Romans*. [A teoria do romance]. Berlim, 1920, p.100-13.

884 Cf. GS I [2], p.541.

diz, por exemplo, que se pode reconhecer o gênio na rua à primeira vista, essa é uma tentativa de assegurar-se, apesar da uniformidade do vestuário, da evidência em meio à aventura da hipótese. Mas a aventura e a transfiguração balzaquiana do mundo das coisas prendem-se estreitamente ao gesto do comprador. Tal como este, que diante das mercadorias expostas na vitrine se limita a avaliar se valem seu preço, se são o que parecem, assim também procede Balzac diante das pessoas que ele investiga em busca do seu preço de mercado, ao mesmo tempo lhes arrancando a máscara que lhes impôs a uniformização burguesa. A ambos os procedimentos é comum o rasgo especulativo. Tal como na era da especulação financeira são possíveis flutuações de preço que podem converter a aquisição das mercadorias expostas na vitrine num ganho inebriante ou num decepcionante fiasco para o comprador, assim também se passa com os fisiólogos. A cota de risco que as asserções absolutas de Balzac assumem é a mesma que o especulador assume na bolsa. Assim, não é de modo algum fortuito que as asserções absolutas de Balzac, análogas às que aponto em Sade,[885] se refiram justamente a especuladores financeiros. Um baile de máscaras em Balzac e um dia de alta na bolsa do seu tempo muito se assemelhariam. A tese do elemento quixotesco talvez pudesse ser mediada com auxílio de Daumier, cujos tipos, como você bem observou em seu ensaio sobre Fuchs, tanto se assemelham às figuras balzaquianas quanto Dom Quixote assume o centro da temática de suas pinturas a óleo. Ora, parece-me altamente provável que os "tipos" de Daumier guardem uma relação direta com as asserções absolutas de Balzac, e mais, que sejam os mesmos, como sou tentado a dizer. A caricatura de Daumier é uma aventura especulativa em muito semelhante aos golpes de identificação que se permite Balzac. É a tentativa

885 Ver carta n.110 e a respectiva nota.

de romper a casca da uniformidade fisionomicamente. O olhar fisionômico que ressalta imoderadamente o detalhe distintivo em confronto com o uniforme não tem outro significado a não ser resgatar o particular no geral. Daumier é obrigado a caricaturar e representar "tipos" para poder afirmar especulativamente o mundo dos trajes sempre iguais como tão excêntrico quanto o mundo, nos primórdios da burguesia, parecia a Dom Quixote. Assim, o conceito de tipo assume aí um relevo todo especial, já que na imagem do particular, tal como esboçada no nariz descomunal ou nos ombros pontudos, a imagem do geral deve ser a cada vez simultaneamente preservada, bem à maneira de Balzac, que ao descrever Nucingen tenderá a imputar suas excentricidades como tais à espécie do banqueiro em geral. Aí me parece residir o tema de que o tipo não visa tão somente distinguir o indivíduo do uniforme, mas antes tornar as próprias massas comensuráveis ao olhar alheio do especulador, na medida em que as categorias das massas, ordenadas segundo tipos, são afirmadas em certa medida como espécies e variedades naturais. Eu diria ainda que também em Poe se encontra um equivalente dessa tendência, naquela tese que informa "O escaravelho de ouro"[886] – que, diga-se de passagem, foi o único grande sucesso de vendas que Poe desfrutou em vida –, vale dizer, que é possível decifrar toda e qualquer escrita cifrada, por mais complicada que seja. A escrita cifrada é nesse sentido obviamente uma imagem das massas, e suas cifras corresponderiam ponto por ponto aos "tipos" de Balzac e Daumier. É quase supérfluo dizer quanto isso e a ideia da multidão como escrita cifrada vão ao encontro da intenção alegórica de Baudelaire. Aliás, Poe cumpriu de fato sua promessa de decifrar toda escrita cifrada que lhe apresentassem. Não se pode dizer o mesmo de Baudelaire nem de Balzac, e isso

886 Conto de Edgar Allan Poe (1843).

bem poderia contribuir para sua teoria sobre por que há narrativas policiais só de Poe e não de Baudelaire.[887] A concepção das pessoas como cifras também desempenha seu papel em Kierkegaard, e bem caberia lembrar aqui seu conceito de "espião".[888]

Estou encantadíssimo com a página 8, e é com certeza um dos índices mais felizes do seu trabalho que a passagem que você cita do prospecto da editora,[889] sua conclusão sobretudo, leia-se como se ele já fosse sua interpretação. Nessa altura, a relação entre valor material e valor de verdade torna-se realmente de transparência cristalina. A combinação dos elementos de Poe por meio de Valéry (p.9)[890] soa em alemão, sem interpretação como está, um pouco abrupta. No topo da página 10, não julgo muito convincente a linha demarcatória que você traça entre Baudelaire e a narrativa policial[891] valendo-se da referência à "estrutura instintiva". Estou certo de que a tentativa de levar a cabo tal demarcação em categorias objetivas seria de extraordinário proveito. Os parágrafos sobre a *passante* e em especial sobre o vestígio,[892] tomo-os como particularmente bem-sucedidos. Magnífica é a conclusão na página 13,[893] logo antes de discutir "O homem da multidão".

O que eu teria a dizer sobre isso já está incluído nas minhas notas sobre o tipo. Só gostaria de acrescentar com referência à página 14[894] que no século XIX os cafés decerto existiam em Berlim, mas não em Londres, e que ainda hoje há poucos cafés ali, tão pouco quanto na América. (O próprio Poe jamais esteve em Londres.)

---

887 Cf. GS I [2], p.545.
888 Cf. GS 2, p.20ss.
889 Cf. GS I [2], p.544.
890 Cf. ibid., p.545.
891 Cf. ibid.
892 Cf. ibid., p.547ss e p.546ss.
893 Cf. ibid., p.550.
894 Cf. ibid., p.551.

A interpretação da uniformidade dos tipos bem poderia ser introduzida logo à página 17, onde se trata da exacerbação da uniformidade,[895] isto é, essa própria exacerbação e sua relação com a caricatura comporiam o objeto da interpretação. A descrição da litografia de Senefelder (p.18)[896] é extraordinariamente bela, mas também exige interpretação. É claro, fiquei particularmente tocado com a passagem sobre o comportamento reflexo (p.19),[897] que me era inteiramente desconhecido quando escrevi o trabalho sobre o fetiche. Como esse é um tema de extrema importância política e histórico-filosófica, este seria um bom lugar para expor que, assim como as narrativas policiais contêm no seu início a figura do seu fim, aqui também se lança um golpe de vista capaz de penetrar a ostentação ornamental do fascismo e chegar às câmaras de tortura do campo de concentração. (Nesse contexto: poucas coisas me parecem tão sintomáticas quanto o fato de ter-se repetido em Barcelona o que já ocorrera um ano atrás em Viena: as massas que agora ovacionavam os conquistadores fascistas eram as mesmas que ainda no dia anterior tinham ovacionado seus oponentes.)

Quanto ao resto, prefiro abster-me de seguir os detalhes: no caso da teoria da mercadoria, sou em certa medida parte interessada, de modo que não me sinto lá qualificado a dar sugestões. Não obstante, quer me parecer que o conceito de empatia com a matéria inorgânica não rende o aspecto decisivo. Pisa-se aqui, é claro, em terreno particularmente movediço, ainda mais na revista, porque aqui se postula com razão a absoluta competência marxista de cada afirmação feita. Reformulei, com enorme esforço e a assistência de

895 Cf. ibid., p.554.
896 Cf. ibid., p.555.
897 Cf. ibid., p.556.

Max, minha própria posição sobre a substituição do valor de troca diante da versão mais ousada do primeiro esboço, e se alguma vez a distância física se impôs como um fator de distúrbio substantivo, então tal foi o caso em sua teoria da alma da mercadoria. Hoje só quero lhe pedir que devote novamente a essa teoria sua mais cuidadosa atenção e a confronte especialmente com o capítulo de Marx sobre o fetiche no primeiro volume.[898] Do contrário, a conclusão da primeira seção e o início da segunda na página 21[899] talvez lhe deem dor de cabeça. Quanto à citação de Baudelaire no texto (p.22),[900] gostaria de dizer apenas que o conceito de *imprévu* é o conceito central da estética musical de Berlioz (domina toda a escola de Berlioz e particularmente Richard Strauss). Não considero a citação de Engels (p.23)[901] um achado tão grande, e se estamos pensando em cortes, então essa passagem bem poderia ser o primeiro. (Löwenthal já sugeriu riscar a primeira metade da citação; eu de minha parte prefiro vê-la inteira sacrificada.) Quanto à passagem sobre a mercadoria força de trabalho (p.24),[902] vale o que já fiz notar: cuidado! Não me agrada inteiramente a caracterização de Baudelaire em termos da classe dos pequeno-burgueses. Em geral me parece que o parágrafo sobre a multidão não possui a mesma densidade do anterior, e que faria bem a esse parágrafo se lhe fosse brindado algo do seu tesouro. No último trecho antes de Hugo (p.25),[903] gostaria de expressar a ligeira dúvida sobre se é realmente possível atribuir a extraordinária estrofe de Brecht a

898 D'*O capital*.
899 Cf. ibid., p.558.
900 Cf. ibid., p.559.
901 Cf. ibid., p.560.
902 Cf. ibid., p.561.
903 Cf. ibid., p.562.

Shelley.[904] Incisividade e rispidez, de resto, não costumam ser bem a característica deste. De todo modo, seria preciso comparar com o original.

Estou um pouco perplexo diante da conclusão (a partir da p.26).[905] Você não ficará zangado comigo se lhe disser que, apesar da mais atenta e reiterada leitura, toda a parte sobre Hugo para mim não ficou realmente harmônica e não terá mesmo encontrado a sua razão de ser na construção do todo? Não tenho dúvida de que há temas importantes aqui. Mas quando antes sugeri que seria difícil desenvolver alguns temas no horizonte desse ensaio, estava pensando principalmente nessa parte sobre Hugo. Ela poderia entrar num texto cuja categoria central fosse a imagem das massas. Se nos decidirmos a publicar o segundo capítulo com certas alterações, a filosofia da história da imagem das massas não seria de todo modo tão central que comportasse a digressão sobre Hugo. Também não é de se desprezar a simples consideração de que num ensaio circunscrito a Baudelaire não toca a outro autor um espaço desproporcionalmente grande. Minha sugestão seria, portanto, a de completar as mencionadas passagens, desenvolver a parte sobre a multidão de modo a fornecer um desfecho concludente e poupar o Hugo seja para o livro sobre Baudelaire, seja para as próprias *Passagens*. Só mais algumas palavras quanto ao que você disse acerca do meu ensaio sobre fetichismo. Concordo com você que a diversidade dos acentos no cinema e no jazz deriva essencialmente de seus elementos materiais – basta pensar que o cinema implica a princípio um novo material, mas o jazz não. Da

904 Cf. ibid., p.562, em que Benjamin cita uma estrofe do poema de Shelley "Peter Bell the Third" (1839) na tradução ao alemão por Brecht, a qual segue muito de perto o texto inglês (*"Hell is a city much like London – / A populous and a smoky city, / There are all sorts of people undone, / And there is little or no fun done; / Small justice shown, and still less pity"*).

905 Cf. ibid., p.562-69.

fragilidade do meu ensaio tenho plena consciência. Reside ela, *grosso modo*, na tendência à jeremiada e a invectivas. Lamuriar-me sobre a situação atual, nisso você está coberto de razão, é tão infrutífero quanto, de outro lado, eu diria que o aspecto histórico-filosófico impede hoje sua "redenção". O único questionamento que me parece hoje possível é o de uma problemática *experimental*: o que será dos homens e de sua percepção estética quando plenamente expostos às condições do capitalismo monopolista?[906] Mas ao escrever o ensaio meus nervos ainda não estavam à altura de uma tal problemática diabólico-behaviorista. Ele deve ser entendido essencialmente como expressão das minhas experiências americanas, que um dia talvez me inspirem a abordar aquilo de que nós dois com razão sentimos falta até agora em nossos trabalhos sobre a arte de massas no capitalismo monopolista. Concordo com a sua visão sobre o filme sonoro; no próprio jazz algo muito análogo pode ser observado, embora eu creia que se trate menos de intrigas da indústria do que de tendências prestes a se impor objetivamente. Quanto à música tornar cômica: de fato, vejo nisso e no "declínio da reconciliação sagrada" algo assaz positivo, e tenho certeza de que em nenhum ponto meu trabalho se comunica de forma mais penetrante que aqui com o seu trabalho sobre a reprodução técnica. Se isso está ambíguo no texto, eu o tomaria como um sério defeito. Quanto ao ponto teórico decisivo, a relação entre percepção estética e caráter de mercadoria, peço-lhe ainda um pouco de paciência.

Perdoe-me a dimensão abstrusa dessa carta; talvez ela contribua ao menos para reparar um pouco a sua demora.

Tudo de bom de nós dois. Estamos contemplando o Hudson, surpresos com blocos de gelo flutuando rio acima.

Teddie

906 Ver nota 574, carta n.83.

Permita-me acrescentar duas pequenas referências. Uma delas devo a Schapiro. Trata-se de Villiers de l'Isle Adam, um notável representante do século XIX, de quem aliás provém Péladan.[907] Aposto que ele será pasto para seus butins.

O outro ponto é muito mais próximo e muito mais remoto. Você se ocupou de Auguste Comte, sobretudo de seu período maduro e da ideia de uma religião da humanidade?[908] Li um livro norte-americano (de Hawkins)[909] sobre a história do positivismo (comtiano) na América entre 1853 e 1861, um dos livros mais admiráveis que me caiu nas mãos em muito tempo. Poe foi claramente influenciado por Comte, e o desafio científico à literatura vem provavelmente daí. Qual a relação de Comte com o sansimonismo, e a de Baudelaire com ambos? Comte, entre outras coisas, quis incorporar o "fetichismo" à sua religião da humanidade. Se estiver interessado, faço-lhe enviar o livro de Hawkins. Ele contém sobretudo a correspondência de Comte com seu apóstolo norte-americano Edger, que, com claros acentos de reacionarismo político, se bandeou do fourierismo para a autoritário-positivista religião da humanidade comtiana. Tudo como se nós próprios tivéssemos vaticinado a coisa!

Muito cordialmente!

---

907 Philippe Auguste Villiers de l'Isle Adam (1839-89) ficou conhecido sobretudo pelos seus *Contes cruels* e pelo romance póstumo *Axel*; o escritor francês Joséphin Péladan (1859-1919) foi autor dos 21 volumes do ciclo de romances *La décadence latine*.

908 A "réligion de l'humanité" desenvolvida por Auguste Comte (1798-1857) é apresentada em seu *Catéchisme positiviste* (1852).

909 Cf. Richard Laurin Hawkins, *Positivism in the United States 1853-1861*. Cambridge, Mass., 1938; uma resenha de Adorno sobre o livro foi publicada postumamente (cf. GS 20 [1], p.242ss).

113. Benjamin a Adorno
Paris, 23.02.1939

23.2.39
10, rue Dombasle
Paris XVe

Caro Teddie,

On est philologue ou on ne l'est pas. Tendo estudado sua última carta, meu primeiro impulso foi retornar ao expressivo calhamaço que possuo sobre seus comentários às *Passagens*.[910] A leitura dessas cartas, parte das quais remonta distante no tempo, foi de grande estímulo: verifiquei que os fundamentos não ruíram, que permanecem intactos. Mas sobretudo fui buscar nesses comentários antigos explicações sobre a sua última carta e especialmente sobre as reflexões concernentes ao tipo.

"Todos os caçadores se igualam" – assim você escreve em 5 de junho de 1935 por ocasião de uma referência a Maupassant. Isso conduz ao núcleo de um assunto sobre o qual me será possível discorrer no instante em que souber o que a redação da revista espera de um ensaio sobre o *flâneur*. Você deu a mais feliz interpretação à minha carta a respeito. Sem abrir mão do lugar que esse capítulo terá de ocupar no livro sobre Baudelaire, sou capaz agora – depois de garantidos os resultados sociológicos mais notórios – de votar-me à definição do *flâneur* dentro do contexto global das *Passagens* na minha costumeira forma monográfica. No que segue, duas referências sobre como penso fazê-lo.

A igualdade é uma categoria do conhecimento; a rigor, ela não tem lugar na percepção sóbria. A percepção sóbria no sentido mais estrito, livre de todo preconceito, toparia no máximo com um

910 Ver sobretudo cartas n.31, 33 e 39.

análogo, mesmo no caso mais extremo. Tal preconceito, em regra inócuo e inerente à percepção, pode causar escândalo em casos excepcionais. Pode dar a conhecer quem percebe como alguém que *não* é sóbrio. Esse é por exemplo o caso de Dom Quixote, a quem os romances de cavalaria subiram à cabeça. Por mais variadas que sejam as situações com que se depara, nelas ele sempre percebe o mesmo, o igual – a aventura que aguarda o cavaleiro errante. Passemos a Daumier: como você aponta com razão, ele pinta seu autorretrato quando pinta Dom Quixote. Daumier também está constantemente topando com o mesmo: nas cabeças de todos aqueles políticos, ministros e advogados ele percebe o mesmo – a infâmia e a mediocridade da classe burguesa. Mas o importante aqui é sobretudo uma coisa: a alucinação da igualdade (que é rompida pela caricatura, para ser logo após restabelecida; isso porque quanto mais um nariz grotesco afasta-se da norma melhor será capaz de mostrar, como nariz pura e simplesmente, o típico de cada pessoa dotada de nariz) é um ensejo cômico em Daumier tal como em Cervantes. A risada do leitor resgata no Dom Quixote a honra do mundo burguês, em contraste com o qual o mundo cavalheiresco se apresenta como uniforme e simplista. O riso de Daumier volta-se muito mais à classe burguesa; sua visão penetra a igualdade que ela ostenta: como leviana *égalité*, tal como se difundiu na alcunha de Luís Filipe. No riso, tanto Cervantes como Daumier dão cabo de uma igualdade que apreendem como ilusão histórica. A igualdade tem uma aparência totalmente diversa num Poe, para não falar num Baudelaire. Em "O homem da multidão" ainda lampeja a possibilidade de um exorcismo cômico. Em Baudelaire não há nenhum sinal disso. Ao contrário, ele veio artificialmente em auxílio da alucinação histórica da igualdade que se aninhara na economia mercantil. E as figuras nas quais o haxixe sedimentou-se na sua obra podem ser decifradas nesse contexto.

A economia mercantil arma a fantasmagoria do igual que, como atributo da embriaguez, se patenteia simultaneamente como figura central da ilusão. "Com essa poção no corpo, em cada mulher logo verás Helena."[911] O preço iguala a mercadoria a todas aquelas que podem ser compradas pelo mesmo preço. A mercadoria – esta é a emenda adequada ao texto de Sommer – insinua-se não apenas e não tanto no comprador, mas sobretudo no preço. Mas é precisamente nesse aspecto que o *flâneur* conforma-se à mercadoria; imita-a em cada ponto; na falta de demanda, ou seja, de um preço de mercado para ele, põe-se a cômodo na própria venalidade. Nisso o *flâneur* suplanta a prostituta; leva a passear, por assim dizer, o conceito abstrato dela. É apenas na última encarnação do *flâneur* que ele o conduz à plenitude: vale dizer, como homem-sanduíche.[912]

Da perspectiva do meu trabalho sobre Baudelaire,[913] a construção revisada apresenta-se assim: impor-se-á a definição da *flânerie* como um estado de embriaguez, e portanto sua comunicação com as experiências de Baudelaire com o uso de estupefacientes. O conceito de sempre-igual será introduzido já na segunda parte como *aparência* sempre igual, ao passo que em seu caráter definitivo como *acontecimentos* sempre iguais será reservado à terceira parte.

Você vê que sou grato às suas sugestões sobre o tipo. Quando fui além delas, sempre o fiz no espírito original das próprias *Passagens*. Nessa altura, Balzac passa ao longe de mim, por assim dizer. Sua importância aqui é somente anedótica, na medida em que não se impõem nem o aspecto cômico nem o aspecto funesto do tipo. (No romance, creio que Kafka foi o primeiro a combiná-los; nele, os tipos balzaquianos se hospedaram a olhos vistos: tornaram-se aqueles "ajudantes", "funcionários", "aldeões", "advogados" a que

911 *"Du siehst, mit diesem Trank im Leibe, Bald Helenen in jedem Weibe"*, versos do Fausto de Goethe.

912 Cf. GS V [1], p.562 e 565.

913 Benjamin se refere ao planejado livro sobre Baudelaire.

se vê confrontado K. como ser humano único, como um ser atípico apesar de toda a sua mediocridade.)

Em segundo lugar, respondo brevemente a seu desejo de ver as passagens introduzidas não apenas como o *milieu do flâneur*. Posso retribuir sua confiança no meu arquivo e darei voz aos excêntricos visionários que em meados do século construíram a cidade de Paris como uma série de galerias envidraçadas, de jardins de inverno, por assim dizer. O nome do Cabaré Berlinense – do qual vou buscar saber de quando data – dá uma ideia de como deveria ser a vida nessa cidade dos sonhos. O capítulo do *flâneur* mais se parecerá, assim, àquele que surgiu há tempos no ciclo fisionômico, no qual estava cercado de estudos sobre o colecionador, o falsário e o jogador.

Não quero hoje tratar em detalhes de suas notas sobre passagens específicas. Razoável me pareceu, por exemplo, aquela sobre a citação de Foucaud. Não posso concordar, entre outras, com seu ponto de interrogação à designação social de Baudelaire como pequeno-burguês. Baudelaire vivia de uma modesta renda de umas terras em Neuilly, que tinha de repartir com seu meio-irmão. O pai era um *petit maître* que sob a Restauração teve uma sinecura como curador do Luxembourg. O decisivo é que ao longo de toda sua vida Baudelaire esteve isolado do contato com o mundo financeiro e a alta burguesia.

Os maus olhos com que você vê Simmel: não estaria na hora de respeitá-lo como um dos patriarcas do bolchevismo cultural? (Não digo isso em defesa da minha citação, da qual aliás não gostaria de prescindir, mas sobre a qual recai um acento muito forte naquele contexto.) Ultimamente estive lendo a sua *Filosofia do dinheiro*. Com certeza não é à toa que está dedicada a Reinhold e Sabine Lepsius;[914] não é à toa que provém da época em que era permitido a Simmel "aproximar-se" de George e seu círculo. Mas

914 O casal de pintores fazia parte do círculo de Stefan George.

pode-se encontrar coisas muito interessantes no livro, contanto que se esteja decidido a abstrair da ideia que lhe serve de base. A crítica da teoria do valor de Marx causou-me espanto.

Um verdadeiro prazer para mim foram as considerações sobre a filosofia da concentração absoluta no último número da revista.[915] A nostalgia da Alemanha tem seus lados problemáticos; nostalgia da República de Weimar (e o que mais seria essa filosofia) é simplesmente bestial. As alusões à França no texto tocam no mesmo diapasão das minhas experiências e reflexões mais pessoais. No meu último relatório sobre literatura que enviei a Max[916] falo a respeito com conhecimento de causa. Eis um *fait divers* que lhe dará uma ideia sobre de que lado está soprando o vento: recentemente o jornal da delegação local do Partido foi posto à disposição no Littré. Topei com ele ao visitar Kolisch. Ouvi um recital do quarteto dele, e antes de ele partir passamos ainda algumas horas agradáveis. Mais uma vez achei a companheira dele extremamente cativante. Na mesma ocasião, a propósito, vi Soma Morgenstern, que escapou de Viena no último minuto.

Gostaria muito de dar uma olhada no livro de Hawkins, se não lhe fizer falta. Explorar uma relação entre Poe e Comte seria sem dúvida tentador. Entre este e Baudelaire, até onde sei, há tão pouca relação quanto entre Baudelaire e Saint-Simon. Já Comte foi por uns tempos, aos vinte e poucos anos, *disciple attiré* de Saint-Simon. Entre outras coisas, adotou as especulações sobre o papel da mãe feitas pelos sansimonistas, mas lhes conferiu um timbre positivista – distinguindo-se com a afirmação de que a natureza acabará

915 Cf. Max Horkheimer, "Die Philosophie der absoluten Konzentration". *Zeitschrift für Sozialforschung*, v.7, n.3, 1938, p.376-87 (agora em Horkheimer, *Gesammelte Schriften*, loc. cit., v.4, p.295-307). O artigo é uma crítica do livro de Siegfried Marck *O neo-humanismo como filosofia política* [Der Neuhumanismus als politische Philosophie] (1938).

916 A carta (inédita) de Benjamin a Horkheimer de 24.01.1939.

logrando produzir um ser feminino capaz de se autofertilizar na forma da *Vierge-mère*. Talvez lhe interesse saber que Comte não foi menos diligente em retratar-se no golpe de Estado de 2 de setembro do que os estetas parisienses. Em compensação, ele já previra em sua religião da humanidade um aniversário dedicado ao solene anátema de Napoleão I.

E já que falamos de livros: você já me chamou a atenção para "A noite, um pesadelo"[917] de Maupassant. Consultei doze volumes dos seus contos sem encontrar o texto. Será que você pode me informar do que se trata? Um pedido não menos urgente: caso você ainda disponha de um exemplar do "Kierkegaard" de que possa se desfazer, envie-o para mim. Muito bem-vinda também seria a *Teoria do romance*, se pudesse me emprestá-la.

Ouvi com tristeza, também da boca de Kolisch, o que seus pais padeceram. Espero que nesse meio-tempo tudo tenha acabado bem.

Com a maior gratidão acuso o recebimento do "Hauff".[918] Escreverei a Felicitas na semana que vem.

As mais cordiais lembranças,

Walter

114. Theodor e Gretel Adorno a Benjamin [Nova York,] 15.07.1939

15 de julho de 1939

Meu caro Walter,

Neste seu aniversário, Max nos deu o mais belo dos presentes: a perspectiva de que você logo se juntará a nós[919] – e ainda este

917 Ver carta n.33 e a nota 317.

918 Ver carta n.111, nota 871.

919 Numa carta de 24.06.1939, Benjamin informara a Horkheimer que da parte do consulado norte-americano na França não havia obje-

outro, não menos belo: que em breve o "Baudelaire" estará em nossas mãos.[920] Mal podemos lhe dizer como estamos felizes: pela primeira vez adotamos os costumes da terra e executamos uma verdadeira dança indígena, e Max está tão contente quanto nós. Por hoje, apenas algumas coisas às pressas referentes aos nossos planos: o *exposé* francês sobre os *Tableaux parisiens*[921] só me chegaram às mãos ontem, e escrevo-lhe assim que o tiver estudado com calma.

Primeiro, no tocante ao "Baudelaire", sua publicação no primeiro número deste ano[922] (um número duplo) seria a concretização de um sonho. Isso porque, além do "Baudelaire", esse número conterá um ensaio extremamente importante de Max, no qual eu próprio colaborei intensamente – o título provisório é "A Europa e os judeus", mas se trata na verdade de um primeiro esboço de uma teoria do fascismo –, e também quatro capítulos do "Wagner"[923] (I, VI, IX, X, entremeados de breves textos de junção). Se o número vier à luz nesse formato, então de fato se aproximará daquilo que imagino para a revista, e creio poder dizer o mesmo com relação a Max.

ções à expedição de um visto de turista para os Estados Unidos. A planejada visita a Nova York serviria para discussões teóricas e para o exame das possibilidades da ida de Benjamin para os Estados Unidos.

920 Benjamin informara Horkheimer por telegrama que o manuscrito estaria pronto no final de julho (ver nota 922).

921 As "Notas sobre os 'Quadros parisienses' de Baudelaire" [Notes sur les "Tableaux parisiens" de Baudelaire], apresentadas como palestra em maio de 1939 em Pontigny (agora em GS I [2], p.740-48).

922 Cf. Benjamin, "Über einige Motive bei Baudelaire" [Sobre alguns temas em Baudelaire]. *Zeitschrift für Sozialforschung*, v.8, n.1/2, 1939, p.50-89 (agora em GS I [2], p.605-53).

923 Cf. Horkheimer,"Die Juden und Europa" (agora em Gesammelte Schriften, loc. cit., v.4, p.308-31), e Adorno,"Fragmente über Wagner". *Zeitschrift für Sozialforschung*, v.8, n.1-2, 1939, p.115-36 e 1-48.

Sobre a questão da visita: sugeriríamos que a programasse para fim de setembro, começo de outubro. As razões são as seguintes: primeiro, até lá as atividades acadêmicas estarão aqui a pleno vapor. Esperamos que você discuta as principais ideias do trabalho das *Passagens* numa cerimônia oficial aqui do Instituto, e quanto mais notáveis se puder convidar, melhor. Talvez se possa arranjar também uma palestra no Departamento de Filosofia de Columbia sobre um tema da teoria estética. Eu mesmo lá falei alguns meses atrás sobre o inevitável "Husserl",[924] com enorme sucesso. E depois: Meyer Schapiro muito provavelmente não dará as caras em Paris antes de 25 de agosto. Todos nós atribuímos a maior importância a um encontro seu com ele,[925] não só porque ele guarda fortíssima relação com a essência do nosso trabalho e porque temos sugestões a lhe dar, mas antes porque temos dele a receber. O decisivo é que vemos nele a mais importante autoridade capaz seja de auxiliar na sua definitiva mudança para cá, seja de lhe conseguir uma proposta americana de pesquisa na França. Creio indispensável que você reserve pelo menos quatro semanas para lhe fazer companhia. Simultaneamente a esta carta a você, estou escrevendo a ele em Londres no seu interesse. As fortes simpatias trotskistas dele lhe são bem conhecidas: talvez seja aconselhável adotar certa cautela na escolha das pessoas a quem ele será apresentado, uma vez que embates não são raros entre sectários.

Max me diz que talvez você precise comprovar certo montante de renda para a obtenção do visto e pede-me para lhe dizer que tal

---

924 Em maio de 1939 Adorno proferiu na Universidade de Columbia a palestra "Husserl and the Problem of Idealism" (cf. GS 20 [1], p.119-34).

925 Benjamin escreveu a Gretel Adorno no final de setembro de 1939: "Schapiro está de volta, suponho. Passamos uma tarde plena de aprovações mútuas" (*Benjamin-Katalog*, p.296).

comprovação pode ser fornecida pelo Instituto; trata-se contudo, bem entendido, de uma simples formalidade. Se entendo Max corretamente, você arcará sozinho com os custos da viagem, mas em Nova York será hóspede do Instituto. Provavelmente passaremos agosto em Bar Harbor, como no ano passado, e ficaríamos felizes em ter notícias suas antes disso. Li a "Correspondência entre George e Hofmannsthal" com enorme interesse e estou pensando em escrever uma longa resenha a respeito.[926]

Perdoe-me a pressa; talvez a proximidade do reencontro repare um pouco o incômodo.

Tudo de bom de nós dois,

Teddie

Caro Detlef,

Estou besta de alegria e passo o tempo inteiro pensando por onde devemos começar a lhe mostrar todas as atrações de Nova York para que você se sinta à vontade na barbárie. Imagine só que em dois meses e meio vamos nos ver outra vez. Nunca aguardei com tanta expectativa no píer. Muito amor, um bom verão e divirta-se bastante com Schapiro.

Sua amiga de sempre,

Felizitas

926 Cf. *Briefwechsel zwischen George und Hofmannsthal*. Berlim, 1938. Em vez de uma "longa resenha", Adorno escreveu um longo ensaio, "George und Hofmannsthal. Zum Briefwechsel: 1891-1906", que apareceu em 1942 no volume mimeografado publicado pelo Instituto de Pesquisa Social em memória de Benjamin (*Walter Benjamin zum Gedächtnis*) (agora em GS 10 [1], p.195-237).

115. Benjamin a Theodor e Gretel Adorno Paris, 06.08.1939

Paris XVe
10, rue Dombasle
6 de agosto de 1939

Caro Teddie,

Creio que você está em férias com Felicitas. Estas linhas provavelmente lhe chegarão com certo atraso, e isso dará ao manuscrito sobre Baudelaire, enviado a Max uma semana atrás, um pouco de tempo para alcançá-las.

De resto, não fique zangado comigo se estas linhas pareçam mais um índice de tópicos que uma carta. Após uma semana de rigoroso confinamento, indispensável para a conclusão do capítulo sobre Baudelaire, e sob efeito do mais atroz dos climas, estou mais exausto que de costume. Mas isso não me impedirá de dizer a você e a Felicitas quanto eu também me alegro com a perspectiva de nos revermos. (Não posso perder de vista o fato de que, entre essa perspectiva e sua realização, dificuldades ainda precisam ser superadas. Escrevi a Morgenroth sobre a venda do meu quadro de Klee;[927] se vocês o virem, não se esqueçam de lhe perguntar a respeito.)

Por menos que o novo capítulo sobre Baudelaire ainda possa ser dito uma "revisão" de um dos capítulos que lhe são conhecidos, manifesta lhe será, creio eu, a influência de nossa correspondência sobre o Baudelaire do verão passado. Sobretudo, não precisei

927 A fim de cobrir os custos da sua planejada visita a Nova York, Benjamin cogitara a venda do *Angelus novus* de Paul Klee ao mecenas Ernst Morgenroth, que já emigrara para a América e de cujo filho, Ernest Gustave Morgenroth – conhecido mais tarde como Stephan Lackner –, Benjamin era próximo. A transação não foi consumada.

pensar duas vezes para perceber que você trocaria de bom grado a visão panorâmica sobre a superfície do material pela apresentação mais precisa da armação teórica. E que estará disposto a absolver as partes escarpadas que a inspeção das partes erigidas mais acima dessa armação implica.

Quanto à mencionada lista de tópicos, ela consiste no catálogo dos muitos e estratificados temas que ficaram de fora do novo capítulo (comparado com o correspondente capítulo sobre o *flâneur* do verão passado). Evidentemente, não cabe eliminar esses temas do complexo total do "Baudelaire"; ao contrário, cabe dar-lhes detalhados desenvolvimentos interpretativos em seus devidos lugares.

Os temas da passagem, do noctambulismo, dos folhetins, bem como a introdução teórica do conceito de fantasmagoria, são reservados à primeira seção da segunda parte. O tema dos vestígios, do tipo, da empatia com a alma da mercadoria destinam-se à terceira seção. A atual seção do meio da segunda parte só apresentará a figura completa do *flâneur* juntamente com sua primeira e terceira seções.

Tomei em consideração as reservas sobre as citações de Engels e Simmel que você formulou na carta de 1º de fevereiro; entretanto, não as risquei. Dessa vez indiquei o que me é tão importante na citação de Engels. Sua objeção à citação de Simmel pareceu-me fundada desde o início. No texto atual, ela assumiu uma função menos enfática pela mudança de acento.

Estou muito contente com a perspectiva de ver o texto no próximo número da revista. Escrevi a Max sobre o quanto me empenhei para manter o ensaio isento de todo elemento fragmentário, cingindo-me estritamente aos limites de espaço prescritos. Ficaria feliz se nele não fossem efetuadas mudanças incisivas (*pour tout dire*: cortes).

Permitirei a meu cristão Baudelaire ser alçado aos céus por leais anjos judeus. Mas medidas já foram tomadas para que o deixem cair no último terço da ascensão, como por acidente, logo antes da sua admissão na glória.

Em conclusão, caro Teddie, quero lhe agradecer por ter convidado meu "Jochmann"[928] para o iminente número comemorativo da revista.

Meus votos de boas férias e de um agradável regresso para casa a você e Felicitas,

Walter

E uma palavra especial de agradecimento, cara Felizitas, pelo livro de Dreyfus[929] e as linhas que o anunciaram e acompanharam. Penso muito em vocês.

116. Gretel e Theodor Adorno a Benjamin [Nova York,] 21.11.1939[930]

21 de novembro de 1939

Meu caro Detlef,

Acabamos de receber a notícia de que você está de volta a Paris.[931] Mal posso dizer como estamos felizes por saber que está seguro. Nesse meio-tempo recebi sua segunda carta[932] contendo o maravilhoso sonho: muito, muito obrigado. Se você pudesse me

928 A "Introdução" de Benjamin ao ensaio "Retrocessos da poesia" [Rückschritte der Poesie] de Carl Gustav Jochmann, mencionado pela primeira vez na carta n.73.

929 Gretel Adorno enviara a pedido de Benjamin o livro de Robert Dreyfus *De monsieur Thiers à Marcel Proust* (Paris, 1939); cf. Benjamin, *Briefe*, loc. cit., p.823.

930 Os Adorno escreveram esta carta originalmente em inglês.

931 Com a declaração de guerra da França à Alemanha em 3 de setembro, os alemães residentes na França ficaram sob custódia; Benjamin fora retido em um campo de internação em Nevers naquele mês e solto em novembro, regressando então a Paris.

932 Cf. Benjamin, *Briefe*, loc. cit., p.828-31.

fazer o grande favor de enviar-me uma cópia do seu "Kraus"[933] eu ficaria muito grata. Quanto à minha saúde, não me senti lá muito bem e tive de ir a um novo médico, dr. Brenheim, um endocrinologista, já que E. [Egon Wissing] achava que minhas crises de enxaqueca podiam estar ligadas à "hipófise", de cujas funções não estou muito certa. Mas só depois de três ou quatro meses vou ficar sabendo se ele poderá me ajudar. Do contrário vou ter de me resignar e considerar a mim mesma uma velha sofredora. Esperamos notícias suas muito em breve,

Felicitas

Estou muito feliz de que esteja de novo em casa – mais feliz do que seria capaz de dizê-lo! E meu entusiasmo sobre o "Baudelaire" cresce constantemente! Fiz o sumário alemão e a tradução inglesa[934] – queira por favor verificar a tradução francesa desse resumo, que ainda não me satisfaz. Boa sorte e *à bientôt*!

Seu amigo de sempre,

Teddie

117. Adorno a Benjamin [Nova York,] 29.02.1940

29 de fevereiro de 1940

Meu caro Walter,

Que eu lhe escreva hoje após tão longo silêncio[935] é facilmente explicável. Senti um embaraço simplesmente insuperável em lhe es-

933 Sobre esse ensaio de Benjamin, ver nota 215, carta n.26.

934 Os artigos em alemão na *Zeitschrift für Sozialforschung* eram acompanhados de resumos em inglês e francês; Adorno obviamente compusera primeiro um resumo em alemão e então o traduzira para o inglês.

935 A última carta de Adorno fora a de n.116, datada de 21.11.1939.

crever em língua estrangeira. Por mais que isso seja empiricamente injustificável, faz alguma justiça porém à inteligibilidade, e espero confiante por sua absolvição.

É minha maior esperança que lhe obtenha essa absolvição em Nova York. A declaração juramentada de *miss* Razovsky[936] é um ativo considerável, e claro que Max está plenamente de acordo em que você se reporte às suas atividades junto ao Instituto anteriores a 1933 – quanto às atuais, basta o que transparece de toda a documentação. Queira por favor nos deixar constantemente informados sobre os trâmites. Gostaria também de lhe aconselhar que não deixe de escrever a Meyer Schapiro[937] a respeito sem perda de tempo, e sobretudo com relação ao fato de que ele está criando aqui um curso ou algo parecido para melhorar sua situação financeira. Creio que se isso der certo só poderá influenciar todo o processo do modo mais favorável, sem que tais cursos precisem ocupar mais que uma diminuta fração do seu tempo.

Você sabe com que entusiasmo li seu "Baudelaire", e nenhuma das respostas telegráficas e de resto abreviadas que lhe chegaram às mãos a respeito é de modo algum exagerada. Isso vale para Max tanto quanto para mim. Creio que mal é um exagero qualificar esse trabalho como o mais perfeito que você publicou desde o livro sobre o drama barroco e o "Kraus". Se por vezes tive consciência pesada pela minha insistente critiquice, essa consciência pesada transformou-se então em vaidoso orgulho, e o culpado disso é você próprio – tão dialeticamente está hoje orientada nossa produção. É difícil assinalar algo em particular, tão perto do centro está cada um

936 Por intercessão de Cecilia Razovsky (1886-1968), uma colaboradora do National Refugee Service, Benjamin recebeu em janeiro de 1940 um *affidavit* (declaração juramentada) de *mr*. Milton Starr, de Nashville, Tennessee.

937 Não há notícia de uma carta de Benjamin a Meyer Schapiro.

dos seus elementos nesse trabalho e tão feliz é a construção. Mas você terá adivinhado que o oitavo e nono capítulos são os meus preferidos. A teoria dos jogadores,[938] se me permite a metáfora, é o primeiro fruto maduro a cair da árvore totêmica das *Passagens*. Mal lhe preciso relatar que *trouvaille* o trecho sobre a auréola[939] representa. Permita-me só um ou dois comentários. A teoria do esquecimento e do choque[940] confina de perto com meus próprios escritos musicais, sobretudo no tocante à percepção das canções: um nexo que decerto não lhe era presente e que tanto mais me alegra como confirmação. Penso, por exemplo, na passagem sobre esquecimento, lembrança e propaganda no meu ensaio sobre fetichismo, p.342.[941] Algo semelhante se deu com o contraste entre reflexão e experiência.[942] De fato, posso dizer que todas as minhas considerações sobre antropologia materialista, desde que estou na América, estão centradas no conceito de "reflexividade", e aqui mais uma vez nossas inclinações são intimamente vizinhas: bem se poderia designar seu "Baudelaire" como a história primeva da reflexividade. Tive a sensação de que o trabalho sobre fetichismo, o único dos meus textos alemães que aborda certos aspectos desse tema, não lhe agradara tanto à época, fosse porque sugeria, mais do que seria lícito, o mal-entendido de salvar a cultura, fosse porque, e isso prende-se de perto àquilo, a construção da peça não fora lá muito bem-sucedida. Se você me fizesse a bondade de dar uma nova olhada no ensaio à luz desse aspecto, e se perante seus olhos ele se desintegrasse naqueles fragmentos em que deve, de fato,

---

938 Cf. GS I [2], p.632-37.

939 cf. ibid., p.651ss.

940 Cf. ibid., p.612-15.

941 Cf. Adorno, "Sobre o fetichismo na música e a regressão da audição", loc. cit. (carta n.103, nota 723), p.35ss.

942 Cf. GS I [2], p.532ss.

desintegrar-se, então talvez pudesse reconciliar-se com alguns de seus aspectos. Perdoe-me essa guinada egoísta de minha reação a seu "Baudelaire", mas ela não é reflexiva; é possivelmente, por assim dizer, uma garantia da verdade objetiva de um tal texto se ele parece corresponder ao anseio mais peculiar de cada um dos seus leitores.

Qualquer crítica que eu tivesse a expressar sobre o "Baudelaire" não tem relevância alguma. Indico apenas por razões de registro interno: a adoção da teoria freudiana da memória como defesa contra estímulos e a sua aplicação a Proust e Baudelaire[943] não me parecem de todo transparentes. Esse problema de enorme complexidade envolve a questão da inconsciência da impressão básica, cuja hipótese é necessária para que seja atribuída à *mémoire involontaire* e não à consciência. Mas será que se pode realmente falar dessa inconsciência? O momento em que Proust provou da *madelaine*, do qual se origina a *mémoire involontaire*, foi ele de fato inconsciente? Quer me parecer que nessa teoria ficou faltando um elo dialético, o elo do esquecimento. O esquecimento é de certo modo o fundamento para ambos, para a esfera da "experiência" ou da *mémoire volontaire* e para a reflexividade, cuja lembrança súbita já pressupõe o esquecimento. Se uma pessoa é capaz de tais experiências ou não, depende em última instância de como ela esquece. Você alude a essa questão na nota de rodapé[944] em que constata que Freud não faz nenhuma distinção explícita entre rememoração [*Erinnerung*] e memória [*Gedächtnis*] (leio a nota de rodapé como uma crítica). Mas a tarefa não seria associar toda a oposição entre vivência [*Erlebnis*] e experiência [*Erfahrung*] a uma teoria dialética do esquecimento? O que equivale a dizer: a uma teoria da reificação. Isso porque toda reificação é um esquecimento: objetos tornam-se reificados no

943 Cf. ibid., p.612-15.
944 Cf. ibid., p.612.

instante em que são apropriados sem estar atualmente presentes em todas as suas facetas – quando algo deles é esquecido. E isso levanta a questão de até que ponto esse esquecimento é apto a plasmar a experiência, quero dizer, é um esquecimento épico, e até que ponto é um esquecimento reflexivo. Não quero hoje ensaiar uma resposta à questão, mas somente formulá-la com o maior rigor possível: isso porque creio também que a distinção fundamental do seu ensaio só ganhará sua fertilidade universal no contexto da questão da reificação. Nesse sentido, mal preciso acrescentar que não se trata para nós de repetir novamente o veredicto de Hegel sobre a reificação, mas propriamente de uma crítica da reificação, ou seja, de desdobrar os momentos contraditórios implícitos ao esquecimento. Ou em outras palavras: de distinguir entre boa e má reificação. Certas passagens da sua antologia de cartas, como a introdução à carta do irmão de Kant,[945] me parecem apontar nesse sentido. Você vê que estou buscando um traço de união que ligue seu "Jochmann" a seu "Baudelaire".

O outro ponto diz respeito ao capítulo sobre a aura.[946] Estou convencido de que nossos melhores pensamentos são sempre aqueles que não podemos pensar plenamente.[947] Nesse sentido, o conceito de aura não me parece ter sido plenamente "pensado até o fim". Se ele deve ser pensado até o fim, isso é passível de discussão. Ainda assim, gostaria de indicar certo aspecto que se comunica novamente com outro trabalho, dessa vez com meu "Wagner", e em especial seu quinto capítulo, ainda inédito. Você escreve no "Baudelaire", p.84: "Experimentar a aura de um fenômeno sig-

945 Cf. Detlef Holz [pseudônimo de Benjamin], Homens alemães, loc. cit. (carta n.60, nota 468), p.156ss.

946 Cf. GS I [2], p.644-50.

947 Cf. Adorno. *Minima moralia*: "Verdadeiros são apenas os pensamentos que não compreendem a si próprios" (GS 4, p.216).

nifica emprestar-lhe o poder de alçar a vista".[948] De formulações anteriores,[949] difere essa pelo conceito de "empréstimo". Não seria ele uma indicação daquele momento sobre o qual fundei a construção da fantasmagoria no Wagner, vale dizer, o momento do *trabalho* humano?[950] Não seria a aura sempre o vestígio de um traço humano esquecido na coisa e não estaria ela presa, justamente pelo tipo de esquecimento, àquilo que você chama experiência? Quem sabe se possa até chegar a ponto de enxergar o fundamento da experiência subjacente às especulações idealistas no esforço de reter esse vestígio – e retê-lo exatamente nas coisas que se tornaram alheias. Talvez todo o idealismo, tão pomposa é sua aparição em cena, não seja nada mais do que uma daquelas "cerimônias" cujo modelo seu "Baudelaire" desenvolve de forma tão exemplar.

Nesse meio-tempo você terá recebido o manuscrito do meu ensaio sobre a correspondência entre George e Hofmannsthal. Jamais estive tão ansioso pela sua resposta como no caso desse trabalho, ao qual devotei um empenho talvez de todo desproporcional. Só gostaria de dizer que nele tentei pela primeira vez desvencilhar-me do lastro terminológico, daquilo que você chamou, *à propos* de Sohn-Rethel, linguagem de proxeneta. Esperemos que em contrapartida, como sucede às vezes com certos aposentados, eu não tenha aberto uma tabacariazinha. A associação me leva a Maupassant, e daí à questão de saber se você leu a sua história sobre a noite e qual impressão lhe ficou. Estou provisoriamente livre ao menos do projeto do rádio, para o qual produzi ainda três textos[951] por volta do fim do ano passado, entre eles um bastante

948 Cf. GS I [2], p.646ss.
949 Cf., por exemplo, GS II [1], p.378ss e GS I [2], p.477-80.
950 Cf. GS 13, p.80ss.
951 Provavelmente, "The Radio Voice" (inédito), "Analytical Study of the NBC Music Appreciation Hour", do qual nasceu o capítulo "A

volumoso (um desses textos discute a alteração constitutiva da forma sinfônica por meio do rádio, em análise estritamente técnica; gostaria muito que um dia você o lesse). Essa liberdade me deu um grande impulso: além do "George", escrevi uma longa resenha do livro póstumo de Rickert;[952] reuni uma série de análises musicais de canções[953] a par de algumas observações teóricas para formar um texto composto de fragmentos, e escrevi, primeiro em alemão e depois em inglês, uma palestra sobre os discursos religiosos de Kierkegaard,[954] na qual prossigo certas tendências do livro sobre Kierkegaard com referência a ummaterial que não foi ali utilizado. Há cerca de uma semana fiz a minha estreia no rádio americano:[955] introduzi um concerto com peças modernas no qual colaboraram

---

música apreciada" [Die gewürdigte Musik] do livro *Der getreue Korrepetitor* (1963) (cf. GS 15, p.163-87), e "The Radio Symphony. An Experiment in Theory". In: Paul Lazarsfeld e Frank N. Stanton (eds.). Radio Research 1941. Nova York, 1941, p.110-39.

952 A resenha de *Imediatidade* e interpretação do sentido. Ensaios sobre o sistema filosófico [Unmittelbarkeit und Sinndeutung. Aufsätze zur Ausgestaltung des Systems der Philosophie], de Heinrich Rickert, apareceu originalmente em inglês na revista do Instituto de Pesquisa Social, que em 1939 fora rebatizada como *Studies in Philosophy and Social Science* (v.9, 1941, p.479-82); agora em GS 20 [1], p.224-50.

953 Referência às peças "Especially for you","In an eighteenth century drawing room" e "Penny serenade", reunidas no manuscrito sob o título "Novas análises de canções" [Neue Schlageranalysen] e mais tarde publicadas como a segunda parte das "Análises de mercadorias musicais" [Musikalische Warenanalysen] (cf. GS 16, p.289-94).

954 Cf. Adorno, "On Kierkegaard's Doctrine of Love" [palestra sobre o livro *Vida e reinado do amor*, de Kierkegaard, proferida a 23 de fevereiro de 1940 na Universidade de Columbia]. *Studies in Philosophy and Social Science*, v.8, n.3, 1939, p.413-29 (agora em GS 2, p.217-36).

955 Em 22 de fevereiro de 1940, Adorno fez o comentário introdutório a um concerto radiofônico no qual colaboraram Eduard Steuermann e o Quarteto Kolisch; figuravam no programa obras de Schönberg, Zemlinsky, Eisler e Krenek (cf. GS 18, p.576-80).

Kolisch e Steuermann. Você vê que não estive propriamente ocioso. Mas tudo isso é mero prelúdio para os trabalhos comuns que planejo com Max. Fico particularmente feliz de que você tenha gostado muito do ensaio dele sobre os judeus.[956] Não é nenhum fraseado se lhe digo que ao lado do "Baudelaire" e dos "Judeus" o "Wagner" não parece mais o suprassumo. Mas só me é dado dizer com Max: "*Attendons patiemment la réorganisation des tramways*".

Em resposta à sua carta de 17 de janeiro:[957] causou-me séria preocupação que você ainda não esteja de todo restabelecido. Gretel tem uma sugestão prática para lhe dar entrementes. Aliás, graças ao tratamento da hipófise, no momento ela está passando realmente muito melhor, e esperamos que dessa vez haja mais do que o habitual efeito do início de tratamento. A questão de saber se seria melhor começar pelo "Gide" ou concluir o "Baudelaire"[958] me é muito difícil responder a distância. Do ponto de vista técnico da revista, o "Gide" seria mais prático, contanto que não envolva escrúpulos externos. O melhor mesmo seria que você se entendesse com Max sobre esse ponto. Eu ficaria particularmente feliz se viesse à luz um ensaio seu sobre a Nova Melusina.[959] Essa é com certeza uma das encruzilhadas mais importantes de nosso trabalho, e a questão do caráter de ondina associado à fantasmagoria e ao miniaturismo rende uma constelação verdadeiramente astrológica.

---

956 Ver nota 923, carta n.114.

957 Para a carta de Benjamin a Gretel Adorno de 17.01.1949, cf. Benjamin, *Briefe*, loc. cit., p.841-45.

958 Benjamin informara a Horkheimer do seu projeto de escrever um estudo comparativo sobre as *Confissões* de Rousseau e o *Diário* de Gide, mas expressara ao mesmo tempo o desejo de concluir o livro sobre Baudelaire (cf. GS I [3], p.1127-30 e 1133-35).

959 Há muito Benjamin tinha em vista o plano de escrever sobre a fábula da Nova Melusina, contada no *Wilhelm Meister* de Goethe, o que não chegou porém a concretizar.

Nesse ínterim, meus pais imigraram e estão passando o inverno na Flórida. Posso concluir com um pedido? Você escreve que Soma Morgenstern logo estará aqui e que você o vê de tempos em tempos. Ora, em anos anteriores ele se portou de forma muito pouco gentil com Gretel, por motivos que não são de nenhum orgulho para ele e menos ainda para sua mulher, que aliás não sei se ainda está com ele. A julgar por uma alusão de Ernst Bloch, parece que ele está dizendo coisas estúpidas e inamistosas também sobre mim, e num contexto tão risível (Soma terá afirmado que minhas teorias sobre Kafka, quem as carrega nos ombros é ele, enquanto eu não teria publicado até hoje uma palavra sobre Kafka) que não quero nem sequer levá-las a sério, sobretudo porque Ernst deve ser considerado uma fonte a bem dizer dúbia e universalmente mal-afamada. Mas no tocante a Gretel as coisas são de tal ordem que um encontro com Soma me seria pouco agradável, a menos que pudesse me certificar de que ele tratará Gretel de forma absolutamente diversa. Para tanto, você poderia ser de grande ajuda se, da próxima vez que encontrar Soma – que diante de Gretel ostentava um *orgueil de toute gueuserie* particularmente inoportuno, sobretudo nesse caso –, participasse então a ele alguns esclarecimentos acerca de Gretel, sem precisar aludir, de resto, a conflitos passados. Creio que isso reverteria no bem de todos os envolvidos. Soma, aliás, tem muitas qualidades que o recomendam, mas infelizmente tem também um pendor à mediocridade, inclusive em relação a si próprio. Gostaria muito de saber qual é hoje sua opinião sobre ele – como pessoa e também como escritor. Ele nunca me franqueou acesso a seu romance,[960] mas de gente boa só ouvi coisa ruim, e de gente ruim, coisa boa. É claro que as divergências aqui são muito mais profundas que a mera exasperação entre escritores. Seja como for, eu lhe seria grato de coração se você

960 Cf. Soma Morgenstern, *Der Sohn des verlorenen Sohnes* [O filho do filho pródigo]. Berlim, 1935.

interviesse no caso Soma. Permita-me concluir com o desejo de que as suas aulas de inglês[961] resultem num *tremendous success.*

Seu devotado amigo de sempre,

Teddie

118. Benjamin a Adorno
Paris, 07.05.1940

Paris 15, d. 7.V. 40
10, rue Dombasle

Meu caro Teddie,

Obrigado pela sua carta de 29 de fevereiro. Infelizmente, teremos de nos habituar por enquanto a prazos como os que se interpuseram entre a redação das suas linhas e a chegada da minha resposta. Acresce a isso que essa carta, como você facilmente pode ver, tampouco como Roma foi construída num só dia.[962]

Claro que fiquei (e estou) muito feliz com a sua opinião a respeito do meu "Baudelaire". Talvez você saiba que o telegrama que você me enviara junto com Felizitas e Max só me chegou no campo,[963] e você calcula o significado que ele terá tido para minha saúde psíquica ao longo daqueles meses.

Reli as passagens sobre a audição regressiva a que você aludiu e constato a harmonia na tendência de nossas investigações. Não há

961 Em sua carta de 17.01.1940 a Gretel Adorno, Benjamin escrevera que estava para começar suas aulas de inglês (cf. Benjamin, *Briefe*, loc. cit., p.845).

962 A carta abrange quinze páginas e foi datilografada grande cuidado por pessoa desconhecida; além disso, contém detalhados comentários sobre temas da última carta de Adorno e sobre o seu trabalho acerca da correspondência George-Hofmannsthal.

963 No campo de internação em Nevers (ver nota 930, carta n.116); o telegrama não subsistiu.

melhor exemplo para a destruição metódica da experiência do que a inserção de uma canção popular na melodia.[964] (Revela-se aqui que o indivíduo orgulha-se de tratar os conteúdos da experiência possível tal qual o governo quanto aos elementos de uma sociabilidade possível.) Por que lhe esconder que as raízes da minha "teoria da experiência" remontam a uma recordação de infância? Meus pais saíam para passear conosco, como é natural, onde quer que passássemos a temporada de verão. Nós os irmãos éramos dois ou três. Aquele em quem penso aqui é meu irmão.[965] Após termos visitado uma ou outra das atrações obrigatórias de Freudenstadt, de Wengen ou de Schreiberhau, meu irmão costumava dizer: "Que lá estivemos, isso estivemos". A expressão imprimiu-se indelevelmente em mim. (A propósito, muito me espantaria se a ideia que você faz da minha opinião acerca do seu trabalho[966] sobre o fetichismo estivesse correta. Não está confundindo com aquela acerca do ensaio sobre o jazz? Sobre esse último eu fizera constar certas objeções.[967] Com o primeiro concordei sem reservas. Nos últimos tempos, com efeito, ele me tem sido muito presente em certos comentários que você faz ali, tomando Mahler como ensejo, acerca do "avanço musical").[968]

Não resta de dúvida que o esquecimento, por você lembrado na discussão da aura, é de grande importância. Reservo a possibilidade de uma distinção entre esquecimento épico e esquecimento reflexivo. Queira por favor não considerar uma evasiva se não me

---

964 Cf. GS 14, p.37.

965 Sobre Georg Benjamin (1895-1942), cf. *Benjamin-Katalog*, p.22-24.

966 Ver carta n.117.

967 Benjamin as formulara durante uma conversa que tivera com Adorno em outubro de 1936 em Paris; tais objeções encontraram alguma repercussão nos "Acréscimos oxfordianos", loc. cit. (carta n.74, nota 532), que Adorno redigiu em seguida.

968 Cf. GS 14, p.50.

aprofundo hoje nessa problemática. Lembrei-me vivamente da passagem no quinto capítulo do "Wagner" a que você alude. Mas mesmo supondo que a aura envolva de fato um tema "humano esquecido", este não é necessariamente aquele presente no trabalho. Árvore e arbusto, aos quais se dá em empréstimo, não são feitos pelo homem. É preciso pois haver nas coisas algo de humano que *não* seja instituído pelo trabalho. Mas não quero deter-me nisso. Parece-me inevitável que no curso dos meus trabalhos terei de me confrontar com a questão por você levantada. (Não sei se logo na sequência do "Baudelaire".) O primeiro a fazer será então remontar ao *locus classicus* da teoria do esquecimento, que para mim, como você sabe muito bem, representa "O loiro Eckbert".[969]

Creio que para dar ao esquecimento o que é seu não seja necessário pôr em questão o conceito de *mémoire involontaire*. A experiência infantil do sabor da *madelaine*, que um dia torna *involontairement* à memória de Proust, foi de fato inconsciente. Não terá sido o primeiro bocado da primeira *madelaine*. (Provar é um ato da consciência.) Mas provar decerto torna-se inconsciente na medida em que o gosto se tornou mais familiar. O "tornar a provar" do adulto é assim, naturalmente, consciente.

Já que você me pergunta sobre "A noite" de Maupassant: li com todo o cuidado essa importante peça. Há um fragmento do "Baudelaire"[970] que trata dela, e decerto você vai vê-lo um dia. (*En attendant*, devolvo-lhe grato, por meio do escritório de Paris, o volume que me emprestou.)

Quanto à alternativa Gide-Baudelaire, Max teve a bondade de me deixar livre a escolha.[971] Decidi-me pelo "Baudelaire"; esse

---

969 A narrativa de Ludwig Tieck "Der blonde Eckbert" (1797), pela qual Benjamin tinha particular afeição.

970 Cf. GS V [2], p.707.

971 Benjamin refere-se aqui à carta a Horkheimer de 22.12.1939, na qual se lê: "Vous vous imaginez bien comme, nous autres, nous tremblons

é o objeto que agora me parece mais intransigente aos olhos; satisfazer-lhe as exigências é para mim da maior urgência. Não lhe escondo que ainda não pude consagrar-me a ele com a intensidade que teria desejado. Uma das principais razões para tanto foi meu trabalho nas "Teses",[972] alguns fragmentos das quais lhe chegarão em casa nos próximos dias. Estas, é claro, representam por sua vez certa etapa das minhas reflexões como sequência do "Baudelaire". Espero nos próximos dias dar início a um período de trabalho ininterrupto,[973] no qual poderei me dedicar a essa sequência.

Passo agora à correspondência George-Hofmannsthal. Como diz o ditado, não se pode ter tudo de uma vez. Agora que me acho na posição de lhe responder num campo em que me sinto inteiramente à vontade, não me é dado satisfazer o modesto desejo de conhecer o livro em questão por experiência própria. Como não me sinto habilitado a tal parecer no campo da música, talvez não lhe caiba tomar de forma muito categórica meu juízo sobre seu ensaio.[974]

---

que maintenant vous pourrez rétablir vontre santé et poursuivre vos travaux./ Quant aux derniers, c'est l'idée d'une étude comparée des *Confessions* et du *Journal*, qui nous a enthousiasmée. Consentirez-vous vraiment à vous dévouer à un tel article avant de retourner au Baudelaire? Si oui, c'est notre Revue qui aurait à s'en féliciter" (GS I [3], p.1127ss.).

972 Cf. Benjamin, "Sobre o conceito de história" [Über den Begriff der Geschichte], publicado pela primeira vez em 1942, no volume mimeografado *Walter Benjamin zum Gedächtnis* [Em memória de Walter Benjamin], loc. cit. (carta n.114, nota 926); agora em GS I [2], p.691-704.

973 Isso não mais se sucederia até os últimos dias de Benjamin; embora ele tenha conseguido escapar da iminente ameaça de internação, graças à intervenção de Henri Hoppenot (cf. *Benjamin-Katalog*, p.298-300), acabou por fugir de Paris rumo ao sul França em face do avanço dos alemães.

974 Ou seja, "Sobre o fetichismo na música e a regressão da audição", loc. cit. (carta n.103, nota 723).

Seja como for, até onde posso ver, ele é a melhor coisa que você já escreveu. No que segue, uma série de comentários em pormenor. Mas lhe adianto que o nervo do ensaio reside no esboço extraordinariamente seguro, persuasivo e original da perspectiva histórica: a centelha que dardeja entre Mach e Jens Peter Jacobsen[975] empresta a mesma plasticidade à paisagem histórica que um relâmpago em céus noturnos confere à paisagem natural.

Parece-me transparecer do seu relato que a imagem de George se imprime na correspondência com mais nitidez que a de Hofmannsthal. Afinal, a luta por uma posição literária em face do companheiro foi um dos principais motivos dessa correspondência, e quem tomou e tomava a ofensiva era George. Enquanto encontro no seu ensaio um retrato de George em certo sentido de corpo inteiro, muito de Hofmannsthal permanece em segundo plano. Fica claro em algumas passagens que lhe estaria ao alcance iluminar determinadas partes desse pano de fundo. O comentário sobre o ator e mais ainda aquele sobre a criança em Hofmannsthal, que culmina na maravilhosa citação da *Ariadne*,[976] que por sua vez surte comovente efeito pela forma como você a intercala no texto – tudo isso desce ao âmago da questão. Eu adoraria ter encontrado sua opinião sobre os ecos da infância tais como surgem, desamparados, na "Canção do anão" ou no "Rapto" de George.[977]

Resta intocada uma face de Hofmannsthal que me cala no coração. Tenho minhas dúvidas sobre se as sugestões que quero expressar aqui (talvez não pela primeira vez) lhe dirão realmente algo

975 Cf. GS 10 [1], p.198ss.

976 Cf. ibid., p.210-13.

977 Cf., respectivamente, Stefan George, "*Lied des Zwergen*". In: *Die Bücher der Hirtenund der Preisgedichte, der Sagen und Sänge und der Hängenden Gärten* (*-Gesamt-Ausgabe der Werke*, v.3). Berlim, 1930, p.79-81; "Entführung". In: *Das Jahr der Seele* (*Gesamt-Ausgabe der Werke*, v.4). Berlim, 1928, p.64.

novo. Sendo esse o caso, ainda fica em aberto até que ponto lhe serão esclarecedoras. A despeito da constituição fragmentária de tais formulações, quero confiá-las aos seus ouvidos. São na verdade dois os textos cujo *rapprochement* delimita aquilo que tenho a dizer. A um deles você próprio faz referência, ao citar a *Carta de Lorde Chandos*.[978] Tenho em mente aqui a seguinte passagem: "Não sei com que frequência esse Crassus com sua moreia me vem à lembrança como um reflexo de mim mesmo, lançado por sobre o abismo de séculos. [...] Crassus [...], com as suas lágrimas derramadas pela sua moreia. E sobre essa figura, cujo ridículo e repulsa salta tanto aos olhos em meio a um Senado que domina o mundo e delibera acerca das matérias mais sublimes, sobre essa figura obrigo-me a pensar algo indizível, de tal maneira que me parece um rematado despropósito, no instante em que tento fazê-lo, expressá-lo em palavras". (Em *A torre* reaparece o mesmo tema: as vísceras do porco abatido para as quais o príncipe teve de olhar em sua infância.)[979] A propósito, encontra-se igualmente n'*A torre* a segunda passagem que mencionei: a conversa entre o médico e Julian.[980] Julian, o homem a quem nada falta senão um pequenino lampejo de vontade, nada senão um único momento de abnegação para tomar parte naquilo que há de mais sublime,[981] é um autorretrato de Hofmannsthal. Julian trai o príncipe: Hofmannsthal virou as costas à tarefa que emerge na *Carta de Lorde Chandos*. Seu "mutismo" foi uma espécie

978 Cf. Hugo von Hofmannsthal, *Chandos-Brief* [1902]. In: *Gesammelte Werke*, v.2. Berlim, 1924, p.187 (para a citação de Adorno, cf. GS 10 [1], p.212ss, nota 16).

979 Cf. Hugo von Hofmannsthal, *Der Turm. Ein Trauerspiel*. 2. ed. revisada. Berlim, 1927, p.60ss. (para as duas resenhas de Benjamin sobre o livro, cf. GS III, p.29-33 e 98-101).

980 Cf. ibid., p.26-29.

981 Benjamin cita aqui literalmente uma passagem da sua primeira resenha sobre *A torre* (cf. GS III, p.32).

de castigo. Talvez a linguagem que escapou a Hofmannsthal fosse a precisamente aquela que, por volta da mesma época, tenha sido dada a Kafka. Isso porque Kafka assumiu a tarefa na qual Hofmannsthal fracassara moralmente e, portanto, também literariamente. (A suspeita teoria do sacrifício,[982] que se ergue sobre bases tão frágeis, carrega todos os traços desse fracasso.)

Creio que ao longo de toda a sua vida Hofmannsthal encarou seus talentos tal como Cristo teria encarado seu reino se este tivesse sido fruto dos seus debates com Satã. Sua extraordinária versatilidade, assim me parece, vai de par com a consciência de ter traído o que de melhor havia nele. Daí por que não lhe podia assustar nenhuma familiaridade com a ralé.

A meu ver não procede porém, incluindo Carossa[983] numa "escola" cujo líder teria sido Hofmannsthal, falar de servilismo dos escritores alemães *sob o signo dessa escola*, ou seja, do próprio Hofmannsthal. Hofmannsthal faleceu em 1929. Com sua morte, se nada mais lhe tivesse assegurado, ele adquiriu um *non liquet* na ação penal que você lhe move. Em minha opinião, você deveria reconsiderar essa passagem;[984] estou muito inclinado a lhe pedir que o faça.

Evidentemente, você tem razão em lembrar Proust.[985] Nos últimos tempos, tenho desenvolvido minhas próprias ideias sobre a obra dele; e mais uma vez é verdade que elas correspondem às

982 Cf. GS 10 [1], p.233ss.

983 Hans Carossa (1878-1956), médico e poeta, aproximara-se por algum tempo da política cultural dos nacional-socialistas; para a respectiva passagem no ensaio de Adorno, cf. ibid., p.206.

984 No manuscrito, Adorno iniciava assim o parágrafo seguinte à passagem sobre Carossa: "A escola de George não se deixou servilizar com igual docilidade"; posteriormente – talvez em resposta ao apontamento de Benjamin –, alterou-o: "A escola de George, menos versada em assuntos mundanos, ofereceu maior resistência" (ibid., p.206).

985 Cf. ibid, p.204.

suas. É muito bonito o que você diz sobre a experiência do "não é isso"[986] – precisamente aquela experiência que faz do tempo algo perdido. Quer me parecer que havia para Proust um modelo profundamente oculto (mas nem por isso inconsciente) dessa experiência fundamental: qual seja, o "não é isso" da assimilação dos judeus franceses. Você lembra a famosa passagem em *Sodoma e Gomorra*[987] na qual a cumplicidade dos convertidos é comparada à constelação que define a conduta dos judeus entre si. O próprio fato de Proust ser apenas meio judeu facultou-lhe o vislumbre da estrutura precária da assimilação; um vislumbre que lhe foi sugerido externamente pelo caso Dreyfus.

Sobre George não haverá texto que, mesmo a distância histórica, mereça ser comparado ao seu. Não tenho nenhuma reserva a respeito; não me acanho em admitir-lhe que ele foi para mim a mais grata das surpresas. Por difícil que pareça hoje falar de George de outro modo que não do poeta cujo "Estrela da união" [Stern des Bundes] antecipou o arranjo coreográfico da dança de são Vito que se alastra pelo enxovalhado solo alemão – isso com certeza não era algo que você pudesse imaginar. E essa intempestiva e ingrata tarefa, de "resgatar" George, você a levou a cabo de forma tão concludente quanto podia ser feita, de forma tão circunspecta quanto devia ser feita. Reconhecendo a rebeldia como o fundo poético e político de George,[988] você logrou iluminar os traços mais essenciais, tanto em termos de comentário (significado da tradução)[989] como de crítica (monopólio e exclusão do mercado).[990] Tudo no

986 *"Das ist es nicht"*, cf. ibid., p.204.
987 Cf. Marcel Proust, *A la recherche du temps perdu*, v.2. Paris, 1954, p.614-18.
988 Cf. GS 10 [1], p.216-36.
989 Cf. ibid., p.236, nota 27.
990 Cf. ibid., p.220-22.

trabalho é único, tudo convence, e passagens há que por si sós provariam que o esforço por você despendido nesse texto, por enorme que tenha sido, não foi em vão. Penso, digamos, na excelente glosa a "Gentleman",[991] em citações de grande alcance como "agora é tarde".[992] Seu trabalho tornou concebível o que antes era inconcebível, algo que poderia dar início à vida póstuma de George: uma antologia da sua poesia. Algumas delas soam melhor no seu texto do que onde encontradas originalmente.

Não quero ignorar um ponto importante, sobre o qual deveríamos (e possivelmente poderíamos) nos pôr de acordo. Diz respeito ao que você discute sob a rubrica "postura".[993] A comparação com o fumar dificilmente faz jus à matéria. Ela poderia sugerir a crença de que a postura seria em todo caso algo que se "ostenta" ou "adota". Mas ela pode muito bem ser encontrada como inconsciente, sem por isso ser menos postura. E, afinal, é assim também que você vê a questão ao conceber a graça, que só raramente é ostentada com consciência, sob o mesmo conceito. (Quanto à graça, falo apenas das crianças, e o faço sem querer emancipar um fenômeno natural do jugo da sociedade em que se manifesta, ou seja, sem querer tratá-lo com má abstração. A graça das crianças existe, e existe sobretudo como um corretivo da sociedade; é um daqueles indícios que nos são ofertados de uma "felicidade não disciplinada".[994] O apego à inocência infantil, como

---

991 Cf. ibid., p.207.

992 *"Es ist worden spät"*, cf. ibid., p.216.

993 Cf. ibid., p.200-04.

994 Alusão a uma passagem depois riscada do ensaio de Adorno: "Rescinde-se o contrato social com a felicidade. É certo que da sociedade também outros são críticos. Mas estes se mantêm fiéis à sua ideia de felicidade: uma vida saudável, bem-organizada, pautada pela razão. A felicidade disciplinada pressupõe a sociedade de classes, um mundo *où l'action n'est pas la sœur du rêve*" (Theodor W. Adorno Archiv, Ts. 23.218).

se poderia ter censurado a Hofmannsthal num lance infeliz – à inocência que lhe permitiu estimar os folhetins de Salten[995] não menos que meu livro sobre o barroco –, não nos habilita a abandonar aquilo que nela podemos amar.) A reserva que desperta em mim aquilo que você diz sobre a postura em sentido estrito, quero indicá-la com uma locução que extraio do seu próprio texto. E precisamente da passagem na qual você alude a meu ensaio sobre Baudelaire com a elegante fórmula de que o solitário é o ditador de todos aqueles que, como ele, são solitários.[996] Não creio que seja muito ousado dizer que topamos com a postura lá onde a solidão essencial de uma pessoa ingressa em nosso campo de vista. Solidão que, longe de ser o *locus* de sua plenitude individual, bem poderia ser o *locus* do seu vazio historicamente condicionado, da *persona* como sua má sina. Compreendo e partilho toda a reserva onde a postura é ostentação da plenitude (assim foi ela de fato entendida por George). Mas há também o inalienável do vazio (como nos traços do Baudelaire tardio). Em suma: a postura tal como a compreendo distingue-se daquela que você denuncia tanto quanto a marca do ferrete difere da tatuagem.

As duas últimas páginas do seu ensaio (52/53) foram para mim uma mesa de aniversário sobre a qual a passagem sobre a "felicidade não disciplinada" representa a luz da vida. Aliás, o trabalho tem algo de uma mesa de presentes também em outros aspectos; os rótulos terminológicos prendem-se tão pouco às ideias quanto as etiquetas de preço a um presente.

Em conclusão, adoto seu bom hábito de fazer algumas sugestões na forma de *marginalia*. "Agorinha mesmo está saindo o último

995 O contista, dramaturgo e ensaísta austríaco Felix Salten (1869-1947).

996 Cf. GS 10 [1], p.220ss, nota 21.

trem para as montanhas"[997] é uma frase tão aclimatada à atmosfera sueva quanto "Pérola", a cidade imaginária de Kubin.[998] "Pérola" é aliás a cidade na qual fica o "templo" por trás de cujos muros cobertos de líquen o "sétimo anel" é preservado.

Talvez tivesse conferido peso ainda maior à alusão a Kraus referir-se à crítica dele sobre a tradução dos sonetos de Shakespeare por George,[999] especialmente porque você aborda, da sua parte, o problema da tradução.

O juízo elogioso que George faz de Hofmannsthal[1000] copia ponto por ponto o famoso juízo de Victor Hugo sobre Baudelaire: "Vós haveis criado um novo frêmito".[1001] Quando George fala do elemento granítico-germânico em Hofmannsthal,[1002] talvez tivesse

---

997 É provável que Benjamin tenha extraído a citação do relato onírico "Fim dos tempos" [Zeit-Ende] (cf. Stefan George, *Tage und Taten*, loc. cit., p.30) de uma referência no manuscrito de Adorno (cf. GS 10 [1], p.207), mas é possível também que tenha citado de memória, pois em George lê-se apenas "a montanha".

998 Cf. Alfred Kubin, *Die andere Seite* [O outro lado]. Munique, 1909.

999 No manuscrito de Adorno lia-se a seguinte passagem, depois riscada por Adorno: "Karl Kraus atacou o empolado alemão jornalístico daqueles que dizem de um casal não estarem noivos oficialmente [*offiziell*], mas oficiosamente [*offiziös*]" (*Theodor W. Adorno Archiv*, Ts 23.202); para a crítica citada por Benjamin, cf. Karl Kraus,"Sakrileg an George oder Sühne an Shakespeare" [O sacrilégio de George, ou a expiação de Shakespeare]. *Die Fackel*, dezembro de 1932, p.45-64.

1000 "O senhor mal pode escrever uma estrofe que não nos enriqueça de um arrepio, de uma nova sensação" (*Briefwechsel zwischen George und Hofmannsthal*, loc. cit., p.85; cf. GS 10 [1], p.195).

1001 Essas palavras de Victor Hugo – "*Vous avez crée un frisson nouveau*" – encontram-se na sua carta a Baudelaire de 6 de outubro de 1859 e expressam sua reação aos dois poemas de Baudelaire que lhe são dedicados, "Les sept vieillards" e "Les petites vieilles". Para a fonte da citação usada por Benjamin, cf. GS V [2], p.911.

1002 Cf. GS 10 [1], p.214.

em mente, em termos de tom e assunto, uma passagem da carta de Hölderlin a Böhlendorf de 4 de dezembro de 1801.

Poder-se-ia aflorar de passagem a questão de saber se esta correspondência não foi influenciada por aquela entre Goethe e Schiller – uma correspondência que, como documento de uma amizade entre dois príncipes entre os poetas, tanto contribuiu para a corrupção do ar que se respira justamente nos cumes da Alemanha.

Em resposta a seu "O nobre é nobre à força do ignóbil" – a magnífica frase de Victor Hugo: "O ignorante é o pão que o sábio come".[1003]

Seus medalhões de Carossa e Rudolf Borchardt[1004] foram cunhados com enorme felicidade, e encantou-me, como bem pode imaginar, a divisa *lucus a non lucendo*[1005] por você dedicada ao simbolismo. Também me parece de todo acertada a análise de apoio das "Vogais" [Voyelles] de Rimbaud[1006] que lhe serve de apoio. O entrelace de técnica e esoterismo, que você demonstra ser tão remoto, tornou-se manifesto num regime que estatui burgos de ordem para seus pilotos.

Para concluir: gostei muito do papel que Jacobsen desempenha no seu ensaio.[1007] De fato, temas remotos ganham aqui pleno vigor. Na verdade, o próprio nome parece uma paráfrase de suas reflexões, tal como um garoto de faces afogueadas que, irrompendo da floresta, dá de cara conosco em uma fria alameda.

1003 Para a primeira citação, cf. ibid., p.201; a fonte da citação de Hugo (*"L'ignorant est le pain que mange le savant"*) não pôde ser identificada.

1004 Escritor, crítico literário e polemista alemão (1877-1945); cf. ibid., p.210ss (nota 12).

1005 Cf. ibid., p.231; esse dito latino se refere a uma contradição etimológica, uma contradição em termos.

1006 Referência ao soneto "Voyelles" (1871); cf. ibid., p.196-98.

1007 Cf. ibid., p.198 e 212.

Você pergunta sobre minhas aulas de inglês. Quando recebi o endereço da professora que Felizitas me enviara,[1008] eu já iniciara as aulas com outra. É de recear que os meus progressos, nada impetuosos, excedam em muito a minha capacidade de usá-los na fala corrente. Eu também era da opinião que a declaração juramentada de *miss* Razovsky haveria de ser, como você diz, um "considerável ativo". Mas tal opinião, infelizmente fui forçado a mudá-la. Toda informação que recebi sobre a praxe atual do consulado norte-americano (do qual por sua vez não tive notícia) só confirma que os trâmites dos casos ordinários avançam com extremo vagar. Ora, meu caso, sem intervenção alguma da minha parte, tornou-se infelizmente um caso "ordinário", e isso em razão do envio da declaração juramentada. Do contrário, ter-me-ia sido possível requisitar um visto de turista, tal como foi outorgado recentemente ao escritor Hermann Kesten,[1009] por exemplo. (Ele aparecerá em Nova York muito em breve e fará uma visita a Max.)

Kesten também é conhecido de Soma Morgenstern. Acontece infelizmente que não vejo esse último há várias semanas. Aquilo que com referência a ele você chama de "pendor à mediocridade, inclusive em relação a si próprio", parece ter complicado tanto o contato dele comigo que só teria sido possível mantê-lo à custa de grande iniciativa da minha parte. E ela me falta. Mas se nos cruzarmos outra vez lembrarei do seu pedido.

1008 Em vista da sua planejada viagem aos Estados Unidos, Benjamin começara a ter aulas de inglês no final de janeiro de 1940; numa carta (inédita) de 20.01.1940 Gretel Adorno transmitira-lhe em anexo uma recomendação, hoje perdida, da sua própria professora de inglês. Não sabemos quem ministrou aulas de inglês a Benjamin.

1009 O escritor de origem ucraniana Hermann Kesten (1900-96) imigrara para a Holanda em 1933, onde dirigiu a divisão de língua alemã da editora Allert de Lange; mais tarde, recolhido a um campo de internação na França, conseguiu escapar e fugiu para Nova York.

Voltando à questão do visto, para pleitear a concessão de um visto *non quota* (e esse é o único que me possibilitaria viajar para aí em breve), além da recomendação, é preciso agora comprovar atividade pública como docente. E em cumprimento a tanto tem-se dado recentemente particular ênfase justo *àquele* inciso que prescreve a comprovação de atividade docente nos *últimos dois anos* anteriores à concessão do visto. Isso só me faz aumentar a hesitação de escrever uma carta a Schapiro no momento. Não gostaria de recorrer a ele antes de ter a certeza de poder fazer o melhor uso do seu empenho. Mas tal só será o caso quando a data da minha chegada estiver mais próxima, quer porque os trâmites da imigração sejam outra vez acelerados, quer porque as condições que regulam a obtenção do visto *non quota* sejam novamente abrandadas em seu rigor. Ficando as coisas como estão, receio que essas condições jogarão contra mim, mesmo pressupondo a tal recomendação. Mas naturalmente eu escreveria a Schapiro sem reservas se você julgar que ele pode fazer algo para minha recomendação.

Será que posso importuná-lo com uma questão administrativa (ou mais que administrativa)? Por que a revista do Instituto se mostra tão fria com tantas de minhas resenhas? Penso antes de tudo na de Sternberger, e assim também na de Hönigswald,[1010] das quais até agora não recebi nenhuma das provas.

Pela editora da NRF [*Nouvelle Revue Française*] apareceu um livro sobre Baudelaire da autoria de Georges Blin[1011] – um jovem da

---

1010 As resenhas de Benjamin sobre os livros de Richard Hönigswald (*Philosophie und Sprache* [Filosofia e linguagem]. Basileia, 1937) e de Dolf Sternberger (*Panorama ou visão do século XIX*, loc. cit.) de fato não apareceram na revista do Instituto e permaneceram inéditas durante sua vida (agora em GS III, p.564-69 e p.572-79).

1011 Cf. Georges Blin, *Baudelaire*. Paris, 1939.

École Normale. Não o achei útil nem interessante, e creio que isso quer dizer alguma coisa. Não cogito em resenhá-lo.

Conhece Faulkner? Pois eu gostaria muito de saber o que você pensa da sua obra. Estou lendo no momento *Luz em agosto*.[1012]

Sua carta me chegou sem muita demora. Creio que você pode me escrever em alemão e, portanto, mais abertamente. Da minha parte, é claro, cartas em língua alemã serão necessariamente exceção. Junte à sua próxima carta o "Rickert". Eu próprio sou discípulo de Rickert (como você é discípulo de Cornelius)[1013] e estou particularmente ansioso para ler seu texto.

Muito cordialmente, como sempre,

Walter Benjamin

119. Adorno a Benjamin Nova York, 16.07.1940[1014]

T.W.Adorno 16 de julho de 1940
429 West 117 Street
New York City
Air-Mail

Meu caro Walter,

Hoje é seu aniversário,[1015] e quero lhe transmitir nossas mais cordiais felicitações. Não preciso lhe expressar meus melhores votos para você e para nós também. Você pode estar seguro de que,

1012 Cf. William Faulkner, *Lumière d'août*. Paris, 1935.

1013 Os filósofos alemães Heinrich Rickert (1863-1936) e Hans Cornelius (1863-1947); esse último foi professor de Adorno em Frankfurt.

1014 Esta carta foi escrita originalmente em inglês.

1015 A data que aparece equivocadamente na cópia que subsistiu da carta (July 16, 1940) foi provavelmente corrigida no original, pois

quanto a nós, tudo o que se puder fazer para realizar esses desejos certamente será feito.

Max partiu em viagem para reunir informações sobre as condições acadêmicas na Costa Oeste. Como estará fora de Nova York por vários meses, pediu-me que cuidasse do seu problema. Estamos fazendo de tudo para apressar sua imigração para o país. Você talvez receba um aviso diretamente do consulado em Marselha. Não estou certo sobre que tipo de visto o consulado norte-americano pode lhe oferecer, já que existe a opção entre três das seguintes possibilidades: um visto *quota*, porque você o requisitou, um visto *non-quota*, porque há vários anos você é membro do nosso Instituto, ou mesmo um visto de turista. Nós o aconselhamos a aceitar qualquer visto que lhe seja oferecido. Contudo, não nos limitamos a buscar trazê-lo para os Estados Unidos, mas estamos tentando também outros meios. Um deles é a tentativa de "emprestá-lo" como palestrante convidado à Universidade de Havana. Esse plano, porém, está muito longe de realizar-se para que seja considerado uma oportunidade imediata. O plano São Domingos[1016] não parece exequível no momento. Claro, sempre será proveitoso manter o contato mais próximo com *madame* Favez, que é gente das mais prestativas e tem excelente discernimento da situação.

Ficarei por aqui durante o verão, a fim sobretudo de poder cuidar dos seus interesses. Gretel ficará também; está muito preocupada e em estado de saúde muito ruim, mas lhe manda lembranças

---

Benjamin escreve em sua resposta (carta n.120): "fiquei muito contente com a sua carta de 15 de julho".

1016 No início de junho, os membros do Instituto de Pesquisa Social, sobretudo Max Horkheimer e Friedrich Pollock, haviam arranjado para Benjamin um visto de entrada em São Domingos a fim de lhe possibilitar a fuga da Europa. Não se sabe por que razões o plano não parecia mais exequível.

e os melhores votos pelo seu aniversário. Max pediu-me mais uma vez antes de partir que o assegurasse da sua amizade e inabalável solidariedade.

Mantemos com ele contato constante a respeito dos seus problemas. Fritz[1017] está aqui e lhe manda as mais sinceras recomendações.

Fico feliz com cada palavra que recebo de você, mas, é claro, compreendo muito bem que você não esteja com disposição para cartas longas.

PS Seria muito importante para nós que tivéssemos seu *curriculum vitae*[1018] com uma lista das suas publicações. Queira por favor enviá-los o mais rápido possível.

[Seu amigo de sempre,

Teddie]

120. Benjamin a Adorno
Lourdes, 02.08.1940

Meu caro Teddie,

Por várias razões fiquei muito contente com a sua carta de 15 de julho. Primeiro porque foi muito gentil você lembrar do meu aniversário, e depois por causa da compreensão que ressuma das suas linhas. Não, não é fácil para mim escrever uma carta. Falei com Felizitas acerca da enorme incerteza em que me encontro sobre meus escritos. (É de temer relativamente menos pelos papéis dedicados às *Passagens*[1019] que pelos outros.) Mas, como você sabe,

1017 Ou seja, Friedrich Pollock.

1018 Cf. GS VI, p.225-28.

1019 Benjamin os entregara a Georges Bataille, que os escondeu na Bibliothèque Nationale (cf. GS I [2], p.759).

comigo as coisas também não andam de outra forma. De um dia para o outro podem se repetir as medidas que se abateram sobre mim em setembro,[1020] mas agora com presságio inteiramente diverso. Nos últimos meses vi uma tal quantidade de existências que não exatamente decaíram de seu Seraí [*Dasein*] burguês, mas dele *despencaram* de um dia para o outro; de modo que todo amparo que me é renovado proporciona-me um apoio interno menos problemático que o apoio problemático externo. Nesse sentido, recebi em mãos com verdadeira gratidão o documento[1021] à *ceux qu'il appartient*. Posso imaginar que o cabeçalho,[1022] que me causou agradável surpresa, dá sustentação eficaz ao eventual efeito do documento.

A total insegurança sobre aquilo que me reserva o dia seguinte, a hora seguinte, domina há várias semanas a minha existência. Estou condenado a ler cada jornal (aqui eles aparecem agora numa página só) como uma notificação endereçada a mim e a escutar em cada transmissão de rádio a voz de emissários fatídicos. Meus esforços para alcançar Marselha a fim de lá expor meu caso ao consulado foram em vão. Faz algum tempo que não se obtém transferência de domicílio para estrangeiros. Continuo assim na dependência do que vocês possam conseguir para mim de fora. Incitou-me à esperança sobretudo que você me tenha acenado com uma notícia do consulado de Marselha. Uma carta desse consulado provavelmente me daria permissão para me pôr a caminho de Marselha. (Com efeito, não me resolvo a entrar em contato com consulados em territórios ocupados. Uma carta que enviei daqui a Bordeaux

1020 Benjamin refere-se à sua internação em Nevers (ver nota 930, carta n.116).

1021 Ou seja, o certificado de que ele era associado ao Instituto.

1022 O certificado foi composto num papel timbrado do Instituto de Pesquisa Social no qual o nome de Walter Benjamin também aparecia entre os membros do *Research Staff*.

ainda antes da ocupação teve uma resposta cordial mas evasiva: os papéis em questão ainda se achavam em Paris.)

Ouvi dizer sobre suas negociações com Havana, sobre seus esforços acerca de São Domingos. Estou absolutamente convencido de que você está tentando tudo possível ou, como diz Felizitas, "mais que o possível". Meu receio é que o tempo à nossa disposição seja muito mais reduzido do que supúnhamos. E embora eu não tenha pensado em tal possibilidade duas semanas atrás, novas informações me levaram a solicitar de *mme.* Favez, mediante a intervenção de Carl Burckhardt, que me outorgasse, se possível, permanência temporária na Suíça. Sei que pela sua própria natureza muita coisa depõe contra essa saída, mas um argumento poderoso depõe a favor: o tempo. Ah, se essa saída fosse possível! – escrevi uma carta a Burckhardt[1023] em apelo.

Espero que eu lhe tenha passado até agora a impressão de que mantenho a calma mesmo em momentos difíceis. Não imagine que isso mudou. Mas não posso me fechar ao perigo da situação. Receio que aqueles que conseguirem se salvar serão um dia contados nos dedos.

Você receberá via Genebra – que é também como provavelmente remeterei estas linhas – meu *curriculum vitae*. A bibliografia eu a incorporei no currículo, pois me falta aqui todo e qualquer recurso para organizá-la com mais detalhes. (Ao todo ela abarca cerca de 450 títulos.) Se ainda assim for preciso uma bibliografia no sentido estrito, o programa do Instituto[1024] lhe pode ser de bom uso; outra melhor não posso fornecê-la no momento.

1023 Para a carta de Benjamin de 25.07.1940, cf. *Benjamin-Katalog*, p.305.
1024 Cf. International Institute of Social Research. *A Report on its History, Aims and Acti- vities* 1933-1938. Nova York, 1938, p.27.

É para mim um grande consolo saber que você permanece por assim dizer "alcançável" em Nova York e vigilante no sentido mais próprio da palavra. Mr. Merril Moore[1025] mora em Boston, 384 Commonwealth Avenue. Mrs. Bryher,[1026] editora de *Life and Letters Today*, mencionou-o várias vezes a mim; ao que parece ele faz ideia da situação e está disposto a contribuir para alterá-la. Creio que poderia ser válido se você entrasse em contato com ele.

Quanto ao resto, fique certo de que aprendi outra vez a ter em alta estima os esforços envidados pela sra. Favez e a confiança que ela inspira.

Fico triste em saber que a condição de Felizitas continua tão instável e que dessa vez ela não poderá se beneficiar do descanso de umas férias. Transmita-lhe as minhas mais cordiais recomendações.

Queira por favor comunicar ao sr. Pollock os mais sinceros agradecimentos e as mais sinceras saudações.

E para você tudo de bom,

Walter Benjamin

2 de agosto de 1940
Lourdes
8 rue Notre Dame

PS Desculpe-me a incômoda assinatura completa; ela é obrigatória.

1025 Não se tem notícia de quem seja.

1026 A escritora e mecenas Winifred Ellerman Bryher (falecida em 1983) – ela legalizara o pseudônimo "Bryher" –, que desde 1921 era casada com o poeta norte-americano Robert McAlmon, provavelmente conhecera Benjamin por meio de Adrienne Monnier; sobre ela escreveu Benjamin em dezembro de 1939 a Horkheimer que ela "me suit dans mes travaux depuis assez longtemps, et s'était, elle aussi, beaucoup inquiétée de mon internement" (Benjamin, *Briefe*, loc. cit., p.838).

121. Benjamin a Henny Gurland [e Adorno] [Port-Bou, 25.09.1940]

Numa situação sem saída,[1027] não tenho outra escolha senão pôr fim a tudo. É num vilarejo nos Pireneus onde ninguém me conhece que minha vida vai se acabar.

Peço-lhe que transmita meus pensamentos ao meu amigo Adorno e lhe explique a situação em que me vi colocado. Não me resta muito tempo para escrever todas aquelas cartas que eu desejara escrever.

1027 Pouco depois de 15 de agosto de 1940, Benjamin chegara a Marselha, onde estava à sua espera a declaração juramentada que lhe arranjara Max Horkheimer. Em 23 de setembro, Benjamin deixou Marselha com Henny Gurland e o filho dela rumo à fronteira espanhola, que ele foi obrigado a cruzar ilegalmente em razão da falta de visto de saída da França. A descrição da fuga pelos Pireneus rumo a Port-Bou encontra-se em *Benjamin-Katalog*, p.311. A "iminente deportação dos refugiados para a França, que equivaleria a entregá-los aos alemães" (ibid.), determinou a "situação sem saída" na qual Benjamin – decidido a pôr fim à sua vida – ditou essas palavras a Henny Gurland, cujo único texto, originalmente em francês na letra da senhora Gurland, está confiado ao espólio de Adorno (cf. GS V [2], p.1.202ss).

Índice onomástico

L

M

N

O

P

R

S

SOBRE O LIVRO

Formato: 14 x 21 cm
Mancha: 23 x 38,6 paicas
Tipologia: Venetian 301 12/14,6
Papel: Off-white 80 g/m² (miolo)
Cartão Supremo 250 g/m² (capa)
2ª edição: 2013

EQUIPE DE REALIZAÇÃO

Edição de texto
Gislene de Oliveira (Copidesque)
Giuliana Gramani (Preparação de original)
Maria Alice da Costa (Revisão)

Assistente editorial
Olivia Frade Zambone

Capa
Andrea Yanaguita

Editoração Eletrônica
Eduardo Seiji Seki (Diagramação)

IMPRESSÃO E ACABAMENTO
Hawaií Gráfica e Editora